YBM
TOEFL 80+
LISTENING

YBM TOEFL 80+
LISTENING

발행인 허문호
발행처 YBM

편집 이은희, 백재은, 이혜원
본문 디자인 이미화, 박도순
표지 디자인 로컬앤드
마케팅 정연철, 박천산, 고영노, 김동진, 박찬경, 김윤하

초판인쇄 2024년 6월 3일
초판발행 2024년 6월 10일

신고일자 1964년 3월 28일
신고번호 제1964-000003호
주소 서울시 종로구 종로 104
전화 (02) 2000-0515 [구입문의] / (02) 2000-0463 [내용문의]
팩스 (02) 2285-1523
홈페이지 www.ybmbooks.com

ISBN 978-89-17-23952-2

어학시험 전문
YBM이 연구 개발한
TOEFL 솔루션

YBM TOEFL 80⁺ 를 발행하며

어학시험 수험서 부문에서 꾸준히 베스트셀러를 출간해 온 YBM이 새롭게 변경된 TOEFL 시험에 맞추어 <YBM TOEFL 80+> 시리즈를 출간하게 되었습니다.

<YBM TOEFL 80+>는 이렇게 만들어졌습니다!

수험자의 진짜 니즈를 아는 토플 전문가들의 고득점 노하우

<YBM TOEFL 80+>는 YBM 토플연구소와 YBM 어학원 토플 대표 강사들이 공동으로 개발·집필하여 실제로 토플 시험을 준비 중인 수험자들의 니즈를 최대로 반영한 교재입니다. 토플 교육 현장에서 파악한 수험자들의 취약점 보완 및 고득점 달성을 위한 최적의 솔루션을 제공합니다.

개정 시험을 완벽 반영한 100% 최신 문항과 유형 분석

<YBM TOEFL 80+>는 2023년 7월 26일 개정 이후 시행된 시험들을 빈틈없이 분석하여 개정된 시험의 형식 외에도 문제를 구성하는 세부 요소의 개정 사항까지 완벽히 반영한 교재입니다. 달라진 토플 시험에 제대로 대비할 수 있도록 100% 신규 개발된 최신 문항과 유형 분석을 수록하였습니다.

한 권으로 빠르게 끝내는 원스탑 교재 구성

<YBM TOEFL 80+>는 문제 유형과 전략을 빠르게 이해하고 숙지할 뿐 아니라, 실제 시험에 자주 등장하는 주제를 집중적으로 학습할 수 있도록 구성하였습니다. 여기에 실제 시험과 동일한 구성의 실전 모의고사 2세트를 통해 실전감과 실력을 높이도록 하여 본 교재 한 권으로도 충분히 시험에 대비할 수 있게 해줍니다.

YBM의 모든 노하우가 집대성된 <YBM TOEFL 80+>는 수험자 여러분께 최단기 고득점의 지름길을 안내해드립니다.

YBM 토플연구소

CONTENTS

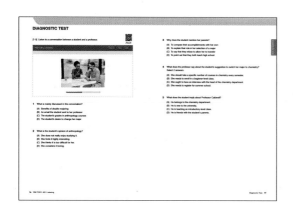

진단 테스트

최신 토플 시험 경향을 철저하게 분석하여 동일한 난이도로 제작된 진단 테스트를 통해 학습자가 자신의 실력을 정확하게 평가할 수 있도록 했다.

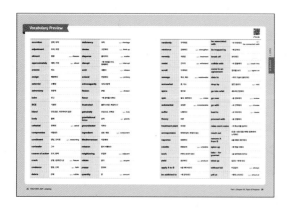

사전 어휘 학습

본격적인 토플 학습에 앞서 각 챕터의 지문에 등장하는 어휘들 중 필수 어휘들만 선별하여 실었다. 동의어도 수록했고, QR코드나 www.ybmbooks.com에서 다운 받은 MP3 파일을 들으며 어휘 학습을 할 수 있도록 했다.

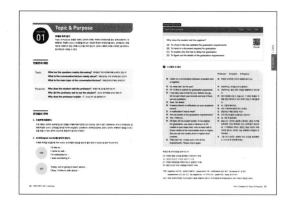

유형별 집중 훈련

토플 문제를 유형별로 나누어 상세하게 설명하고 실제 시험에서는 어떻게 출제되는지를 오른쪽 페이지의 샘플 지문에서 바로 확인할 수 있도록 구성했다. 그리고 각 챕터에서 해당 문제 유형을 반복 연습할 수 있도록 다양한 지문들을 수록했다.

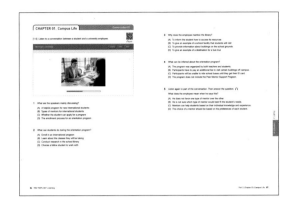

주제별 집중 훈련

실제 토플 시험에 주로 출제되는 주제들을 대화와 강의로 나누어 학습할 수 있도록 구성했다. 대화 부분은 Campus Life와 Academic Issues, 강의 부분은 Humanities, Social Science, Life & Natural Sciences 등 출제율이 높은 주제들을 체계적으로 학습할 수 있도록 했다.

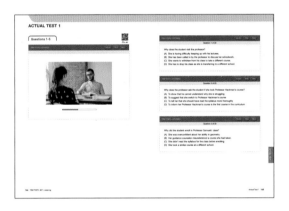

실전 모의고사

최신 토플 시험 출제 경향이 반영된 실전 모의고사 2세트를 풀어보면서, Part 1과 2에서 학습한 내용을 복습, 확인하고 자신의 실력이 얼마나 향상되었는지 점검할 수 있도록 했다.

정답 및 해설

책 속의 책 형태로 제공되는 정답 및 해설에는 교재에 있는 모든 지문의 스크립트와 해석, 정답 및 중요 어휘와 문제 해설, 관련 지식까지 수록했다. 특히 상세한 문제 해설은 학습자들이 스스로 오답의 이유를 파악하여 다음에 같은 실수를 반복하지 않도록 하는 데 도움이 되도록 했다.

 MP3 무료 다운로드 www.ybmbooks.com

TOEFL iBT 시험 소개

TOEFL iBT란?

TOEFL(Test of English as a Foreign Language) iBT(Internet-based test)는 미국 대학에서 수학할 비영어권 학생을 선발하기 위해 영어 구사력과 이해력을 측정하는 온라인 시험으로, 미국의 교육 기관인 ETS(Educational Testing Service)가 개발하고 운영한다. 토플은 Reading, Listening, Speaking, Writing 4개 영역으로 구성되어 있으며 모두 note-taking이 가능하다. 미국을 비롯한 영어권 국가 대학 및 대학원과 여러 기관에서 토플 점수를 인정한다.

시험영역

영역	지문 및 문항 수	시간	점수	특징
Reading	지문 총 2개 지문당 10문항	약 35분	0~30	• 다양한 주제의 긴 지문이 출제됨 • 사지선다, 지문에 들어갈 문장 삽입, 지문의 요약표를 완성하는 육지선다 문제 등이 출제됨
Listening	지문 총 5개 대화: 지문 2개 　　　지문당 5문항 강의: 지문 3개 　　　지문당 6문항	약 36분	0~30	• 캠퍼스 또는 기관 내 실제 분위기의 대화 및 강의가 출제됨 • 강의 중 전문 용어 등이 등장할 시 화면에 용어가 나오기도 함 • 사지선다, 지문 일부를 다시 듣고 풀기, 표 안에 정보 분류 또는 배열하는 형태의 문제 등이 출제됨
Speaking	지문 총 4개 독립형 1문항 통합형 3문항	약 16분 독립형: 준비 15초 　　　답변 45초 통합형: 읽기 45초/50초 　　　듣기 1분 30초~2분 　　　준비 20초/30초 　　　답변 60초	0~30	• 독립형: 주어진 주제에 대한 의견 말하기 • 통합형: 읽고 들은 내용에 기반하여 문제에 대한 답변 말하기
Writing	지문 총 2개 통합형 1문항 토론형 1문항	약 35분 통합형: 읽기 3분 　　　듣기 2분~2분 30초 　　　쓰기 20분 토론형: 쓰기 10분	0~30	• 통합형: 읽고 들은 내용에 기반하여 문제에 대한 답변 쓰기 　(약 150~225단어 권장) • 토론형: 토론 주제에 대한 의견 제시하기 　(100단어 이상 권장)
		약 2시간	총점 120	

시험 응시 및 성적 발표

응시 방법	• ETS 토플 웹 사이트 또는 전화상으로 접수 (조기 마감될 수 있으니, 성적이 필요한 날짜 2~3개월 전에 접수) • ETS Test Center 시험은 응시일로부터 최소 7일 전 접수, Home Edition 시험은 응시일로부터 최소 4일 전 접수
시험 장소	• ETS Test Center 또는 집에서 Home Edition 시험으로 응시 가능 (Home Edition 시험 응시를 위한 장비 및 환경 요건은 ETS 토플 웹 사이트에서 확인)
시험 비용	• 시험 접수: US$220 (한국 기준) • 취소한 성적 복원: US$20 • 추가 접수: US$40 추가 • 성적표 추가 발송: US$25 (기관당) (응시일로부터 2~7일 전에 접수할 경우) • Speaking/Writing 재채점: US$80 (영역당) • 시험일 변경: US$60
응시 취소	• ETS 토플 웹 사이트 또는 전화상으로 취소 가능 (응시료 환불 기준 및 방법은 ETS 토플 웹 사이트에서 확인)
시험 당일	• 준비물: - 신분증(여권, 주민등록증, 운전면허증, 군인신분증) - 필기도구 및 종이는 ETS Test Center에서 제공 • Home Edition 시험 유의사항: - 사전에 ProctorU 프로그램을 설치하여 작동 여부 확인 - 화이트보드 또는 투명 시트와 지워지는 마커 지참 (종이에 필기 불가) - 태블릿으로 시험 응시 불가하며, 시험 도중 휴대폰, 스마트워치, 듀얼 모니터 사용 및 마스크 착용 불가
성적 및 성적표	• 시험 응시일로부터 대략 4~8일 후에 온라인으로 성적 확인 가능 (이후 2일 뒤 성적표 PDF 다운로드 및 출력 가능) • 시험 접수 시 우편으로 성적표 요청한 경우, 시험 응시일로부터 약 11~15일 후에 전송 • 성적 유효 기간은 응시일로부터 2년 • MyBest Scores 제도 시행: 최근 2년간의 시험 성적 중 영역별 최고 점수를 합산하여 유효 성적으로 인정

▶ 2023년 7월 26일 기준 변경 사항
1. 시험 시간 약 3시간 30분에서 2시간으로 단축
2. 더미 문제 삭제
3. Listening 영역 후 휴식 없음
4. Reading: 지문 3~4개에서 2개로 축소
5. Listening: 대화 2~3개, 강의 3~4개에서 대화 2개, 강의 3개로 축소
6. Writing: 독립형 문항에서 토론형 문항으로 변경

LISTENING 소개 및 전략

TOEFL Listening은 대화(Conversation)와 강의(Lecture)로 구성되어 있다. 대화는 주로 대학교에서 일어날 수 있는 상황에 대해 묻고, 강의는 주로 대학 강의에서 다루는 다양한 학문 분야에 대해 묻는다. 시험 시간 동안 note-taking을 할 수 있고 필기한 내용들을 문제를 푸는 데 활용할 수 있다.

구성

지문 분량	문항 수	시험 시간
2개 대화, 대화당 약 3분, 약 12-25번의 대화가 오고 감	대화당 5문항	약 36분
3개 강의, 강의당 4-5분, 500-750 단어	강의당 6문항	

문제 유형

문제 유형	유형 설명	지문당 문항 수
Topic & Purpose	주제나 목적을 찾는 문제	1개
Detail	주요한 세부 정보를 찾는 문제	1~2개
Function & Attitude	화자의 의도나 태도를 묻는 문제	0~1개
Organization	주어진 정보들 사이의 관계나 지문의 전개 구조를 파악하는 문제	0~1개
Connecting Content	정보들 사이의 관계를 이해한 후, 표를 완성하는 문제	0~1개
Inference	직접적이나 간접적으로 제시된 정보로 추론하는 문제	0~1개

특징

- 다른 영역과 마찬가지로 note-taking이 허용된다.
- 대화와 강의의 길이가 길고, 화자의 말투가 자연스럽다.
- 대화 및 강의의 일부를 다시 들려주는 문제가 출제된다.
- 정답을 2개 이상 고르는 문제가 출제된다.

전략

<table>
<tr>
<td>

TOEFL
시험 전략

</td>
<td>

도입부를 주의 깊게 듣는다.
대화와 강의는 도입부에서 중심 내용을 파악할 수 있는 경우가 대부분이다. 그러므로 지문의
도입부를 들을 때 특별히 주의를 기울여서 전체적인 내용이 무엇일지 예측하며 듣는 것이
중요하다.

표시어(signal words)를 통해 내용들 사이의 관계를 파악한다.
예시(for example), 비교/대조(however, on the other hand), 순차적인 관계(first, second),
인과 관계(as a result) 등의 표시어를 통해 파악할 수 있으므로, 표시어를 놓치지 않고 듣는다.

핵심 내용을 note-taking하는 연습을 한다.
note-taking이 허용되므로, 평소에도 듣기 연습을 할 때 각 정보의 연관성을 쉽게 파악할 수
있도록 중요한 내용들 위주로 note-taking하는 훈련을 해두자.

</td>
</tr>
<tr>
<td>

LISTENING
실력 향상 전략

</td>
<td>

어휘력을 기른다.
시험에서 모르는 단어는 들을 수 없으므로, 평소에 시험에 자주 출제되는 어휘들을 상황별/분야별
로 익혀두는 것이 필수적이다. 단어를 외울 때는 철자와 정확한 뜻, 그리고 동의어도 함께 익혀두자.

배경지식을 쌓는다.
시험에 자주 등장하는 토픽 관련 배경 지식을 많이 알고 있으면 지문에 대한 이해가 빨라질 수
있기 때문에, 평소에 배경 지식을 많이 접해 두는 것이 중요하다.

정확한 영어 발음 및 억양을 익힌다.
원어민의 발음과 억양, 말하는 속도 등에 익숙해져야 정확한 영어 듣기가 가능하다. 원어민의
음성을 자주 들으면서 다양한 발음과 억양에 익숙해지도록 노력하자.

</td>
</tr>
</table>

LISTENING 화면 구성

1. Listening Toolbar

화면의 툴바는 시험 진행에 도움을 준다. 툴바 왼쪽에서 지금 풀고 있는 문제 번호를 확인할 수 있고, 오른쪽 상단에서 시간 확인 및 Volume 조정, 문제 이동이 가능하다. Help 버튼을 누르면 시험 진행에 관련된 정보를 알 수 있다.

2. 볼륨 조정 화면

시험을 시작하기 전에 소리 크기를 조절할 것인지 묻는 화면이다. Volume 버튼을 클릭하면 소리를 조절할 수 있는 창이 나타난다. 내용을 듣는 동안 소리 크기는 계속 조절할 수 있다.

3. Listening Directions 화면

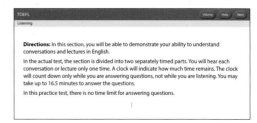

리스닝 시험 진행 방식에 대한 전반적인 설명이 주어진다. 리스닝 시험은 대화 2개와 강의 3개로 이루어져 있고 약 36분 동안 진행된다.

4. 지문을 들을 때 제시되는 화면

대화를 들을 때는 두 화자의 사진이 나오며, 강의를 들을 때는 교수와 학생의 사진이 나온다. 사진을 통해 화자들의 관계 및 대화가 이루어지는 장소 등을 짐작할 수 있다.

5. 문제가 나오는 화면

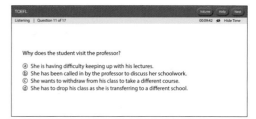

문제가 출제될 때 나오는 화면이다. 문제가 나온 후 뒤이어 화면에 보기가 나오면, 보기 앞에 있는 칸을 클릭하여 답을 표시한다. 클릭한 후, Next 버튼을 누르면 답이 확정되어 다음 문제로 넘어간다.

6. 다시 들려주는 문제 유형 Directions 화면

대화나 강의의 일부를 다시 듣고 푸는 문제에서 보이는 Directions 화면이다. 이 화면 후, 대화나 강의의 일부분을 다시 듣게 된다.

30일 완성 학습 플랜

DAY 1	DAY 2	DAY 3	DAY 4	DAY 5
DIAGNOSTIC TEST	PART 1 CHAPTER 01 Topic & Purpose	PART 1 CHAPTER 01 Topic & Purpose	PART 1 CHAPTER 02 Detail	PART 1 CHAPTER 02 Detail
DAY 6	**DAY 7**	**DAY 8**	**DAY 9**	**DAY 10**
PART 1 CHAPTER 03 Function & Attitude	PART 1 CHAPTER 03 Function & Attitude	PART 1 CHAPTER 04 Organization	PART 1 CHAPTER 04 Organization	PART 1 CHAPTER 05 Connecting Content
DAY 11	**DAY 12**	**DAY 13**	**DAY 14**	**DAY 15**
PART 1 CHAPTER 05 Connecting Content	PART 1 CHAPTER 06 Inference	PART 1 CHAPTER 06 Inference	PART 2 CHAPTER 01 Campus Life	PART 2 CHAPTER 01 Campus Life
DAY 16	**DAY 17**	**DAY 18**	**DAY 19**	**DAY 20**
PART 2 CHAPTER 01 Campus Life	PART 2 CHAPTER 01 Academic Issues	PART 2 CHAPTER 01 Academic Issues	PART 2 CHAPTER 01 Academic Issues	PART 2 CHAPTER 02 Humanities
DAY 21	**DAY 22**	**DAY 23**	**DAY 24**	**DAY 25**
PART 2 CHAPTER 02 Humanities	PART 2 CHAPTER 02 Social Science	PART 2 CHAPTER 02 Social Science	PART 2 CHAPTER 02 Life & Natural Sciences	PART 2 CHAPTER 02 Life & Natural Sciences
DAY 26	**DAY 27**	**DAY 28**	**DAY 29**	**DAY 30**
PART 2 CHAPTER 02 Life & Natural Sciences	ACTUAL TEST 1	ACTUAL TEST 1	ACTUAL TEST 2	ACTUAL TEST 2

**학습 플랜
활용법**

1 학습 플랜에 따라 매일의 학습 분량을 미리 계획하고, 이에 맞춰 학습 속도를 잘 조절하도록 합니다.
2 Vocabulary Preview의 어휘는 TOEFL 빈출 어휘이므로 QR코드나 www.ybmbooks.com에서
   다운 받은 MP3 파일을 반복적으로 들으며 반드시 암기합니다.
3 Diagnostic Test와 Actual Test는 실제 시험을 본다는 마음으로 note-taking을 하며 문제를 풀고,
   문제를 다 푼 다음에는 스크립트와 문제 해설을 참고하여 오답의 이유를 분석합니다.
4 2주 만에 학습을 마무리하려면 하루에 2일치 분량을 학습하면 됩니다.

YBM TOEFL 80+
LISTENING

DIAGNOSTIC
TEST

DIAGNOSTIC TEST

[1-5] Listen to a conversation between a student and a professor.

🎧 L01

1 What is mainly discussed in the conversation?

(A) Benefits of double-majoring
(B) An email the student sent to her professor
(C) The student's grades in anthropology courses
(D) The student's desire to change her major

2 What is the student's opinion of anthropology?

(A) She does not really enjoy studying it.
(B) She finds it highly interesting.
(C) She thinks it is too difficult for her.
(D) She considers it boring.

3 Why does the student mention her parents?

    (A) To compare their accomplishments with her own

    (B) To explain their role in her selection of a major

    (C) To say that they refuse to allow her to transfer

    (D) To point out that they both teach high school

4 What does the professor say about the student's suggestion to switch her major to chemistry?
Select 2 answers.

    (A) She should take a specific number of courses in chemistry every semester.

    (B) She needs to enroll in a beginner-level class.

    (C) She ought to have an interview with the head of the chemistry department.

    (D) She needs to register for summer school.

5 What does the student imply about Professor Caldwell?

    (A) He belongs to the chemistry department.

    (B) He is new to the university.

    (C) He is teaching an introductory-level class.

    (D) He is friends with the student's parents.

[6-11] Listen to part of a lecture in an architecture class.

🎧 L 02

6 What is the lecture mainly about?

(A) Design methods of homes built in the 1600s and 1700s
(B) The development of Cape Cod homes
(C) Different types of American colonial homes
(D) The popularity of the American colonial style

7 How is the lecture organized?

(A) By comparing and contrasting two architectural styles
(B) By describing housing styles in America and Europe
(C) By showing pictures of Saltbox homes to explain their interiors
(D) By listing the characteristics of American architecture in chronological order

8   According to the professor, what were most American colonial homes like?

   (A) They were simple and employed conventional architectural styles.
   (B) They used raw materials that were often transported long distances.
   (C) They featured two sides that differed in either height or length.
   (D) They had a door in the middle with large windows beside it.

9   What are the advantages of asymmetrical roofs? Select 3 answers.

   (A) They enable residents to extend their homes.
   (B) They prevent too much sunlight from entering the home.
   (C) They lessen the effects of the wind.
   (D) Snow can easily be removed from them.
   (E) There is a reduced need for windows in the home.

10 In the lecture, the professor discusses characteristics of the Saltbox style and the Cape Cod style. Indicate the characteristics of each style. Place a check mark in the correct box.

	Saltbox Style	Cape Cod Style
It retained its popularity, particularly in New England, during the nineteenth century.		
It had a chimney in the middle of the house.		
It featured windows that had shutters suitable for cold weather.		
It can be found throughout the country.		

11 Listen again to part of the lecture. Then answer the question. ∩

Why does the student say this?

   (A) To inform the professor that she lives in a similar type of home
   (B) To ask a question regarding a style the professor is discussing
   (C) To receive confirmation from the professor about the truth of a statement
   (D) To request that the professor repeat something he just said

[12-17] Listen to part of a lecture in an environmental science class.

∩ L03

12 What is the lecture mainly about?

(A) Problems facing the Everglades
(B) Geographical characteristics of the Everglades
(C) A variety of invasive species in the Everglades
(D) The negative impact of phosphorus on the Everglades

13 According to the professor, how does Lake Okeechobee affect the Everglades?

(A) Many Everglades animals raise their offspring there.
(B) Floodwaters from it flow into the Everglades.
(C) It supplies the Everglades with many fish.
(D) Its waters carry nutrients to the Everglades.

14 Why does the professor mention flamingos?

    (A) To compare them with certain migratory birds

    (B) To claim that they were once extinct in the Everglades

    (C) To point out how algal blooms can harm them

    (D) To describe how various species live in the Everglades

15 According to the lecture, how can phosphorus affect the Everglades?

    (A) It can make animals become inedible.

    (B) It can threaten the survival of fish by removing oxygen from the water.

    (C) It can make plants grow faster than normal due to its abundant nutrients.

    (D) It can cause some animals to mutate.

16 What does the professor imply about the water in the Everglades?

    (A) It is clean enough in some places for people to drink.

    (B) Both fresh water and salt water can be found there.

    (C) It often evaporates completely during the dry season.

    (D) The entire Everglades is covered with it at times.

17 What is the professor's opinion about mercury in the Everglades?

    (A) She thinks it could cause the extinction of many species.

    (B) She believes that it is only a matter of concern only for fish.

    (C) She thinks that it could affect the entire ecosystem.

    (D) She feels that it is not as bad as people claim.

YBM TOEFL 80+
LISTENING

PART
1

QUESTION TYPES

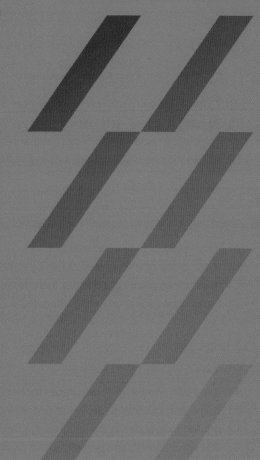

Topic & Purpose

Topic & Purpose questions ask about the main idea of a conversation or lecture. In the case of conversations, they may also ask why the conversation is taking place or why one speaker is visiting another.

accretion	강착, 부착		**deficiency**	부족	*syn.* shortage
adjustment	조치, 조정		**devise**	고안하다	*syn.* think up
ailment	질병	*syn.* disease	**disperse**	흩어지다	*syn.* scatter
approximately	대략, 거의	*syn.* about	**disrupt**	~에 지장을 주다, 방해하다	*syn.* interrupt
arsenic	비소		**emit**	내뿜다	*syn.* release
assign	배정하다		**extend**	연장하다	*syn.* prolong
asteroid	소행성		**extravagantly**	사치스럽게	
astronomy	천문학		**fission**	분열	*syn.* division
balm	연고		**flavor**	~에 풍미를 더하다	
BCE	기원전		**frustrated**	불만스러운, 짜증이 난	
bland	단조로운, 자극적이지 않은		**genuinely**	진심으로, 진짜로	*syn.* truly
body	물체		**gravitational force**	중력	*syn.* gravity
celestial	천체의	*syn.* astral	**groundwater**	지하수	
compromise	타협(안)		**ingredient**	성분, 재료	*syn.* component
condiment	양념, 조미료	*syn.* seasoning	**Mediterranean**	지중해의	
coriander	고수		**mission**	탐사 비행(선)	
course of action	조치, 방책		**neighboring**	인접한	*syn.* adjacent
crack	균열, (갈라진) 금	*syn.* fissure	**obtain**	얻다	*syn.* acquire
credence	믿음, 신뢰	*syn.* faith	**poppy**	양귀비	
debris	잔해	*syn.* rubble	**quantity**	양	*syn.* amount

randomly	무작위로	be associated with	~와 연관되다 *syn.* be connected with
reinforce	강화하다 *syn.* strengthen	be trapped by	~에 갇히다
remedy	치료법 *syn.* treatment	break off	분리되다
resist	견디다 *syn.* withstand	collide with	~와 충돌하다 *syn.* crash into
scroll	두루마리	come to an agreement	합의를 보다 *syn.* agree on
sewage	하수, 폐수 *syn.* wastewater	date to	~까지 거슬러 올라가다
somewhat	좀, 다소	drop by	잠깐 들르다 *syn.* visit
spice	향신료	go into orbit	궤도에 진입하다
spin	돌다, 회전하다 *syn.* rotate	go over	~을 검토하다 *syn.* review
substantial	상당한 *syn.* considerable	go with	~로 선택하다 *syn.* choose
suffer	나빠지다	lead to	~로 이어지다 *syn.* cause
theory	이론	proceed with	~을 진행하다
treatment plant	처리장	raise one's voice	~의 목소리를 높이다
unresponsive	묵묵부답인, 반응이 없는	reach out	(도움·요청 등을 위해) 접촉하려 노력하다
vaporize	증발하다	remove A from B	A를 B에서 제거하다
volatile	휘발성의 *syn.* unstable	spice up	~에 맛을 더하다
work	(약이) 효과가 있다	take ~ for granted	~을 당연하게 여기다
yield	생산하다 *syn.* produce	wind up	(결국) ~하게 되다
apply A to B	A를 B에 바르다	without fail	어김없이 *syn.* always
be addicted to	~에 중독되다	yell at	~에게 소리치다 *syn.* shout at

Topic & Purpose

주제와 목적 찾기

Topic & Purpose 유형은 대화나 강의의 주제나 목적이 무엇인지를 묻는 문제 유형이다. 대화에서는 학생이 교수나 교직원을 만나는 이유나 목적이 무엇인지를 묻고, 강의에서는 전체적으로 다뤄지고 있는 주제나 논지를 주로 묻는다. 강의나 대화의 주제나 목적은 명시적이나 암시적으로 나타날 수 있다.

빈출문제 패턴

Topic	**What are the speakers mainly discussing?** 화자들은 주로 무엇에 대해 논의하고 있는가?
	What is the conversation/lecture mainly about? 대화/강의는 주로 무엇에 관한 것인가?
	What is the main topic of the conversation/lecture? 대화/강의의 주제는 무엇인가?

Purpose	**Why does the student visit the professor?** 학생은 왜 교수를 찾아가는가?
	Why did the professor ask to see the student? 교수는 왜 학생을 보자고 했는가?
	Why does the professor explain ~? 교수는 왜 ~을 설명하는가?

문제풀이 전략

1. 도입부에 집중한다.

주로 대화나 강의의 초반에 앞으로 진행될 주제에 대해 직접적으로 언급하는 경우가 많다. 대화에서는 인사나 안부를 묻는 말 뒤에 학생이 교수나 교직원을 찾아온 목적이 언급된다. 강의에서는 초반에 등장하는 경우도 있지만, 전체적인 내용을 다 듣고 답을 찾을 수 있는 경우도 있으므로 혼동하지 않도록 주의한다.

2. 표시어(signal words)를 놓치지 않는다.

주제와 목적을 언급할 때 자주 쓰이는 표시어들이 정답을 찾는데 좋은 힌트가 되므로 잘 알아 두도록 하자.

대화	I'd like to ~ I came to ask ~ I'm interested in ~ I was wondering if ~
강의	Today, we're going to learn about ~ Okay, I'd like to talk about ~

Sample Question

YBM TOEFL LISTENING | Volume | Help | Next

Why does the student visit the registrar?

(A) To check if she has satisfied the graduation requirements

(B) To hand in a document required for graduation

(C) To explain why she has to delay her graduation

(D) To figure out the details of the graduation requirements

⌒ L 05

▶ 스크립트 & 해석

N Narrator　　**S** Student　　**R** Registrar

N Listen to a conversation between a student and a registrar.	**N** 학생과 교무과장 사이의 대화를 들으시오.
R Hi, what can I do for you?	**R** 안녕하세요, 무엇을 도와 드릴까요?
S Hi. I'd like to submit my graduation paperwork.	**S** 안녕하세요. 졸업 관련 서류를 제출하려고 하는데요.
R I can take care of that for you. Before you go, let me just check your records and see if there are any problems.	**R** 제가 처리해 드릴 수 있습니다. 그 전에, 학생의 기록을 잠깐 확인하고 무슨 문제가 없는지 확인할게요.
S Sure. Go ahead.	**S** 네. 그렇게 해주세요.
R It seems there's a notification on your academic record.	**R** 성적 기록부에 알림이 하나 있네요.
S A notification? About what?	**S** 알림이요? 뭐랑 관련된 거죠?
R Are you aware of our graduation requirements?	**R** 우리 학교의 졸업 요건을 알고 있나요?
S Yes, I think so.	**S** 네, 그런 것 같은데요.
R All right, let me explain briefly. To be eligible for graduation, you need a minimum of 45 credits in your major field, with at least half of those credits at the intermediate level or higher. But you are two credits short in higher-level courses.	**R** 좋습니다, 간단히 설명해 드릴게요. 졸업 자격을 갖추려면, 전공 분야에서 최소 45학점이 필요한데, 그 학점에서 적어도 절반은 중급 이상의 과목이어야 합니다. 하지만 고급 과목에서 2학점이 모자라네요.
S That can't be. I made sure I met all the requirements. Please check again.	**S** 그럴 리가 없어요. 분명히 모든 요건을 충족했어요. 다시 한 번 확인해 주세요.

학생은 왜 교무과장을 찾아가는가?

(A) 학생이 졸업 요건을 충족했는지 확인하기 위해

(B) 졸업에 필요한 서류를 제출하기 위해

(C) 학생이 왜 졸업을 미뤄야 하는지 설명하기 위해

(D) 졸업 요건의 세부 사항들을 파악하기 위해

어휘 registrar 교무과장　submit 제출하다　paperwork 서류　notification 알림, 통지　be aware of ~을 알다 requirement 요건, 필요 조건　be eligible for ~의 자격이 있다　credit 학점　meet 충족시키다

해석 대화 초반에 학생은 자신의 졸업 서류를 제출하러 왔다고 교무과장에게 목적을 밝히고 있다. 따라서 정답은 (B)다.

EXERCISE 01

Listen to a conversation between a student and a dormitory supervisor.

1 Why does the student go to see the dormitory supervisor?

(A) To get information about his roommate assignment

(B) To apologize for his disruptive behavior in the dormitory

(C) To seek the resolution to a problem regarding his roommate

(D) To complain about his roomate's bad sleeping habits

2 What is the main problem the student is having?

(A) He is addicted to playing computer games.

(B) He has trouble sleeping because of noise.

(C) He received a failing grade in several courses.

(D) His roommate wants to move to a different room.

| **Vocabulary Check** | 각 단어의 알맞은 뜻을 찾아 기호를 쓰시오.

1 assign _____   **2** disrupt _____   **3** compromise _____   **4** suffer _____

ⓐ 타협(안)   ⓑ 조치   ⓒ ~에 지장을 주다   ⓓ 배정하다   ⓔ 나빠지다

1ⓓ 2ⓒ 3ⓐ 4ⓔ

EXERCISE 02

Listen to a conversation between a student and a professor.

🎧 L 07

YBM TOEFL LISTENING   Volume   Help   Next

1 Why does the student visit the professor?

(A) To ask the professor for an extension on her assignment

(B) To submit the first draft of a paper she is writing

(C) To get his opinion on which topic she should choose for an assignment

(D) To find out why she received a low grade in his class

2 Which topic does the student express interest in?

(A) Designing an earthquake-resistant home

(B) Controlling manmade air pollution

(C) Building an effective wastewater treatment facility

(D) Figuring out how to repair cracks in buildings

| **Vocabulary Check** | 각 단어의 알맞은 동의어를 찾아 기호를 쓰시오.

1 resist _____   **2** go with _____   **3** devise _____   **4** go over _____

ⓐ conceal   ⓑ choose   ⓒ think up   ⓓ withstand   ⓔ review

1 ⓓ 2 ⓑ 3 ⓒ 4 ⓔ

Listen to part of a lecture in a history class.

⌒ L08

1 What is the lecture mainly about?

(A) How the Egyptians discovered spices
(B) The different uses of spices in ancient times
(C) Who introduced spices to the Mediterranean region
(D) The most effective medical uses of spices

2 What does the professor say about the use of spices? Select 2 answers.

(A) Spices were used to prevent and treat every ailment.
(B) Spices were considered to have medical effects.
(C) Some food was flavored with spices.
(D) Poppy seeds were used to flavor meat.

| **Vocabulary Check** | 각 단어의 알맞은 뜻을 찾아 기호를 쓰시오.

1 ailment _____ 2 condiment _____ 3 yield _____ 4 remedy _____

| ⓐ 생산하다 | ⓑ 치료법 | ⓒ 질병 | ⓓ 연고 | ⓔ 양념 |

1 ⓒ 2 ⓔ 3 ⓐ 4 ⓑ

EXERCISE 04

Listen to part of a lecture in an astronomy class.

∩ L 09

YBM TOEFL LISTENING · Volume · Help · Next

1 What is the lecture mainly about?

(A) Explanations for the formation of the moon
(B) Why some planets have moons
(C) The Apollo missions to the moon
(D) Planetary formation in the solar system

2 According to the professor, what supports the giant-impact theory?

(A) The lack of material from Theia found on the moon
(B) The weight of the elements that compose the moon
(C) The large amount of debris broken off from Earth's surface
(D) The similar compositions of Earth rocks and moon rocks

| **Vocabulary Check** | 각 단어의 알맞은 동의어를 찾아 기호를 쓰시오.

1 determine _____   **2** be composed of _____   **3** plausible _____   **4** spin _____

ⓐ be full of   ⓑ establish   ⓒ consist of   ⓓ rotate   ⓔ believable

1ⓑ 2ⓒ 3ⓔ 4ⓓ

YBM TOEFL 80+
LISTENING

Detail

Detail questions inquire about specific information in a conversation or lecture. They ask about factual details regarding features, people, events, or cause-and-effect relationships. They may also ask what is or isn't mentioned in the listening passage.

Vocabulary Preview

absorption	흡수	**domestic**	국내의
administration	행정직(원)	**encompass**	아우르다, 포함하다 *syn.* cover
adversary	적 *syn.* enemy	**entity**	존재, 실체
algae	조류(alga의 복수형)	**exceptionally**	유난히, 이례적으로 *syn.* remarkably
ally	협력자, 동맹 *syn.* supporter	**exhibition**	전시회
appealing	매력적인 *syn.* attractive	**faculty**	교수진
applicant	지원자 *syn.* candidate	**fake**	가짜의, 거짓된 *syn.* false
autotroph	독립 영양 생물	**fungal**	균류에 의한
available	지원 가능한, 이용 가능한	**fungi**	균류, 곰팡이류
beneficial	유익한, 이로운 *syn.* advantageous	**goatee**	염소 수염
budgetary	예산의	**heterotrophy**	종속 영양 생물
carbohydrate	탄수화물	**host**	숙주
component	(구성) 요소 *syn.* element	**illustration**	실례 *syn.* example
conduct	실시하다	**immune system**	면역 체계
contribute	기여하다 *syn.* assist	**impact**	~에 영향을 미치다 *syn.* affect
deceased	죽은 *syn.* dead	**implication**	의미, 영향
denote	나타내다	**last**	지속되다 *syn.* continue
desirable	원하는, 바람직한	**major**	전공자
destructive	파괴적인 *syn.* devastating	**microbe**	미소생물, 미생물
disillusioned	환멸을 느낀	**microorganism**	미생물

minuscule	아주 작은 *syn.* tiny		sector	분야 *syn.* part
nitrogen	질소		slot	(모임·프로그램 등의) 자리
notice	알아차리다 *syn.* perceive		term	용어
nutrition	영양(분)		to one's liking	~의 기호에 맞는 *syn.* appealing
observe	관찰하다 *syn.* watch		urinal	소변기
on the spot	현장에서 *syn.* right there		be classified into	~로 분류되다 *syn.* be categorized into
parasitically	기생하여		be horrified by	~에 몸서리 치다
pharmaceutical	제약의		be in attendance	~에 참석하다 *syn.* be present at
position	일자리, 직책 *syn.* job		be into	~을 좋아하다, ~에 빠져 있다
potential	잠재적인 *syn.* possible		break down	분해하다
present	전시하다, 제시하다		cause damage	피해를 초래하다 *syn.* harm
pretentious	가식적인 *syn.* snobbish		evolve into	~로 진화하다
profoundly	깊이, 심오하게		fall into	~에 속하다
protist	원생 생물		just so you know	참고로 말하자면
protozoa	원생 동물		poke fun at	~을 조롱하다 *syn.* mock
provoke	자극하다 *syn.* stimulate		rely on	~에 의존하다 *syn.* depend on
pseudonym	가명, 필명		speak one's mind	~의 생각을 밝히다
representative	대표자		stand out	돋보이다, 눈에 띄다 *syn.* be prominent
reside	살다 *syn.* inhabit		teem with	~로 넘쳐나다
scavenge	(죽은 고기나 쓰레기 등을) 찾아 다니다, 먹다		wreak havoc	막대한 피해를 입히다

Detail

CHAPTER
02

세부 내용 찾기

Detail 유형은 대화나 강의의 세부 내용을 묻는 문제이다. 대화나 강의의 주제와 직접적으로 관련이 있는 내용들을 얼마나 정확하게 이해했는지를 알아보기 위해 출제된다. 다양한 질문 형태로 출제되며, 두 개 이상의 답을 골라야 하는 문제가 출제되기도 한다.

빈출문제 패턴

What does the professor say about ~? 교수가 ~에 관해 말하는 것은 무엇인가?

According to the professor, what is ~? 교수에 따르면, ~는 무엇인가?

What does the employee suggest to the student? 직원이 학생에게 제안하는 것은 무엇인가?

According to the conversation, what are the reasons for ~? Select 2 answers.
대화에 따르면, ~의 이유는 무엇인가? 두 개의 답을 고르시오.

According to the professor, what causes ~? Select 3 answers.
교수에 따르면, ~을 야기하는 것은 무엇인가? 세 개의 답을 고르시오.

문제풀이 전략

1. 문장의 paraphrasing에 익숙해진다.

Detail 문제의 정답은 대부분 화자의 말을 다른 말로 바꾸어 표현(paraphrasing)한 것으로, 한 개 혹은 여러 문장이 paraphrasing 되기도 한다. 지문에서 나온 단어들이 그대로 쓰인다면 오히려 함정이 아닌지 의심해 봐야 한다.

2. 화자가 언급한 세부적인 정보들을 주의 깊게 듣는다.

주제와 관련된 세부적인 정보들이 문제로 출제될 확률이 높기 때문에, 지문을 들으면서 세부적인 정보들을 주의 깊게 듣는다. 다음과 같은 단어들은 세부적인 정보들을 제시할 때 사용되는 경우가 많다.

강조하는 내용	I'd like to point out ~ The important(significant) thing is ~	역접의 내용	But However On the other hand
이유나 결과를 나타내는 내용	That's because ~ The reason why ~ As a result ~ The reason is that ~	부연 설명을 하는 내용	I mean ~ In fact The thing is ~

Sample Question

Why is it unusual to find frogs in the Seychelles?

∩ L11

(A) Frogs cannot absorb salt water in the ocean.

(B) Frogs cannot find suitable food on ocean islands.

(C) Frogs are too sensitive to withstand long periods of time in the ocean.

(D) The Seychelles is not an appropriate place for the process of evolution.

❯ 스크립트 & 해석

N Narrator   **P** Professor

N Listen to part of a lecture in a biology class.

P Today, let's venture to some of the world's most remote oceanic islands. When we think of such locales, our minds might turn to the Galapagos Islands. Their geographical isolation from the mainland paved the way for the emergence of distinct species. In a manner akin to that of the Galapagos Islands, the islands of the Seychelles have provided fertile ground for the evolution of a variety of species.

Many of these species are exclusive to the Seychelles, unable to be found elsewhere on our planet. One of the most intriguing species is a diminutive frog, scarcely larger than an ant. This species is part of a mystery presented that is as captivating as it is puzzling: how did these fragile frogs find their way to these remote islands? Well, certain ocean currents can transport animals from the mainland to islands. However, frogs, due to their delicate nature, would not have been able to endure the challenges posed by factors like salt, intense sunlight, and the long duration of such a journey.

N 생물학 수업 강의의 일부를 들으시오.

P 오늘은, 전 세계에서 가장 외떨어진 대양 섬들 중 몇몇 곳으로 떠나 보겠습니다. 그런 장소를 떠올릴 때, 우리의 생각은 갈라파고스 제도로 향할지도 모릅니다. 그곳의 육지와의 지리적 고립이 고유 종 출현의 기틀을 마련해 주었습니다. 갈라파고스 제도와 유사한 방식으로, 세이셸 제도도 다양한 종의 진화에 필요한 비옥한 토대를 제공해 주었죠.

이 종들의 대부분은 세이셸 제도에만 국한되어 있어서, 지구의 어느 다른 곳에서도 찾아볼 수 없습니다. 가장 흥미로운 종들 중 하나는 초소형 개구리로서, 크기는 개미보다 클락 말락합니다. 이 종은 '어떻게 이런 연약한 개구리가 이렇게 외떨어진 섬으로 흘러 들어갔는가?'라는 매혹적이면서도 난해한 미스터리의 일부입니다. 자, 특정 해류가 육지에서 섬으로 동물을 이동시킬 수는 있습니다. 하지만, 개구리는, 그 연약한 특성으로 인해, 염분과 강렬한 햇빛, 그러한 이동의 기나긴 지속 시간 같은 요소들이 초래하는 난관을 견딜 수 없었을 것입니다.

세이셸에서 개구리를 발견하는 것은 왜 흔치 않은 일인가?

(A) 개구리는 바다에서 소금물을 흡수할 수 없다.

(B) 개구리는 대양 섬에서 적합한 먹이를 찾을 수 없다.

(C) 개구리는 바다에서 오랜 시간을 견디기엔 너무 민감하다.

(D) 세이셸은 진화 과정에 적합한 장소가 아니다.

어휘 venture (모험을) 떠나다 akin to ~와 유사한 fertile 비옥한 be exclusive to ~에 국한되다 diminutive 아주 작은, 소형의

해석 세이셸에서 개구리를 발견하는 것이 흔치 않은 이유는 'due to their delicate nature, ~ duration of such a journey.'인데 'too sensitive to withstand ~ in the ocean.'으로 paraphrasing되었다. 따라서 정답은 (C)다.

Listen to a conversation between a student and a cafeteria manager.

∩ L 12

| YBM TOEFL LISTENING | Volume | Help | Next |

1 Why did the man ask to speak with the student?

   (A) To offer her a position in a group

   (B) To ask her to change her meal plan

   (C) To request that she fill out a form

   (D) To conduct a brief survey

2 What problems does the student mention about the cafeteria? Select 2 answers.

   (A) The food portions are very small.

   (B) It sometimes runs out of food.

   (C) The food it serves is not nutritious.

   (D) There is not enough variety.

| **Vocabulary Check** | 각 단어의 알맞은 뜻을 찾아 기호를 쓰시오.

1 sophomore _____   **2** budgetary _____   **3** appealing _____   **4** slot _____

| ⓐ 예산의 | ⓑ 매력적인 | ⓒ 신경 쓰는 | ⓓ 자리 | ⓔ 2학년 |

EXERCISE 02

Listen to a conversation between a student and an office employee.

∩ L 13

1 Why does the student visit the man?

  (A) To find out how to apply for a position
  (B) To inquire about an upcoming event on campus
  (C) To schedule a time for an interview with him
  (D) To learn how to make a resume

2 What does the man advise the student to do? Select 2 answers.

  (A) To attend an event in formal clothes
  (B) To improve her interviewing skills
  (C) To make a portfolio
  (D) To prepare copies of her resume

| **Vocabulary Check** | 각 단어의 알맞은 동의어를 찾아 기호를 쓰시오.

1 you bet _____   **2** appropriately _____   **3** potential _____   **4** stand out _____

ⓐ be prominent   ⓑ adequately   ⓒ possible   ⓓ cautious   ⓔ of course

ⓐ4 ⓒ3 ⓑ2 ⓔ1

Listen to part of a lecture in a biology class.

🎧 L14

| YBM TOEFL LISTENING | Volume | Help | Next |

---

1 What is the lecture mainly about?

(A) Types of microorganisms and their effects
(B) The importance of studies on viruses
(C) Adverse effects microorganisms have on public health
(D) Reasons why microorganisms have significant implications

2 What does the professor say about autotrophic microbes?

(A) They are smaller than heterotrophic microbes.
(B) Protozoa can provide various organisms with food sources.
(C) A type of autotrophic microbes, yeast is used to bake bread.
(D) They can sustain themselves on their own.

| **Vocabulary Check** | 각 단어의 알맞은 뜻을 찾아 기호를 쓰시오.

1 encompass _____   **2** break down _____   **3** reside _____   **4** denote _____

| ⓐ 나타내다 | ⓑ 분해하다 | ⓒ 막대한 피해를 주다 | ⓓ 아우르다 | ⓔ 살다 |

Listen to part of a lecture in an art class.

∩ L 15

| YBM TOEFL LISTENING | Volume | Help | Next |

1 What is the lecture mainly about?

(A) An art movement in the early twentieth century
(B) The written works of Dadaists
(C) The artworks of Marcel Duchamp
(D) Art movements influenced by Dadaism

2 What does the professor say about the impact of Dadaism?

(A) It ended up being forgotten by the public.
(B) It failed to mock the modern world and art.
(C) It left traces in later art movements.
(D) It successfully transformed the art world.

| **Vocabulary Check** | 각 단어의 알맞은 동의어를 찾아 기호를 쓰시오.

1 mock _____   **2** absurd _____   **3** destructive _____   **4** pretentious _____

ⓐ decompose   ⓑ snobbish   ⓒ devastating   ⓓ unreasonable   ⓔ ridicule

1ⓔ 2ⓓ 3ⓒ 4ⓑ

PART 1
CHAPTER 02

YBM TOEFL 80+
LISTENING

Function & Attitude

Function questions ask about the meaning or purpose of a particular sentence or phrase in the context of an excerpt from the listening passage. Attitude questions assess your understanding of the speaker's tone or attitude towards a subject or situation.

accordingly	그에 맞춰, 상응하게	*syn.* appropriately	**hypoxia**	산소 결핍	
agricultural	농업의		**inadvertently**	의도치 않게, 무심코	*syn.* unintentionally
aquatic	수중의, 수생의		**intake**	흡입, 섭취	*syn.* consumption
avian	조류의		**irrigation**	관개 (시설)	
breeding	번식		**livelihood**	생계 (수단)	
citation	인용(문)		**marvel**	경이로운 존재	
commercial	상업적		**mechanism**	장치, 작용 방식	*syn.* system
compromise	손상시키다	*syn.* harm	**migratory bird**	철새	
constellation	별자리		**noble**	고귀한	
contamination	오염	*syn.* pollution	**nocturnal**	야행성의	
cover	(거리 등이) 이르다		**Northern Hemisphere**	북반구	
decompose	분해되다	*syn.* decay	**odor**	냄새	*syn.* smell
detect	감지하다	*syn.* spot	**olfactory**	후각의	
diminished	감소된		**persistent**	지속적인	*syn.* constant
draft	초고, 초안		**pollutant**	오염 물질	
eliminate	없애다	*syn.* get rid of	**pose**	(문제 등을) 제기하다, 가하다	*syn.* present
extension	연장		**potassium**	칼륨	
fishery	양식장, 어업		**practice**	관행	*syn.* custom
grace	빛내 주다		**protest**	시위	
grant	허용하다, 주다	*syn.* allow	**pursuit**	업, 일, 추구	*syn.* activity

reference point	기준점		cause a blight on	~에 어두운 그림자를 드리우다	
release	출시된 작	*syn.* issue	charge A B	A에게 B를 청구하다	
reservation	의구심	*syn.* doubt	embark on	~에 나서다, ~에 착수하다	*syn.* begin
runoff	유거수(지표면을 따라 흐르는 물)		enriched with	~이 풍부한	
snowball	눈덩이처럼 커지다	*syn.* escalate	exposed to	~에 노출된	*syn.* subjected to
snowmelt	해빙		get ~ in order	~을 정리하다	
solid	실속 있는, 알찬	*syn.* sound	get a full grasp of	~을 전체적으로 파악하다	
toxin	독소		got(have) a lot on one's plate	~에게 할 일이 산더미처럼 있다	
voice	표하다	*syn.* express	hesitate to	~하기를 망설이다, 꺼려하다	
waterfowl	물새		in line with	~을 따르는	*syn.* in accordance with
wintering ground	월동장		keep track of	~을 파악하다	*syn.* monitor
adhere to	~을 준수하다	*syn.* follow	last but not least	마지막으로, 앞서 언급된 것들과 마찬가지로 중요한	
aimed at	~을 목표로 하는	*syn.* meant for	let ~ down	~을 실망시키다	*syn.* disappoint
align A with B	A를 B에 맞춰 조정하다		make sense	타당하다	*syn.* be reasonable
as long as	~하기만 하면	*syn.* provided that	move on to	(순서를) ~로 넘어가다	*syn.* proceed to
associated with	~와 연관된	*syn.* related to	navigate one's way	길을 찾다	
be classified as	~로 분류되다		orient oneself	자신의 위치를 파악하다	
be declared (as)	~로 공표되다, 알려지다		stay on course	진로를 유지하다	
be found to	~하는 것으로 밝혀지다	*syn.* be discovered to	take up	(시간 등을) 잡아먹다	*syn.* consume
be subjected to	~에 처하다, ~의 대상이 되다	*syn.* be exposed to	up to	~에게 달려 있는	

Function & Attitude

의도와 태도 파악하기

Function 유형은 대화나 강의 일부를 다시 들은 후 해당 부분의 맥락과 의도를 파악하는 문제로. 발췌된 내용에서 특정 문장 또는 절의 의미나 목적을 묻는다. Attitude 유형은 어느 주제 또는 상황에 대한 화자의 입장이나 어조를 파악하는 문제로, 화자의 태도 또는 의견을 묻는다.

빈출문제 패턴

Function Listen again to part of the conversation/lecture. Then answer the question.
Why does the professor/student say this?

대화/강의의 일부를 다시 들으시오. 그런 다음 질문에 답하시오.
교수/학생은 왜 다음과 같이 말하는가?

Listen again to part of the conversation/lecture. Then answer the question.
What does the professor/student mean when he/she says this?

대화/강의의 일부를 다시 들으시오. 그런 다음 질문에 답하시오.
교수/학생이 다음과 같이 말할 때 무엇을 의미하는가?

Attitude **What is the professor's/student's attitude toward ~?**

~에 대한 교수/학생의 태도는 어떠한가?

What is the professor's/student's opinion of ~?

~에 대한 교수/학생의 의견은 무엇인가?

문제풀이 전략

1. Function 유형에서는 큰 맥락에 집중한다.

대화나 강의에서 발췌된 내용의 큰 맥락에 집중하고, 마지막으로 다시 한번 들려주는 문장 또는 절 그대로의 의미만으로 문제에 접근하지 않도록 주의한다. 반드시 말을 언급하게 된 의도와 맥락을 기억하도록 한다.

2. 연구, 예술가, 예술 작품, 이론 등을 거론할 때 화자의 태도를 기억한다.

강의에서 이론이 등장하면 관련 세부사항에 집중하여 교수의 태도를 놓칠 수 있다. 강의 중간중간에 쓰이는 표시어들을 알아 두도록 하자. 대화에서는 전반적인 흐름과 구체적 상황 또는 소재에 대한 화자의 태도를 잘 파악하자.

In my opinion, ~
From my perspective/point of view, ~
I think ~

What is the professor's attitude toward the student's proposal?

∩ L17

(A) He is concerned that the student might prefer the hotel's format.

(B) He is confident that the student will be able to get an environmental grant.

(C) He is doubtful whether the student's idea is related to eco-friendly changes.

(D) He is unsure whether the student can comply with the format he requires.

▶ 스크립트 & 해석

N Narrator   **S** Student   **P** Professor

N Listen to part of a conversation between a student and a professor.

S Professor Cairns, that environmental video we watched got me thinking about our project. My partner Emma works part-time at the campus hotel where many conference attendees stay, and the place is not particularly eco-friendly.

P Yes, that's a common problem. Hotels sometimes hesitate to implement eco-friendly changes if they might affect guest comfort.

S Exactly. So, we want to conduct an experiment on how the hotel can lessen its environmental impact without compromising the guest experience. The hotel manager is fully supportive of our idea, and she's even thinking of applying for an environmental grant based on our findings.

P It's certainly an interesting proposal, but I do have some reservations. Remember, you'd need to adhere to my course's project format rather than adopting the hotel's preferred structure. And your work has to remain in line with the school's academic standards and requirements.

N 학생과 교수 사이의 대화 일부를 들으시오.

S 케언즈 교수님, 저희가 시청한 그 환경 동영상 때문에 저희 프로젝트에 관해 생각하게 되었는데요. 제 짝 엠마는 많은 컨퍼런스 참석자들이 머무르는 캠퍼스 호텔에서 시간제로 근무하는데, 그곳이 특히 환경 친화적이지 않거든요.

P 네, 흔히 있는 문제이죠. 호텔들은 고객 편의성에 영향을 미칠지도 모르는 경우에 때때로 환경 친화적인 변화를 시행하기를 주저하죠.

S 그렇죠. 그래서 저희는 그 호텔이 어떻게 고객 경험에 누를 끼치지 않고 환경적 영향을 줄일 수 있는지에 대한 실험을 실시하고 싶습니다. 호텔 관리 책임자께서 저희 생각을 전적으로 지지해 주고 계시고, 심지어 저희 결과물을 바탕으로 환경 보조금을 신청하는 것까지 생각하고 계세요.

P 확실히 흥미로운 제안이긴 하지만, 분명 마음에 걸리는 게 좀 있네요. 기억해야 하는 점은, 호텔에서 선호하는 체계를 택하는 것이 아니라 내 강의의 프로젝트 형식을 준수해야 할 겁니다. 그리고 작업물이 학교의 기준과 요건을 따르는 상태로 유지되어야 합니다.

학생의 제안에 대한 교수의 태도는 어떠한가?

(A) 학생이 호텔의 형식을 선호할지도 몰라서 우려하고 있다.

(B) 학생이 환경 보조금을 받을 수 있을 것으로 확신하고 있다.

(C) 학생의 생각이 환경 친화적인 변화와 관련이 있을지 의문을 품고 있다.

(D) 자신이 요구하는 형식을 학생이 준수할 수 있을지 확신하지 못하고 있다.

어휘 hesitate to ~하기를 망설이다, 꺼려하다   compromise 손상시키다   adhere to ~을 준수하다   in line with ~을 따르는

해석 교수는 수업의 프로젝트 형식을 준수해야 한다고 학생에게 상기시키며, 학생이 이 형식을 지킬 수 있을지에 대한 의구심이 든다고 말하고 있다. 따라서 정답은 (D)다.

EXERCISE 01

Listen to a conversation between a student and a professor.

🎧 L 18

1 Why does the student visit the professor?

(A) To let the professor know about his plan for writing a research paper
(B) To ask the professor to help him understand some assignment guidelines
(C) To ask the professor to give him more time to complete an assignment
(D) To explain his reasons for handing in his paper at a later date

2 What is the professor's attitude toward the student?

(A) She is not sympathetic to the student's situation.
(B) She is stern but willing to work with him this one time.
(C) She is reluctant to give him an extension because it goes against school rules.
(D) She is tired of hearing his excuses for failing to complete his assignments.

| **Vocabulary Check** | 각 단어의 알맞은 뜻을 찾아 기호를 쓰시오.

1 specific _____   **2** solid _____   **3** grant _____   **4** struggle with _____

ⓐ 실속 있는   ⓑ ~로 힘겨워하다   ⓒ 허용하다, 주다   ⓓ 구체적인   ⓔ ~로 넘어가다

1ⓓ 2ⓐ 3ⓒ 4ⓑ

EXERCISE 02

Listen to a conversation in a library.

∩ L 19

| YBM TOEFL LISTENING | Volume | Help | Next |

---

1 Why was the student unaware of the return date for the book he borrowed?

(A) He failed to check the date when he borrowed the book.

(B) The return policy has not been publicly announced to students.

(C) The library withheld the information on newly released books.

(D) The librarian told him the wrong date when he checked out the book.

2 What is the student's attitude toward the library's policy for lost books?

(A) He thinks it is unfair to impose the current fine.

(B) He considers it reasonable to compensate the library for a lost book.

(C) He is annoyed that students cannot check out more books unless they pay the fine.

(D) He thinks the library should remind students of the return date of the books they borrowed.

| **Vocabulary Check** | 각 단어의 알맞은 동의어를 찾아 기호를 쓰시오.

1 impose _____   **2** release _____   **3** keep track of _____   **4** assume _____

| ⓐ due date | ⓑ publication | ⓒ think | ⓓ monitor | ⓔ charge |

1ⓔ 2ⓑ 3ⓓ 4ⓒ

EXERCISE 03

Listen to part of a lecture in an environmental science class.

∩ **L20**

YBM TOEFL LISTENING   Volume   Help   Next

1   What is the main topic of the lecture?

(A) The detrimental effects of fertilizer runoff in Northern Ireland
(B) Preventive measures to decrease the amount of fertilizer runoff
(C) How surplus fertilizer poses environmental challenges
(D) The causes and effects of eutrophication

2   Listen again to part of the lecture. Then answer the question. ∩

Why does the professor say this?

(A) To shift the focus of the lecture
(B) To offer an example of the subject at hand
(C) To provide some details he forgot to mention
(D) To acknowledge that he got sidetracked

| **Vocabulary Check** | 각 단어의 알맞은 뜻을 찾아 기호를 쓰시오.

1 eliminate _____   **2** inadvertently _____   **3** contribute to _____   **4** phenomenon _____

ⓐ 없애다   ⓑ ~의 원인이 되다   ⓒ 현상   ⓓ 의도치 않게   ⓔ ~을 목표로 하다

1 ⓐ 2 ⓓ 3 ⓑ 4 ⓒ

EXERCISE 04

Listen to part of a lecture on bird migration.

∩ L21

1 According to the professor, which of the following can be a navigational guide for migratory birds? Select 2 answers.

(A) The Northern Hemisphere
(B) Other birds nearby
(C) Geographical landmarks
(D) The location of stars in the sky

2 Listen again to part of the lecture. Then answer the question. ∩

Why does the professor say this?

(A) To emphasize the importance of visual landmarks in bird navigation
(B) To suggest that birds can use even larger landmarks as navigational cues
(C) To criticize the conventional understanding of how birds navigate
(D) To introduce additional methods of bird navigation beyond visual landmarks

| **Vocabulary Check** | 각 단어의 알맞은 동의어를 찾아 기호를 쓰시오.

1 detect _____   **2** align _____   **3** compromise _____   **4** embark on _____

ⓐ begin   ⓑ harm   ⓒ identify   ⓓ discontinue   ⓔ arrange

1ⓒ 2ⓔ 3ⓑ 4ⓐ

YBM TOEFL 80+
LISTENING

Organization

Organization questions evaluate your comprehension of the structural layout of a listening passage. They may ask about the overall flow of the passage or the intent behind mentioning a specific subject.

Vocabulary Preview

account	계정, 계좌		**following**	팬, 추종자
advertisement	광고		**free of charge**	무료로
alter	변경하다	*syn.* change	**handle**	처리하다 *syn.* deal with
argument	주장, 논거		**imitate**	본받다, 모방하다 *syn.* emulate
assure	~에게 보장하다		**initially**	처음에
basically	요컨대		**introduce**	시작하다 *syn.* start
bulky	부피가 큰	*syn.* sizable	**invalidate**	무효화하다
celebrity	유명 인사		**issue**	발급하다, 지급하다
characteristic	특징	*syn.* feature	**objective**	목적 *syn.* goal
charge	충전하다		**peephole**	핍홀
commercial	(상업) 광고 방송		**phonograph**	축음기
cover	(비용 등을) 충당하다		**physics**	물리학
currently	현재	*syn.* presently	**pioneer**	선구자
demonstration	시연(회)		**primarily**	주로 *syn.* chiefly
device	기기, 장치	*syn.* gadget	**prominent**	중요한, 두드러진 *syn.* outstanding
effective	실질적인		**promote**	홍보하다
ensure	보장하다		**pros and cons**	장단점
fault	결함		**prospect**	전망, 장래성
figure	인물		**psychology**	심리학
film	촬영하다		**relativism**	상대주의

replacement	대체(품)		challenge A to B	A에게 B하도록 요구하다
shift	(교대제의) 근무 시간		change ~ around	~을 이리저리 바꾸다
simultaneously	동시에	*syn.* at once	come up	생기다, 발생하다 *syn.* happen
slip	표		come up with	~을 생각해 내다 *syn.* create
social media	소셜 미디어		enroll in	~에 등록하다 *syn.* register in
special effect	특수 효과		go viral	입소문이 나다
split screen	분할 화면		have to do with	~와 관련이 있다
still	정지한	*syn.* stationary	hold a patent	특허를 보유하다
stock price	주가		instruct A to B	A에게 B하라고 지시하다
straightforward	간단한	*syn.* simple	passionate about	~에 대해 열정적인
streamline	간소화하다		pour A over B	A를 B 위에 붓다
strip	가늘고 긴 조각		provide A with B	A에게 B를 제공하다 *syn.* supply A with B
temporary	일시적인, 임시의	*syn.* transient	raise money for	~을 위한 기금을 마련하다
unauthorized	미승인된		rely upon	~에 의존하다 *syn.* depend on
weigh	무게가 ~이다		settle in	~에 적응하다 *syn.* get used to
work	작동하다		stand for	~을 상징하다 *syn.* represent
appeal to	~에 호소하다		strive to	~하기 위해 애쓰다
as though	마치 ~인 것처럼	*syn.* as if	switch A to B	A를 B로 옮기다
be fascinated by	~에 매료되다		take part	참가하다 *syn.* participate
catch on	인기를 끌다		what if ~?	~라면 어떻게 될까요?

PART 1

CHAPTER 04

Organization

CHAPTER 04

구조 파악하기

Organization 유형은 대화나 강의의 전체적인 구조를 묻거나 특정 정보들 사이의 관계에 대해 묻는 문제이다. 또한 언급된 특정 단어가 대화나 강의에서 하는 역할이 무엇인지를 묻기도 한다. 대화나 강의의 구체적인 생각의 흐름과 정보가 제시되고 있는 방법을 이해할 필요가 있다.

빈출문제 패턴

How does the professor organize the information about ~? 교수는 ~에 대한 정보를 어떻게 구성하는가?

How does the professor organize the lecture? 교수는 강의를 어떻게 구성하는가?

Why does the student mention ~? 학생은 왜 ~을 언급하는가?

Why does the professor discuss ~? 교수는 왜 ~을 논의하는가?

문제풀이 전략

1. 특정 단어가 나왔을 때 단어 자체가 아닌, 그 단어가 언급된 맥락을 파악한다.

대화나 강의 중 갑작스럽게 특정 단어가 등장하거나 강조되면, 그 단어가 언급된 진짜 목적이 무엇인지 파악하는 것이 중요하다. 주로 예를 들거나, 배경 지식을 제공하거나, 다른 대상에 비유할 때 그 단어를 왜 언급했는지 묻는 문제가 출제될 수 있다.

2. 지문의 전체적인 구성에 주의하며 듣는다.

화자가 정보를 어떤 방법으로 전개하는지를 주의 깊게 파악해야 한다. 예를 들면, 화자가 시간의 순서대로 전개하는지 아니면 구체적인 예시를 드는지, 혹은 비교 및 대조의 방법을 사용하는지 등이 있다. 화자의 정보 전개 방식을 쉽게 파악하기 위해 다음의 표현들을 잘 알아두자.

시간의 순서	next the first(second) step is
구체적인 예시	such as for example(instance) to illustrate imagine
비교 및 대조	similar to in comparison to however on the other hand

Why does the student mention Cassirer and Heidegger?

(A) To complain that it is hard to understand their arguments

(B) To show that she agrees with what they asserted

(C) To indicate that she values studying philosophy over getting a job

(D) To support the reason why she wants to change her major

∩ L 23

❯ 스크립트 & 해석

N Narrator   S Student   P Professor

N Listen to a conversation between a student and a professor.	**N** 학생과 교수 사이의 대화를 들으시오.
S Hello, Professor Lucas. I've decided to change my major after this semester.	**S** 안녕하세요, 루카스 교수님. 저는 이번 학기가 끝나고 전공을 바꾸기로 결심했어요.
P Oh, really? You seemed passionate about philosophy.	**P** 아, 그래요? 학생은 철학에 대해 열정적인 것 같았는데요.
S I am, but I need to consider my job prospects after graduation.	**S** 그렇기는 하지만, 졸업 후 취업 전망을 고려해야 해서요.
P Are you worried that philosophy majors don't have much to offer employers?	**P** 철학 전공자들이 고용주들에게 제공할 게 많지 않을까 봐 걱정하는 건가요?
S I feel I should study something more directly related to a career. I mean, I can't put on my resume that Cassirer challenged Heidegger's relativism, saying that universal truths can be explained by the exact sciences.	**S** 직업과 좀더 직접적으로 관련된 걸 공부해야 할 것 같아서요. 제 말은, 카시러가 하이데거의 상대주의에 도전하며 보편적 진리는 정밀 과학으로 설명될 수 있다고 말했다는 것을 제 이력서에 넣을 순 없잖아요.
P Yes, but by thinking about arguments throughout history like that one, you can develop critical thinking skills.	**P** 그렇기는 하지만, 그 말처럼 역사 전반에 걸친 주장들에 관해 생각해 봄으로써, 비판적 사고 능력을 기를 수 있죠.
S Well, I guess you do have a point.	**S** 음, 일리 있는 말씀인 것 같아요.
P Additionally, internships can provide practical experience. Think it over and check with career services for more insight.	**P** 게다가, 인턴 프로그램은 실무 경험을 제공할 수 있고. 심사 숙고를 해 보고 더 많은 통찰력을 얻을 수 있도록 취업 지원 서비스 센터에 알아 보세요.

학생은 왜 카시러와 하이데거를 언급하는가?

(A) 그들의 주장을 이해하기 어렵다고 불평하기 위해

(B) 그들이 주장한 것에 동의한다는 뜻을 나타내기 위해

(C) 취직보다 철학 공부가 더 가치 있다는 것을 나타내기 위해

(D) 전공을 바꾸고 싶은 이유를 뒷받침하기 위해

어휘 passionate about ~에 대해 열정적인 prospect 전망, 장래성 relativism 상대주의 argument 주장, 논거

해석 학생은 철학을 전공하고 있지만 졸업 후 취직에 조금 더 도움이 되는 전공으로 바꾸려고 생각 중이므로 자신의 생각을 뒷받침하기 위해서 카시러와 하이데거를 언급하고 있다. 따라서 정답은 (D)다.

Listen to a conversation between a student and a cafeteria employee.

∩ **L24**

1 What is the conversation mainly about?

(A) How to charge a meal card in the cafeteria
(B) How much will be needed to open an account
(C) What the lunch options are for students living in a dorm
(D) How to use the cafeteria services

2 Why does the employee mention that the student can start with just eight dollars in his account?

(A) To let the student know the minimum deposit of meal card accounts
(B) To explain that one meal costs eight dollars
(C) To express her doubt about if the student can open his meal account
(D) To assure the student that he can report about the lost card

| **Vocabulary Check** | 각 단어의 알맞은 뜻을 찾아 기호를 쓰시오.

1 make a deposit _____   **2** streamline _____   **3** invalidate _____   **4** unauthorized _____

ⓐ 간소화하다   ⓑ ~을 입금하다   ⓒ 유효한   ⓓ 무효화하다   ⓔ 미승인된

1ⓑ 2ⓐ 3ⓓ 4ⓔ

Listen to a conversation between a student and a post office employee.

∩ **L25**

| YBM TOEFL LISTENING | Volume | Help | Next |

PART 1

CHAPTER 04

1 Why does the woman mention Peter Hopkins?

   (A) To recommend the student ask him questions

   (B) To suggest him as a solution to the student's problem

   (C) To state that he is going to get a promotion to manager

   (D) To note a worker the student should try to imitate

2 What can be inferred about the student?

   (A) He has a schedule conflict between his work and course.

   (B) He is working two different part-time jobs.

   (C) He changed his major to physics.

   (D) He plans to work at the post office this summer.

| **Vocabulary Check** | 각 단어의 알맞은 동의어를 찾아 기호를 쓰시오.

1 come up _____   **2** enroll in _____   **3** settle in _____   **4** alter _____

ⓐ get used to   ⓑ change   ⓒ happen   ⓓ register in   ⓔ postulate

1ⓒ 2ⓓ 3ⓐ 4ⓑ

Listen to part of a lecture in an art class.

∩ L26

1 What is the lecture mainly about?

- (A) The ways that movie cameras work
- (B) Characteristics of devices for making films
- (C) Prominent figures in film history
- (D) What the first films were about

2 How does the professor develop the topic?

- (A) By comparing the Cinématographe and the Kinetograph
- (B) By focusing on the ideas that led to important inventions
- (C) By explaining the ways that various machines work
- (D) By discussing important individuals in chronological order

| **Vocabulary Check** | 각 단어의 알맞은 뜻을 찾아 기호를 쓰시오.

1 fault _____   **2** still _____   **3** bulky _____   **4** simultaneously _____

| ⓐ 부피가 큰 | ⓑ 정지한 | ⓒ 동시에 | ⓓ 결함 | ⓔ 드러나다 |

1ⓓ 2ⓑ 3ⓐ 4ⓒ

Listen to part of a lecture in a business class.

∩ L 27

1 What does the professor say about the Ice-Bucket Challenge?

(A) It became widespread mainly due to social media.
(B) It promoted several different kinds of products.
(C) A few thousand people made videos of their actions.
(D) Its goal was to raise money for medical research.

2 How does the professor organize the information?

(A) By pointing out the pros and cons of viral marketing
(B) By focusing on how viral marketing spreads quickly
(C) By describing various viral marketing campaigns
(D) By discussing the benefits of using viral marketing

| **Vocabulary Check** | 각 단어의 알맞은 동의어를 찾아 기호를 쓰시오.

1 rely upon _____   2 take part _____   3 simultaneously _____   4 temporary _____

ⓐ primary   ⓑ transient   ⓒ depend on   ⓓ participate   ⓔ at once

1ⓒ 2ⓓ 3ⓔ 4ⓑ

PART 1

CHAPTER 04

YBM TOEFL 80+
LISTENING

Connecting Content

Connecting Content questions, typically presented in the form of charts, come in three types: Category, Yes/No, and Order. These questions test your ability to accurately match details with categories or arrange items in sequential order.

Vocabulary Preview

absolute	절대적인	**fragment**	조각 *syn.* piece
adeptly	능숙하게 *syn.* adroitly	**indiscernible**	알아볼 수 없는 *syn.* imperceptible
allocate	할당하다 *syn.* assign	**instinctual**	본능에 따른
articulate	또렷이 말하다 *syn.* express	**intonation**	억양
candid	자연스러운, 있는 그대로의	**intrigue**	~의 흥미를 불러일으키다 *syn.* fascinate
cognitive	인지의	**majority**	대다수
compatriot	동료	**merge**	융합되다, 병합하다 *syn.* combine
consolidation	강화	**meticulously**	세심하게
contemporary	당시의	**milestone**	중요 단계, 획기적 사건
coordination	조정	**moral judgment**	도덕적 판단
craft	기교, 기술; 공들여 만들다	**norm**	규범, 표준 *syn.* standard
deemed	~라고 여겨지는 *syn.* regarded as	**note**	~에 주목하다
disclose	드러내다 *syn.* reveal	**nuanced**	미묘한 (차이가 있는) *syn.* subtle
dissolve	용해되다 *syn.* melt	**obedience**	순종, 복종 *syn.* compliance
distraction	방해 (요소)	**onset**	시작 *syn.* beginning
endearing	사랑스러운	**orientation**	지향
ethical	윤리의 *syn.* moral	**perceivable**	인지 가능한 *syn.* intelligible
extent	정도	**primal**	원시적인
filtration	여과 (과정)	**reasoning**	추론
formative years	형성기	**reciprocity**	호혜성 *syn.* mutual exchange

reflection	숙고	be tied to	~와 연관되다 *syn.* be related to
reminder	상기시켜주는 것	center around	~을 중심으로 하다
retain	유지하다	commitment to	~에의 전념
rudimentary	가장 기본적인 *syn.* elementary	conflict with	~와 충돌하다
seamlessly	감쪽같이, 매끄럽게 *syn.* flawlessly	conform to	~을 따르다 *syn.* follow
self-interest	자기 이익	earn recognition for	~로 명성을 얻다 *syn.* be known for
solution	용액	easier said than done	말은 쉽지만 실제로 하기는 어려운
spontaneous	즉흥적인 *syn.* impromptu	engage with	~에 적극적으로 참여하다 *syn.* interact with
stride	진보 *syn.* advancement	give ~ a try	~을 한번 해 보다
subdued	은은한, 부드러운 *syn.* muted	grapple with	~을 해 내려고 노력하다
suspend	(기체 등이) 떠 있다 *syn.* hang	imbue A with B	A를 B로 가득 채우다
throughout	완전히, 쭉	it goes without saying (that)	~라는 것은 말할 필요도 없다
transformative	변혁의	keep ~ in mind	~을 명심하다, 유념하다 *syn.* bear ~ in mind
transient	일시적인 *syn.* fleeting	lay the groundwork for	~에 대한 토대를 마련하다
unintelligible	이해할 수 없는 *syn.* unfathomable	mutually agreed-upon	상호 합의된
unjust	부당한	refer to A as B	A를 B라고 일컫다 *syn.* call A B
uphold	유지하다, 옹호하다 *syn.* maintain	span from A to B	A에서 B(의 기간)에 걸치다
vegetation	초목 *syn.* flora	take a break	(잠시) 휴식을 취하다
well-lit	조명이 적당한, 조명이 밝은	transition to	~로 전환하다 *syn.* shift to
be classified into	~로 분류되다	weave ~ together	~을 한데 엮다

PART 1

CHAPTER 05

Connecting Content

전개구조 파악하기

Connecting Content 유형은 대화나 강의에 제시된 내용 사이의 관계를 파악하는 문제다. 이 유형에는 두세 개 중심 소재의 특징을 구분하는 Category, 하나의 중심 소재가 가진 특징들을 자세히 파악하는 Yes/No, 내용이 어떤 순서대로 나왔는지를 묻는 Order 문제가 있다.

빈출문제 패턴

Category	**Place a check mark in the correct box.** 알맞은 상자에 체크하시오.
Yes/No	**Mark your answers with an "X" below.** 아래 각 항목마다 'X'표시를 하시오.
Order	**Put the steps in the correct order.** 단계를 올바른 순서로 정렬하시오.

문제풀이 전략

1. 비교나 대조를 할 때 중심 소재를 구분하여 note-taking한다.

두 중심 소재의 특징을 번갈아가며 설명할 가능성이 높으니 흐름을 놓치지 않게 조심해야 한다.

비교·대조
표시어   compare, two types, in contrast ...

2. 하나의 중심 소재의 특징들을 나열할 때 Yes/No 문제에 대비한다.

나열
표시어   also, besides, next, another ...

3. 순서를 나타내는 표시어가 나오면 정보를 차례대로 note-taking한다.

내용 사이의 관계를 파악하기 위해 동사 혹은 형용사 위주로 쓰는 것이 좋다.

순서
표시어   step, stage, process, first ...

In the lecture, the professor gives examples of homogeneous and heterogeneous mixtures. Match each mixture with its corresponding type.
Place a check mark in the correct box.

∩ L29

	Homogeneous	Heterogeneous
Soil		
Dirty water		
Smoke		
Salt water		

▶ 스크립트 & 해석

N Narrator   P Professor   S Student

N Listen to part of a lecture in a chemistry class.

P Let's explore the complexities of mixtures. Now, when different portions of matter come together, a mixture is formed. This can be broadly classified into two types: homogeneous and heterogeneous mixtures. The distinction between them is closely tied to the concept of a "phase."

As a quick reminder, a phase is a physical state—solid, liquid, or gas—characterized by distinct boundaries and uniform properties. Homogeneous mixtures, as indicated by the prefix "homo-" meaning "same," exhibit uniformity, featuring only one phase. A classic example is the combination of alcohol and water. These liquids seamlessly merge, erasing any perceivable boundary between them. This is definitively classified as a single-phase mixture.

Conversely, heterogeneous mixtures exhibit diversity throughout. This is apparent, for instance, when water is mixed with oil. However, this can happen on a more complex level. An everyday example is soil. Soil is a mixture of solid materials showcasing distinct components—sand, organic matter, and fragments of vegetation. Unlike homogeneous mixtures, the different phases in

N 화학 수업의 강의 일부를 들으시오.

P 혼합물의 복합성을 살펴보겠습니다. 자, 서로 다른 부분으로 되어 있는 물질이 하나로 합쳐질 때, 혼합물이 형성됩니다. 이는 크게 두 가지 유형으로 분류될 수 있는데, 바로 균일 혼합물과 불균일 혼합물입니다. 둘 사이의 차이는 '상'이라는 개념과 밀접하게 연관되어 있습니다.

간단히 되짚어보자면, 상이라는 것은 고체, 액체, 또는 기체 같은 물리적 상태로서, 뚜렷한 경계와 균일한 특성으로 특징지어집니다. 균일 혼합물은 '동일한'을 뜻하는 접두어 'homo-'에서 나타나는 바와 같이 균일성을 보이며, 오직 하나의 상을 특징으로 합니다. 대표적인 예가 알코올과 물의 조합이죠. 이 액체들은 감쪽같이 융합되면서, 둘 사이에 인지 가능한 경계가 사라집니다. 이는 단상 혼합물로 명확하게 분류됩니다.

반대로, 불균일 혼합물은 모든 부분에서 다양성을 보입니다. 예를 들어, 물이 기름과 혼합되는 경우를 보면 분명하죠. 하지만 더욱 복잡한 수준으로도 일어날 수 있습니다. 한 가지 일상적인 예시가 흙입니다. 흙은 고체 물질들의 혼합물로서, 모래와 유기물, 초목의 조각들 같이 뚜렷이 다른 구성 요소들을 보여 줍니다. 균일

heterogeneous mixtures can be mechanically isolated. By passing soil through various sieves with different hole sizes, its diverse components can be effectively separated.

Notably, some heterogeneous mixtures may appear uniform to the naked eye but reveal multiple phases under closer inspection. If you magnify smoke, you'll see that tiny particles are suspended in the air. Even though we can't distinguish the boundary between the particles, it still exists.

S What about, um, when water is mixed with fine dirt?

P Well, in the case of dirty water, solid matter can be separated through filtration. Pass it through a filter, and the dirt and whatever else is in there will be retained on the filter paper, while the clean water will pass through.

In contrast, boundaries in homogeneous mixtures are indiscernible even when magnified. Their uniformity persists to the level of fundamental particles, and we refer to these mixtures as "solutions." When salt dissolves in water, the integration is so thorough that no magnification can disclose separate entities of salt; it's a seamless blend with no discernible boundaries— a solution. This distinction between homogeneous and heterogeneous mixtures is crucial for understanding the intricate properties and behaviors of substances.

혼합물과 달리, 불균일 혼합물의 여러 다른 상은 기계적으로 구분될 수 있습니다. 흙을 구멍 크기가 다른 여러 체에 통과시키면, 그 다양한 구성 요소들이 효과적으로 분리될 수 있죠.

주목해야 하는 부분은, 일부 불균일 혼합물이 육안으로는 균일한 것처럼 보여도, 더 자세히 살펴보면 많은 상이 드러날 수 있다는 점입니다. 연기를 확대해 보면 아주 작은 입자가 공중에 떠 있는 게 보일 겁니다. 우리가 그 입자들 사이의 경계를 볼 수는 없지만, 경계가 존재하긴 하죠.

S 물이, 음, 고운 흙과 혼합되는 경우는 어떤가요?

P 물이 흙과 섞인 경우에는, 고체 물질이 여과 과정을 통해 분리될 수 있죠. 흙과 섞인 물을 필터에 통과시키면, 흙과 함께 그 안에 들어 있는 건 무엇이든 여과지에 남겨져 있는 반면 깨끗한 물은 통과되어 나옵니다.

그에 반해서, 균일 혼합물은 확대해 보는 경우에도 경계를 분간할 수 없습니다. 그 균일성이 근본적인 입자의 수준까지 존속하는데, 우리는 이 혼합물을 '용액'이라고 일컫습니다. 소금이 물 속에서 용해될 때, 그 통합된 상태가 너무 완전해서 어떻게 확대해도 별도의 소금 개체가 드러나지 않습니다. 그러니까 분간할 수 있는 경계가 없는 완벽한 혼합물, 즉 용액이 되는 거지요. 균일 혼합물과 불균일 혼합물 사이의 이러한 차이는 물질의 복잡한 특성과 반응을 이해하는 데 있어 아주 중요합니다.

강의에서 교수는 균일 혼합물과 불균일 혼합물의 예시를 제공하고 있다. 각 혼합물을 해당 유형과 일치시키시오. 알맞은 상자에 체크하시오.

	균일 혼합물	불균일 혼합물
흙		✓
흙과 섞인 물		✓
연기		✓
소금물	✓	

어휘 be classified into ~로 분류되다 be tied to ~와 연관되다 phase 상, 상태 reminder 상기시켜주는 것
seamlessly 감쪽같이, 매끄럽게 merge 융합되다, 병합하다 perceivable 인지 가능한 throughout 완전히, 쭉
apparent 분명한 fragment 조각 vegetation 초목 sieve 체 magnify 확대하다 suspend (기체 등이) 떠 있다
dirt 흙 filtration 여과 (과정) indiscernible 알아볼 수 없는 refer to A as B A를 B라고 일컫다 solution 용액
dissolve 용해되다 disclose 드러내다

해석 교수는 불균일 혼합물에 대해 이야기하면서 흙과 연기, 흙과 섞인 물을 예로 들고, 소금물은 소금 개체가 드러나지 않는 용액으로 균일 혼합물의 한 예로 언급하고 있다.

EXERCISE 01

Listen to a conversation between a student and a guidance counselor.

∩ L 30

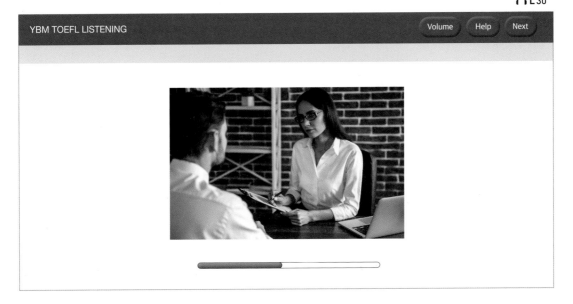

1 Why does the student go see the counselor?

(A) He is having a hard time adapting to school life as a freshman.
(B) He is having trouble maintaining concentration in his classes.
(C) He is looking for some helpful tips on how to study.
(D) He is doubtful of the effectiveness of his current study methods.

2 What advice does the counselor give to the student? Mark your answers with an "X" below.

	Yes	No
Always use a study room at the library		
Learn more about the Pomodoro Technique		
Include short intervals between study sessions		
Make a study schedule		
Register for early morning classes		

| Vocabulary Check | 각 단어의 알맞은 뜻을 찾아 기호를 쓰시오.

1 allocate _____   **2** distraction _____   **3** engage with _____   **4** consolidation _____

ⓐ 강화   ⓑ 할당하다   ⓒ 방해 (요소)   ⓓ ~에 적극적으로 참여하다   ⓔ ~을 한번 해 보다

1ⓑ 2ⓒ 3ⓓ 4ⓐ

Listen to part of a lecture in a psychology class.

∩ L31

1 What is the lecture mainly about?

(A) The meanings of words uttered by babies
(B) The process of language acquisition and related theories
(C) Necessary factors for language development
(D) The development of infants' language use

2 In the lecture, the professor describes the stages of language development. Put the following features of the stages in the correct order. Drag each answer choice to the space where it belongs.

Stage 1	
Stage 2	
Stage 3	
Stage 4	

(A) Infants try to imitate sounds around them.
(B) Infants manipulate intonation to convey what they mean.
(C) Infants rely on instinctual sounds to communicate their needs.
(D) Infants understand the combination of consonants and vowels.

| **Vocabulary Check** | 각 단어의 알맞은 동의어를 찾아 기호를 쓰시오.

1 omit _____   **2** rudimentary _____   **3** articulate _____   **4** grapple with _____

ⓐ basic   ⓑ tackle   ⓒ express   ⓓ obscure   ⓔ leave out

1ⓔ 2ⓐ 3ⓒ 4ⓑ

EXERCISE 03

Listen to part of a lecture in an art history class.

∩ L 32

1 The professor contrasts the paintings of Monet and Degas. Match each characteristic with the correct artist. Some characteristics may not apply to either artist.
Place a check mark in the correct box.

	Monet	Degas	Not Applicable
Vibrant and expressive colors			
Interest in Parisian theater			
Loose and spontaneous brushwork			
Detailed and photorealistic figures			
Precision in capturing human movement			

2 Listen again to part of the lecture. Then answer the question. ∩
What does the professor imply when he says this?

(A) Monet's paintings focus on the overall impression and atmosphere.
(B) *Water Lilies* features a less commonly known subject.
(C) The water lilies serve as a backdrop in Monet's paintings.
(D) Monet's brushwork captures the transient nature of the subjects.

| **Vocabulary Check** | 각 단어의 알맞은 뜻을 찾아 기호를 쓰시오.

1 transient _____   **2** imbue _____   **3** candid _____   **4** groundbreaking _____

ⓐ 섬세한   ⓑ 일시적인   ⓒ 자연스러운   ⓓ 획기적인   ⓔ 가득 채우다

1ⓑ 2ⓔ 3ⓒ 4ⓓ

Part 1_Chapter 05_Connecting Content **71**

Listen to part of a lecture on moral development.

∩ **L 33**

1 In the lecture, the professor discusses the stages of moral development. Put the following examples of moral reasoning in the correct order. Drag each answer choice to the space where it belongs.

(1)	
(2)	
(3)	
(4)	

(A) Drinking and driving should be punished because it poses a threat to society.

(B) I will sign a petition for changes in the workplace to protect workers' rights.

(C) If I help my neighbor mow his lawn, he will help me put up my shelves.

(D) I will not spread rumors about her because I want to maintain a positive image.

2 What can be inferred about the universal ethical principles orientation stage?

(A) It differs from the other stages in that it doesn't result in personal gain.

(B) The fairness of the rules to which individuals conform is seldom questioned.

(C) It may be prevalent in individuals from adolescence through adulthood.

(D) It can be challenging for some to attain this level of moral reasoning.

| **Vocabulary Check** | 각 단어의 알맞은 동의어를 찾아 기호를 쓰시오.

1 commitment _____   **2** obedience _____   **3** uphold _____   **4** intrigue _____

ⓐ dedication   ⓑ reasoning   ⓒ conformity   ⓓ captivate   ⓔ maintain

06

Inference

Inference questions assess your ability to deduce implied meanings and draw logical conclusions based on the information presented in the listening passage. These questions require you to look beyond the literal meaning of words or ideas.

addition	추가(되는 것)		**erode**	침식시키다 *syn.* wear away
alternative	대안 *syn.* replacement		**evaluate**	평가하다 *syn.* assess
ample	충분한 *syn.* plenty of		**extreme**	극단적인 *syn.* utmost
aquifer	대수층		**first place**	우승, 1등
astronomer	천문학자		**flow**	흐르다
athletic	운동의		**freezing point**	어는점
basin	분지		**gas mileage**	연비
bypass	건너뛰다		**geography**	지형, 지리
carton	(음식이나 음료를 담는) 통		**geomorphic**	지형학의
chiaroscuro	명암법		**GPA**	평점(= grade point average)
competition	경연대회 *syn.* contest		**grant**	보조금
complicated	복잡한 *syn.* intricate		**hardly ~ at all**	거의 ~하지 않는
consumer behavior	소비자 행동		**heavily**	깊이, 대단히 *syn.* severely
contrast	대비, 대조 *syn.* distinction		**indicate**	나타내다 *syn.* demonstrate
conventional	전통적인 *syn.* traditional		**individually**	개별적으로
crust	지각		**lesser-known**	덜 알려진
dealership	대리점		**maneuverability**	조종성
detect	감지하다 *syn.* perceive		**melt**	녹다 *syn.* thaw
due	~이 기한인		**nearly**	거의 *syn.* almost
equator	적도		**neighborhood**	지역, 지방

nevertheless	그럼에도 불구하고		tremendous	엄청난	*syn.* huge
once	일단		tuition	등록금	
polar cap	극관		upcoming	곧 있을, 다가오는	
porous	다공성의, 침투성의		vanish	사라지다	*syn.* disappear
precisely	정확히, 바로	*syn.* exactly	vital	필수적인	*syn.* essential
pure	순수한		apply for	~에 지원하다	
real estate agent	부동산 중개인		be confused by	~로 혼란스러워하다	
recognition	인식		be defined as	~로 정의되다	
routine	(정해진) 안무, 춤 동작		be eligible for	~의 자격이 있다	
salt hydrate	염수화물		combined with	~와 결합된	
shade	(명암의) 정도		convert A into B	A를 B로 전환하다	
slab	(두껍고 반듯한) 판		differentiate A from B	A와 B를 구별하다	
space probe	무인 우주 탐사선		excel in	~에 뛰어나다, 우수하다	
specific	구체적인		figure out	~을 파악하다, 알아내다	
speculate	추측하다	*syn.* conjecture	have trouble -ing	~하는 데 어려움이 있다	
submit	제출하다	*syn.* hand in	look forward to -ing	~하기를 고대하다	*syn.* be eager for
tenebrism	명암 대비 화법		participate in	~에 참가하다	*syn.* take part in
term paper	학기말 과제		qualify for	~의 자격이 있다	
test-drive	시운전하다		speak highly of	~을 칭찬하다	*syn.* compliment
three-dimensional	입체적인	*syn.* stereoscopic	take ~ into consideration	~을 고려하다	

CHAPTER 06

Inference

추론하기

Inference 유형은 대화나 강의에 직접적으로 언급되지 않았으나 맥락상 추론할 수 있는 사실을 묻는 문제이다. 두 개 이상의 정보들을 연결해서 종합적으로 이해해야 답을 찾을 수 있는 문제로, 전체적인 맥락을 이해하고 논리적으로 추론하는 것이 중요하다.

빈출문제 패턴

What can be inferred about ~? ~에 대해 추론할 수 있는 것은 무엇인가?

What does the professor imply about ~? 교수가 ~에 대해 암시하는 것은 무엇인가?

What will the student probably do next? 학생은 아마도 다음에 무엇을 할 것인가?

What does the professor imply when he/she says this?
교수가 다음과 같이 말할 때 암시하는 것은 무엇인가?

문제풀이 전략

1. 지문에서 언급된 내용을 근거로 추론한다.

추론 문제라고 해서 주어진 정보 외의 것을 상상해서는 안 된다. 대화나 강의에 직접적으로 언급된 정보들을 통합하여 결과를 예측하거나 결론을 추론해야 한다.

2. 확실하지 않은 상황, 미래의 가능성을 논할 때 주의한다.

추측, 미래 예상 등을 언급할 때 그 내용을 지나치게 강조하거나 이미 사실인 것처럼 설명하는 선택지는 오답인 경우가 많다. 오히려 그것의 반대 내용이 사실이 될 여지가 있고, 추론 문제의 정답이 되는 경우가 많다.

3. 대화 마지막 부분에서 화자의 다음 할 일이 무엇인지 놓치지 않는다.

대화의 경우, 화자가 앞으로 할 일이 주로 대화 마지막 부분에 제시되는 경우가 많다. 따라서 대화가 다 마무리될 때까지 집중력을 유지하며 끝까지 잘 들어야 한다.

What can be inferred about the superbug?

(A) It may produce new sources of enzymes.

(B) It will resolve the inefficiency of the traditional way of making ethanol.

(C) It was discovered by a company making ethanol from plant sugars.

(D) It may contribute to the discovery of a replacement for ethanol.

∩ L35

▶ 스크립트 & 해석

N Narrator   **P** Professor

N Listen to part of a lecture in a biology class.

P Ethanol is a kind of alcohol that can be used as a fuel. Normally, it is created by processing sugars from plants, such as corn. However, this process requires too much energy. Therefore, many companies have tried to convert cellulose, which is a molecule made of simple sugars, into ethanol. But the conventional method, which involves extracting enzymes from microorganisms, has proven slow, costly, and inefficient.

However, a pioneering company is exploring the globe for microorganisms with inherent cellulose-degrading and ethanol-producing capabilities. The company has already identified microorganisms capable of processing cellulose and generating ethanol. Now their focus is on using advanced technology to augment these microorganisms, enhancing their efficiency. The end goal is to engineer a superbug, a specialized microbe made for cellulose-to-ethanol conversion. If successful, this microbe could revolutionize the commercial production of cellulosic ethanol.

N 생물학 강의의 일부를 들으시오.

P 에탄올은 연료로 사용될 수 있는 알코올의 일종입니다. 보통, 그것은 옥수수 같은 식물에서 당을 가공함으로써 만들어집니다. 하지만, 이 과정은 너무 많은 에너지를 필요로 합니다. 따라서, 많은 회사들은 단순당으로 만들어진 분자인 셀룰로오스를 에탄올로 전환하기 위해 노력해 왔습니다. 하지만 전통적인 방식은, 미생물에서 효소를 추출하는 작업을 수반하는데, 이는 더디고 많은 비용이 들어가며 비효율적인 것으로 드러났습니다.

하지만, 한 선구적인 회사가 셀룰로오스를 분해해 에탄올을 만드는 고유한 능력을 가진 미생물을 찾아 전 세계를 탐사하고 있습니다. 그 회사는 이미 셀룰로오스를 가공해 에탄올을 만들 수 있는 미생물을 확인했습니다. 이제 그들의 초점은 진보한 기술을 이용해 이 미생물을 증가시키고, 효율성을 향상시키는 데 맞춰져 있습니다. 최종 목표는 슈퍼버그, 즉 셀룰로오스에서 에탄올로의 전환에 적합한 특수 미생물을 만드는 것입니다. 만약 성공한다면, 이 미생물은 셀룰로오스 에탄올의 상업적 생산에 대변혁을 일으킬 수 있습니다.

슈퍼버그에 대해 추론할 수 있는 것은 무엇인가?

(A) 그것은 새로운 효소 공급원을 만들어 낼 수도 있다.

(B) 그것은 전통적인 에탄올 제조 방식의 비효율성을 해결할 것이다.

(C) 그것은 식물의 당에서 에탄올을 만드는 회사에 의해 발견되었다.

(D) 그것은 에탄올 대체물의 발견에 기여할 수도 있다.

어휘 convert A into B A를 B로 전환하다   conventional 전통적인   extract A from B B에서 A를 추출하다

해석 교수는 에탄올을 만드는 것이 더디고 비용이 많이 들며 비효율적인 과정이라고 했고, 슈퍼버그를 만들어 에탄올 생산에 대변혁을 일으킬 수 있다고 말했다. 따라서 정답은 (B)다.

Listen to a conversation between a student and a director of scholarships.

∩ L36

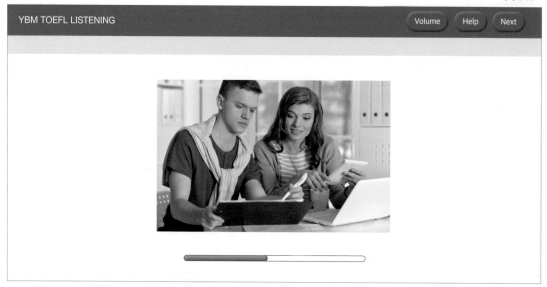

1 What do the speakers mainly discuss?

(A) Specific ways to get good grades
(B) Qualifications for performance scholarships
(C) Several types of grants the school provides
(D) How to participate in an audition for creative students

2 What can be inferred about the student?

(A) He might not be eligible for academic scholarships.
(B) He has long been interested in creative scholarships.
(C) He is not prepared to join the scholarship audition.
(D) He is qualified to apply for every scholarship the school offers.

| **Vocabulary Check** | 각 단어의 알맞은 뜻을 찾아 기호를 쓰시오.

1 qualify for _____   **2** speak highly of _____   **3** excel in _____   **4** tuition _____

| ⓐ 통과하다 | ⓑ ~의 자격이 있다 | ⓒ 등록금 | ⓓ ~을 칭찬하다 | ⓔ ~에 뛰어나다 |

1ⓑ 2ⓓ 3ⓔ 4ⓒ

Listen to a conversation between a student and a professor.

∩ **L37**

1 Why does the professor mention *Self-Portrait as Sick Bacchus*?

(A) To ask the student to explain the painting's meaning

(B) To use it to explain an art concept covered in class

(C) To point out the way that it uses chiaroscuro

(D) To claim it was really painted by Leonardo da Vinci

2 What can be inferred about the student?

(A) She has decided to become an art history major.

(B) She prefers Caravaggio's works to Leonardo da Vinci's.

(C) She should analyze two art forms in her paper.

(D) She is concerned about her upcoming midterm exam.

| **Vocabulary Check** | 각 단어의 알맞은 동의어를 찾아 기호를 쓰시오.

1 three-dimensional _____   **2** nearly _____   **3** extreme _____   **4** contrast _____

ⓐ almost   ⓑ utmost   ⓒ proceed to   ⓓ distinction   ⓔ stereoscopic

ⓓ 4 ⓑ 3 ⓐ 2 ⓔ 1

Listen to part of a lecture in a business class.

∩ L38

YBM TOEFL LISTENING   Volume   Help   Next

1 What is the lecture mainly about?

(A) The five stages of the consumer decision process
(B) The way consumers behave when they are satisfied with their purchases
(C) The five processes for evaluating the purchase of products
(D) The reason consumers buy specific products and services

2 What does the professor imply about information search?

(A) It focuses on the price of the item to be purchased.
(B) It must take place before alternatives are considered.
(C) Most people get their information from advertisements.
(D) People do not always research the things they want to buy.

| **Vocabulary Check** | 각 단어의 알맞은 뜻을 찾아 기호를 쓰시오.

1 maneuverability _____   **2** take ~ into consideration _____   **3** alternative _____   **4** bypass _____

| ⓐ 건너뛰다 | ⓑ 대안 | ⓒ ~을 고려하다 | ⓓ 조종성 | ⓔ 순환하다 |

1 ⓓ 2 ⓒ 3 ⓑ 4 ⓐ

EXERCISE 04

Listen to part of a lecture in an astronomy class.

🎧 L39

---

1 According to the professor, where can ice be found on Mars? Select 2 answers.

    (A) Near its equator

    (B) Deep beneath the surface

    (C) Close to the surface

    (D) At its polar caps

2 What does the professor imply about Mars?

    (A) It once had enough frozen water to cover California's surface.

    (B) Frequent rainfall changes its surface geography.

    (C) It may no longer have rivers flowing on its surface.

    (D) Its underground lakes sometimes flow to the surface.

| **Vocabulary Check** | 각 단어의 알맞은 동의어를 찾아 기호를 쓰시오.

1 vanish _____   **2** erode _____   **3** ample _____   **4** speculate _____

| ⓐ conjecture | ⓑ reproach | ⓒ disappear | ⓓ wear away | ⓔ plenty of |

1ⓒ 2ⓓ 3ⓔ 4ⓐ

PART 1

CHAPTER 06

YBM TOEFL 80+
LISTENING

PART
2

THEME-BASED PRACTICE

CHAPTER 01

Conversation

1. Campus Life

2. Academic Issues

TOEFL conversations center on topics related to campus issues, academic topics, or social situations. The conversations typically feature interactions between a student and a faculty member such as a professor or administrative staff. The interactions may also involve dialogue between two students.

Vocabulary Preview

accountant	회계사		**hands-on**	체험의, 실제로 하는	
accredited	공인된	*syn.* recognized	**insightful**	통찰력 있는	*syn.* perceptive
acoustics	음향 시설		**lucrative**	수익성이 좋은	
amendment	수정 조항	*syn.* revision	**mandatory**	의무적인, 필수적인	*syn.* obligatory
antioxidant	항산화의		**neck-and-neck**	막상막하인	*syn.* close
aside	여담	*syn.* digression	**occasion**	일, 경우, 행사	
assume	추측하다		**paleontologist**	고생물학자	
beforehand	미리, 사전에	*syn.* in advance	**potent**	강력한	*syn.* strong
bibliography	참고 문헌	*syn.* list of books	**primary source**	(연구나 조사 등의) 1차 자료	
conclusive	결정적인	*syn.* decisive	**rather**	다소, 약간	*syn.* quite
conspiracy theory	음모론		**refine**	다듬다, 개선하다	*syn.* polish
convincing	설득력 있는	*syn.* compelling	**replica**	모형	*syn.* copy
engaging	재미있는, 매력적인		**resume**	이력서	
entail	수반하다	*syn.* involve	**select**	특정의, 선택된	
excavation	발굴(지)		**simulated**	모의의, 모조의	*syn.* imitated
findings	(연구) 결과물		**station**	(특정 활동을 하는) 공간, ~장	*syn.* site
formula	공식		**superficial**	피상적인	*syn.* cursory
fragile	취약한	*syn.* brittle	**tenured**	종신 재직의	
genealogy	가계도, 계보	*syn.* ancestry	**thesis**	논문	
grounds	부지, 구내	*syn.* premises	**utility**	유용성	

versatile	다용도의 _syn._ adaptable	extract A from B	A를 B에서 추출하다
via	(시스템 등)을 통하여	for now	일단은, 현재로는 _syn._ for the time being
way	훨씬 _syn._ much	get confused about	~에 대해 혼동하다
work	(일정 등이) 맞다, 괜찮다	get the most out of	~을 최대한 활용하다 _syn._ make the most of
account for	~을 차지하다	go into detail on	~을 상세히 다루다 _syn._ explain in detail
as for	~의 경우에는	good to go	(준비 등이) 다 된, 해도 좋은
be attributed to	~의 저작물로 간주되다	guide A through B	A에게 B를 설명해 주다
be aware of	~을 알다	have ~ in mind	~을 염두에 두다
be done with	~을 마치다 _syn._ be finished with	have one's pick	원하는 대로 선택하다
be good with	~을 잘 다루다	in charge of	~을 맡고 있는
be partial to	~을 매우 좋아하다	look through	~을 훑어보다
be qualified to	~할 자격이 있다 _syn._ be eligible to	make one's way to	~로 가다
bear with	~을 참고 기다리다	one's cup of tea	~가 좋아하는 것
bend the rules	원칙대로 하지 않다, 편법으로 하다	other than	~외에 _syn._ apart from
bring ~ up	(화제 등을) 꺼내다	out of curiosity	궁금해서 그런데
clear ~ up	~을 정리하다	perform an analysis	분석을 하다 _syn._ analyze
collaborate on	~에 공동 작업하다	pull an all-nighter	밤샘 공부를 하다
confidence in	~에 대한 신뢰	stick to	~에 충실하다 _syn._ adhere to
cram A into B	A를 B에 집어넣다	try one's hand at	~을 한번 해 보다 _syn._ try out
dwell on	~에 얽매이다	work through	~을 해결하다

[1-5] Listen to a conversation between a student and a university employee.

∩ L41

YBM TOEFL LISTENING

Volume | Help | Next

---

1 What are the speakers mainly discussing?

(A) A helpful program for new international students

(B) Types of mentors for international students

(C) Whether the student can apply for a program

(D) The enrollment process for an orientation program

2 What can students do during the orientation program?

(A) Enroll in an international program

(B) Learn about the classes they will be taking

(C) Conduct research in the school library

(D) Choose a fellow student to work with

3 Why does the employee mention the library?

    (A) To inform the student how to access its resources

    (B) To give an example of a school facility that students will visit

    (C) To provide information about buildings on the school grounds

    (D) To give an example of a destination for a bus tour

4 What can be inferred about the orientation program?

    (A) The program was organized by both teachers and students.

    (B) Participants have to pay an additional fee to visit certain buildings off-campus.

    (C) Participants will be unable to ride school buses until they get their ID card.

    (D) The program does not include the Peer Mentor Support Program.

5 Listen again to part of the conversation. Then answer the question. ∩

What does the employee mean when he says this?

    (A) He does not favor one type of mentor over the other.

    (B) He is not sure which type of mentor would best fit the student's needs.

    (C) Mentors can help students based on their individual knowledge and experience.

    (D) The choice of a mentor should be based on the preferences of each student.

PART 2

CHAPTER 01

[1-5] Listen to a conversation between a student and a professor.

∩ L42

YBM TOEFL LISTENING Volume Help Next

1 Why does the student visit the professor?

(A) She wants to see how he redecorated his office.

(B) She wants to transfer to a different university.

(C) She wants his advice about a graduate program.

(D) She wants him to do her a favor.

2 How does the student explain her qualifications for the job?

(A) By highlighting her previous role at the university

(B) By presenting the professor with her work featured in a science journal

(C) By discussing her plans for an internship at a research institute

(D) By listing specific achievements in data collection and analysis

3   Why is the professor reluctant to emphasize the internship experience in the reference?

    (A) The reference needs to adhere to specific guidelines.

    (B) He thinks the reference will be more effective if he does not highlight it.

    (C) The internship might disrupt the overall coherence of the reference.

    (D) He is unsure if the internship is related to the job position.

4   What is the professor's opinion about the reference letter?

    (A) It should focus on the student's undergraduate experiences.

    (B) It should not discuss achievements unrelated to academic studies.

    (C) It should emphasize the student's ability to work independently.

    (D) It should include the student's plans for future endeavors.

5   What will the student do next?

    (A) Go to her dentist's appointment

    (B) Request a reference letter from another professor

    (C) Email her resume and relevant documents to the professor

    (D) Send the professor a text message

∩ L43

[1-5] Listen to a conversation in a library.

1 Why does the student visit the library?

(A) He needs online access to restricted materials.

(B) He is interested in learning about his family's history in the local region.

(C) He wants to explore the historical events of the region in ancient times.

(D) He requires access to materials that will assist his research.

2 According to the librarian, which types of books are typically found in the restricted section? Select 3 answers.

(A) Books featuring mature content

(B) Books susceptible to damage

(C) Books with limited availability

(D) Books that are forbidden in some countries

(E) Books requiring extra supervision

3 Why does the librarian mention resources in the general collection?

    (A) To express regret that the material the student needs is not available in the collection

    (B) To clarify that the student doesn't need written permission to access those resources

    (C) To suggest the possibility that the student may have missed the material he is searching for

    (D) To recommend that the student explore the collection before trying the restricted section

4 Why does the librarian say this? 🎧

    (A) To express surprise at the diligence of her fellow librarian

    (B) To inform the student that it is now time for her break

    (C) To tell the student that the head librarian is now available

    (D) To advise the student to promptly access the restricted section

5 Listen again to part of the conversation. Then answer the question. 🎧

    What does the librarian mean when she says this?

    (A) The student will finally receive the assistance he requires.

    (B) The student should now be able to access the online database.

    (C) The student has the required item to sign up for the special card.

    (D) The student is free to explore other resources in the library.

[1-5] Listen to a conversation between a student and a university employee.

∩ L44

YBM TOEFL LISTENING   Volume   Help   Next

1   Why does the student approach the employee?

(A) He wants to invite her to go to a concert with him.
(B) He wants to change the times for reservations that he made.
(C) He wants to book a room to practice for an upcoming event.
(D) He wants to let her know he was invited to play at a concert.

2   What can be inferred about the student?

(A) He has never been invited to play at a concert before.
(B) He will perform at a concert for two consecutive days.
(C) He usually reserves a practice room for three days a week.
(D) He sometimes reserves a practice room two weeks in advance.

3   Why does the student want to adjust the time for Thursday?

    (A) The suggested time will make him late for his class.

    (B) His class will make him arrive late for his practice room time.

    (C) The room available for the suggested time doesn't sound as good.

    (D) He can't practice for two hours on Thursday.

4   Why does the employee say that she is supposed to support the students?

    (A) To encourage the student to practice harder

    (B) To explain why she will attend the student's concert

    (C) To offer to give the student additional days to practice

    (D) To give a reason why she is changing the protocol

5   Listen again to part of the conversation. Then answer the question. ∩

    What does the student mean when he says this?

    (A) He is hesitant about taking the room with better acoustics.

    (B) He is willing to accept the employee's offer.

    (C) He wants to reserve the suggested room for a few more days.

    (D) He is expressing regret that he did not reserve a room beforehand.

[1-5] Listen to a conversation between two students.

∩ L 45

1 What is the conversation mainly about?

(A) Plans for an upcoming club event
(B) Details and attractions of a visit to a museum
(C) Items to bring on a club field trip to a museum
(D) Personal preferences for different field trip options

2 Why does the woman mention the museum's website?

(A) To further inform the man of the museum's features and exhibits
(B) To provide more information on the museum's interactive displays
(C) To suggest that the man explore the museum's online resources
(D) To search for information that she may have overlooked

3 What does the woman say about the museum?

  (A) It is more advanced than other museums she has visited.
  (B) Its main exhibit is dedicated to virtual reality.
  (C) Guided tours are available for all exhibits.
  (D) It will provide free lunch for students.

4 What can be inferred about the field trip to the lake?

  (A) It ended earlier than the students anticipated.
  (B) The students gathered materials for an ecology class.
  (C) It was not arranged properly in terms of the schedule.
  (D) The woman is more excited for the upcoming trip to the museum.

5 Listen again to part of the conversation. Then answer the question. ∩

  Why does the man say this?

  (A) He is satisfied with the choices for this year's trip.
  (B) He is unsure if he correctly remembers this year's choices for the trip.
  (C) He is curious as to why the woman voted for the museum.
  (D) He is surprised that the museum was preferred over the theme park.

[1-5] Listen to a conversation between a student and a professor.

🎧 L46

1 What are the speakers mainly discussing?

(A) The student's opinion on a class discussion

(B) Some answers to questions on a recent exam

(C) Some information from a previous class

(D) The student's plans for a research assignment

2 What does the professor instruct the student to do?

(A) Narrow down the scope of her research

(B) Find some additional information

(C) Revise her thesis proposal

(D) Consider applying to graduate school

3 Why does the student mention the right to free speech?

(A) To contradict a statement that the professor made
(B) To express her interest in writing about the First Amendment
(C) To compare it with the American Constitution
(D) To emphasize her concerns about sources for the final paper

4 What will the student probably do next?

(A) She will show the professor her rough draft.
(B) She will get her backpack from her dormitory room.
(C) She will provide the professor with some titles.
(D) She will ask the professor another question.

5 Listen again to part of the conversation. Then answer the question. ⌒

What does the professor imply when he says this?

(A) He has to think about his response for a bit.
(B) He does not support the student's topic.
(C) He needs to take a break for a short time.
(D) He thinks the student has done improper research.

[1-5] Listen to a conversation between a student and a professor.

∩ L47

YBM TOEFL LISTENING   Volume   Help   Next

1 Why does the student visit the professor?

(A) To request permission to write about a certain topic

(B) To ask her to help him find some source material

(C) To respond to her request for a meeting

(D) To discuss a topic that she covered in class in detail

2 Why does the student mention Francis Bacon?

(A) To state how much the student likes the works he wrote

(B) To contrast his writing style with that of Spenser

(C) To suggest that Shakespeare's works may be attributed to others

(D) To argue that he was the greatest Renaissance writer

3 What is the professor's attitude toward the student's proposal?

    (A) She approves of his interest in writing on Shakespeare.

    (B) She believes he needs to refine the topic more.

    (C) She is skeptical of the subject matter he likes.

    (D) She disapproves of the work he selected.

4 What can be inferred about the professor?

    (A) She believes that some conspiracy theories are true.

    (B) She does not enjoy many of Shakespeare's works.

    (C) She prefers medieval literature to Renaissance works.

    (D) She is surprised the student likes Edmund Spenser.

5 What does the professor want the student to do?

    (A) She wants him to explore symbolism in *A Midsummer Night's Dream*.

    (B) She wants him to write an analysis of *The Faerie Queene*.

    (C) She wants him to compare and contrast *Othello* and *Macbeth*.

    (D) She wants him to choose a Renaissance novel and describe the symbolism in it.

[1-5] Listen to a conversation between a student and a professor.

⌒ L48

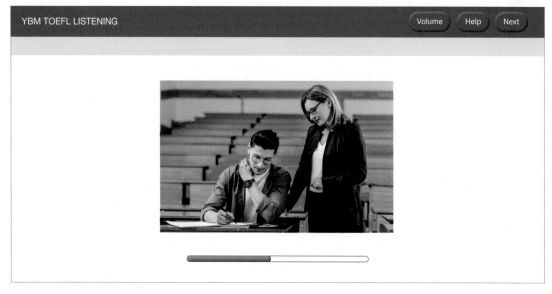

YBM TOEFL LISTENING   Volume Help Next

1 Why did the professor ask to see the student?

(A) To suggest he start applying for jobs soon

(B) To discuss his thoughts on his future

(C) To inform him about some job fairs in fall

(D) To outline a plan for his senior year

2 Why does the professor recommend that the student avoid graduate school? Select 2 answers.

(A) She doesn't think the student would like it.

(B) The cost of attending graduate school is too high.

(C) Math majors are sought by many companies.

(D) The student's grades are not high enough for it.

3 What is the student's opinion of graduate school?

    (A) He feels that it can improve his knowledge.

    (B) He is eager to study math in depth there.

    (C) He would prefer not to attend it.

    (D) He is interested in getting a master's degree.

4 Why does the professor discuss teaching math?

    (A) To claim it requires a graduate degree

    (B) To state the average salary of math teachers

    (C) To insist that the student is qualified to do it

    (D) To suggest it as a possible future career

5 What does the professor imply about the upcoming job fairs?

    (A) They will take place at a location off campus.

    (B) She knows some recruiters who will attend them.

    (C) The student might find employment at one of them.

    (D) They are not likely to be very helpful to the student.

[1-5] Listen to a conversation between a student and a professor.

∩ L49

YBM TOEFL LISTENING   Volume   Help   Next

1 Why does the professor want to see the student?

(A) To share some information about Brazil nuts

(B) To let the student know her grade on her final presentation

(C) To provide useful tips on how to find information on superfoods

(D) To have a mandatory pre-presentation discussion

2 What does the professor say about superfoods?

(A) The term itself is not scientific and is used to sell products.

(B) They are known to be rich in a nutrient called selenium.

(C) They are considered the healthiest foods.

(D) Whether they have economic benefits is unclear.

3 What can be inferred about Brazil nuts?

    (A) They can be produced only in South America.

    (B) Their ability to fight cancer will likely be left out of the student's presentation.

    (C) Permission is needed to plant more Brazil nut trees.

    (D) People are developing various ways to extract oil from the seeds.

4 Why does the professor mention salad dressing?

    (A) To explain how to enhance the taste of salads

    (B) To disprove the idea that Brazil nuts have rich flavors

    (C) To illustrate that Brazil nuts have many different uses

    (D) To claim that salads are as healthy as Brazil nuts

5 What will the student probably do after the conversation?

    (A) She will search for information in the library.

    (B) She will attend a conference.

    (C) She will change her presentation topic to one with more information.

    (D) She will have a one-on-one meeting with another professor.

[1-5] Listen to a conversation between a student and a professor.

∩ L 50

YBM TOEFL LISTENING   Volume   Help   Next

1 What is the conversation mainly about?

(A) How difficult a recent final exam was

(B) The importance of appropriate study methods

(C) How to memorize mathematical formulas

(D) Strategic ways to prepare for an upcoming exam

2 Why does the professor mention Peter?

(A) To compare the student's grades with Peter's

(B) To illustrate how hard he studies for exams

(C) To explain the advantages of studying on a regular basis

(D) To urge the student to prepare for the next exam

3 What does the student say about cramming?

(A) Most students think it is more reliable than regular studying.

(B) It is the only way to prepare for exams.

(C) It can be an alternative to reviewing constantly.

(D) She believed it was the most effective way to study.

4 What is the professor's opinion toward the student's performance?

(A) Additional efforts can make up for this exam result.

(B) The student must attend the rest of the course completely.

(C) The student overlooked the importance of regular attendance.

(D) Every method of studying the student mentions works.

5 Listen again to part of the conversation. Then answer the question. ∩

What can be inferred when the student says this?

(A) She solved the question using the Pythagorean theorem.

(B) She was unlikely to find the correct answer using her method.

(C) She missed a chance to get a good grade in the midterm exam.

(D) She was not familiar with the Pythagorean theorem.

YBM TOEFL 80+
LISTENING

Lecture

TOEFL lectures involve presentations or discussions encompassing diverse subjects within a wide range of academic disciplines, such as humanities, social sciences, and life and natural sciences. These lectures may include comments or questions from students.

Vocabulary Preview

account	이야기 *syn.* story		**forager**	수색자
altruistic	이타적인 *syn.* selfless		**forge**	위조하다
anomaly	변칙, 이상		**granite**	화강암
augment	증대시키다 *syn.* increase		**groundbreaking**	획기적인 *syn.* innovative
autonomous	자율적인		**hereditary**	유전적인 *syn.* genetic
canopy	지붕 구조(물)		**high-latitude**	고위도의
catastrophic	파멸적인		**household term**	누구나 아는 용어
categorically	단정적으로, 강력하게 *syn.* absolutely		**human resources**	(회사의) 인사부
chain of command	지휘 체계		**hypothermia**	저체온증
chromosome	염색체		**hypothetical**	가상의, 가설의 *syn.* suppositional
consecutive	연속적인		**impediment**	걸림돌, 장애(물) *syn.* obstacle
consensus	의견 일치, 합의 *syn.* agreement		**impetus**	자극(제)
contract	(병에) 걸리다		**indelible**	잊을 수 없는 *syn.* lasting
debris	잔해 *syn.* detritus		**inject**	주입하다
dry spell	건조기		**inordinate**	과도한, 지나친 *syn.* excessive
enigmatic	수수께끼 같은 *syn.* puzzling		**intermediary**	매개자 *syn.* mediator
enzyme	효소		**necessitate**	필요로 하다 *syn.* require
exacerbate	심화시키다, 악화시키다 *syn.* aggravate		**ornamental**	장식의 *syn.* decorative
expedite	빠르게 진척시키다 *syn.* accelerate		**outcompete**	능가하다
facilitate	용이하게 하다 *syn.* make easy		**parasite**	기생충

photosynthesis	광합성		**virulent**	악성의 *syn.* toxic
ram	들이받다 *syn.* smash into		**writhe**	몸부림치다 *syn.* thrash
rehabilitation	회복, 재활		**at the forefront of**	~의 선두에 있는
rupture	파열 *syn.* break		**back down**	물러서다 *syn.* withdraw
savvy	지식이 풍부한, 능통한 *syn.* shrewd		**be embroiled in**	~에 휘말리다
sediment	침전물		**be likened to**	~에 비유되다
semantic	의미론적인		**be receptive to**	~을 잘 받아들이다 *syn.* be open to
skirmish	사소한 충돌 *syn.* fight		**be true for**	~에 해당하다
soluble	녹는, 용해성의		**collaborate with**	~와 협업하다 *syn.* cooperate with
specialty	전문 (분야)		**drift apart**	떨어져 멀어지다
sporadic	산발적인 *syn.* irregular		**empower A to B**	A에게 B할 수 있게 해 주다
stratification	계층화		**in the (best) interest of**	~의 이익을 위해
subconsciously	무의식적으로, 잠재 의식 속에		**oblivious to(of)**	~을 인식하지 못하는 *syn.* unaware of
subsidy	보조금		**on the rise**	상승세인
symbiotic	공생의		**on the tip of one's tongue**	기억날 듯 말 듯하는
target audience	광고 대상자		**pay off**	결실을 맺다 *syn.* succeed
tissue	(생체) 조직		**pique one's interest**	~의 관심을 자극하다
trigger	촉발하다 *syn.* set off		**propel ~ forward**	~을 앞으로 나아가게 하다
unravel	(비밀 등을) 풀다		**reminiscent of**	~을 연상시키는
validation	검증, 확인		**to be (more) precise**	(보다) 정확히 말하자면

PART 2

CHAPTER 02

[1-6] Listen to part of a lecture in an art history class.

∩ L52

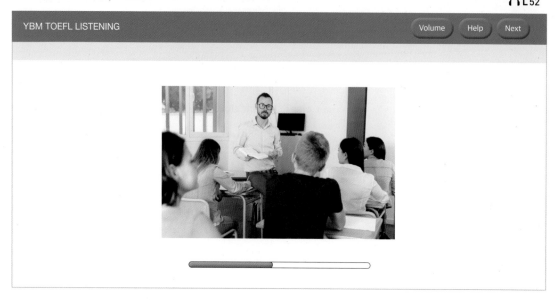

YBM TOEFL LISTENING

Volume   Help   Next

---

1   What does the lecture mainly discuss?

   (A) A painting with symbols subject to interpretation
   (B) Praise and criticism regarding an iconic painting
   (C) The emotions Picasso sought to deliver through his art
   (D) Techniques employed in modern artworks

2   What prompted Picasso to create *Guernica*?

   (A) A request was made by the German government.
   (B) A city in Spain experienced a catastrophic attack.
   (C) A mural at the Spanish Pavilion required restoration.
   (D) He was fascinated with the theme of violence and war.

3 What can be inferred about the images in *Guernica*?

(A) Picasso wanted to invite diverse perspectives with his imagery.
(B) Picasso tried to convey his political stance through animals.
(C) Picasso discouraged discussions of specific objects in his work.
(D) Picasso was aware that the symbols would elicit negative emotions.

4 Why does the professor discuss the shapes and postures of the bodies in *Guernica*?

(A) To suggest that some of the symbolism in *Guernica* is not obvious
(B) To offer an analysis of *Guernica* based on its historical context
(C) To discuss aspects of *Guernica* that have more concrete meanings
(D) To present an opposing perspective on the symbolism of *Guernica*

5 What is the professor's opinion of *Guernica*?

(A) He is impressed by Picasso's ability to capture images of life and death.
(B) He thinks its images are bold compared to Picasso's other paintings.
(C) He is doubtful that it was Picasso's intent to portray death and violence.
(D) He believes its theme is effectively communicated through complex images.

6 Listen again to part of the lecture. Then answer the question. ∩

Why does the professor say this?

(A) To explain that some people had mixed feelings about *Guernica*
(B) To discuss how opinions about *Guernica* changed over time
(C) To assert that *Guernica* was subject to varying reactions
(D) To present an individual who admired Picasso's artistic style

[1-6] Listen to part of a lecture in an archaeology class.

∩ L53

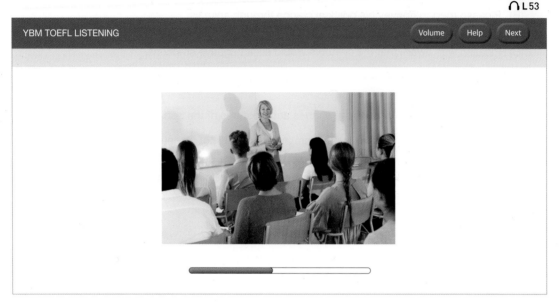

1 What is the lecture mainly about?

(A) The evolution of major Mesoamerican civilizations
(B) The remarkable achievements of the Maya
(C) The rise and fall of an ancient civilization
(D) Reasons behind the decline of the Maya civilization

2 According to the lecture, how were the Maya influenced by the Olmec civilization?

(A) A ceremonial complex was formed for religious practices.
(B) City-states were formed and governed by respective rulers.
(C) The Maya improved upon the Olmec's irrigation methods.
(D) A calendar system was created for celestial ceremonies.

3 The professor discusses achievements in the Preclassic and Classic eras of the Maya. Match each item with the correct era. Some items may not apply to either era. Place a check mark in the correct box.

	Preclassic Era	Classic Era	Not Applicable
Constructed pyramids and temples			
Formed a centralized social structure			
Transitioned from a hunter-gatherer lifestyle			
Governed by supreme leaders			
Devised a calendar system for agricultural practices			

4 What is discussed as a factor in the decline of the Maya civilization? Select 3 answers.

(A) Continual warfare with the Olmecs
(B) Fights among different social classes
(C) Power struggles between city-states
(D) Destructive farming techniques
(E) Diseases introduced by Europe

5 What can be inferred about European contact in the Americas?

(A) Studies about its effects are not conclusive.
(B) Its goal was to expand the European empire and establish colonies.
(C) It did little to affect the decline of civilizations native to the Americas.
(D) The Maya kept detailed written records of the occurrence.

6 Listen again to part of the lecture. Then answer the question. ∩

Why does the professor say this?

(A) She is asking her students to provide a definition of a word.
(B) She already explained a word earlier in the lecture.
(C) She is hinting at an important part of the lecture.
(D) She wants the students to answer the question.

[1-6] Listen to part of a lecture in an art history class.

⌒ L54

1 What is the professor mainly discussing?

(A) Animal representations in Altamira cave art
(B) Sophisticated cave paintings in the Paleolithic period
(C) Controversies surrounding the discovery of Altamira cave art
(D) How Altamira cave art was discovered and validated

2 What is a feature of the Altamira cave's main chamber?

(A) The images on the ceiling create a sense of liveliness.
(B) Images of hands can be found on the walls.
(C) A picture of stationary bison is painted on the walls.
(D) It showcases the oldest artwork in the cave.

3 What did Paleolithic artists do to create Altamira cave art? Select 3 answers.

    (A) They used brushes made from animal hairs.

    (B) They engraved reverse images of their hands on the walls.

    (C) They captured buffalo to create realistic representations.

    (D) They used the cave's natural features for a three-dimensional effect.

    (E) They combined natural materials with animal fat to produce pigments.

4 Why does the professor mention Lascaux in France?

    (A) To compare the different types of animals depicted in cave paintings

    (B) To highlight the similarities between Altamira and Lascaux cave art

    (C) To emphasize the use of advanced dating methods in archaeological research

    (D) To explain how Altamira cave art came to be accepted as authentic

5 What can be inferred about Marcelino Sanz de Sautuola?

    (A) He occasionally brought his family to see archaeological sites.

    (B) His painting skills exacerbated skepticism about the cave art's authenticity.

    (C) He didn't live to see his discoveries on the cave art acknowledged.

    (D) He presented his findings on the cave art in many countries.

6 Listen again to part of the lecture. Then answer the question. ∩

Why does the professor say this?

    (A) She wants to keep the lecture from going off topic.

    (B) She is reprimanding a student for asking an irrelevant question.

    (C) She intends to address a specific topic at another time.

    (D) She is about to introduce a new topic.

[1-6] Listen to part of a lecture in an archaeology class.

⌢ L 55

1 What is the lecture mainly about?

(A) Devices and tools used in archaeological research

(B) The role of muon detectors in investigating ancient pyramids

(C) Applications of muon technology in the field of archaeology

(D) An unconventional integration of physics and archaeology

2 What does the professor imply about muon detectors?

(A) They were not originally designed for archaeological use.

(B) They can penetrate solid substances more easily than liquids.

(C) They are the most recent technology used at archaeological sites.

(D) They could pose a threat to the integrity of the structures they examine.

3 Why does the professor mention a 3D X-ray?

(A) To highlight the superior ability of muon detectors compared to X-rays
(B) To compare its penetrating ability with that of muon technology
(C) To introduce another type of technology used in archaeology
(D) To illustrate the concept of muon detection

4 What does the professor say about the experiments carried out in Giza?

(A) They were conducted by entering a void within a pyramid.
(B) They resulted in the discovery of an empty space in a pyramid.
(C) Technological progress over time led to their eventual success.
(D) They led to successful research projects around the world.

5 According to the lecture, which is correct about the use of muon technology in dating?

(A) It involves assessing the speed of muon particles.
(B) It is used in tandem with conventional dating methods.
(C) It is the most precise way to date ancient artifacts.
(D) Its procedure is simpler than that of calibration.

6 Listen again to part of the lecture. Then answer the question. ∩

Why does the professor say this?

(A) To demonstrate the effects of weathering on archaeological sites
(B) To imply that a pyramid's construction methods were not highly developed
(C) To emphasize that cultural heritage sites should be protected from collapse
(D) To offer a possible explanation for a structure's potential collapse

[1-6] Listen to part of a lecture in a business class.

∩ L56

YBM TOEFL LISTENING

Volume   Help   Next

1   What is the main topic of the lecture?

(A) Advantages and disadvantages of organizing employees
(B) Some specific ways that companies operate their business
(C) Recent changes in how companies supervise their workers
(D) The three most effective business organizational structures

2   What is the professor's opinion of the functional organizational structure?

(A) He considers it to be an outdated type of structure.
(B) He cannot think of a better business structure.
(C) He believes it makes employees more productive than any other organizational type.
(D) He likes how it affects employees regarding promotions.

3 Indicate whether each of the characteristics below describes the functional organizational structure. Place a check mark in the correct box.

	Yes	No
Workers have no interest in employees working on other projects.		
Workers are divided into individual departments according to their skills.		
Workers know who their direct supervisors are.		
It increases creativity but not efficiency.		

4 According to the professor, what is a drawback of the divisional organizational structure?

(A) There is not enough funding for every project.
(B) Employees have a hard time being creative.
(C) It creates competition between various groups.
(D) Workers may not know whom they report to.

5 Why does the professor mention an electronics company?

(A) To provide an example of the divisional organizational structure
(B) To promote the usage of the matrix organizational structure
(C) To argue against using a traditional business structure
(D) To note the advantages of the functional organizational structure

6 What does the professor imply about the matrix organizational structure?

(A) Employees in this structure immediately know who to speak with.
(B) It is most commonly used by companies in the IT industry.
(C) It is a fairly inexpensive way to organize a company.
(D) It is a complex structure that may be difficult to run.

[1-6] Listen to part of a lecture in an education class.

∩ L57

1   What is the lecture mainly about?

(A) A brief history of Montessori schools
(B) The types of changes made to Montessori schools in recent years
(C) Methods Montessori schools use that most students enjoy
(D) Benefits and drawbacks of attending Montessori schools

2   Why does the female student mention her experience at a Montessori school?

(A) To make an inquiry of the professor
(B) To agree with the male student's argument
(C) To explain that she was not receptive to a Montessori education
(D) To point out some problems of Montessori schools

3 What type of learning do Montessori schools focus on?

(A) Rote learning enhanced by teachers' lectures
(B) Hands-on learning guided by the students themselves
(C) Independent study programs based on specific projects
(D) Learning science and math rather than social sciences

4 What can be inferred about students learning in traditional classrooms?

(A) They use computers to make learning easier.
(B) The number of them is decreasing nowadays.
(C) They are less likely to be taught by their peers.
(D) They tend to have much more enthusiastic teachers.

5 What does the professor say about the reason some students never attend Montessori schools?

(A) Only students with high intelligence may attend them.
(B) There are few Montessori schools in rural areas.
(C) Most Montessori schools limit the number of students.
(D) Their parents are unable to pay the cost of attending.

6 Listen again to part of the lecture. Then answer the question. ∩

What does the student mean when he says this?

(A) He enjoyed the time he spent at a Montessori school.
(B) He spent his high school years at a Montessori school.
(C) He was not happy receiving a Montessori education.
(D) He was never exposed to the Montessori method.

PART 2

CHAPTER 02

[1-6] Listen to part of a lecture in a business class.

🎧 L58

YBM TOEFL LISTENING   Volume   Help   Next

1   What is the lecture mainly about?

(A) Ways advertisements are used to persuade people
(B) Reasons that businesses utilize advertisements
(C) The steps involved in creating advertisements
(D) Different types of advertisements used in modern times

2   The professor explains the steps in the process of producing an advertisement. Put the steps listed below in the correct order. Drag each answer choice to the space where it belongs.

Step 1	
Step 2	
Step 3	
Step 4	
Step 5	

(A) Do research on a variety of factors
(B) Describe the product or service that will be advertised
(C) Create the advertisement
(D) Understand the objective of the advertisement
(E) Determine which type of media to advertise on

3 What is the professor's opinion about knowing the objective of an advertisement?

    (A) It allows ad agencies to learn more about their clients.

    (B) It must be the first thing an ad agency determines.

    (C) It is a step that can be omitted for minor advertisements.

    (D) It is of great importance to the process of making an ad.

4 What is the importance of knowing the target audience?

    (A) Businesses can decide between print and visual ads.

    (B) Ads are prevented from being shown in the wrong places.

    (C) Companies can know how much money they must budget.

    (D) Agencies can decide which celebrity spokespeople to hire.

5 Why does the professor mention sports cars?

    (A) To show the efficiency of successful advertisements

    (B) To explain why some advertisements are usually aired on television

    (C) To compare sports car advertisements with breakfast cereal advertisements

    (D) To demonstrate the importance of target audiences in advertisements

6 What does the professor say about focus groups?

    (A) They give their thoughts on certain advertisements.

    (B) They comment on the actors cast in commercials.

    (C) They help ad agencies determine the target audience.

    (D) They promote ads as soon as they are released.

[1-6] Listen to a lecture in a business class.

⌒ L 59

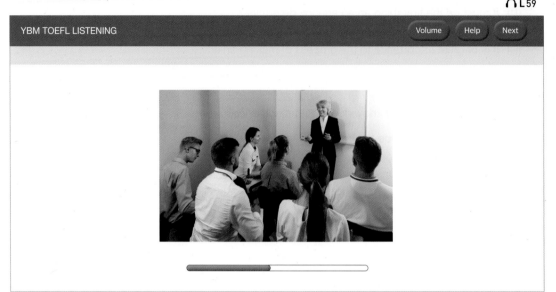

1 What is the main topic of the lecture?

    (A) Methods businesses use to improve their services

    (B) Problems customers encounter at restaurants

    (C) Ways businesses have failed their customers

    (D) Poor customer service in the tech industry

2 How does the professor develop the topic?

    (A) By discussing past incidents and explaining how they could have been solved

    (B) By showing the students a video and then talking about what happened in it

    (C) By contrasting poor customer service incidents with positive ones

    (D) By creating hypothetical situations involving customers and businesses

3 According to the professor, what was the problem with the customer's mobile phone?

    (A) Its microphone failed to work at certain times.
    (B) It was unable to provide service in some places.
    (C) It could not access the Internet most of the time.
    (D) Its battery tended to run down very quickly.

4 What was the result of the issue with the energy provider?

    (A) The customer canceled her contract with the company.
    (B) The customer was not able to get any of her money back.
    (C) The customer received a sincere apology from the company.
    (D) The customer continued using the company's service.

5 What does the professor want the students to do?

    (A) Ask other students to talk about problems they experienced
    (B) Write a concise report based on the topic of the lecture
    (C) Present their personal experiences in front of the entire class
    (D) Read some articles about a company's service failures

6 Listen again to part of the lecture. Then answer the question. ∩

What does the professor mean when she says this?

    (A) The customer should have handled the matter in a better way.
    (B) The company was not used to dealing with certain problems.
    (C) The customer understood the reasons for the company's actions.
    (D) The company did not act appropriately toward the customer.

[1-6] Listen to part of a lecture on cognitive psychology.

L 60

1 What is the main topic of the lecture?

(A) Potential explanations of the different forms of memory
(B) How different types of memory are used in real-life situations
(C) The difference between episodic memory and semantic memory
(D) How the brain stores and retrieves different types of memory

2 According to the lecture, what is a stimulus that can activate implicit memory?

(A) Returning to a memorable location
(B) Mentally visualizing the steps of a given task
(C) Seeing an image before making a related choice
(D) Smelling a scent linked to a memory

3 The professor provides examples associated with implicit memory and explicit memory. Pair each item with a type of memory. Place a check mark in the correct box.

	Implicit	Explicit
Knowing how to ride a bike		
Remembering a graduation party		
Knowing the capital of the United Kingdom		
Finding the correct way home		
Recalling a past event through a familiar scent		

4 How does the professor describe the brain regions associated with explicit memory?

(A) By comparing them with the brain regions involved with implicit memory
(B) By presenting findings from an ongoing study
(C) By providing an example of how they activate in real life
(D) By categorizing them into subgroups based on their functions

5 What can be inferred about people who experience damage to their hippocampus?

(A) They might struggle to maintain balance and proper posture.
(B) They might face challenges in learning a new language.
(C) They may have trouble carrying out everyday tasks.
(D) They may easily lose focus in the middle of a task.

6 Listen again to part of the lecture. Then answer the question. ∩

Why does the professor say this?

(A) To prompt a response from the students
(B) To illustrate how a type of memory works
(C) To explain why some stimuli don't evoke memories
(D) To suggest that students should know the meaning of the words

[1-6] Listen to part of a lecture about permafrost.

∩ L61

1   What is the lecture mainly about?

(A) The features of permafrost and the effects of its thawing
(B) The depth and distribution of permafrost layers
(C) The impact of permafrost thawing on climate change
(D) The consequences of human-induced climate change on permafrost

2   Why does the professor mention the Alaskan Arctic Plain and northern Siberia?

(A) To illustrate the ages of the oldest permafrost layers
(B) To explain the presence of the active layer
(C) To explain the role of permafrost in stabilizing ecosystems
(D) To help students understand the thickness of permafrost layers

3   What is mentioned as a function of permafrost? Select 2 answers.

(A) Creating taliks
(B) Preserving biomass integrity
(C) Keeping the landscape intact
(D) Obstructing the flow of rivers and lakes

4   What accounts for the trapping of greenhouse gases in permafrost?

(A) Thick permafrost layers
(B) Prolonged frozen conditions
(C) Human-induced climate change
(D) Decomposition of permafrost biomass

5   What can be inferred about thermokarst landscapes?

(A) They are mainly located in the Northern Hemisphere.
(B) They can slow down biomass decomposition.
(C) They are dangerous areas for human habitation.
(D) They can serve as a habitat for animals and plants.

6   Listen again to part of the lecture. Then answer the question. ∩

What does the professor mean when he says this?

(A) He was asking for a more elaborate answer.
(B) He wanted his students to give a scientific definition of a word.
(C) He is encouraging the students to review what they learned more thoroughly.
(D) The student's answer is only partially correct.

[1-6] Listen to part of a lecture in an earth science class.

⌒ L62

YBM TOEFL LISTENING — Volume — Help — Next

1 What is the main topic of the lecture?

(A) How the theory of plate tectonics came to be accepted
(B) Different types of boundaries of the Earth's crust
(C) The historical development of the study of plate boundaries
(D) The formation process of plate tectonic boundaries

2 What can be inferred about the study of plate tectonics?

(A) It was developed from a widely received theory.
(B) It prompted geological research efforts worldwide.
(C) It was not the first to propose the movement of the Earth's landmass.
(D) It was accepted by the scientific community after Alfred Wegener's death.

3 According to the lecture, when do deep ocean trenches form?

    (A) When a denser plate sinks below another plate

    (B) When two continental plates crash into each other

    (C) When two oceanic plates move away from each other

    (D) When an oceanic plate sinks below a continental plate

4 Why does the professor mention the San Andreas Fault in California?

    (A) To explain how two sliding plates can cause earthquakes

    (B) To recommend a lesser-known travel destination

    (C) To illustrate how transform boundaries are formed

    (D) To give an example of how oceanic and continental plates meet

5 The professor discusses three types of plate boundaries. Match each item with the corresponding type of boundary responsible for it. Place a check mark in the correct box.

	Divergent	Convergent	Transform
New continental crust			
Frequent earthquakes			
The Mid-Atlantic Ridge			
Underwater rift valleys			
Continental volcanic arcs			

6 Listen again to part of the lecture. Then answer the question. 🎧

Why does the professor say this?

    (A) The name of the second boundary type is self-explanatory.

    (B) The students already learned about the second boundary type.

    (C) She doesn't want to dwell too long on explaining the second boundary type.

    (D) She wants the students to draw a comparison between two types of boundaries.

[1-6] Listen to part of a talk in an ecology class.

∩ L63

1 What is the lecture mainly about?

(A) The adverse impacts of invasive species on ecosystems

(B) The spread of invasive species and preventive measures

(C) Challenges in controlling invasive species that affect native wildlife

(D) Prime specimens of invasive species and how they can be contained

2 What does the professor imply about lionfish?

(A) Some of them are indigenous to the East Coast of the United States.

(B) They use their poisonous spines for multiple purposes.

(C) Attempts to train other fish to hunt them were unsuccessful.

(D) Measures conducted by humans are necessary to control their population.

3 Why does the professor mention wheat, rice, and tomatoes?

(A) To explain how non-native species have become staple crops
(B) To show how non-invasive species may be confused with invasive species
(C) To illustrate the point that non-native species are not necessarily invasive
(D) To demonstrate how some non-native species can bring economic benefits

4 What does the professor say about the water hyacinth of Lake Victoria?

(A) Its roots completely covered the bottom of the lake.
(B) The reason behind its initial introduction is unclear.
(C) It led to the extinction of an endangered fish species.
(D) The issues it presented go beyond ecological concerns.

5 According to the lecture, what can be done to prevent the spread of invasive species? Select 2 answers.

(A) Countries can regulate the introduction of foreign species.
(B) Animals that prey on invasive species can be introduced.
(C) Public awareness campaigns can be launched against buying foreign fruit.
(D) A ban can be enforced to control fishing activities outside local waters.

6 What is the professor's attitude toward the biological control of invasive species?

(A) He is worried that it might trigger unexpected issues.
(B) He hopes that people have learned from a past failed attempt.
(C) He thinks it should undergo testing before being implemented.
(D) He believes it is the best method of controlling invasive species.

[1-6] Listen to part of a lecture about swarm behavior.

∩ L 64

1 What is the lecture mainly about?

(A) The diverse uses of insects' swarm intelligence
(B) The group behavior of bees and its application
(C) How honeybees move and communicate as a group
(D) The efficiency of collective behavior in performing tasks

2 Why does the queen bee summon other honeybees to create a swarm?

(A) To find an alternative spot for a hive
(B) To create a shelter from potential threats
(C) To communicate with neighboring bee colonies
(D) To help her find a tree branch for temporary habitation

3 What do scouts do when they discover a promising location for their hive?

    (A) They dance for as long as possible.
    (B) They dance with great enthusiasm.
    (C) They move in the direction of the location.
    (D) They signal to other scouts to imitate their dance.

4 What can be concluded from the Harvard experiment on honeybees' swarm behavior?

    (A) Swarms alternately assemble and break apart in high winds.
    (B) Each bee within a swarm plays a specific role.
    (C) Bees stay close together to avoid heat exposure.
    (D) In harsh conditions, a swarm's burden is distributed more evenly.

5 Why does the professor discuss the paint booths of a truck manufacturer?

    (A) To introduce division of labor as a form of swarm behavior
    (B) To illustrate ways to improve the efficiency of factory operations
    (C) To demonstrate how humans typically exhibit swarm behavior
    (D) To show an application of principles inspired by bees

6 Listen again to part of the lecture. Then answer the question. ∩

Why does the professor say this?

    (A) To introduce similarities between bees and humans
    (B) To illustrate how humans have adopted bee behavior
    (C) To facilitate the understanding of bee behavior
    (D) To capture students' attention by lightening the mood

[1-6] Listen to part of a lecture on DNA research.

 L 65

1 What is the main topic of the lecture?

(A) Achievements and setbacks in genetic research

(B) The rediscovery of DNA as a hereditary material

(C) The transformation of bacteria and its implications

(D) The historical journey that uncovered DNA's role in heredity

2 Why did Griffith conduct his experiments on mice?

(A) To confirm the relationship between bacteria and animal pneumonia

(B) To find out what happens when two types of bacteria are combined

(C) To research a substance that could prevent an infectious disease

(D) To investigate the function of DNA within biological systems

3   What can be inferred about Griffith's experiments?

(A) They suggested that dead S bacteria might be the transforming principle.
(B) The DNA in the S bacteria survived the heating treatment.
(C) They effectively identified DNA as the hereditary material.
(D) Their results were not widely accepted until Avery expanded on them.

4   What is the professor's attitude toward the discovery of DNA's role?

(A) She considers Avery to be its most significant contributor.
(B) She regards it as still uncertain due to lack of solid evidence.
(C) She believes it was achieved through collaborative efforts.
(D) She thinks it will inspire researchers to make remarkable contributions.

5   How does the professor organize the lecture?

(A) She discusses experiments in a chronological sequence.
(B) She shows two opposite sides of a controversial study.
(C) She presents several prominent researchers in a row.
(D) She outlines theories related to a specific subject.

6   Listen again to part of the lecture. Then answer the question. ⌒

What does the professor mean when she says this?

(A) She wanted the students to suggest a suitable phrase for her explanation.
(B) She is praising the student for effectively summarizing her explanation.
(C) She was struggling to recall the precise term for a concept.
(D) She intentionally refrained from using a specific phrase.

[1-6] Listen to part of a lecture on nanotechnology.

∩ L 66

YBM TOEFL LISTENING — Volume · Help · Next

1 What is the main topic of the lecture?

(A) Renewable energy sources that utilize nanotechnology
(B) Long-lasting energy sources created by nanotechnology
(C) Applications of nanotechnology in sustainable energy solutions
(D) The challenges of applying nanotechnology to energy production

2 Why does the professor mention the subsidies paid by the US government in 2016?

(A) To illustrate a drawback of implementing alternative energy solutions
(B) To show the advantages of developed countries regarding energy advancements
(C) To highlight the importance of alternative energy technologies in the global market
(D) To emphasize the need for government support in the advancement of energy sources

3 According to the lecture, what role does nanotechnology play in energy production? Select 2 answers.

(A) It can facilitate the use of solar panels.
(B) It can enhance the consistency of wind energy performance.
(C) It can slow down the depletion of traditional energy sources.
(D) It can address issues regarding the budget of alternative energy sources.

4 According to the lecture, what is the reason for the increasing demand for efficient energy storage solutions?

(A) The extensive surface area provided by nanomaterials
(B) The widespread adoption of renewable energy sources
(C) The perceived safety associated with using nanotechnology
(D) The growing demand for enhanced energy efficiency in buildings

5 What can be inferred about the concerns associated with nanotechnology?

(A) Many challenges can be resolved in the near future.
(B) The use of nanomaterials will inevitably pose environmental hazards.
(C) Implementing nanotechnology may cost more than developing alternative energy.
(D) Nanotechnology might not be used by the general public for some time.

6 Listen again to part of the lecture. Then answer the question. ∩

Why does the student say this?

(A) To imply that his observation might be incorrect
(B) To ask the professor for an explanation of nanoparticles
(C) To suggest that he doesn't fully understand the professor's question
(D) To indicate that he is unable to elaborate on his thought

[1-6] Listen to part of a lecture on desert plants.

∩ L67

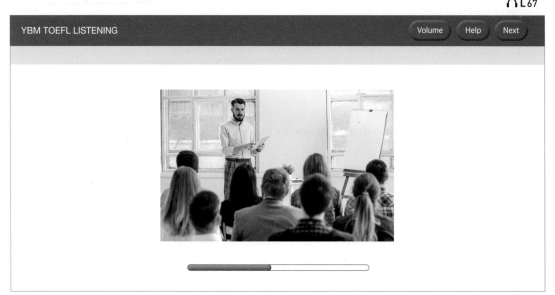

1 What is the lecture mainly about?

(A) The utilization of roots and leaves by desert plants for survival
(B) The variations in root systems across different desert landscapes
(C) The adaptations of plants for survival in arid environments
(D) How plants acquire and store water using their roots

2 What does the professor say about desert plants?

(A) Their roots tend to grow vertically rather than horizontally.
(B) Their diverse shapes are on account of their environment.
(C) They can flourish as long as seasonal rainfall is abundant.
(D) The structure of their roots is similar throughout many species.

3 What is a distinguishing feature of plants with taproots?

(A) Their roots are useful for storing water.
(B) Their roots grow to become twice their height.
(C) They maximize water absorption during rainfall.
(D) They can access water stored deep underground.

4 What is the professor's opinion on desert plants with dual root systems?

(A) He believes they are a subject of interest.
(B) He is sorry only a few plants have this type of root.
(C) He agrees it may be difficult to fully grasp this concept.
(D) He argues they are best suited to survive in harsh environments.

5 Why does the professor mention microorganisms?

(A) To explain how some desert plants remain nourished
(B) To show how some desert plants form symbiotic relationships
(C) To illustrate chemical reactions within the roots of desert plants
(D) To suggest a promising way to address water scarcity in the desert

6 Listen again to part of the lecture. Then answer the question. ∩

Why does the professor say this?

(A) To present surprising information about a plant's root system
(B) To remind students that not all desert plants have shallow roots
(C) To motivate students to study up on the root systems of desert plants
(D) To make a point that a root depth of two to three meters is considered shallow

YBM TOEFL 80⁺
LISTENING

ACTUAL
TESTS

ACTUAL TEST 1

∩ L 68

Questions 1-5

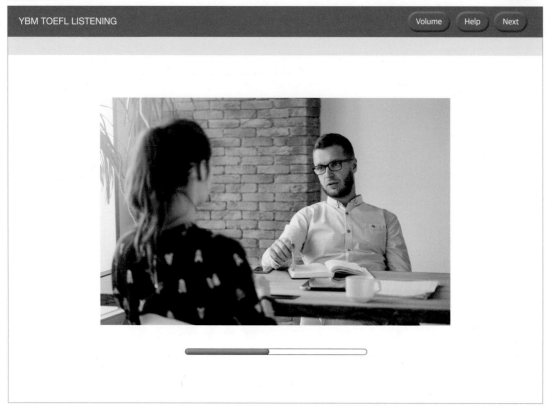

Question 1 of 28

Why does the student visit the professor?

(A) She is having difficulty keeping up with his lectures.

(B) She has been called in by the professor to discuss her schoolwork.

(C) She wants to withdraw from his class to take a different course.

(D) She has to drop his class as she is transferring to a different school.

Question 2 of 28

Why does the professor ask the student if she took Professor Hackman's course?

(A) To show that he cannot understand why she is struggling

(B) To suggest that she switch to Professor Hackman's course

(C) To tell her that she should have read the syllabus more thoroughly

(D) To inform her Professor Hackman's course is the first course in the curriculum

Question 3 of 28

Why did the student enroll in Professor Samuels' class?

(A) She was overconfident about her ability in geometry.

(B) Her guidance counselor misunderstood a course she had taken.

(C) She didn't read the syllabus for the class before enrolling.

(D) She took a similar course at a different school.

What can be inferred about the advanced geometry course the student took at UBC?

(A) Professor Samuels is familiar with the content of the course.
(B) It is a helpful course to take before enrolling in Professor Samuel's course.
(C) It is not closely aligned with the curriculum at the student's current school.
(D) It might be less challenging than Professor Burset's course.

Listen again to part of the conversation.
Then answer the question.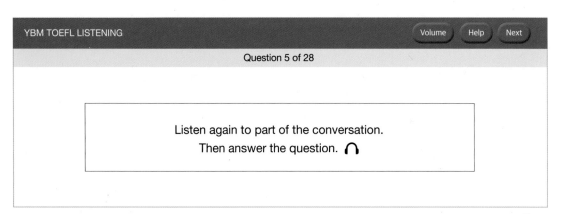

What does the student mean when she says this?

(A) She is willing to take Concepts in Geometry the following semester.
(B) She is concerned she won't be able to keep up in the new class.
(C) She is reluctant to switch classes in the middle of the semester.
(D) She is uncertain whether she can transfer to a different class.

∩ L 69

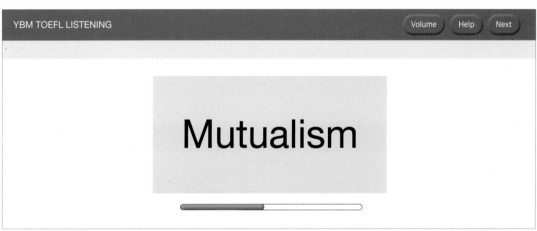

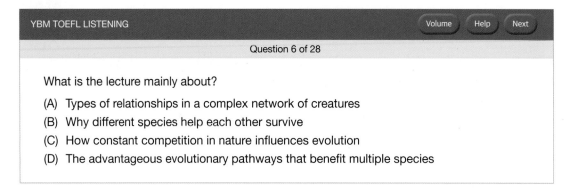

What is the lecture mainly about?

(A) Types of relationships in a complex network of creatures
(B) Why different species help each other survive
(C) How constant competition in nature influences evolution
(D) The advantageous evolutionary pathways that benefit multiple species

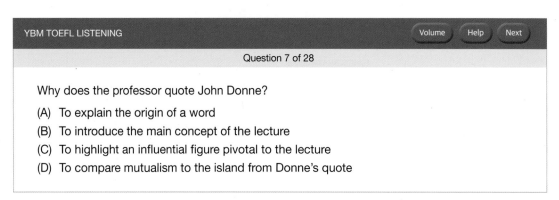

Why does the professor quote John Donne?

(A) To explain the origin of a word
(B) To introduce the main concept of the lecture
(C) To highlight an influential figure pivotal to the lecture
(D) To compare mutualism to the island from Donne's quote

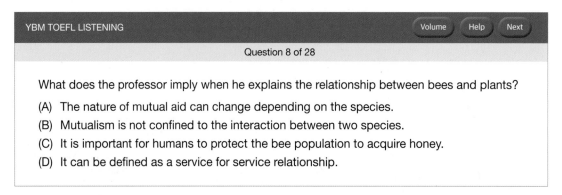

What does the professor imply when he explains the relationship between bees and plants?

(A) The nature of mutual aid can change depending on the species.
(B) Mutualism is not confined to the interaction between two species.
(C) It is important for humans to protect the bee population to acquire honey.
(D) It can be defined as a service for service relationship.

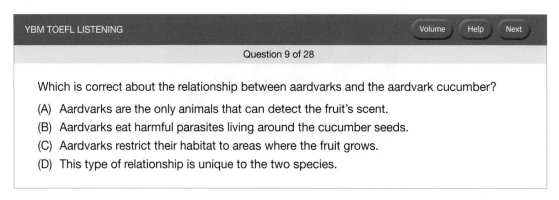

Which is correct about the relationship between aardvarks and the aardvark cucumber?

(A) Aardvarks are the only animals that can detect the fruit's scent.
(B) Aardvarks eat harmful parasites living around the cucumber seeds.
(C) Aardvarks restrict their habitat to areas where the fruit grows.
(D) This type of relationship is unique to the two species.

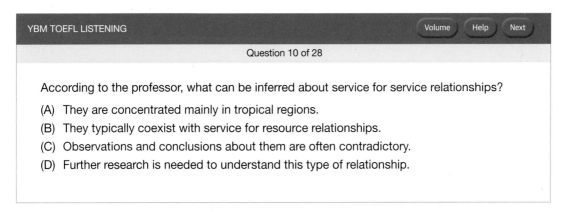

According to the professor, what can be inferred about service for service relationships?

(A) They are concentrated mainly in tropical regions.

(B) They typically coexist with service for resource relationships.

(C) Observations and conclusions about them are often contradictory.

(D) Further research is needed to understand this type of relationship.

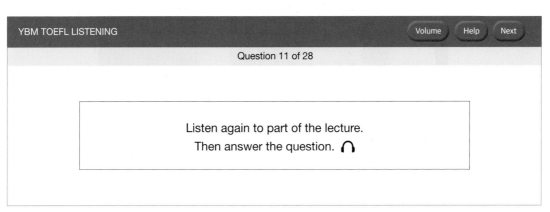

Listen again to part of the lecture.
Then answer the question. 🎧

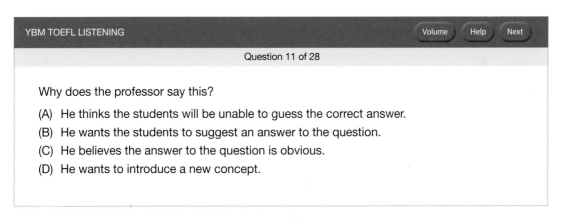

Why does the professor say this?

(A) He thinks the students will be unable to guess the correct answer.

(B) He wants the students to suggest an answer to the question.

(C) He believes the answer to the question is obvious.

(D) He wants to introduce a new concept.

Questions 12-16

L70

YBM TOEFL LISTENING   Volume   Help   Next

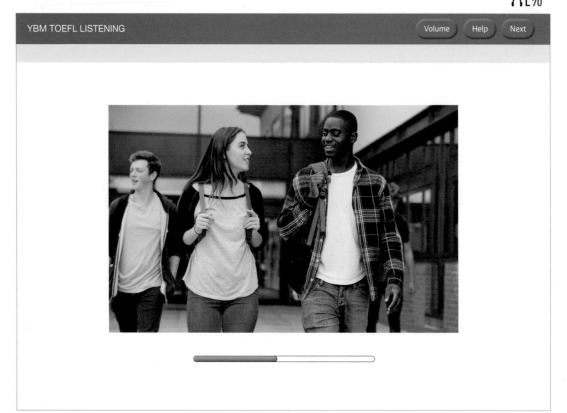

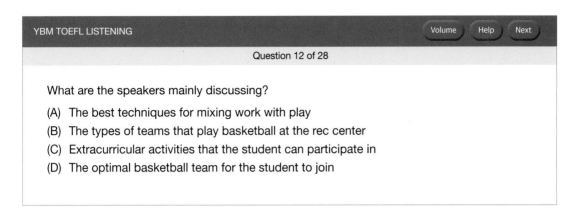

What are the speakers mainly discussing?

(A) The best techniques for mixing work with play
(B) The types of teams that play basketball at the rec center
(C) Extracurricular activities that the student can participate in
(D) The optimal basketball team for the student to join

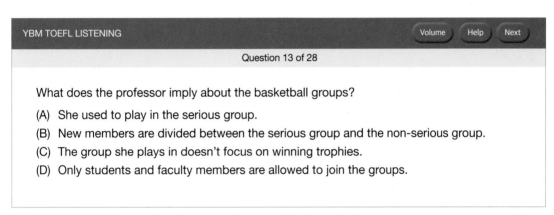

What does the professor imply about the basketball groups?

(A) She used to play in the serious group.
(B) New members are divided between the serious group and the non-serious group.
(C) The group she plays in doesn't focus on winning trophies.
(D) Only students and faculty members are allowed to join the groups.

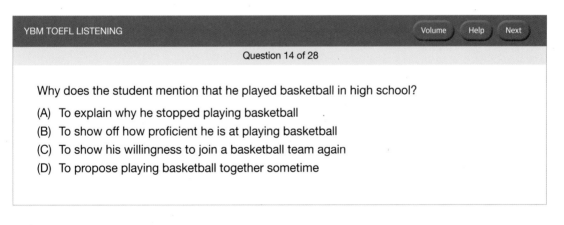

Why does the student mention that he played basketball in high school?

(A) To explain why he stopped playing basketball
(B) To show off how proficient he is at playing basketball
(C) To show his willingness to join a basketball team again
(D) To propose playing basketball together sometime

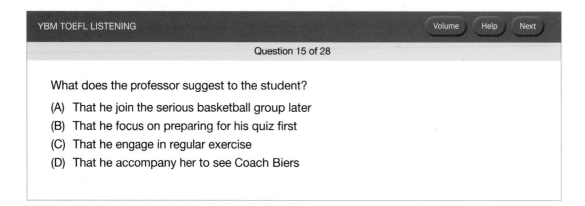

What does the professor suggest to the student?

(A) That he join the serious basketball group later

(B) That he focus on preparing for his quiz first

(C) That he engage in regular exercise

(D) That he accompany her to see Coach Biers

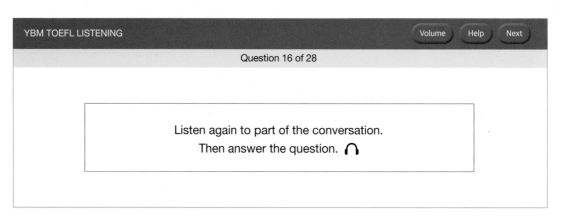

Listen again to part of the conversation.
Then answer the question. ∩

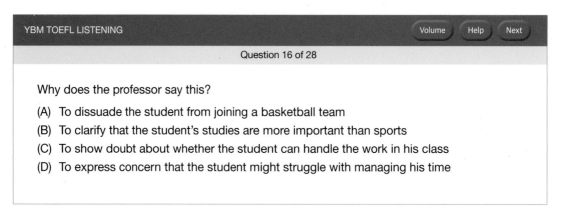

Why does the professor say this?

(A) To dissuade the student from joining a basketball team

(B) To clarify that the student's studies are more important than sports

(C) To show doubt about whether the student can handle the work in his class

(D) To express concern that the student might struggle with managing his time

L71

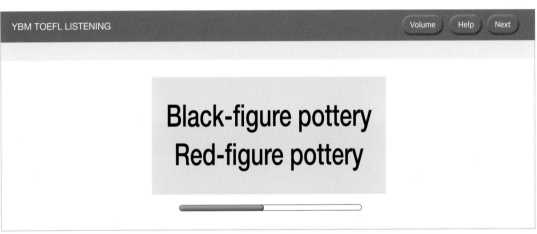

ACTUAL TEST 1

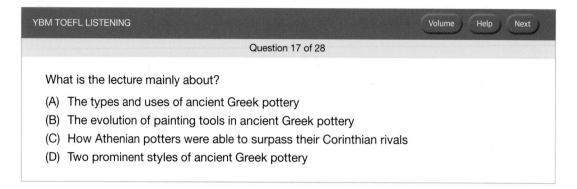

What is the lecture mainly about?

(A) The types and uses of ancient Greek pottery
(B) The evolution of painting tools in ancient Greek pottery
(C) How Athenian potters were able to surpass their Corinthian rivals
(D) Two prominent styles of ancient Greek pottery

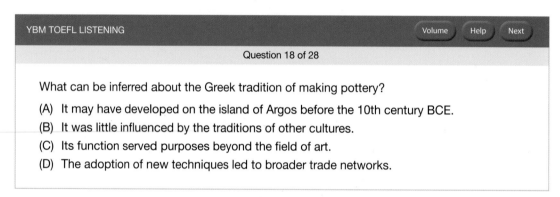

What can be inferred about the Greek tradition of making pottery?

(A) It may have developed on the island of Argos before the 10th century BCE.
(B) It was little influenced by the traditions of other cultures.
(C) Its function served purposes beyond the field of art.
(D) The adoption of new techniques led to broader trade networks.

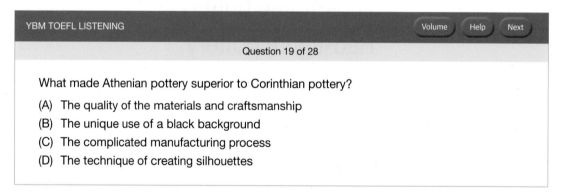

What made Athenian pottery superior to Corinthian pottery?

(A) The quality of the materials and craftsmanship
(B) The unique use of a black background
(C) The complicated manufacturing process
(D) The technique of creating silhouettes

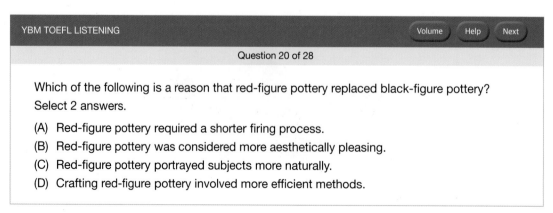

Which of the following is a reason that red-figure pottery replaced black-figure pottery?
Select 2 answers.

(A) Red-figure pottery required a shorter firing process.
(B) Red-figure pottery was considered more aesthetically pleasing.
(C) Red-figure pottery portrayed subjects more naturally.
(D) Crafting red-figure pottery involved more efficient methods.

In what order does the professor organize the lecture?

(A) From the style in Corinth to the style in Athens
(B) From the earliest types of pottery to the most recent
(C) From the techniques of Asia to the techniques of the Mediterranean region
(D) From the techniques used to make pottery to the art depicted on it

Listen again to part of the lecture.
Then answer the question. 🎧

Why does the professor say this?

(A) To highlight the wide variety of Greek artifacts beyond pottery
(B) To remind students that some artifacts prioritize utility over beauty
(C) To explain why people are fascinated by items from ancient societies
(D) To emphasize how Greek pottery stands out among ancient objects

∩ L72

YBM TOEFL LISTENING　　　Volume　Help　Next

Art History

YBM TOEFL LISTENING　　　Volume　Help　Next

Cropping

YBM TOEFL LISTENING　　　Volume　Help　Next

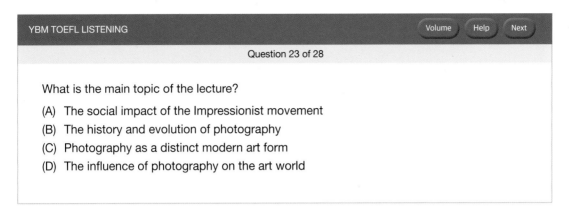

Question 23 of 28

What is the main topic of the lecture?

(A) The social impact of the Impressionist movement
(B) The history and evolution of photography
(C) Photography as a distinct modern art form
(D) The influence of photography on the art world

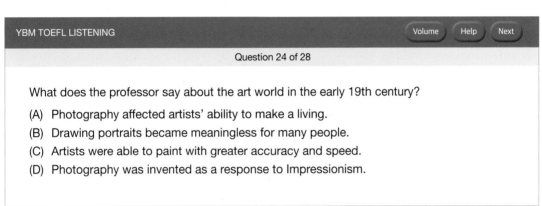

Question 24 of 28

What does the professor say about the art world in the early 19th century?

(A) Photography affected artists' ability to make a living.
(B) Drawing portraits became meaningless for many people.
(C) Artists were able to paint with greater accuracy and speed.
(D) Photography was invented as a response to Impressionism.

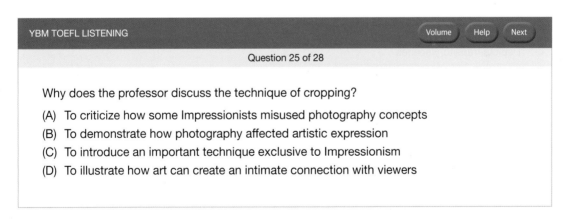

Question 25 of 28

Why does the professor discuss the technique of cropping?

(A) To criticize how some Impressionists misused photography concepts
(B) To demonstrate how photography affected artistic expression
(C) To introduce an important technique exclusive to Impressionism
(D) To illustrate how art can create an intimate connection with viewers

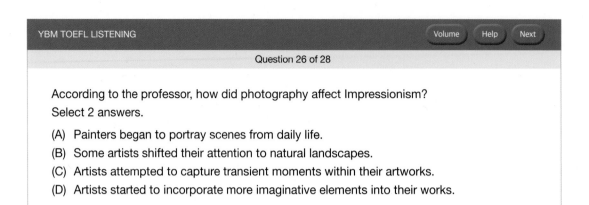

According to the professor, how did photography affect Impressionism?
Select 2 answers.

(A) Painters began to portray scenes from daily life.
(B) Some artists shifted their attention to natural landscapes.
(C) Artists attempted to capture transient moments within their artworks.
(D) Artists started to incorporate more imaginative elements into their works.

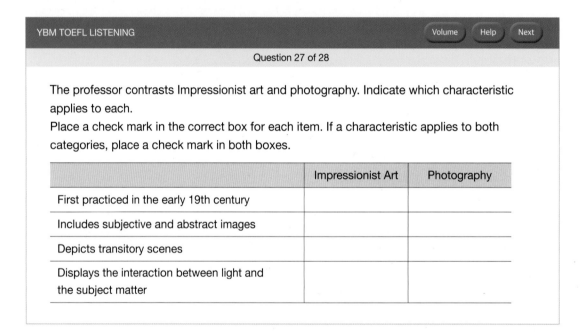

The professor contrasts Impressionist art and photography. Indicate which characteristic applies to each.
Place a check mark in the correct box for each item. If a characteristic applies to both categories, place a check mark in both boxes.

	Impressionist Art	Photography
First practiced in the early 19th century		
Includes subjective and abstract images		
Depicts transitory scenes		
Displays the interaction between light and the subject matter		

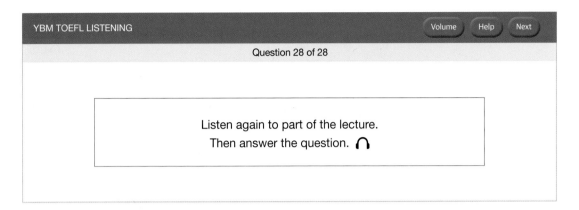

Listen again to part of the lecture.
Then answer the question.

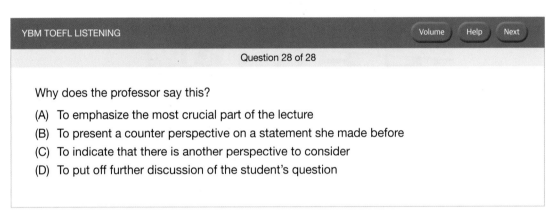

Why does the professor say this?

(A) To emphasize the most crucial part of the lecture
(B) To present a counter perspective on a statement she made before
(C) To indicate that there is another perspective to consider
(D) To put off further discussion of the student's question

ACTUAL TEST 2

L73

Questions 1-5

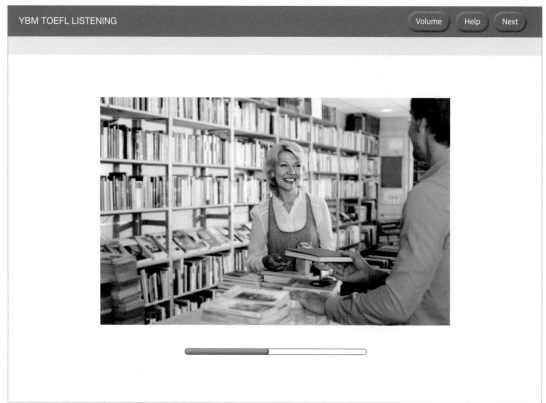

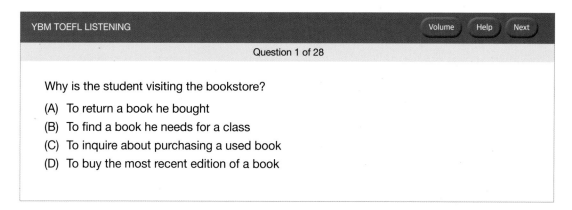

Why is the student visiting the bookstore?

(A) To return a book he bought
(B) To find a book he needs for a class
(C) To inquire about purchasing a used book
(D) To buy the most recent edition of a book

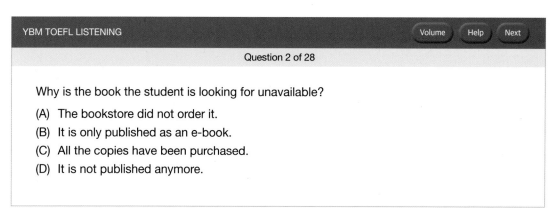

Why is the book the student is looking for unavailable?

(A) The bookstore did not order it.
(B) It is only published as an e-book.
(C) All the copies have been purchased.
(D) It is not published anymore.

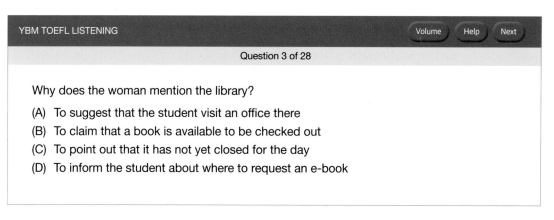

Why does the woman mention the library?

(A) To suggest that the student visit an office there
(B) To claim that a book is available to be checked out
(C) To point out that it has not yet closed for the day
(D) To inform the student about where to request an e-book

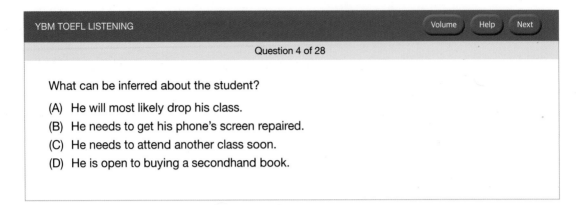

Volume   Help   Next

What can be inferred about the student?

(A) He will most likely drop his class.
(B) He needs to get his phone's screen repaired.
(C) He needs to attend another class soon.
(D) He is open to buying a secondhand book.

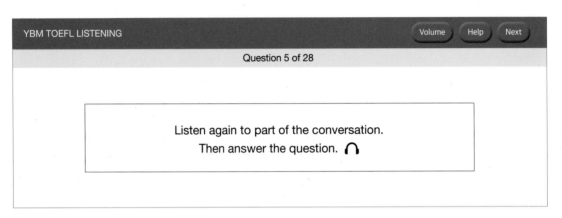

Volume   Help   Next

Listen again to part of the conversation.
Then answer the question. 🎧

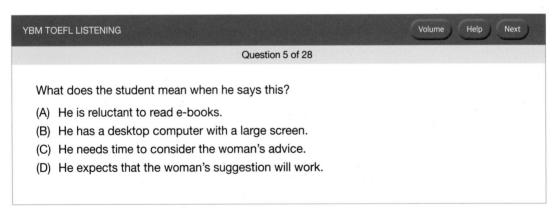

Volume   Help   Next

What does the student mean when he says this?

(A) He is reluctant to read e-books.
(B) He has a desktop computer with a large screen.
(C) He needs time to consider the woman's advice.
(D) He expects that the woman's suggestion will work.

∩ L74

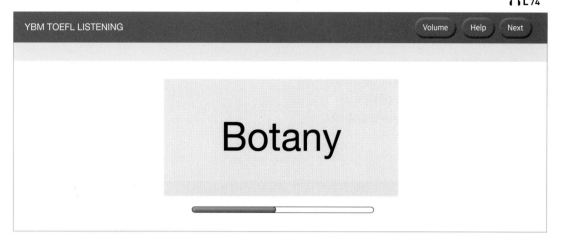

ACTUAL TEST 2

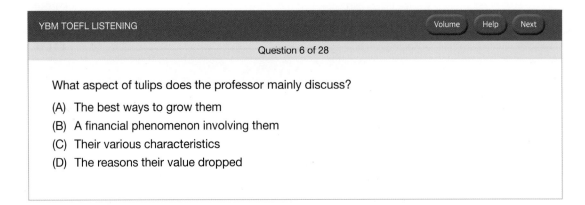

What aspect of tulips does the professor mainly discuss?

(A) The best ways to grow them
(B) A financial phenomenon involving them
(C) Their various characteristics
(D) The reasons their value dropped

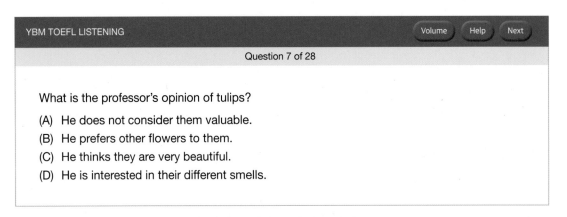

What is the professor's opinion of tulips?

(A) He does not consider them valuable.
(B) He prefers other flowers to them.
(C) He thinks they are very beautiful.
(D) He is interested in their different smells.

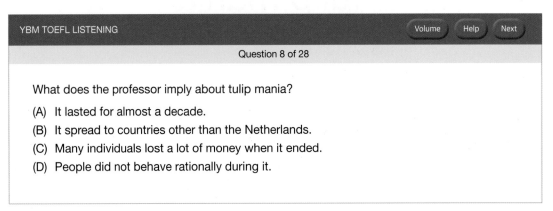

What does the professor imply about tulip mania?

(A) It lasted for almost a decade.
(B) It spread to countries other than the Netherlands.
(C) Many individuals lost a lot of money when it ended.
(D) People did not behave rationally during it.

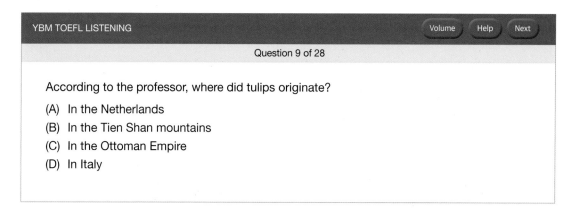

According to the professor, where did tulips originate?

(A) In the Netherlands
(B) In the Tien Shan mountains
(C) In the Ottoman Empire
(D) In Italy

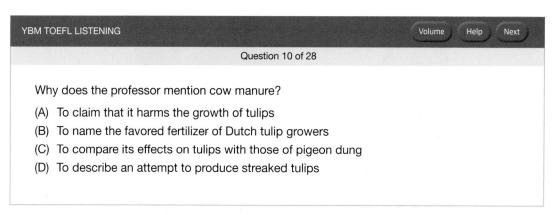

Why does the professor mention cow manure?

(A) To claim that it harms the growth of tulips
(B) To name the favored fertilizer of Dutch tulip growers
(C) To compare its effects on tulips with those of pigeon dung
(D) To describe an attempt to produce streaked tulips

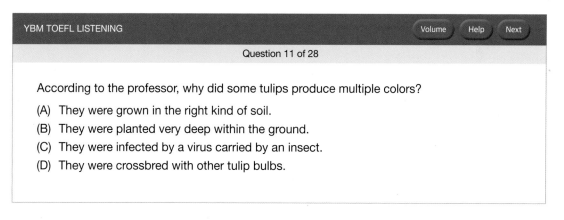

According to the professor, why did some tulips produce multiple colors?

(A) They were grown in the right kind of soil.
(B) They were planted very deep within the ground.
(C) They were infected by a virus carried by an insect.
(D) They were crossbred with other tulip bulbs.

Questions 12-16

🎧 L75

YBM TOEFL LISTENING

Volume   Help   Next

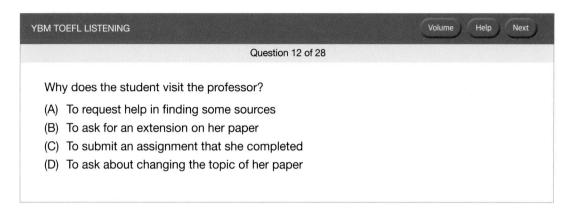

Why does the student visit the professor?

(A) To request help in finding some sources
(B) To ask for an extension on her paper
(C) To submit an assignment that she completed
(D) To ask about changing the topic of her paper

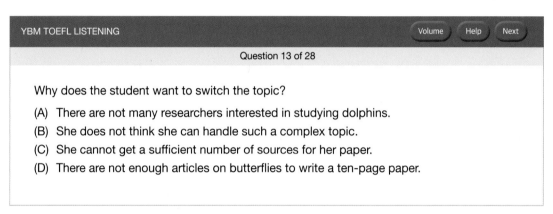

Why does the student want to switch the topic?

(A) There are not many researchers interested in studying dolphins.
(B) She does not think she can handle such a complex topic.
(C) She cannot get a sufficient number of sources for her paper.
(D) There are not enough articles on butterflies to write a ten-page paper.

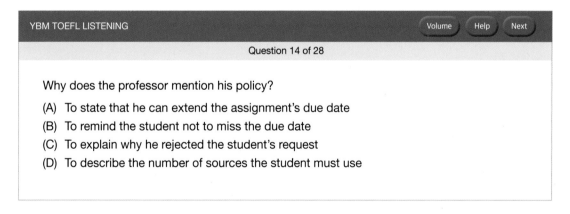

Why does the professor mention his policy?

(A) To state that he can extend the assignment's due date
(B) To remind the student not to miss the due date
(C) To explain why he rejected the student's request
(D) To describe the number of sources the student must use

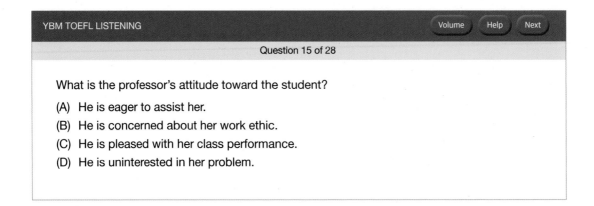

What is the professor's attitude toward the student?

(A) He is eager to assist her.
(B) He is concerned about her work ethic.
(C) He is pleased with her class performance.
(D) He is uninterested in her problem.

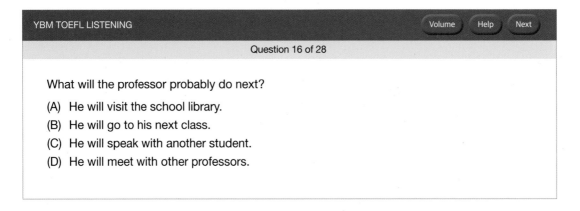

What will the professor probably do next?

(A) He will visit the school library.
(B) He will go to his next class.
(C) He will speak with another student.
(D) He will meet with other professors.

L 76

What is the main topic of the lecture?

(A) The most common types of snowflakes
(B) The reasons it snows only in certain places
(C) The differences between rainfall and snowfall
(D) The ways snowflakes form into different shapes

What does the professor say about snowflake formation?

(A) Ice crystals melt, become water, and then freeze into snowflakes.
(B) It happens when warm and moist air meets other air.
(C) Each snowflake requires around 100,000 ice crystals to form.
(D) It usually takes over 60 minutes for it to occur.

The professor talks about four steps that occur in the formation of snowflakes. Put the steps listed below in the correct order. Drag each answer choice to the space where it belongs.

Step 1	
Step 2	
Step 3	
Step 4	

(A) Water droplets form around tiny particles in the air.
(B) Water vapor starts to condense on water droplets.
(C) Water vapor in the air condenses.
(D) Water droplets become supercooled, and ice begins forming in them.

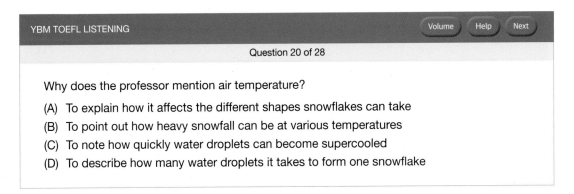

Why does the professor mention air temperature?

(A) To explain how it affects the different shapes snowflakes can take
(B) To point out how heavy snowfall can be at various temperatures
(C) To note how quickly water droplets can become supercooled
(D) To describe how many water droplets it takes to form one snowflake

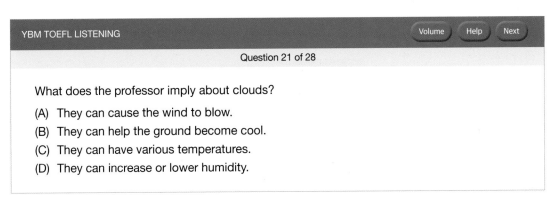

What does the professor imply about clouds?

(A) They can cause the wind to blow.
(B) They can help the ground become cool.
(C) They can have various temperatures.
(D) They can increase or lower humidity.

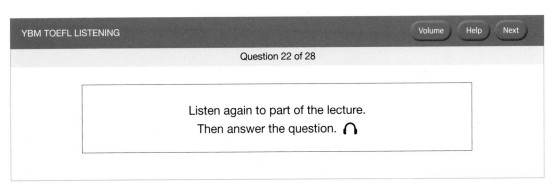

Listen again to part of the lecture.
Then answer the question.

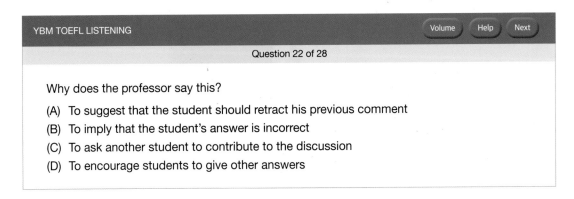

Why does the professor say this?

(A) To suggest that the student should retract his previous comment
(B) To imply that the student's answer is incorrect
(C) To ask another student to contribute to the discussion
(D) To encourage students to give other answers

ACTUAL TEST 2

Zoology

Zoopharmacognosy

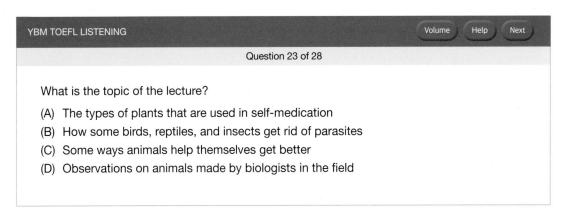

What is the topic of the lecture?

(A) The types of plants that are used in self-medication

(B) How some birds, reptiles, and insects get rid of parasites

(C) Some ways animals help themselves get better

(D) Observations on animals made by biologists in the field

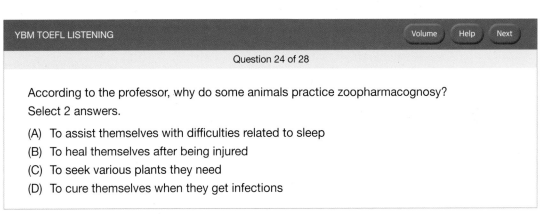

According to the professor, why do some animals practice zoopharmacognosy?
Select 2 answers.

(A) To assist themselves with difficulties related to sleep

(B) To heal themselves after being injured

(C) To seek various plants they need

(D) To cure themselves when they get infections

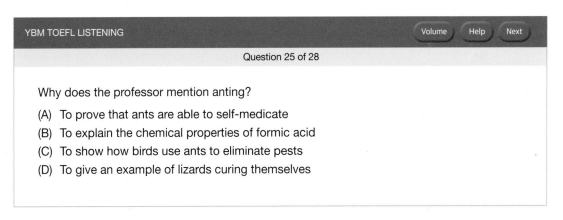

Why does the professor mention anting?

(A) To prove that ants are able to self-medicate

(B) To explain the chemical properties of formic acid

(C) To show how birds use ants to eliminate pests

(D) To give an example of lizards curing themselves

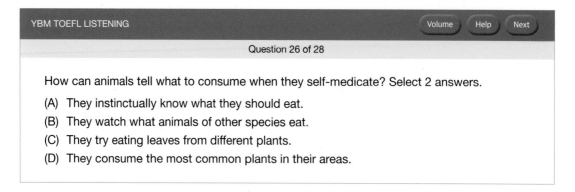

How can animals tell what to consume when they self-medicate? Select 2 answers.

(A) They instinctually know what they should eat.

(B) They watch what animals of other species eat.

(C) They try eating leaves from different plants.

(D) They consume the most common plants in their areas.

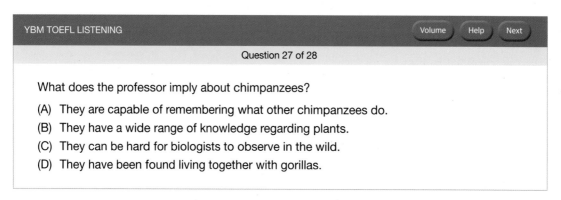

What does the professor imply about chimpanzees?

(A) They are capable of remembering what other chimpanzees do.

(B) They have a wide range of knowledge regarding plants.

(C) They can be hard for biologists to observe in the wild.

(D) They have been found living together with gorillas.

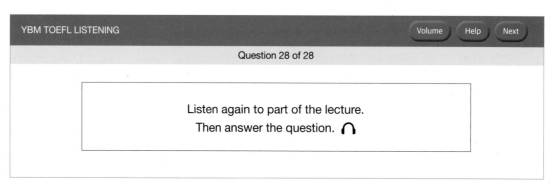

Listen again to part of the lecture.
Then answer the question. ∩

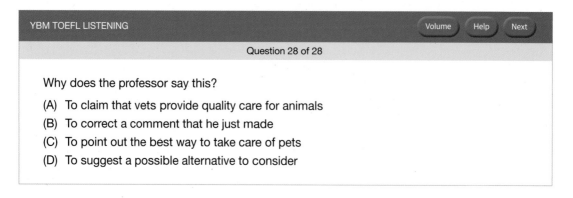

Why does the professor say this?

(A) To claim that vets provide quality care for animals

(B) To correct a comment that he just made

(C) To point out the best way to take care of pets

(D) To suggest a possible alternative to consider

YBM TOEFL 80⁺
LISTENING

YBM

TOEFL

80+

LISTENING

정답 및 해설

YBM
TOEFL 80+

LISTENING

정답 및 해설

정답	1 (D)	2 (A)	3 (B)	4 (A), (D)	5 (A)	6 (C)
	7 (A)	8 (A)	9 (A), (C), (D)	10 S, S, C, C	11 (B)	
	12 (A)	13 (B)	14 (D)	15 (B)	16 (B)	17 (C)

Questions 1-5

pp.16-17

N Narrator   S Student   P Professor

N Listen to a conversation between a student and a professor.

S Professor Waterman, did you receive the email I sent you last night?

P I'm sorry, Valerie, but I haven't had a chance to check my email today. What did you write me about?

S I wanted to know if you had some time to meet with me today. It's kind of important, and I really need someone to speak with.

P Sure, Valerie. Please take a seat. You, uh, you look like you're a tad upset. Did something bad happen? Your family's okay, right?

S Huh? Oh, yeah, my family is fine. This is just a personal matter that concerns school.

P Are you failing a class or something?

S Um... I don't think so. I just finished taking all of my midterm exams, and I believe I did rather well on them. I probably got mostly A's and a couple of B's.

P That's not too bad. Okay, um, why don't you tell me what's so important then?

S Let me be blunt... I'm thinking of changing my major.

P I've been expecting you to say something like that for a while now.

S You have?

P Valerie, while you're quite good at anthropology—uh, I believe you've gotten A's in all of the classes you've taken so far—it's clear to me that your heart isn't in it.

S Oh... I had no idea that you realized that about me.

P I've been teaching here for more than twenty years. I'm fairly adept at telling who is genuinely interested in a topic and who isn't. So tell me. Why did you choose anthropology as a major if you don't like it?

S To be honest... both of my parents are anthropology professors at Clearwater University. So they strongly encouraged me to follow the same path as them when I started school here.

P I see. You know, uh, parental pressure can be difficult to resist at times. What are you thinking of changing your major to?

N 학생과 교수 사이의 대화를 들으시오.

S 워터먼 교수님, 제가 어젯밤에 보내 드린 이메일 받으셨어요?

P 미안하지만, 발레리, 오늘 이메일을 확인해 볼 기회가 없었어요. 무엇에 관해 써서 보냈나요?

S 오늘 저를 만날 수 있는 시간이 좀 있으신지 알고 싶었습니다. 좀 중요한데, 누군가 이야기할 사람이 꼭 필요해서요.

P 좋아요, 발레리. 자리에 앉아요. 보니까, 어, 조금 격앙된 것 같군요. 무슨 안 좋은 일이라도 있었나요? 가족은 괜찮은 거죠?

S 네? 아, 그럼요, 저희 가족은 문제 없습니다. 그냥 학교와 관련된 개인적인 문제예요.

P 어떤 수업에서 낙제하거나 그런 건가요?

S 음… 그런 것 같진 않습니다. 저는 막 모든 중간고사를 치렀는데, 꽤 잘 본 것 같아요. 아마 대체로 A 학점이고 B 학점 몇 개를 받을 것 같습니다.

P 그렇게 나쁘진 않군요. 좋아요, 음, 그럼 뭐가 그렇게 중요한 건지 얘기해 보면 어떨까요?

S 있는 그대로 말씀 드릴게요… 저는 전공을 바꿀까 생각하고 있습니다.

P 학생이 뭔가 그런 얘기를 할 거라고 예상한 지 좀 됐어요.

S 그러셨어요?

P 발레리, 인류학을 꽤 잘 하고 있고, 어, 지금까지 수강한 모든 수업에서 A를 받은 것 같긴 하지만, 마음이 없는 게 분명해 보이네요.

S 아… 저와 관련해서 교수님이 그걸 알고 계신 줄은 몰랐습니다.

P 나는 이곳에서 20년 넘게 학생들을 가르쳐 왔어요. 누가 주제에 진심으로 관심이 있는지, 그리고 누가 그렇지 않은지 아는 데 꽤 능숙하죠. 자 이제 말해봐요. 마음에 들지 않는데 왜 인류학을 전공으로 택한 거죠?

S 솔직히… 제 부모님 두 분 모두 클리어워터 대학교의 인류학 교수님이세요. 그래서 부모님은 제가 이곳에서 학교 생활을 시작했을 때 그들과 같은 길을 따르도록 적극 권장하셨습니다.

P 알겠어요. 그러니까, 어, 때로는 부모님의 압박이 버티기 힘들 수 있죠. 어떤 전공으로 바꿀 생각인가요?

S I'd actually love to study chemistry. I've loved it since high school. In addition, I am taking an introductory course this semester, and it's my favorite class. I'm really interested in studying it more.

P Hmm… Let me think. You're only a sophomore, and it's the first semester. You could probably do it, but you might have to take a couple of chemistry classes each semester and enroll in some summer school classes as well. Have you spoken with anyone in the chemistry department?

S Yes, I talked to Professor Caldwell, and he said pretty much the same thing you did.

P That's great. But let me give you a piece of advice… How about considering double-majoring in chemistry and anthropology?

S Honestly, I've considered that, but I'm wondering whether I could handle it.

P Well, you are an excellent student, so I think you could.

S I'll give it some consideration. Thanks so much for talking to me, sir. I'll have to talk to my parents about this, but I can probably convince them to see things my way.

P Good luck, Valerie. Let me know if I can be of assistance to you in any way.

S 실은 화학을 꼭 공부해 보고 싶습니다. 고등학교에 다닐 때부터 정말 좋아했거든요. 게다가, 이번 학기에 개론 강의를 듣는데, 제가 가장 좋아하는 수업입니다. 화학을 좀 더 공부하는 데 정말 관심이 있습니다.

P 흠… 생각해 보죠. 학생은 이제 2학년이고, 첫 학기잖아요. 아마 그렇게 할 수는 있겠지만, 각 학기에 몇몇 화학 수업을 들으면서 여름 계절 학기 수업에도 등록해야 할지 몰라요. 누구든 화학과에 있는 사람과 이야기해 본 적이 있나요?

S 네, 콜드웰 교수님께 말씀드렸는데, 교수님도 거의 같은 말씀을 하셨습니다.

P 잘됐군요. 하지만 조언을 하나 하자면… 화학과 인류학을 복수 전공하는 걸 고려해 보면 어떨까요?

S 솔직히, 생각해 보긴 했는데, 제가 감당할 수 있을지 궁금합니다.

P 음, 뛰어난 학생이니까, 할 수 있을 것이라고 생각합니다.

S 좀 더 생각해 보겠습니다. 말씀 너무 감사합니다, 교수님. 이 문제와 관련해서 부모님께 말씀드려야겠지만, 아마 제 입장을 이해해 달라고 부모님을 설득할 수 있을 거예요.

P 행운을 빌어요, 발레리. 내가 어떤 식으로든 도움이 될 수 있다면 알려 주세요.

스크립트 어휘

meet with (특히 논의를 위해) ~와 만나다 a tad 조금, 약간 concern ~와 관련되다 blunt 있는 그대로의, 직설적인
anthropology 인류학 so far 지금까지 be adept at ~에 능숙하다 fairly 꽤, 상당히 genuinely 진심으로, 진짜로
to be honest 솔직히 (말해서) encourage A to B A에게 B하도록 권하다 pressure 압박(감) resist 버티다, 견디다
chemistry 화학 in addition 게다가 introductory 개론의, 입문의 sophomore 2학년 enroll in ~에 등록하다
as well ~도 double-major in ~을 복수전공하다 give ~ consideration ~을 고려하다 convince A to B A를 B하라고
설득하다 see things one's way ~의 입장을 이해하다 of assistance 도움이 되는

주제와 목적 찾기

1 대화에서 주로 무엇을 이야기하고 있는가?
(A) 복수 전공의 이점들
(B) 학생이 교수에게 보낸 이메일
(C) 학생이 인류학 강의에서 받은 학점
(D) 전공을 바꾸고 싶은 학생의 소망

해설 학생이 전공을 인류학에서 화학으로 바꾸고 싶다는 생각을 밝힌 후, 그 배경과 교수의 의견이 대화의 주를 이루고 있다. 따라서 정답은 (D)다.

의도와 태도 파악하기

2 인류학에 대한 학생의 의견은 어떠한가?
(A) 그녀는 그것을 공부하는 것을 별로 즐거워하지는 않는다.
(B) 그녀는 그것을 아주 흥미롭게 생각한다.
(C) 그녀는 그것이 자신에게 너무 어렵다고 생각한다.
(D) 그녀는 그것을 지루하게 여긴다.

해설 학생이 부모님 때문에 인류학을 전공으로 택한 사실과 함께 화학을 꼭 공부해 보고 싶다고 말하고 있으므로 인류학 공부를 별로 즐거워하지는 않는 것으로 볼 수 있다. 따라서 정답은 (A)다.

3 학생은 왜 자신의 부모님을 언급하는가?
(A) 그들의 업적과 자신의 업적을 비교하기 위해
(B) 전공 선택에 있어 그들의 역할을 설명하기 위해
(C) 그들이 그녀가 전과하도록 허용하는 것을 거부한다고 말하기 위해
(D) 그들 모두 고등학교에서 가르친다는 점을 지적하기 위해

어휘 compare A with B A와 B를 비교하다
accomplishment 업적, 성취 refuse to ~하는 것을 거부하다 transfer 전과하다 point out ~을 지적하다

해설 학생은 자신의 부모님 두 분 모두가 인류학 교수라고 밝히면서 자신에게도 같은 길을 따르도록 적극 권장해 주었다고 말하고 있다. 따라서 정답은 (B)다.

세부 내용 찾기

4 전공을 화학으로 바꾸겠다는 학생의 의견과 관련해 교수는 무슨 말을 하는가? 두 개의 답을 고르시오.
(A) 그녀는 매 학기 특정 수의 화학 강의를 들어야 한다.
(B) 그녀는 초급자 수준의 수업에 등록해야 한다.
(C) 그녀는 화학과 학과장과 면접을 봐야 한다.
(D) 그녀는 여름 계절 학기에 등록해야 한다.

어휘 switch A to B A를 B로 바꾸다 register for ~에 등록하다

해설 교수는 학생이 전공을 화학으로 바꾸려면 매 학기에 화학 수업을 들으면서 여름 계절 학기 수업에도 등록해야 한다고 말하고 있다. 따라서 정답은 (A)와 (D)다.

추론하기

5 학생이 콜드웰 교수에 대해 암시하는 것은 무엇인가?
(A) 그는 화학과 소속이다.
(B) 그는 대학교에 새로 왔다.
(C) 그는 개론 수준의 수업을 가르친다.
(D) 그는 학생의 부모님과 친구 사이이다.

해설 교수가 학생에게 화학과에 있는 사람과 이야기해 본 적이 있는지 묻자, 학생이 콜드웰 교수와 이야기했다고 대답하고 있다. 따라서 정답은 (A)다.

Questions 6-11

pp.18-19

N Narrator   P Professor   S Student

N Listen to part of a lecture in an architecture class.

P Good morning, everyone. Today, we're going to discuss American architecture. Even though the United States is fairly young in comparison with European countries, it still has an impressive array of unique architecture. I'm going to start by discussing American colonial architecture. This refers to homes built in the 1600s and 1700s. You might be surprised to know there were many styles of homes then. However, if you consider the history of the American colonies, you shouldn't be. Remember that it wasn't just the English who settled in North America. The French, the Spanish, and the Dutch, among others, had colonies there, too. So some styles from this time are French colonial, Dutch colonial, Georgian, and Spanish colonial. However, as a general rule, when we say American colonial style, we are referring to homes built by British colonists in the New England region. Among the most prominent of those styles were the Cape Cod and the Saltbox.

N 건축학 수업 강의의 일부를 들으시오.

P 안녕하세요, 여러분. 오늘은, 미국 건축 양식을 이야기해 보겠습니다. 미국은 유럽 국가들에 비해 꽤 역사가 짧음에도 불구하고, 인상적일 정도로 다양한 고유의 건축 양식들이 있습니다. 미국 식민지 시대 건축 양식을 이야기하는 것으로 시작해 보겠습니다. 이는 1600년대와 1700년대에 지어진 주택들을 가리킵니다. 당시에 많은 주택 양식들이 존재했다는 사실을 알면 놀랄 수도 있습니다. 하지만, 미국 식민지의 역사를 고려한다면, 그래서는 안 됩니다. 북미에 정착했던 사람들이 단순히 영국인만은 아니었다는 점을 기억하세요. 그 중에는, 프랑스인과 스페인인, 네덜란드인도 그곳에 식민지가 있었습니다. 따라서 이 시대의 몇몇 양식들은 프랑스 식민지 양식과 네덜란드 식민지 양식, 조지 왕조 양식, 스페인 식민지 양식이었습니다. 하지만, 일반적으로, 우리가 미국 식민지 양식을 말할 때는, 영국의 식민지 개척자들에 의해 뉴잉글랜드 지역에 지어진 주택들을 가리킵니다. 그 양식들 중에서 가장 주목할 만한 것은 케이프 코드와 솔트박스였습니다.

Before I go into detail about specific styles, let me provide you with a basic overview of the important characteristics of American homes during colonial times. I'm going to show you some pictures as I talk so that you can see what I'm referring to. Observe the screen, please. Let's see… For the most part, the homes were simple and used traditional designs. They were constructed with wood, brick, or stone depending upon what raw materials were located nearby. They tended to be rectangular in shape like this… and this. They were also symmetrical. That means one side wasn't longer or taller than the other. Colonial homes had a central door and small windows. They had the same number of windows on each side of the house. They tended to be two stories tall, yet some could be three. Living spaces were on the ground floor while bedrooms were on the second and third floors. They had either a central chimney or double chimneys. In the case of double chimneys, like this… They were on opposite sides of the home.

Now, let's examine some specific styles. We'll start with the Saltbox style, which is one of the oldest styles used in the colonies. Here's one Saltbox home… and another…. and another.

S Wait a minute. I've seen those kinds of houses around our school. Are those houses really 300 years old?

P That's very perceptive of you. No, in most cases, the houses aren't that old, but the Saltbox style remained popular, especially here in New England, in the 1800s. So if you pay attention when you drive around, you'll see many Saltbox houses.

The most obvious feature of the Saltbox style is the asymmetrical roof. Notice how one side is much longer than the other. Remember that New England gets plenty of snow, so that type of roof enabled people to clear snow off their roofs easily. The roofs also helped deflect the strong winds during storms. And they made it easy for residents to extend the backs of their houses when they needed more living space or a shed. Saltbox houses were made of wood and featured a central chimney. The fireplace provided heat for the entire house. Most of these homes were found in rural areas, as farmers were quite fond of building them.

Now let's look at a different style. This… and this… are examples of the Cape Cod style. These homes were built from around 1690 to 1850. And yes, before anyone comments, there are plenty of Cape Cod homes not just here but, well, everywhere in the country. In fact, if you told your younger brother or sister to draw a house, something like this is almost

특정 양식에 대해 상세한 내용을 설명하기 전에, 여러분들에게 식민지 시대 동안 미국 주택들의 중요한 특징들에 대한 기본적인 개요를 설명하겠습니다. 내가 무엇을 언급하는지 여러분이 볼 수 있도록 몇몇 사진들을 보여주겠습니다. 화면을 잘 봐 주세요. 어디 보자… 대부분, 그 주택들은 단순했고 전통적인 디자인을 사용했습니다. 그 주택들은 어떤 원자재가 근처에 위치했었는지에 따라 목재나 벽돌, 돌로 건축되었습니다. 이것과… 이것처럼 모양이 직사각형인 경향이 있었습니다. 또한 대칭적이기도 했죠. 이 말은 한쪽 면이 다른 쪽보다 더 길거나 높지 않았다는 뜻입니다. 식민지 시대 주택들은 중앙 출자구와 작은 창문들이 있었습니다. 그 주택의 각 측면에는 동일한 숫자의 창문들이 있었습니다. 2층 높이로 된 경향이 있었지만, 어떤 것들은 3층일 수도 있었습니다. 생활 공간은 1층에 있었지만, 침실들은 2층과 3층에 있었습니다. 중앙에 굴뚝이 있거나 굴뚝이 2개였습니다. 굴뚝이 2개인 경우, 이것처럼 말이죠… 굴뚝들은 주택의 서로 반대편에 있었습니다.

자, 몇몇 특정 양식들을 살펴보겠습니다. 솔트박스 양식부터 시작할 텐데, 이는 식민지 시대에 사용된 가장 오래된 양식들 중 하나입니다. 여기 솔트박스 주택이 하나 보이죠… 또 하나… 그리고 또 하나 있습니다.

S 잠시만요. 저는 우리 학교 근처에서 저런 종류의 주택들을 본 적이 있어요. 그 주택들이 정말 300년이나 된 건가요?

P 학생은 아주 예리하군요. 아뇨, 대부분의 경우, 그 주택들은 그렇게 오래된 건 아니지만, 솔트박스 양식은 특히 이곳 뉴잉글랜드에서 1800년대에도 여전히 인기가 많았습니다. 그래서 차를 운전해서 여기저기 다닐 때 주의를 기울여 보면, 많은 솔트박스 주택들을 볼 겁니다.

솔트박스 양식의 가장 명확한 특징은 비대칭적인 지붕입니다. 한쪽이 다른 쪽보다 얼마나 더 많이 긴지 주목해 보세요. 뉴잉글랜드 지역에는 눈이 많이 내리기 때문에, 저런 종류의 지붕이 있어야 사람들이 지붕에서 쉽게 눈을 치울 수 있다는 점을 기억하기 바랍니다. 또한 이 지붕은 폭풍이 휘몰아치는 동안 강풍을 비껴가게 하는 데 도움이 되었죠. 그리고 그 지붕은 주민들이 추가 생활 공간이나 헛간이 필요할 때 집 뒷면을 증축하는 것을 쉽게 만들어 주었습니다. 솔트박스 주택들은 목재로 만들어졌으며 중앙의 굴뚝이 특징이었습니다. 벽난로는 집안 전체에 온기를 제공해 주었죠. 이런 주택의 대부분이 시골 지역에서 발견되었는데, 농부들이 이 주택들을 짓는 것을 상당히 좋아했기 때문이었습니다.

자, 다른 양식도 살펴보겠습니다. 이것… 그리고 이것은 케이프 코드 양식의 예시들입니다. 이 주택들은 약 1690년에서 1850년 사이에 지어졌습니다. 그리고 네, 누군가 말하기 전에, 이곳뿐만 아니라, 음, 전국 모든 곳에 케이프 코드 주택들이 많이 있습니다. 실제로, 여러분이 남동생이나 여동생에게 집을 하나 그려 보라고 말한다면, 이와 같은 것이 그려질 것이 거의

surely what would get drawn. Notice the rectangular shape… the single story with a half-story for a second floor… the steep roof similar to that of the Saltbox style. Likewise, both styles have a central door. However, Cape Cod homes have low roofs and windows with shutters. These were both utilized to help keep the homes warm during cold New England winters. Okay, uh, that's enough for those two. Let's move on to the Georgian style. I think you're going to like it.

분명합니다. 직사각형 모양에 주목해 보세요… 2층이 반 층 높이로 된 단층 주택이며… 경사진 지붕은 솔트박스 양식의 지붕과 유사합니다. 마찬가지로, 두 양식 모두 중앙 출입구가 있습니다. 하지만, 케이프 코드 주택은 지붕이 낮고 창문에 덧문이 있습니다. 이 둘은 뉴잉글랜드의 추운 겨울 동안 집을 따뜻하게 유지하는 데 도움이 되도록 이용되었습니다. 자, 어, 이 정도면 이 두 가지 양식에 대한 이야기는 충분하겠군요. 조지 왕조 양식으로 넘어가 보겠습니다. 내 생각에는 여러분이 좋아할 것 같네요.

스크립트 어휘

architecture 건축학, 건축 양식 in comparison with ~에 비해 an array of 다양한 colonial 식민지 시대의
refer to ~을 가리키다 colony 식민지 settle in ~에 정착하다 Dutch 네덜란드인의 Georgian (영국의) 조지 왕조 시대의
(George 1~4세 치세 때인 1714년~1830년) as a general rule 일반적으로 colonist 식민지 개척자 prominent 주목할
만한, 중요한 go into detail about ~에 대해 상세히 설명하다 provide A with B A에게 B를 제공하다 overview 개요
characteristic 특징 observe 주시하다 for the most part 대개, 보통 depending upon ~에 따라 raw material 원자재
rectangular 직사각형의 symmetrical 대칭적인(↔ asymmetrical) story (건물의) 층 ground floor 1층 perceptive
예리한, 직관력 있는 feature 특징; 특징으로 삼다 clear ~ off ~을 치우다 deflect 비껴가게 하다 extend 증축하다 shed 헛간
rural 시골의 steep 경사진, 가파른 likewise 마찬가지로 shutter 덧문

주제와 목적 찾기

6 강의는 주로 무엇에 관한 것인가?
(A) 1600년대와 1700년대에 지어진 주택들의 디자인 방식들
(B) 케이프 코드 주택들의 발전
(C) 미국 식민지 시대 주택들의 다른 양식들
(D) 미국 식민지 시대 양식의 인기

해설 교수는 미국 식민지 시대의 건축 양식을 이야기하겠다고 말하면서 솔트박스 양식과 케이프 코드 양식에 대해 설명하고 있다. 따라서 정답은 (C)다.

구조 파악하기

7 강의는 어떻게 구성되는가?
(A) 두 가지 건축학적 양식들을 비교 대조함으로써
(B) 미국과 유럽의 주택 양식들을 설명함으로써
(C) 솔트박스 주택 사진들을 보여 주면서 그 실내를 설명함으로써
(D) 연대 순으로 미국 건축 양식의 특징들을 나열함으로써

어휘 contrast 대조하다 in chronological order 연대 순으로
해설 교수는 솔트박스 양식과 케이프 코드 양식의 특징들을 비교 대조하면서 건축학적 양식들을 설명하고 있다. 따라서 정답은 (A)다.

세부 내용 찾기

8 교수의 말에 따르면, 대부분의 미국 식민지 시대 주택들은 어떤 모습이었는가?
(A) 그것들은 단순했고 전통적인 건축 양식이 적용되었다.
(B) 그것들은 흔히 먼 거리에서 운송된 원자재를 이용했다.
(C) 그것들은 높이나 길이가 다른 두 면을 특징으로 했다.
(D) 그것들은 중앙에 문이 있고 그 옆에 큰 창문들이 있었다.

어휘 employ 사용하다 conventional 전통적인, 재래식의 transport 운송하다
해설 교수는 식민지 시대의 미국 주택들은 단순했고 전통적인 디자인을 사용했다고 말하고 있다. 따라서 정답은 (A)다. 큰 창문들이 아니라 작은 창문들이므로 (D)는 오답이다.

세부 내용 찾기

9 비대칭적인 지붕의 장점들은 무엇인가? 세 개의 답을 고르시오.
(A) 그것들은 주민들이 자신들의 주택을 증축할 수 있도록 한다.
(B) 그것들은 너무 많은 햇빛이 집으로 들어오는 것을 방지한다.
(C) 그것들은 바람의 영향을 줄인다.
(D) 눈이 지붕에서 쉽게 제거될 수 있다.
(E) 집에서 창문에 대한 필요성이 줄어든다.

어휘 prevent A from B A가 B하는 것을 방지하다
해설 교수가 비대칭적인 지붕을 언급하면서 주택 증축이 수월하고, 강풍을 비껴가게 해 주며, 쉽게 눈을 치울 수 있다는 장점들을 말했다. 따라서 정답은 (A)와 (C), (D)다.

전개구조 파악하기

10 강의에서, 교수는 솔트박스 양식과 케이프 코드 양식의 특징들을 말하고 있다. 각 양식의 특징을 표기하시오. 알맞은 상자에 체크하시오.

	솔트박스 양식	케이프 코드 양식
그것은 19세기에 특히 뉴잉글랜드에서 인기를 유지했다.	✓	
그것은 주택 중앙에 굴뚝이 있었다.	✓	
그것은 추운 날씨에 적합한 덧문이 있는 창문이 특징이었다.		✓
그것은 전국 각지에서 찾아 볼 수 있다.		✓

어휘 retain 유지하다   suitable for ~에 적합한

해설 교수는 솔트박스 양식이 특히 뉴잉글랜드에서 1800년대에도 여전히 인기가 많았고 중앙의 굴뚝을 특징으로 한다고 말했다. 그리고 케이프 코드 양식은 전국 모든 곳에 이 양식의 주택이 많다는 점과 지붕이 낮고 창문에 덧문이 있다고 말했다.

의도와 태도 파악하기

11 강의의 일부를 다시 들으시오. 그런 다음 질문에 답하시오. ∩

> P 솔트박스 양식부터 시작할 텐데, 이는 식민지 시대에 사용된 가장 오래된 양식들 중 하나입니다. 여기 솔트박스 주택이 하나 보이죠… 또 하나… 그리고 또 하나 있습니다.
> S 잠시만요. 저는 우리 학교 근처에서 저런 종류의 주택들을 본 적이 있어요. 그 주택들이 정말 300년이나 된 건가요?

학생은 왜 다음과 같이 말하는가?

> S 잠시만요.

(A) 교수에게 자신이 유사한 종류의 주택에서 살고 있다고 알리기 위해
(B) 교수가 이야기하고 있는 양식과 관련해 질문을 하기 위해
(C) 서술의 사실성에 대해 교수에게 확인을 받기 위해
(D) 교수에게 그가 방금 말했던 것을 반복하도록 요청하기 위해

어휘 inform ~에게 알리다   receive confirmation from ~에게 확인을 받다   statement 서술, 진술

해설 교수가 솔트박스 주택에 대해 말하기 시작하자, 학생이 "잠시만요."라는 말과 함께 그런 집들을 본 적이 있다고 말하면서 300년이나 된 것이 맞는지 묻고 있다. 따라서 정답은 (B)다.

관련 지식 솔트박스 주택(saltbox home)은 원래 목조로 된 전통적인 뉴잉글랜드 스타일의 가옥으로, 지붕이 앞쪽보다 뒤쪽이 길고 낮아 앞에서 보면 2층, 뒤에서 보면 1층처럼 보인다. 벽에 걸어두고 소금을 보관했던 뚜껑이 있는 나무 상자 saltbox를

닮았다고 해서 붙여진 이름이다. 이 양식은 최소한의 비용으로 기존 건축물의 면적을 넓힐 수 있다는 장점 때문에 1620년부터 1820년경까지 계속 지어졌다.

N Narrator   **P** Professor   **S** Student

N Listen to part of a lecture in an environmental science class.

P Take a look at this map of Florida. You can see the city of Miami on the Atlantic coast. And look at Lake Okeechobee here. It's located to the west of West Palm Beach. Now, check out the area to the south of Lake Okeechobee. Do you see all of that green on the map? That's the Everglades, which is one of the most fascinating ecosystems in the entire country.

The Everglades is a subtropical wetlands area that covers more than two million acres across a large part of southern Florida. Lake Okeechobee has a big influence on the Everglades. The reason is that during Florida's rainy season, the water level in the lake rises, causing flooding. This water then slowly moves in what people call a "river of grass," because it flows through an enormous saw grass marsh. This water is largely responsible for the creation of the Everglades.

Now, you'd be mistaken in thinking that the Everglades is entirely water. There's much more to this region than just water. Of course, there are swamps, marshes, and even rivers flowing through the Everglades. There are also prairies. They are sometimes flooded during the rainy season, but they can also be dry land. There are cypress forests as well as mangrove forests, and there are even forests with pine trees in places that are mostly dry all year. So the geography of the region is incredibly diverse.

The Everglades is also known for harboring a diverse amount of wildlife, including birds, mammals, reptiles, fish, and amphibians. According to biologists, more than 360 species of birds make their homes in the Everglades. The most prominent of these are wading birds such as storks, egrets, herons, and ibises. In recent years, flamingos have been seen living there as well. Many migratory birds winter in the Everglades, thereby increasing its avian population during the winter months. Mammals such as dolphins and manatees live in the Everglades, and so do panthers. All kinds of smaller mammals live there, too. Numerous species of snakes dwell there, and so do alligators and crocodiles. Just so you know, alligators prefer areas with fresh water, whereas crocodiles can be found in saltwater regions, such as mangrove forests.

N 환경 과학 수업 강의의 일부를 들으시오.

P 이 플로리다의 지도를 한 번 보세요. 대서양 해안에 있는 마이애미 시가 보일 겁니다. 그리고 여기 오키초비 호수를 보세요. 웨스트 팜 비치의 서쪽에 위치해 있죠. 자, 오키초비 호수의 남쪽 구역을 확인해 보세요. 지도상에서 전부 녹색인 저 부분이 보이나요? 저곳이 바로 에버글레이드 습지인데, 전국에서 가장 매력적인 생태계 중 하나입니다.

에버글레이드 습지는 남부 플로리다의 넓은 지역을 가로지르며 2백만 에이커가 넘는 면적에 걸쳐 있는 아열대 습지 지역입니다. 오키초비 호수는 에버글레이드 습지에 큰 영향을 미칩니다. 그 이유는 플로리다의 우기 동안, 이 호수의 수위가 높아지면서, 물이 넘치기 때문이죠. 이 물은 그 후 사람들이 '풀의 강'이라고 부르는 곳으로 천천히 이동하는데, 이 물은 어마어마한 참억새 습지 사이로 흐르기 때문입니다. 이 물은 에버글레이드 습지 생성의 주 원인입니다.

자, 여러분이 에버글레이드 습지가 완전히 물로 이루어진 것으로 생각한다면 이는 잘못된 생각입니다. 이 지역에는 단지 물 이상의 훨씬 많은 것이 있습니다. 당연히, 늪과 습지, 심지어 에버글레이드 습지를 통과해 흐르는 강들도 있습니다. 또한 대초원들도 있습니다. 이곳들은 때때로 우기 동안 물에 잠기지만, 건조한 땅일 수도 있습니다. 사이프러스 숲뿐 아니라 맹그로브 숲도 있고, 심지어 일년 내내 대부분 건조한 장소에 소나무로 된 숲도 있습니다. 따라서 이 지역의 지리는 놀랍도록 다양합니다.

또한 에버글레이드 습지는 조류와 포유류, 파충류, 어류, 양서류를 포함한, 아주 다양한 야생 동물들의 서식지로 알려져 있습니다. 생물학자들에 따르면, 360종이 넘는 조류가 에버글레이드 습지에 서식지를 마련합니다. 그 중에서 가장 주목할 만한 것은 황새와 백로, 왜가리, 따오기와 같은 섭금류입니다. 최근 몇 년 사이에, 홍학도 그곳에서 살고 있는 것이 목격되었습니다. 많은 철새들이 에버글레이드 습지에서 겨울을 나며, 그로 인해 겨울철에 그곳의 조류 개체수가 증가하고 있죠. 돌고래와 해우 같은 포유류도 에버글레이드 습지에 살고 있으며, 표범도 그렇습니다. 모든 종류의 더 작은 포유류도 그곳에 살고 있죠. 많은 종류의 뱀도 그곳에 살고, 앨리게이터와 크로커다일도 그렇습니다. 참고로 말하자면, 앨리게이터는 담수 지역을 선호하는 반면, 크로커다일은 맹그로브 숲 같은 해수 지역에서 찾아 볼 수 있습니다.

S What about pythons? I've heard they're a real nuisance in the Everglades because they're killing lots of native species.

P Yes, Burmese pythons are an invasive species and are rapidly reproducing and wreaking all kinds of havoc in the Everglades. They're one major problem facing the Everglades these days, yet they're not the most crucial one. That problem would be the water quality, which we need to cover now.

Now, uh, the population of Florida started increasing rapidly in the second half of the 1900s. This caused plenty of issues in the Everglades, since people began both urbanizing certain areas and farming in others. People also began using the Everglades for recreation. Numerous boaters, fishermen, and others constantly visit the Everglades, and they caused considerable harm to the region.

But farming has hurt the water quality the most. You see, uh, one of the biggest pollutants in the water there is phosphorus. It's an essential nutrient which improves the quality of soil for agriculture, so it's commonly used in fertilizers. However, when heavy rains come, lots of fertilizer—and the phosphorus in it—is swept out of fields and into lakes, rivers, and streams, where it often drains into the Everglades. In many places in the Everglades, the phosphorus content in the water is extremely high. This can result in algal blooms, which remove oxygen from the water, thereby killing many fish. Fortunately, the state of Florida has enacted several programs to remove excessive phosphorus from the water.

There are also high levels of mercury in the water. Mercury is a highly toxic element that can get into the bodies of animals, where it can cause them to mutate and to grow in abnormal ways. Since the 1970s, high levels of mercury have been reported in fish such as bass, in wading birds, and even in alligators and pythons. If this continues, many animals in the Everglades will be inedible to people and will additionally cause problems for predators that hunt and consume them.

Now, let's turn to problems that invasive species are causing throughout the Everglades. You see, uh, it's not just the pythons that are harming the local environment.

S 비단뱀은 어떤가요? 제가 듣기로는 에버글레이드 습지에서 많은 토착종을 죽이고 있어서 정말 골칫거리라고 하던데요.

P 네, 버마 비단뱀은 침입종이며, 빠르게 번식하면서 에버글레이드 습지에서 온갖 종류의 막대한 문제를 초래하고 있습니다. 그 뱀들은 요즘 에버글레이드 습지가 직면하고 있는 한 가지 주요한 문제이긴 하지만, 가장 중대한 건 아닙니다. 그 문제는 수질일 텐데, 우리는 지금 그 내용을 다룰 필요가 있습니다.

자, 어, 플로리다의 인구는 1900년대 후반에 빠르게 증가하기 시작했습니다. 이는 에버글레이드 습지에 많은 문제들을 야기했는데, 사람들이 특정 지역을 도시화하고 다른 곳에선 농사를 짓기 시작했기 때문이었습니다. 사람들은 에버글레이드 습지를 여가 활동에도 이용하기 시작했습니다. 수많은 보트 이용객들과 어민들, 그 외의 사람들이 끊임없이 에버글레이드 습지를 방문해서, 그 지역에 상당한 피해를 끼쳤습니다.

하지만 농업이 수질에 가장 큰 피해를 주었습니다. 그러니까, 어, 그곳 물에서 가장 큰 오염 물질들 중의 하나는 인입니다. 인은 농업용 토지의 질을 향상시키는 필수 영양소이기 때문에, 일반적으로 비료에 쓰입니다. 하지만, 폭우가 오면, 많은 비료와 그 안에 있는 인이 농지에서 쓸려 나와 호수와 강, 개울로 유입되어, 흔히 에버글레이드 습지로 흘러나갑니다. 에버글레이드 습지의 많은 곳에서, 물 속의 인 함량은 아주 높습니다. 이는 녹조현상을 초래할 수 있고, 이는 물에서 산소를 없애고, 그로 인해 많은 물고기들을 죽게 합니다. 다행히, 플로리다 주는 물에서 과도한 인을 제거하기 위해 여러 프로그램들을 법제화했습니다.

물에는 높은 정도의 수은도 존재합니다. 수은은 동물의 몸 속으로 침투할 수 있는 아주 유독한 원소로서, 돌연변이를 만들거나 비정상적인 방식으로 자라도록 만들 수 있습니다. 1970년대 이후로, 높은 농도의 수은이 농어와 같은 물고기와 섭금류, 심지어 앨리게이터와 비단뱀의 몸 속에도 들어있다는 것이 보고되어 왔습니다. 만약 이런 일이 계속된다면, 에버글레이드 습지의 많은 동물들은 사람이 먹을 수 없게 될 것이며, 그것들을 사냥하고 먹는 포식자들에게도 추가적으로 문제를 초래할 것입니다.

자, 에버글레이드 습지 전역에서 침입종이 초래하고 있는 문제들로 넘어가겠습니다. 그러니까, 어, 그 지역 환경에 피해를 끼치고 있는 건 비단뱀뿐만이 아닙니다.

스크립트 어휘

Atlantic 대서양의　Everglades 에버글레이드 습지(미국 플로리다 주 남부에 있는 대습지대)　ecosystem 생태계
subtropical 아열대의　wetland 습지　have an influence on ~에 영향을 미치다　flooding 홍수, 범람　saw grass 참억새
marsh 습지　be responsible for ~의 원인이다　be mistaken in -ing ~하는 것은 잘못이다　swamp 늪　prairie 대초원
cypress 사이프러스(키 큰 상록수의 일종)　mangrove 맹그로브(강가나 늪지에서 뿌리가 지면 밖으로 나오게 자라는 열대 나무)
in places 곳곳에　diverse 다양한　harbor ~의 서식지가 되다　mammal 포유류　reptile 파충류　amphibian 양서류
biologist 생물학자　species (분류상의) 종　prominent 주목할 만한, 중요한　wading bird 섭금류　stork 황새　egret 백로
heron 왜가리　ibis 따오기　flamingo 홍학　migratory bird 철새　avian 새의　population 개체수, 인구　manatee 해우
panther 표범　dwell 서식하다, 살다　alligator 앨리게이터(북미·남미·중국산 악어)　crocodile 크로커다일(대개 앨리게이터보다
더 크고 사나움)　just so you know 참고로 말하자면　fresh water 담수　whereas ~에 반하여　python 비단뱀　nuisance
골칫거리　native species 토착종　invasive species 침입종　reproduce 번식하다　wreak havoc 엄청난 피해를 입히다
face (문제·위험 등이) ~의 몸에 닥쳐오다　urbanize 도시화하다　constantly 끊임없이　cause harm to ~에게 피해를 주다
considerable 상당한　pollutant 오염 물질　phosphorus 인(비금속 원소)　fertilizer 비료　sweep A out of B A를 B에서
쓸어내다　drain into ~로 흘러나가다　content 함량　algal bloom 녹조현상　enact 법제화하다　mercury 수은　toxic 유독한
mutate 돌연변이하다　abnormal 비정상적인　bass 농어　inedible 먹을 수 없는　predator 포식자　turn to ~로 넘어가다

주제와 목적 찾기

12 강의는 주로 무엇에 관한 것인가?
(A) 에버글레이드 습지에 닥친 문제들
(B) 에버글레이드 습지의 지리적 특징
(C) 에버글레이드 습지에 사는 다양한 침입종들
(D) 에버글레이드에 있는 인의 부정적인 영향

어휘 geographical 지리적인　characteristic 특징

해설 교수가 에버글레이드 습지를 소개하면서 그곳에서 발생하고
있는 문제들을 이야기하고 있다. 따라서 정답은 (A)다.

세부 내용 찾기

13 교수의 말에 따르면, 오키초비 호수는 어떻게 에버글레이드
습지에 영향을 미치는가?
(A) 많은 에버글레이드 습지의 동물들은 그곳에서 새끼들을
기른다.
(B) 그곳에서 넘친 물이 에버글레이드 습지로 흘러 들어간다.
(C) 그곳은 에버글레이드 습지에 많은 물고기를 공급한다.
(D) 그곳의 물이 에버글레이드 습지로 영양소들을 운반한다.

어휘 offspring (단복동형) 새끼　flow into ~로 흘러 들어가다
supply A with B A에 B를 공급하다

해설 교수가 플로리다의 우기 중에 오키초비 호수의 수위가
높아지면서 범람이 발생하고 그 물이 서서히 이동해
에버글레이드 습지 생성의 주 원인이 된다고 설명하고 있다.
따라서 정답은 (B)다.

구조 파악하기

14 교수는 왜 홍학들을 언급하는가?
(A) 그것들과 특정 철새들을 비교하기 위해
(B) 그것들이 한때 에버글레이드 습지에서 멸종되었다는
것을 주장하기 위해
(C) 녹조현상이 어떻게 그것들에게 피해를 줄 수 있는지를
지적하기 위해
(D) 얼마나 다양한 종들이 에버글레이드 습지에 살고 있는지
알려 주기 위해

어휘 extinct 멸종된

해설 교수가 에버글레이드 습지에 황새와 백로, 왜가리, 따오기와
같은 섭금류가 살고 있다고 말하면서 최근 몇 년 사이에는
홍학도 살고 있는 것이 목격되었다고 말하고 있다. 이는
그곳에 서식하는 동물들의 다양성을 강조하기 위한 것이다.
따라서 정답은 (D)다.

세부 내용 찾기

15 강의 내용에 따르면, 인은 어떻게 에버글레이드 습지에
영향을 미칠 수 있는가?
(A) 그것은 동물들을 먹을 수 없게 만들 수 있다.
(B) 그것은 물에서 산소를 없앰으로써 물고기의 생존을
위협할 수 있다.
(C) 그것은 풍부한 영양소로 인해 식물을 평소보다 더 빠르게
성장하게 만들 수 있다.
(D) 그것은 일부 동물이 돌연변이가 되도록 만들 수 있다.

어휘 abundant 풍부한

해설 교수는 인이 녹조 현상을 초래할 수 있고, 이는 물에서 산소를
없애 많은 물고기들을 죽게 할 수도 있다고 설명하고 있다.
따라서 정답은 (B)다.

16 교수가 에버글레이드 습지의 물에 대해 암시하는 것은 무엇인가?

(A) 그것은 일부 지역에서는 사람들이 마실 수 있을 정도로 충분히 깨끗하다.

(B) 담수와 해수 두 가지 모두 그곳에서 찾아 볼 수 있다.

(C) 그것은 흔히 건기 중에 완전히 증발한다.

(D) 에버글레이드 습지 전체가 때때로 그것으로 덮인다.

어휘 evaporate 증발하다   at times 때때로

해설 교수는 에버글레이드 습지를 설명하면서 앨리게이터는 담수 지역을 선호하고, 크로커다일은 맹그로브 숲 같은 해수 지역에서 찾아볼 수 있다는 사실을 말하고 있다. 따라서 정답은 (B)다.

17 에버글레이드 습지의 수은에 대한 교수의 의견은 무엇인가?

(A) 그녀는 그것이 많은 종의 멸종을 초래할 수 있다고 생각한다.

(B) 그녀는 그것이 오직 물고기에게만 중요한 문제라고 생각한다.

(C) 그녀는 그것이 생태계 전체에 영향을 미칠 수 있다고 생각한다.

(D) 그녀는 그것이 사람들이 주장하는 것만큼 나쁘지는 않다고 생각한다.

어휘 extinction 멸종   a matter of concern 중요한 문제

해설 교수가 수은 문제가 지속되면 에버글레이드 습지의 많은 동물은 사람이 먹을 수 없게 되고, 그 동물들을 사냥하고 소비하는 포식자들에게도 문제를 초래할 것이라고 설명하고 있으므로 생태계 전반에 영향을 미친다는 의미로 파악할 수 있다. 따라서 정답은 (C)다.

PART 1

CHAPTER **01**   Topic & Purpose

EXERCISE 01   p.28

정답 | 1 (C)   **2** (B)

N Narrator   **S** Student   **W** Supervisor

N Listen to a conversation between a student and a dormitory supervisor.

S Hello. My name is Jeff Harmon, and I live at the Baxter House dormitory. Are you the university's dormitory supervisor?

W Yes, I am. What can I help you with, Jeff?

S Well, I was wondering if it would be possible for me to switch rooms or change my roommate.

W I see. Could you please let me know who your current roommate is?

S His name is Brad Milton. We're both second-year students, and we were randomly assigned as roommates at the beginning of the academic year.

W Okay. What has been happening that's causing you to consider this change?

S Well, the issue is that I've been having a lot of trouble getting any sleep because of Brad. I'm genuinely concerned that if this continues, my grades will start to suffer.

W That's certainly a significant concern, but I need a bit more information. Is Brad having parties or bringing guests to your dorm room?

S No, it's not related to parties or guests. The problem is that every night, without fail, between 10 p.m. and 4 a.m., he plays computer games. The issue isn't just the noise from the games; it's also that when he gets frustrated, he raises his voice and starts yelling at the computer screen. It's severely disrupting my sleep, and I've talked to him about it multiple times.

W I understand how that could be very disruptive. Have you both attempted to set some ground rules or come to an agreement regarding quiet hours?

S Yes, I've tried to come up with a compromise, but Brad has been unresponsive and unwilling to make any adjustments.

W I see. Thank you for explaining the situation. This is a clear concern, and I appreciate you reaching out. I'll schedule a meeting with Brad in my office to discuss

N 학생과 기숙사 관리 책임자 사이의 대화를 들으시오.

S 안녕하세요. 제 이름은 제프 하먼이고, 백스터 하우스 기숙사에 살고 있습니다. 대학 기숙사 관리 책임자이신가요?

W 네, 그렇습니다. 무엇을 도와 드릴까요, 제프?

S 저, 방을 옮기거나 룸메이트를 바꾸는 게 가능할까 해서요.

W 그렇군요. 지금 룸메이트가 누군지 알려 줄 수 있나요?

S 그의 이름은 브래드 밀턴입니다. 저희 둘 다 2학년이고, 학년 초에 무작위로 룸메이트로 배정되었어요.

W 그렇군요. 무슨 일이 있었길래 이렇게 바꿀 생각을 하고 있는 거죠?

S 그게, 무슨 문제냐 하면 제가 브래드 때문에 잠을 자는 데 계속 어려움이 많아요. 이 상황이 지속되면 제 성적이 나빠지기 시작할까 봐 진심으로 걱정됩니다.

W 그건 분명 중요한 우려 사항이긴 하지만, 정보가 좀 더 필요해요. 브래드가 파티를 열거나 기숙사 방으로 손님을 데려 오나요?

S 아뇨, 파티나 손님은 관련 없어요. 문제는 매일 밤, 어김없이, 밤 10시에서 새벽 4시 사이에 그는 컴퓨터 게임을 합니다. 단순히 게임에서 나는 소리가 문제가 아니라, 불만스러우면, 목소리를 높여서 컴퓨터 화면에 대고 소리를 지르기 시작합니다. 제가 잠을 자는 데 심각하게 지장을 주고 있어서, 그와 함께 여러 번 이 문제에 대해 얘기했어요.

W 그런 일이 얼마나 심각하게 지장을 줄 수 있는지 이해합니다. 두 사람이 함께 방해 금지 시간과 관련해서 어떤 기본 규칙을 정하거나 합의에 이르도록 시도해 본 적은 있나요?

S 네, 제가 타협안을 제시해 보려고 했지만, 브래드는 묵묵부답에 어떤 조치도 취하려 하지 않았습니다.

W 알겠습니다. 상황 설명 고마워요. 이는 분명히 우려할 만한 사항이며, 도움을 요청해줘서 감사합니다. 내가 이 문제를 더 깊이 논의해 보기 위해 브래드와 사무실에서 만날 일정을 잡을게요. 만일, 그 논의 후

this matter further. If, after that discussion, it's clear that a room change is the best course of action, we'll proceed with arranging a different room assignment for you, which we can do starting next week.

에도, 방 변경이 최선의 조치인 게 분명하다면, 다른 방 배정 준비를 진행하게 될 텐데, 다음 주에 시작할 수 있습니다.

스크립트 어휘

supervisor 관리 책임자, 감독 I was wondering if(whether) (정중하게 부탁하거나 물어볼 때) ~한가 해서요, ~인지 궁금해서요 randomly 무작위로 assign 배정하다 have trouble -ing ~하는 데 문제가 있다 genuinely 진심으로, 진짜로 suffer 나빠지다 concern 우려 사항 without fail 어김없이 frustrated 불만스러운, 짜증이 난 raise one's voice ~의 목소리를 높이다 yell at ~에게 소리치다 disrupt ~에 지장을 주다, 방해하다 disruptive 지장을 주는 ground rules 기본 규칙 come to an agreement 합의를 보다 come up with ~을 제시하다 compromise 타협(안) unresponsive 묵묵부답인, 반응이 없는 unwilling 꺼리는, 싫어하는 adjustment 조치, 조정 reach out (도움·요청 등을 위해) 접촉하려 노력하다 course of action 조치, 방책 proceed with ~을 진행하다 assignment 배정

주제와 목적 찾기

1 학생은 왜 기숙사 관리 책임자를 만나러 가는가?
(A) 룸메이트 배정에 관한 정보를 얻기 위해
(B) 기숙사에서 지장을 준 행동에 대해 사과하기 위해
(C) 룸메이트와 관련된 문제의 해결책을 찾기 위해
(D) 룸메이트의 좋지 못한 잠버릇과 관련해 불만을 제기하기 위해

어휘 apologize for ~에 대해 사과하다 seek 찾다, 구하다 resolution 해결책

해설 학생은 룸메이트 때문에 잠을 자지 못한다며 룸메이트를 바꿔 주거나 방을 변경해 줄 것을 기숙사 관리 책임자에게 요청하고 있다. 따라서 정답은 (C)다.

세부 내용 찾기

2 학생이 겪고 있는 주된 문제는 무엇인가?
(A) 그는 컴퓨터 게임에 중독되어 있다.
(B) 그는 소음 때문에 자는 데 문제가 있다.
(C) 그는 여러 과목에서 낙제점을 받았다.
(D) 그의 룸메이트는 다른 방으로 옮기고 싶어 한다.

어휘 be addicted to ~에 중독되다

해설 학생은 밤마다 컴퓨터 게임을 하며 소리를 지르는 룸메이트 때문에 잠을 이루지 못하는 문제를 겪고 있다. 따라서 정답은 (B)다.

EXERCISE 02

정답 | **1** (C)   **2** (D)

N Narrator   **S** Student   **P** Professor

N Listen to a conversation between a student and a professor.

S Professor Clyburn, you're still holding office hours, aren't you? I'm pretty sure they don't end until four thirty.

P Actually, I have office hours tomorrow, not today. But don't worry, Leslie. I've got time to speak with you now. I guess you want to ask about extending the deadline on the assignment, right?

S I'm afraid not. It's about the list of assignment topics you gave us in class yesterday. I've been looking over them, and I'm not quite sure which one I should select.

N 학생과 교수 사이의 대화를 들으시오.

S 클리번 교수님, 아직 교수 연구실에 계셔야 하는 시간이시죠, 아닌가요? 분명 4시 30분이나 되어야 끝나시는 줄 알았어요.

P 실은, 연구실에 있어야 하는 시간은 내일이지, 오늘이 아니야. 하지만 걱정하지 마, 레즐리. 지금 너와 얘기할 시간이 있으니. 과제 마감 기한 연장에 관해 묻고 싶은 것 같은데, 맞니?

S 그렇지 않습니다. 어제 수업 중에 저희에게 주신 과제 주제 목록과 관련된 겁니다. 제가 그것들을 훑어 보고 있는데, 어느 것을 선택해야 할지 잘 모르겠어요.

정답 및 해설 **13**

P	Okay. Then why don't you sit down, and we can go over them together?

S	That would be great. Thanks a lot. Okay, uh, the first one... Come up with a way to design a house which can resist powerful earthquakes. I'm not sure I can do that. I mean, uh, we didn't learn anything about this topic in class.

P	Well, I think the information I covered in the second week of the semester should help you if you decide to do this assignment.

S	Really? Huh... I'll have to check my notes. All right, how about the second one, which is to come up with a way to control air pollution emitted from either planes or factories?

P	We discussed that in week four. We did the same for the information in number three, which is to design an efficient sewage treatment plant.

S	Okay, but neither of these topics particularly appeals to me. Number four is somewhat interesting though.

P	Ah, you mean the topic which you need to devise an effective way to repair cracks in buildings, right?

S	Yes, that's correct. And the last topic, uh, removing arsenic from groundwater, is also something I am somewhat interested in.

P	I think both topics are interesting. Why don't you go with the topic you prefer between the two? And be sure to come up with something creative.

S	Okay, Professor Clyburn. Thanks so much for helping me. If I have problems doing this assignment, do you mind if I drop by and ask for assistance?

P	Not at all. That's what I'm here for.

P	좋아. 그러면 앉아서 함께 자세히 살펴보면 어떨까?

S	그러면 아주 좋을 것 같습니다. 정말 감사합니다. 그러니까, 어, 첫 번째 주제는… 강력한 지진을 견딜 수 있는 집을 설계하는 방법을 제시하라는 것인데요. 제가 할 수 있을지 모르겠습니다. 제 말씀은, 어, 저희가 수업 중에 이 주제와 관련해서 어떤 것도 배우지 않았거든요.

P	음, 이 과제를 하기로 결정한다면 학기 2주차에 다룬 정보가 도움이 될 거야.

S	정말요? 하… 제 필기 내용을 확인해 봐야겠습니다. 그럼, 비행기나 공장 둘 중 한 곳에서 배출되는 대기 오염 물질을 억제하는 방법을 제시하라는 두 번째 주제는 어떤가요?

P	우리는 그걸 4주차에 논의했지. 효율적인 하수 처리장을 설계하는 것인 세 번째 주제에 관한 정보에 대해서도 똑같이 했단다.

S	알겠습니다, 하지만 이 두 주제들 중 어느 것도 제겐 특별히 매력적이지 않습니다. 하지만 네 번째 주제는 좀 흥미롭습니다.

P	아, 건물 내의 균열 부위를 수리하는 효과적인 방법을 고안해야 하는 주제를 말하는 게 맞니?

S	네, 그렇습니다. 그리고 마지막 주제인, 어, 지하수에서 비소를 제거하는 것도 제가 좀 관심이 있는 것이고요.

P	두 주제 모두 흥미롭다고 생각해. 그 둘 중에서 네가 선호하는 주제로 해 보는 게 어때? 그리고 꼭 창의적인 것을 제시하도록 하고.

S	알겠습니다. 클리번 교수님. 도와 주셔서 정말 감사합니다. 이 과제를 하는 데 문제가 생기면, 잠깐 들러서 도움을 요청 드려도 될까요?

P	물론이지. 그게 내가 여기 있는 이유니까.

스크립트 어휘

hold office hours (교수가 연구나 상담 등을 위해) 연구실에 있다   extend 연장하다   assignment 과제   look over ~을 대충 살펴보다   go over ~을 꼼꼼히 살펴보다, 검토하다   come up with ~을 제시하다   resist 견디다   cover (주제 등을) 다루다   semester 학기   pollution 오염 (물질)   emit 내뿜다   sewage 하수, 폐수   treatment plant 처리장   appeal to ~에게 매력적이다   somewhat 좀, 다소   devise 고안하다   crack 균열, (갈라진) 금   remove A from B A를 B에서 제거하다   arsenic 비소   groundwater 지하수   go with ~로 선택하다   drop by 잠깐 들르다   assistance 도움, 지원

주제와 목적 찾기

1	학생은 왜 교수를 찾아가는가?
	(A) 교수에게 과제에 대한 연장을 요청하기 위해
	(B) 작성 중인 과제의 초안을 제출하기 위해
	(C) 과제를 위해 어떤 주제를 선택해야 하는지에 대한 교수의 의견을 얻기 위해
	(D) 교수의 수업에서 낮은 점수를 받은 이유를 알아보기 위해

어휘	extension on ~에 대한 연장 first draft 초안 paper 과제물, 리포트

해설	학생이 수업 중에 받은 과제 목록과 관련해 어느 것을 선택해야 할지 잘 모르겠다고 말하고 있다. 따라서 정답은 (C)다. 과제 마감 기한 연장 요청은 교수의 추측이므로 (A)는 오답이다.

세부 내용 찾기

2 학생은 어떤 주제에 관심을 보이는가?

(A) 내진 구조 주택 설계하기

(B) 인간이 만든 대기 오염 억제하기

(C) 효율적인 하수 처리장 만들기

(D) 건물의 균열 부위 수리 방법 알아내기

어휘 earthquake-resistant 내진 구조의 manmade 인간이 만든, 인공의 wastewater 하수 figure out ~을 생각해 내다, 해결하다

해설 학생은 건물의 균열 부위를 수리하는 효과적인 방법을 고안하는 주제와 지하수에서 비소를 제거하는 주제에 관심을 가지고 있다. 따라서 정답은 (D)다.

EXERCISE 03 p.30

정답 | 1 (B)　　**2** (B), (C)

N Narrator　　**P** Professor

N Listen to part of a lecture in a history class.

P Good morning, class. Today we're going to talk about something that we all take for granted about three times a day. Ah, you said "food"? Well, that's close… Actually, today's topic is spices. Without spices, our daily meals would be bland and boring. But in ancient times, spices were used for more important purposes than just spicing up meals.

The ancient Egyptians, for example, valued spices for their use in medical treatments. The *Ebers Papryus*, dated to about 1500 BCE, mentions the use of fennel, mint, peppermint and poppy seeds to treat various ailments. Egyptians also used spices to flavor their food, most notably cardamom and cinnamon, which they got from neighboring Ethiopia.

Of course, Egypt was not the only early civilization to know about and use spices. In Mesopotamia, the rival civilizations of Babylon and Assyria had written records of spices. In the late eighth century BCE, the Babylonian king Merodach-Baladan II had a garden in which at least 64 different plants were cultivated for their spices. In the Babylonian religion, there was a god of medicine, who was associated with the moon. Some plants that yielded effective medical ingredients were allowed to be harvested only by moonlight. Assyrian scrolls from around 650 BCE mention many different spices that were used both as medicine and to flavor food. Onions, garlic, and shallots became popular condiments in Persia by the 6th century. Persians also made essential oils from roses, coriander and saffron.

The ancient Greeks traded with these civilizations, and this is how many Eastern spices wound up in the Mediterranean region. The Greeks used caraway

N 역사학 강의의 일부를 들으시오.

P 안녕하세요, 학생 여러분. 오늘은 우리 모두가 대략 하루에 세 번씩 당연하게 여기는 것에 관해 이야기해 보겠습니다. 아, '음식'이라고 했나요? 음, 비슷합니다… 실은, 오늘의 주제는 향신료입니다. 향신료가 없다면, 우리의 하루 식사는 단조롭고 지루할 겁니다. 하지만 고대에는, 향신료가 단순히 식사에 양념을 더해 주는 것보다 더 중요한 목적으로 쓰였습니다.

예를 들어, 고대 이집트인들은 의학적 치료에 이용할 목적으로 향신료를 귀하게 여겼습니다. 기원전 약 1,500년까지 거슬러 올라가는 에버스 파피루스는 다양한 질병들을 치료하기 위한 회향, 민트, 페퍼민트, 양귀비 씨앗의 용도를 언급하고 있습니다. 또한 이집트인들은 음식에 풍미를 더하기 위해 향신료를 사용했는데, 그 중에서도 특히 카르다몸과 계피이며, 이집트인들은 인접한 에티오피아에서 이것들을 구했습니다.

물론, 이집트가 향신료에 관해 알고 있고 또 이를 사용한 유일한 초기 문명 사회는 아니었습니다. 메소포타미아에서, 경쟁 문명이었던 바빌론과 아시리아는 향신료에 대한 기록을 남겼습니다. 기원전 8세기 말에, 바빌론의 왕 므로닥-발라단 2세는 정원을 하나 가지고 있었는데, 그곳에는 적어도 64가지의 각기 다른 식물들이 향신료를 얻기 위해 재배되고 있었습니다. 바빌론 종교에는, 약의 신이 존재했는데, 이 신은 달과 연관이 있었습니다. 효과적인 약 성분을 생산했던 일부 식물들은 달빛이 비칠 때만 수확하도록 허락되었습니다. 기원전 650년경부터 내려오는 아시리아의 두루마리는 약뿐 아니라 음식에 풍미를 더하기 위해 사용된 많은 다른 향신료들을 언급하고 있습니다. 양파, 마늘, 샬럿은 6세기쯤에 페르시아에서 인기 있는 양념이 되었습니다. 또한 페르시아인들은 장미, 고수, 사프란에서 방향유를 만들기도 했습니다.

고대 그리스인들은 이러한 문명 사회들과 교역했으며, 이렇게 해서 여러 동방의 향신료들이 결국에는 지중해 지역에 흘러 들어가게 되었습니다. 그리스인들은 빵에

and poppy seeds in their bread, and mint as a flavoring for meat. They had some funny ideas about spices as well—they wore crowns of parsley and marjoram at feasts. They believed this would help stop them from getting drunk! Don't try this at your next party—it won't work.

However, there were Greeks who were more scientific about spices. You have probably heard of the famous Greek "father of medicine"—Hippocrates—who lived between 460 and 375 BCE. He recorded about 400 herbal remedies, at least half of which are still used today.

The ancient Romans used spices much more extravagantly than the Greeks. They drank spice-flavored wine and applied balms and oils made from spices to their skin after bathing.

캐러웨이와 양귀비 씨앗을, 고기용 조미료로 민트를 사용했습니다. 그들은 또한 향신료와 관련해 몇몇 재미있는 아이디어도 갖고 있었는데, 연회에서 파슬리와 마저럼으로 만든 왕관을 쓰기도 했습니다. 이렇게 하면 그들이 술에 취하는 것을 막는 데 도움이 될 거라고 믿었습니다! 여러분은 다음 번 파티에서 이렇게 하지 마세요. 효과는 없습니다.

하지만, 향신료와 관련해 더 과학적이었던 그리스인들도 있었습니다. 여러분은 아마도 기원전 460년에서 375년 사이에 살았던 그리스의 유명한 '의학의 아버지'인 히포크라테스에 대해 들어 본 적이 있을 겁니다. 그는 약 400가지의 약초 치료법에 대해 기록했으며, 적어도 그 중 절반은 오늘날에도 여전히 사용되고 있습니다.

고대 로마인들은 그리스인들보다 훨씬 더 사치스럽게 향신료를 사용했습니다. 그들은 향신료 향이 나는 와인을 마셨고, 향신료로 만든 연고와 오일을 목욕 후에 피부에 발랐습니다.

스크립트 어휘

take ~ for granted ~을 당연하게 여기다   spice 향신료   bland 단조로운, 자극적이지 않은   spice up ~에 맛을 더하다
value 소중하게 여기다   date to ~까지 거슬러 올라가다   BCE 기원전(= before the Common Era)   fennel 회향(향이 강한
채소의 하나. 씨앗과 잎도 요리에 씀)   poppy 양귀비   ailment 질병   flavor ~에 풍미를 더하다   (most) notably 그 중에서도 특히
cardamom 카르다몸(서남 아시아산 생강과 식물 씨앗을 말린 향신료)   neighboring 인접한   be associated with ~와 연관되다
yield 생산하다   ingredient 성분, 재료   scroll 두루마리   shallot 샬롯(작은 양파의 일종)   condiment 양념, 조미료   essential
oil 방향유   coriander 고수   saffron 사프란(크로커스 꽃으로 만드는 샛노란 가루)   wind up (결국) ~하게 되다   Mediterranean
지중해의   caraway 캐러웨이(씨앗을 향신료로 쓰는 회향 식물)   flavoring 조미료   marjoram 마저럼(흔히 말려서 허브로 쓰는 식물)
work (약이) 효과가 있다   remedy 치료법   extravagantly 사치스럽게   apply A to B A를 B에 바르다   balm 연고

주제와 목적 찾기

1 강의는 주로 무엇에 관한 것인가?
(A) 이집트인들은 어떻게 향신료를 발견했는가
(B) 고대 향신료의 서로 다른 용도들
(C) 누가 지중해 지역에 향신료를 소개했는가
(D) 가장 효과적인 향신료의 의학적 용도

해설 교수가 고대의 향신료를 언급하면서 이집트와 바빌론, 아시리아, 페르시아, 그리스에서 각각 어떻게 이용되었는지 설명하고 있다. 따라서 정답은 (B)다.

세부 내용 찾기

2 교수는 향신료의 사용에 대해 무엇이라고 말하는가?
두 개의 답을 고르시오.
(A) 향신료는 모든 질병을 예방하고 치료하는 데 쓰였다.
(B) 향신료는 의학적 효과가 있었다고 생각되었다.
(C) 몇몇 음식은 향신료로 맛을 더했다.
(D) 양귀비 씨는 고기에 향을 더하기 위해 사용되었다.

해설 교수는 고대 그리스인들은 의학적 치료에 이용할 목적으로 향신료를 귀하게 여겼고, 음식에 향을 풍미를 더하기 위해서 향신료를 사용했다고 말했다. 따라서 정답은 (B)와 (C)다. (A)와 같이 보기에 every와 같은 단어가 들어가면 오답일 가능성이 높다는 것을 잘 기억하자.

관련 지식 카르다몸(cardamom)은 수천년 전부터 귀한 향신료로 여겨졌다. 생강과에 속하는 카르다몸은 녹색의 딱딱한 껍질에 싸여 있고, 그 안에 검은 씨를 빼서 향신료로 사용한다.

축적된 지방을 제거하는 데 효과가 있어 로마시대에는 귀족들이 먹는 요리에 주로 사용했다고 한다. '향신료의 여왕'으로도 불리며 생선요리, 소스, 빵, 케이크 등 다양한 음식에 사용되고 있다.

정답 | **1** (A)   **2** (D)

N Listen to part of a lecture in an astronomy class.

P The brightest object in the night sky is the moon, which also happens to be Earth's closest celestial neighbor. People have long wondered how it formed. Over time, astronomers have come up with several theories. Let me tell you about some which are no longer widely accepted first.

The capture theory claims that the moon was an asteroid wandering through the solar system when it was trapped by Earth's gravitational force, thereby making it a moon. This is precisely how many astronomers believe Mars obtained its two moons, Phobos and Deimos. Another theory proposes that the moon formed at the same time Earth did. This is called the accretion theory. A third idea is that long ago, Earth spun so fast that parts of it broke off, went into orbit, and eventually formed the moon. That's the fission theory.

Astronomers gave these theories credence decades ago. Then, in the 1960s and 1970s, the United States sent the Apollo missions to the moon. The knowledge the astronauts obtained there led to an additional theory becoming accepted by most people. It is known as the giant-impact theory. According to it, approximately 100 million years after the formation of Earth, a large body roughly the size of Mars collided with it. Astronomers call this body Theia. The impact resulted in large amounts of debris being broken off from Earth and cast into space. Over time, gravity brought these pieces together and formed the moon.

What caused astronomers suddenly to believe this theory? When the Apollo astronauts returned home, they brought moon rocks. Scientists studied the rocks and determined they had chemical compositions extremely similar to those of rocks found on Earth. However, the Moon's deficiency in substantial quantities of volatile elements, such as water, reinforces the notion that it originated from material vaporized and dispersed amid a high-energy collision. These facts supported the giant-impact theory.

N Narrator   **P** Professor

N 천문학 강의의 일부를 들으시오.

P 밤 하늘에서 가장 밝은 물체는 달이며, 마침 달은 지구와 가장 가까운 이웃 천체이기도 합니다. 사람들은 달이 어떻게 형성되었는지 오랫동안 궁금해 했습니다. 시간이 흐르는 동안, 천문학자들은 여러 이론들을 제시해 왔습니다. 더 이상 널리 수용되지 못하고 있는 몇 개에 대해 먼저 이야기해 보겠습니다.

포착설은 달이 태양계를 떠돌던 소행성이었다가 지구의 중력에 갇히면서, 달이 되었다고 주장합니다. 이는 많은 천문학자들이 화성이 두 위성인 포보스와 데이모스를 얻은 방식이라고 생각하는 것과 정확히 일치합니다. 또 다른 이론은 달이 지구와 동일한 시점에 형성되었다고 제안합니다. 이는 강착설이라고 불립니다. 세 번째 이론은 오래 전에 지구가 너무 빨리 회전하는 바람에 그 일부가 분리되어 궤도에 진입하면서, 결국 달을 형성하게 되었다는 것입니다. 이것이 분열설입니다.

천문학자들은 수십 년 전에는 이러한 이론들을 믿었습니다. 그 후, 1960년대와 1970년대에, 미국이 달에 아폴로 탐사선을 보냈습니다. 우주 비행사들이 그곳에서 얻은 지식은 대부분의 사람들이 받아들이게 된 추가적인 이론으로 이어졌습니다. 이는 거대 충돌설이라고 알려져 있습니다. 이 이론에 따르면, 지구의 형성 약 1억 년 후에, 대략 화성만한 크기의 큰 물체가 지구와 충돌했습니다. 천문학자들은 이 물체를 테이아라고 부릅니다. 이 충돌로 인해 많은 양의 잔해가 지구에서 떨어져 나와 우주로 내던져졌습니다. 시간이 흐르면서, 중력이 이 조각들을 하나로 합쳐 달을 형성했습니다.

무엇 때문에 천문학자들이 갑자기 이 이론을 믿게 되었을까요? 아폴로 우주 비행사들이 귀환했을 때, 월석들을 가져 왔습니다. 과학자들이 이 월석들을 연구했고 지구에서 발견된 암석에 있는 것과 매우 유사한 화학적 구성 물질들이 있다는 사실을 밝혀냈습니다. 하지만 달에 물과 같은 휘발성 높은 물질들이 상당량 부족한 것은 달이 고에너지 충돌 중에 증발되고 흩어진 물질에서 유래했다는 개념을 강화시킵니다. 이러한 사실들이 거대 충돌설을 뒷받침해 주었습니다.

However, not all astronomers agree with this notion. They argue that if Theia collided with Earth, then parts of it should have broken off and helped form the moon. They estimate that around sixty percent of the moon should be composed of pieces from Theia. This is not the case though. As such, these astronomers are still searching for a plausible theory to explain the formation of the moon.

하지만, 모든 천문학자들이 이 이론에 동의하는 것은 아닙니다. 그들은 만약 테이아가 지구와 충돌했다면 그 일부분들이 분리되어 달을 형성하는 데 도움을 주었어야 했다고 주장합니다. 그들은 달의 약 60퍼센트가 테이아에서 나온 조각들로 구성되어 있어야 한다고 추정합니다. 하지만, 이는 사실이 아닙니다. 따라서, 이 천문학자들은 달의 형성을 설명할 수 있는 그럴듯한 이론을 여전히 찾고 있습니다.

스크립트 어휘

astronomy 천문학 celestial 천체의 come up with ~을 제시하다 theory 이론 asteroid 소행성 be trapped by ~에 갇히다 gravitational force 중력(= gravity) obtain 얻다 accretion 강착, 부착 spin 돌다, 회전하다 break off 분리되다 go into orbit 궤도에 진입하다 fission 분열 credence 믿음, 신뢰 mission 탐사 비행(선) lead to ~로 이어지다 approximately 대략, 거의 body 물체 collide with ~와 충돌하다 Theia 테이아(지구와 천체가 충돌하며 나온 분출물로부터 달이 생겼다는 가설에 등장하는 가상의 천체) debris 잔해 cast into ~로 던지다 bring ~ together ~을 모으다 determine 밝히다, 알아내다 composition 구성 물질 deficiency 부족 substantial 상당한 quantity 양 volatile 휘발성의 reinforce 강화하다 vaporize 증발하다 disperse 흩어지다 estimate 추측하다, 추정하다 be composed of ~로 구성되다 plausible 그럴듯한, 이치에 맞는

주제와 목적 찾기

1 강의는 주로 무엇에 관한 것인가?
(A) 달의 형성에 대한 설명들
(B) 일부 행성들이 위성들을 가지는 이유
(C) 아폴로 달 탐사 비행
(D) 태양계 내의 행성의 형성

어휘 planetary 행성의

해설 교수는 강의 초반에 사람들이 달이 어떻게 형성되었는지를 궁금해한 사실과 함께 관련된 이론들 몇 개를 이야기하겠다고 말하고 있다. 따라서 정답은 (A)다.

세부 내용 찾기

2 교수의 말에 따르면, 거대 충돌설을 뒷받침하는 것은 무엇인가?
(A) 달에서 발견된 테이아 물질의 부족
(B) 달을 구성하는 요소들의 무게
(C) 지구 표면에서 분리된 대량의 잔해
(D) 지구 암석과 달 암석 사이의 유사한 구성 물질

어휘 lack 부족 compose 구성하다

해설 교수는 아폴로 우주 비행사들이 귀환할 때 가져 온 달 암석에는 지구의 암석에 있는 것과 매우 유사한 화학 구성 물질들이 들어 있다는 사실이 밝혀지면서 거대 충돌설을 뒷받침해 주었다고 설명하고 있다. 따라서 정답은 (D)다.

관련 지식 화성의 위성인 포보스(Phobos)와 데이모스(Deimos)는 미국의 천문학자인 아사프 홀에 의해 1877년에 발견되었다. 그리스 신화에서 '전쟁의 신'인 아버지 아레스와 함께 전쟁에 나가는 쌍둥이 형제에게서 각기 이름을 따왔다. 포보스는 지름이 22km로 달의 160분의 1 크기에 불과하고, 데이모스는 지름이 12km로 더 작다. 지구의 달은 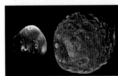 둥글지만 화성의 위성들은 울퉁불퉁한 모양을 하고 있다.

EXERCISE 01

p.38

정답 | **1** (D)　　**2** (B), (C)

N Narrator　　**S** Student　　**M** Manager

N Listen to a conversation between a student and a cafeteria manager.

M Excuse me, but could I speak with you for a moment, please?

S Sure. What can I do for you?

M I'm the new cafeteria manager here, and I'm trying to talk to as many students as possible about the cafeteria food. Would you mind answering a few questions?

S Not at all.

M Thank you. First, how often do you eat at the cafeteria?

S I used to eat here three times a day during my freshman and sophomore years, but this year, I don't come nearly as much as I did before.

M Why is that?

S The first reason is that I have classes during regular mealtimes, so when I get here after my classes end, there's either almost nothing left to eat, or the cafeteria is already closed. I wish you would have extended hours like you did a couple of years ago.

M I think those ended because of budgetary reasons, but I agree with you. We need to be open longer so that we can serve the students better. What's the other reason?

S The food just isn't very appealing these days. A lot of the food getting served here appears to be low in nutrition and high in fats and carbohydrates. I'm into eating healthy food, so I've started having meals at other places.

M I see. Did you ever put any suggestions in the comment box by the door?

S As a matter of fact, I have done that, three or four times this semester. But I haven't noticed any changes, so I don't bother coming here much these days.

M I appreciate you being so honest with me. You know, uh, the dining services office here is starting a new group focused on improving the cafeterias at the school. It has members of the faculty, some people in the administration, and a couple of slots for students.

N 학생과 구내식당 관리자 사이의 대화를 들으시오.

M 실례지만, 잠시 이야기할 수 있을까요?

S 네. 무슨 일이시죠?

M 저는 이곳의 신임 구내식당 관리자인데, 구내식당 음식과 관련해서 가능한 많은 학생들과 이야기해 보려 하는 중입니다. 몇 가지 질문에 답변 좀 해주겠어요?

S 물론입니다.

M 감사합니다. 우선, 구내식당에서 얼마나 자주 식사하나요?

S 신입생 때와 2학년일 때는 이곳에서 하루에 세 번 식사를 하곤 했는데, 올해는 예전에 왔던 것만큼 많이 오진 않아요.

M 왜 그런 거죠?

S 첫 번째 이유는 정규 식사 시간 중에 수업이 있어서 인데요, 그래서 수업이 끝난 후에 이곳에 오면, 먹을 게 거의 남아 있지 않거나, 구내식당이 이미 문을 닫은 상태입니다. 몇 년 전에 그랬던 것처럼 시간을 연장해 주셨다면 좋았을 거예요.

M 제 생각에는 그게 예산과 관련된 이유로 인해 종료된 것 같은데, 저도 동의합니다. 더 오래 문을 열어야 학생들에게 더 잘 응대할 수 있죠. 다른 이유는 뭔가요?

S 요즘에는 음식이 그냥 아주 매력적이지 않습니다. 이곳에서 제공되고 있는 많은 음식이 영양분은 적고 지방과 탄수화물은 많은 것 같아요. 제가 건강에 좋은 음식을 먹는 걸 좋아하기 때문에, 다른 곳에서 식사를 하기 시작했어요.

M 그렇군요. 출입문 옆에 있는 의견함에 어떤 제안 사항이든 넣어 본 적이 있으세요?

S 사실, 이번 학기에 서너 번 그렇게 했어요. 하지만 어떤 변화도 보이지 않아서, 요즘엔 굳이 이곳에 오지 않고 있어요.

M 이렇게 솔직하게 얘기해 주어 감사합니다. 저기, 어, 이곳에 있는 식사 서비스 관리부가 학교의 구내식당들을 개선하는 데 초점을 맞춘 새로운 모임을 시작합니다. 교수님들과 행정팀 분들도 좀 계시고, 몇몇 학생들을 위한 자리도 있습니다.

S That's nice.
M Would you be interested in filling one of the slots for students? You seem to care a lot and are willing to speak your mind.
S It depends on how much work is involved. I'm pretty busy with classes.

S 그거 잘됐네요.
M 학생들을 위한 자리들 중 하나를 채우는 데 관심이 있으신가요? 학생은 관심도 많은 것 같고, 본인의 생각을 밝히는 것을 꺼리지도 않아서요.
S 얼마나 많은 일이 관련되어 있는지에 따라 다릅니다. 제가 수업 때문에 꽤 바빠서요.

스크립트 어휘

Not at all. (답변으로) 물론입니다., 별말씀을요. sophomore 2학년 extend 연장하다 budgetary 예산의 serve ~에게 시중들다, 응대하다; 제공하다 appealing 매력적인 low in ~이 적은 nutrition 영양(분) fat 지방 carbohydrate 탄수화물 be into ~을 좋아하다, ~에 빠져 있다 notice 알아차리다 bother -ing(to+동사원형) 일부러(굳이) ~하다 faculty 교수진 administration 행정직(원) slot (모임, 프로그램 등의) 자리 fill ~을 채우다 speak one's mind ~의 생각을 밝히다 depend on ~에 달려 있다

주제와 목적 찾기

1 남자는 왜 학생에게 이야기하기를 요청했는가?
(A) 그녀에게 모임 내의 자리를 제안하기 위해
(B) 그녀의 식단을 변경하도록 요청하기 위해
(C) 그녀에게 서식을 작성하도록 요청하기 위해
(D) 간단한 설문 조사를 실시하기 위해

어휘 offer A B A에게 B를 제안하다 fill out ~을 작성하다 conduct a survey 설문조사를 실시하다 brief 간단한

해설 남자는 학생에게 자신이 구내식당의 신임 관리자임을 밝히면서 구내식당 음식과 관련해 몇 가지 질문에 답변해 줄 수 있는지 묻고 있다. 따라서 정답은 (D)다. 대화 마지막 부분을 듣고 (A)가 정답이라고 생각할 수 있지만, 모임 내의 자리를 제안하기 위해 남자가 이야기하기를 요청한 것은 아니므로 오답이다.

세부 내용 찾기

2 학생이 구내식당과 관련해 언급한 문제들은 무엇인가? 두 개의 답을 고르시오.
(A) 음식 1인분이 아주 적다.
(B) 때때로 음식이 떨어진다.
(C) 제공하는 음식의 영양분이 많지 않다.
(D) 종류가 충분하지 않다.

어휘 portion (음식) 1인분 run out of ~가 떨어지다 nutritious 영양분이 많은 variety 종류, 품종

해설 학생은 자신의 수업이 끝난 후에 구내식당에 오면 먹을 게 거의 남아 있지 않거나 문을 닫은 상태라는 점과 음식의 영양분은 적고 지방과 탄수화물은 높다는 점을 지적하고 있다. 따라서 정답은 (B)와 (C)다.

EXERCISE 02   p.39

정답 | 1 (B)   **2** (A), (D)

	N Narrator S Student E Employee

N Listen to a conversation between a student and an office employee.

S Pardon me. One of my professors mentioned that there's going to be a job fair here sometime soon. Do you know anything about it?
E Yes, I do. It's going to be held here in the student center two weeks from this Saturday on the tenth of October.

N 학생과 사무 직원 사이의 대화를 들으시오.

S 실례합니다. 저희 교수님들 중 한 분이 조만간 이곳에서 취업 박람회가 있을 거라고 말씀하셨습니다. 그와 관련해서 아는 게 있으신가요?
E 네, 그렇습니다. 취업 박람회가 이번 주 토요일부터 2주 후인 10월 10일에 이곳 학생회관에서 개최될 겁니다.

S That's great news. What kinds of companies are going to be in attendance?

E The last I heard, more than 150 foreign and domestic companies will be sending representatives here. Most of the firms are in the tech sector, but there will also be pharmaceutical companies and some others in attendance.

S Oh… I don't think there will be very much for me then. I'm an economics major.

E Don't worry about that. These companies have all kinds of positions available, so it's still worth it to show up. And just so you know, there will be a second job fair next month. It might be more to your liking.

S Why do you say that?

E Many of the companies at that job fair will be in the financial sector, so they'll be interested in that economics degree you're going to be receiving.

S That's good to hear. Is there anything else you can tell me?

E When you come, it would be best if you were dressed appropriately and had some copies of your resume with you.

S Why is that?

E Well, we normally get a couple of thousand students attending these events. You want to find a way to separate yourself from everyone else and to make yourself stand out. Wearing formal clothes is one of those ways. In addition, many companies request resumes from potential applicants while a few even conduct interviews on the spot and offer jobs to qualified individuals.

S Woah, I had no idea. Um, I don't actually have a resume and have no idea how to make one.

E You're not alone. That's why we offer short tutorials here on how to create a resume. Interested?

S You bet I am.

S 그거 좋은 소식이네요. 어떤 종류의 회사들이 참가하게 되나요?

E 가장 최근에 듣기로는, 150곳이 넘는 국내외 회사들이 이곳에 대표자들을 보낼 겁니다. 그 회사들 중 대부분은 기술 분야에 속해 있지만, 제약 회사들과 몇몇 다른 회사들도 참가할 겁니다.

S 오… 그럼 제겐 그렇게 큰 의미가 있을 것 같지 않네요. 저는 경제학 전공자거든요.

E 그건 걱정하지 마세요. 이 회사들에는 지원 가능한 모든 종류의 일자리가 있기 때문에, 여전히 참가할 가치가 있습니다. 그리고 참고로 말하자면, 다음 달에 두 번째 취업 박람회도 있을 겁니다. 그게 더 마음에 들지도 모르겠네요.

S 왜 그렇게 말씀하시는 거죠?

E 그 취업 박람회에 참가하는 많은 회사들이 금융 분야에 속해 있을 것이기 때문에, 그 회사들은 학생이 받게 될 경제학 학위에 관심이 있을 겁니다.

S 그 말씀을 들으니 좋네요. 저에게 알려 주실 수 있는 다른 것도 있나요?

E 올 때, 옷을 적당하게 갖춰 입고 이력서를 몇 부 지참하면 가장 좋을 겁니다.

S 왜 그런 거죠?

E 음, 저희가 보통 이런 행사에 참석하는 학생들을 수천 명 받기 때문입니다. 다른 학생들과 차별화해서 돋보이게 만들 방법을 찾는 게 좋죠. 격식 있는 옷을 입는 것도 그 방법들 중 하나이고요. 게다가, 많은 회사들이 잠재적 지원자들에게 이력서를 요구하고, 몇몇 회사들은 심지어 현장에서 면접을 실시해서 적격인 사람에게 일자리를 제안하기도 합니다.

S 와, 그런 줄은 몰랐어요. 음, 전 사실 이력서도 없고 이력서를 쓰는 방법도 몰라요.

E 학생 혼자만 그런 건 아닙니다. 그래서 우리가 이곳에서 이력서 쓰는 방법에 관한 간단한 개별 지도 수업을 제공합니다. 관심 있으세요?

S 물론입니다.

스크립트 어휘

job fair 취업 설명회 be in attendance ~에 참석하다 domestic 국내의 representative 대표자 sector 분야 pharmaceutical 제약의 major 전공자 position 일자리, 직책 available 지원 가능한, 이용 가능한 worth it to+동사원형 ~할 가치가 있는 just so you know 그냥 알고 있으라고, 참고하라고 말해주는 건데 to one's liking ~의 기호에 맞는 financial 금융의, 재무의 be dressed 옷을 (차려)입다 appropriately 적당하게, 알맞게 separate A from B A를 B로부터 분리하다 stand out 돋보이다, 눈에 띄다 potential 잠재적인 applicant 지원자 conduct 실시하다 on the spot 현장에서 qualified 적격인, 자격 있는 tutorial 개별 지도 수업 you bet+절 물론 ~이다

1 학생은 왜 남자를 찾아가는가?
(A) 일자리에 지원하는 방법을 알아보기 위해
(B) 다가오는 교내 행사에 관해 문의하기 위해
(C) 남자를 인터뷰할 일정을 잡기 위해
(D) 이력서 쓰는 방법을 배우기 위해

어휘 apply for ~에 지원하다 inquire about ~에 관해 문의하다
upcoming 다가오는, 곧 있을

해설 학생은 조만간 열릴 취업 박람회를 언급하며 남자에게 그것에 관해 아는지 묻고 있다. 따라서 정답은 (B)다.

2 남자는 학생에게 무엇을 하도록 조언하는가?
두 개의 답을 고르시오.
(A) 격식을 차린 옷을 입고 행사에 참석하기
(B) 면접 능력을 향상시키기
(C) 포트폴리오를 만들기
(D) 이력서 몇 부를 준비하기

해설 남자는 학생에게 수천 명의 학생들 중에서 본인을 차별화시키기 위해서는 격식을 차린 옷을 입고 이력서 몇 부를 지참하면 좋을 것이라고 조언하고 있다. 따라서 정답은 (A)와 (D)다.

EXERCISE 03   p.40

정답 | 1 (A)   **2** (D)

N Narrator   **P** Professor

N Listen to part of a lecture in a biology class.

P Today's lecture is a journey into the world of microorganisms, minuscule but incredibly diverse forms of life that profoundly impact our world.

So, what exactly are microorganisms? Well, the term "micro" denotes something exceptionally small, and "organism" refers to a living entity. Microorganisms, often referred to as microbes, are so tiny that they can be observed only through a microscope. This diverse group encompasses protists, bacteria, viruses, fungi, and more. Remarkably, our world teems with trillions upon trillions of microorganisms at any given moment.

Microbes can be classified into two primary categories: heterotrophs and autotrophs. Heterotrophic microbes feed on other organisms. The majority of microorganisms fall into this category. They acquire their energy by either parasitically targeting a living host or by scavenging deceased matter and waste. Heterotrophic microorganisms play a pivotal role in the natural world by breaking down organic waste. Some familiar examples include fungi, bacteria, and protozoa. In contrast, autotrophic microbes possess the remarkable ability to produce their own food and energy, serving as a food source for other organisms. A prime illustration of an autotrophic microbe is green algae.

N 생물학 수업 강의의 일부를 들으시오.

P 오늘 강의는 미생물의 세계로 떠나는 여행으로, 그것들은 아주 작지만 놀라울 정도로 다양한 종류의 생명체로 세상에 깊은 영향을 미치고 있습니다.

자, 미생물이란 정확히 무엇일까요? 음, 'micro'라는 용어는 유난히 작은 것을 뜻하며, 'organism'은 살아 있는 존재를 일컫습니다. 미생물은, 흔히 미소생물로도 일컬어지며, 너무 작아서 오직 현미경을 통해서만 관찰될 수 있습니다. 이 다양한 집단은 원생 생물과 박테리아, 바이러스, 균류를 비롯한 많은 것을 아우릅니다. 놀랍게도, 우리의 세상은 어떤 순간에도 몇 조의 몇 조에 해당하는 미생물로 넘쳐나고 있습니다.

미생물은 두 가지 주요 범주, 즉 종속 영양 생물과 독립 영양 생물로 분류될 수 있습니다. 종속 영양성 미생물은 다른 생물체를 먹고 삽니다. 대부분의 미생물이 이 범주에 속하죠. 그들은 살아 있는 숙주를 기생 대상으로 삼거나 죽은 물체와 폐기물을 찾아 먹는 것으로 에너지를 얻습니다. 종속 영양성 미생물은 유기 폐기물을 분해함으로써 자연 세계에서 중추적인 역할을 합니다. 몇몇 익숙한 예시에 포함되는 것으로 균류, 박테리아, 그리고 원생동물이 있습니다. 그와 대조적으로, 독립 영양성 미생물은 스스로 먹이와 에너지를 만들어 낼 수 있는 놀라운 능력을 지니고 있어, 다른 생물체의 먹이 공급원 역할을 합니다. 독립 영양성 미생물의 주요한 예는 녹조류입니다.

Now, microorganisms can be either our allies or adversaries. Let's begin with the beneficial ones. Good bacteria are the unsung heroes that make life possible. Plants, for example, rely on bacteria residing on their roots to aid in the absorption of nitrogen from the soil. Likewise, animals like cows depend on specialized stomach bacteria to help them digest their plant-based diet. Fungi, another type of microorganism, contribute positively as well. When we bake bread, yeast, a fungal microbe, plays an essential role in the process that causes the dough to rise.

However, there are also less desirable microorganisms. Some fungi can be quite destructive, like the infamous *Phytophthora infestans*, which wreaked havoc during the Great Irish Potato Famine by infecting plants. Bad bacteria, too, can cause trouble, causing various diseases.

Now, you might wonder why scientists study these minuscule entities. The answer lies in the knowledge gained about how the human immune system combats microorganisms. Many vaccines, including the widely known flu vaccine, have been developed from weakened microbes. Consequently, the study of microorganisms has evolved into a crucial component of modern medicine, with significant implications for our health and well-being.

자, 미생물은 우리의 협력자가 될 수도 있고 적이 될 수도 있습니다. 유익한 것부터 얘기해 보죠. 좋은 박테리아는 삶을 가능하게 해 주는 이름 없는 영웅입니다. 예를 들어, 식물들은 땅에서 질소를 흡수하는 데 도움을 받기 위해 뿌리에 사는 박테리아에 의존합니다. 마찬가지로, 소 같은 동물들도 식물 기반의 먹이를 소화하는 데 도움을 주는 위장 속의 특수 박테리아에 의존합니다. 또 다른 종류의 미생물인 균류도 긍정적인 역할을 합니다. 우리가 빵을 만들 때, 이스트라는 균류 미생물이 반죽을 부풀어 오르게 만드는 과정에서 필수적인 역할을 하죠.

하지만, 그다지 원치 않는 미생물도 존재합니다. 어떤 균류는 상당히 파괴적일 수 있는데, 악명 높은 '감자역병균' 같은 것은, 식물들을 감염시킴으로써 아일랜드 감자 대기근 시기에 막대한 피해를 입혔습니다. 나쁜 박테리아도 문제를 일으켜, 다양한 질병들을 초래할 수 있습니다.

자, 여러분은 왜 과학자들이 이 아주 작은 존재들을 연구하는지 궁금해할지도 모르겠습니다. 그 대답은 인간의 면역 체계가 미생물과 어떻게 싸우는지에 관해 얻은 지식 속에 숨어 있습니다. 널리 알려진 독감 백신을 포함해, 많은 백신들은 약화된 미생물에서 개발되었습니다. 결과적으로, 미생물 연구가 현대 의학의 아주 중요한 요소로 발전해 오면서, 우리의 건강과 행복한 삶에 있어 중요한 의미를 가지게 되었습니다.

스크립트 어휘

microorganism 미생물 minuscule 아주 작은 profoundly 깊이, 심오하게 impact ~에 영향을 미치다 term 용어 denote 나타내다 exceptionally 유난히, 이례적으로 entity 존재, 실체 refer to A as B A를 B라고 부르다 microbe 미소생물, 미생물 observe 관찰하다 encompass 아우르다, 포함하다 protist 원생 생물 fungi 균류, 곰팡이류 teem with ~로 넘쳐나다 be classified into ~로 분류되다 heterotrophy 종속 영양 생물 autotroph 독립 영양 생물 feed on ~을 먹고 살다 the majority of 대부분의 fall into ~에 속하다 parasitically 기생하여 host 숙주 scavenge (죽은 고기나 쓰레기 등을) 찾아 다니다, 먹다 deceased 죽은 play a pivotal role in ~에 중추적인 역할을 하다 break down 분해하다 protozoa 원생 동물 in contrast 그와 대조적으로 serve as ~의 역할을 하다 illustration 실례 algae 조류(alga의 복수형) ally 협력자, 동맹 adversary 적 beneficial 유익한, 이로운 unsung hero 이름없는 영웅 rely on ~에 의존하다(= depend on) reside 살다 absorption 흡수 nitrogen 질소 digest 소화하다 contribute 기여하다 fungal 균에 의한 desirable 원하는, 바람직한 destructive 파괴적인 wreak havoc 막대한 피해를 입히다 Great Irish Potato Famine 아일랜드 감자 대기근(1845년부터 1852년까지 아일랜드에서 발생한 대기근으로 주식이었던 감자에 역병이 들며 백만 명 이상이 사망함) infect 감염시키다 lie in ~에 있다 immune system 면역 체계 combat ~와 싸우다 evolve into ~로 진화하다 component (구성) 요소 implication 의미, 영향

주제와 목적 찾기

1 강의는 주로 무엇에 관한 것인가?
(A) 미생물의 종류들과 그것들의 영향들
(B) 바이러스 연구의 중요성
(C) 미생물이 공중 위생에 미치는 악영향들
(D) 미생물이 중요한 의미를 지니는 이유들

어휘 adverse effect 악영향, 역효과, 부작용   public health 공중 위생

해설 교수는 수많은 미생물들을 크게 종속 영양 생물과 독립 영양 생물 두 가지 종류로 나누고 미생물들의 긍정적인 역할과 피해에 대해 설명하고 있다. 따라서 정답은 (A)다.

세부 내용 찾기

2 교수는 독립 영양성 미생물들에 관해 무슨 말을 하는가?
(A) 그것들은 종속 영양성 미생물보다 더 작다.
(B) 원생 동물은 다양한 생물체에게 먹이원을 제공할 수 있다.
(C) 일종의 독립 영양성 미생물인 이스트는 빵을 굽는 데 쓰인다.
(D) 그것들은 자력으로 생명을 유지할 수 있다.

어휘 provide A with B A에게 B를 공급하다   sustain 유지하다   on one's own 자력으로

해설 교수는 독립 영양성 미생물들은 스스로 먹이와 에너지를 만들어 낼 수 있다고 설명했고 이는 자력으로 생명을 유지할 수 있다는 뜻이다. 따라서 정답은 (D)다. 독립 영양성 미생물과 종속 영양성 미생물의 크기를 언급하지 않았기 때문에 (A)는 오답이고, 이스트가 독립 영양성 미생물임을 언급하지 않았기 때문에 (C)도 오답이다.

관련 지식 조류(藻類)는 호수와 늪, 저수지, 바다 등에 살며 광합성을 하는 독립 영양성 생물의 총칭이다. 과거에는 식물로 분류되었고, 외형적·기능적으로 뿌리·줄기·잎 등이

구별되지 않으며(엽상식물), 포자에 의해 번식하고 꽃이나 열매를 맺지 않는(은화식물) 특성으로 정리된다. 녹조류, 갈조류, 홍조류의 세문으로 나눈다. 부영양화 조건에서 녹조나 적조를 발생시키기도 한다.

EXERCISE 04

정답 | 1 (A)   **2** (C)

N Narrator   **P** Professor

N Listen to part of a lecture in an art class.

P I think that's enough about Cubism. Let's move on to a different art movement. Take a look at this work on the screen. This is a piece by Marcel Duchamp. It's entitled *Fountain*, and it's one of the most famous pieces from the Dada Movement, which is also called Dadaism.

I think you need some historical background in order to understand Dadaism better. In 1914, World War I began. The Great War, as people called it then, was incredibly destructive in Europe. Millions were killed and injured, and people were horrified by the damage it caused. In 1916, Hugo Ball, a disillusioned writer, started Dadaism in Zurich, Switzerland. Ah, yes, Dadaism was not just an art movement, as there were plenty of artists, performers, and writers involved in it.

Dadaism was sort of, well, I guess you could call it anti-art. Dadaists considered the world meaningless and thought modern art was pretentious and fake.

N 미술학 수업 강의의 일부를 들으시오.

P 내 생각에 이 정도면 입체파에 관해 충분한 것 같군요. 다른 미술 운동으로 넘어가 보겠습니다. 화면에서 이 작품을 한 번 보세요. 이것은 마르셀 뒤샹의 작품입니다. 그것은 <샘>이라는 제목이 붙었는데, 다다이즘이라고도 불리는 다다 운동에서 가장 유명한 작품들 중 하나입니다.

다다이즘을 더 잘 이해하려면 역사적 배경이 좀 필요한 것 같습니다. 1914년에, 1차 세계 대전이 시작되었습니다. 당시 사람들이 그것을 부른 바와 같이, 이 대전은 유럽에서 믿을 수 없을 정도로 파괴적이었습니다. 수백만 명이 죽고 부상을 당했으며, 사람들은 이 전쟁이 초래한 피해에 몸서리 쳤습니다. 1916년에, 환멸을 느낀 작가 휴고 볼이 스위스 취리히에서 다다이즘을 시작했습니다. 아, 네, 다다이즘은 하나의 미술 운동에 불과했던 것이 아니었는데, 많은 예술가들과 연주자들, 작가들이 연관되어 있었기 때문입니다.

다다이즘은 일종의, 음, 제 생각에 반예술이라고 부를 수 있을 것 같습니다. 다다이즘 예술가들은 세상이 무의미하다고 여겼으며, 현대 예술이 가식적이고 거짓

24 YBM TOEFL 80+ Listening

They wanted to poke fun at the modern world, so they created absurd pieces that mocked traditional art.

Marcel Duchamp was the first Dada artist to achieve some measure of fame. He accomplished this when he presented *Fountain* at an art exhibition in New York in 1917. He bought a urinal, turned it over, and signed it with a pseudonym. He wanted to amuse, confuse, and provoke people who saw it. Another one of Duchamp's works was a print of the *Mona Lisa*. However, he drew a mustache and a goatee on her face.

This one is *The Mechanical Head* by Raoul Hausmann. It includes the head of a mannequin, a watch, a ruler, a wallet, some parts from a camera, and various other things. And this carved piece of wood is called *Shirt Front and Fork*. As you can see, in the minds of Dadaists, the more absurd, the better. Unsurprisingly, Dadaism lasted only a few years. However, it did attract some famous artists, including Max Ernst and Salvador Dali and would influence later art movements like Surrealism and Pop Art. Now, let me talk some more about Duchamp, since he was so influential in the movement.

된 것이라고 생각했습니다. 그들은 현대 세상을 조롱하고 싶어 했기 때문에, 전통적인 예술을 조롱하는 부조리한 작품들을 만들었습니다.

마르셀 뒤샹은 어느 정도 명성을 얻은 최초의 다다이즘 미술가였습니다. 그가 명성을 얻은 때는 1917년에 뉴욕의 한 미술 전시회에서 <샘>이라는 작품을 전시했을 때였습니다. 그는 소변기를 하나 구입해, 그것을 뒤집고, 거기에 가명으로 서명했습니다. 그는 그것을 보는 사람들을 즐겁고 혼란스럽게 만들면서 자극하고 싶어 했습니다. 뒤샹의 작품들 중 또 다른 하나는 <모나리자>의 인쇄물이었습니다. 그런데, 그는 모나리자의 얼굴에 콧수염과 염소 수염을 그렸습니다.

이 작품은 라울 하우스만의 <기계적 두상>입니다. 이 작품은 마네킹의 머리와 시계, 자, 지갑, 몇몇 카메라 부품, 기타 다양한 물건들을 포함합니다. 그리고 이 조각된 나무 작품은 <셔츠 프론트와 포크>입니다. 보다시피, 다다이즘 예술가들의 마음 속에는, 더 부조리할수록, 더 좋다는 생각이 있습니다. 놀랄 것도 없이, 다다이즘은 겨우 몇 년 동안만 지속되었습니다. 하지만, 다다이즘은 분명 막스 에른스트와 살바도르 달리를 포함한 유명 미술가들을 끌어들였고, 초현실주의와 팝 아트 같은 이후의 미술 운동에 영향을 주었을 것입니다. 이제, 뒤샹에 관해 좀 더 이야기해 볼 텐데, 이 운동에서 아주 영향력이 컸기 때문입니다.

스크립트 어휘

Cubism 입체파 movement (사람들의 조직적인) 운동 entitled ~라는 제목의 Dadaism 다다이즘(문학·미술상의 허무주의)
incredibly 믿을 수 없을 정도로 destructive 파괴적인 injure ~에게 부상을 입히다 be horrified by ~에 몸서리 치다
cause damage 피해를 초래하다 disillusioned 환멸을 느낀 pretentious 가식적인 fake 가짜의, 거짓된 poke fun at
~을 조롱하다 absurd 부조리한 mock 조롱하다 present 전시하다, 제시하다 exhibition 전시회 urinal 소변기
turn ~ over ~을 뒤집다 pseudonym 가명, 필명 provoke 자극하다 goatee 염소 수염 last 지속되다 attract 끌어들이다
Surrealism 초현실주의(20세기에 일어난 문예·예술 운동) Pop Art 팝 아트(대중 문화를 기반으로 1960년대에 발달한 예술 형식)

주제와 목적 찾기

1 강의는 주로 무엇에 관한 것인가?
(A) 20세기 초의 한 미술 운동
(B) 다다이즘 예술가들의 집필 작품
(C) 마르셀 뒤샹의 미술품들
(D) 다다이즘의 영향을 받은 미술 운동들

해설 교수가 다다이즘이라는 미술 운동을 소개하면서, 20세기 초에 그 운동이 발생한 배경과 관련 작가들, 작품들을 설명하고 있다. 따라서 정답은 (A)다.

세부 내용 찾기

2 교수는 다다이즘의 영향과 관련해 무엇이라고 말하는가?
(A) 그것은 결국 일반 대중에게 잊혀지게 되었다.
(B) 그것은 현대 세계와 예술을 조롱하지 못했다.
(C) 그것은 이후의 미술 운동들에 흔적을 남겼다.
(D) 그것은 성공적으로 예술 세계를 탈바꿈시켰다.

어휘 end up -ing 결국 ~하게 되다 leave a trace 흔적을 남기다 transform 탈바꿈시키다

해설 교수는 다다이즘이 초현실주의와 팝 아트 같은 이후의 미술 운동에 영향을 주었다고 말하고 있다. 따라서 정답은 (C)다.

관련 지식 입체파(Cubism)는 20세기 초 파리에서 피카소와 브라크를 중심으로 전개된 혁신적인 예술 운동이다. 자연을 재구성할 것을 목표로 한 세잔의 기하학적 영향 아래 환원적 형태와 복수시점을 특징으로 하는 새로운 시각을 제시했던

미술 사조이다. 대표적인 작품으로는 피카소의 <게르니카>와 <아비뇽의 처녀들>, 브라크의 <해변 풍경> 등이 있다.

EXERCISE 01 p.48

정답 | **1** (C)   **2** (B)

N Narrator   **S** Student   **P** Professor

N Listen to a conversation between a student and a professor.

P Come in.

S Good morning, Professor Smith. I'm here to ask for an extension on the deadline for my research paper.

P Oh? I don't usually grant extensions unless absolutely necessary. But let's hear what you have to say.

S Well, there are a couple of reasons. I've been struggling a bit with the topic. See, it's a very complex topic, and I'm still trying to get a full grasp of it. Second, I've been having some personal problems that have been taking up a lot of my time and energy. My mom has been sick, and I've been helping to take care of her. And I've also been having some difficulty with my citations. I'm not sure how to properly cite some of the sources I'm using.

P That's three reasons already. Hmm… It sounds like you've got a lot on your plate. How long of an extension are you looking for?

S I was hoping for an extra week. That would give me enough time to finish my research, organize my thoughts, and get my citations in order.

P Well, before I decide on anything, I want to make sure that you have a specific plan for how you're going to use the extra time.

S Okay, that's fair. Well, on Monday, I'm going to finish my research and start organizing my notes. On Tuesday, I will start writing a draft of the introduction and body paragraphs, and then I'll move on to writing the draft and working on my conclusion. On Thursday…

P You've certainly come prepared. It seems like you do have a solid plan. But I have to ask. You've known about this paper for several weeks now. Why didn't you come to me earlier?

S I know, I should have. I just let things snowball with assignments from other classes, and then my mom got sick, and…

N 학생과 교수 사이의 대화를 들으시오.

P 들어오세요.

S 안녕하세요, 스미스 교수님. 제 연구 보고서 마감 기한에 대한 연장을 요청 드리려고 왔습니다.

P 그래요? 나는 전적으로 필요한 경우가 아니라면 보통 연장을 허용하지 않습니다만, 이야기를 한번 들어 보죠.

S 두어 가지 이유가 있습니다. 주제 때문에 좀 계속 힘겨워하고 있어요. 그러니까, 아주 복잡한 주제라 여전히 전체적으로 파악하려는 중입니다. 두 번째 이유는, 제 시간과 에너지를 계속 잡아먹고 있는 개인적인 문제들이 좀 있습니다. 저희 어머니께서 편찮으셔서, 제가 계속 돌봐 드리고 있습니다. 게다가 인용 문제도 좀 계속 겪고 있습니다. 제가 쓰고 있는 자료 몇 가지를 적절히 인용하는 방법을 잘 모르겠습니다.

P 이유가 이미 세 가지나 있네요. 흠… 할 일이 산더미처럼 있는 것 같군요. 기간 연장을 얼만큼 바라고 있죠?

S 일주일만 더 있었으면 하는 바람이었습니다. 그 시간이면 제가 연구를 끝마치고 생각들을 정리한 다음, 인용 자료를 정리하는 데 충분한 시간이 될 겁니다.

P 그럼 내가 어떤 결정이든 내리기 전에, 추가 시간을 어떻게 활용할 것인지에 대한 구체적인 계획이 있는지 확인하고 싶군요.

S 네, 그러실 만합니다. 음, 월요일에는 제 연구를 끝내고 기록한 내용을 정리하기 시작하겠습니다. 화요일에는 도입부와 본문 단락들에 대한 초고를 작성하기 시작한 다음, 초고 내용 작성 및 결론 작업으로 넘어갈 겁니다. 목요일에는…

P 확실히 준비를 하고 왔군요. 실속 있는 계획이 있는 것 같아요. 하지만 물어볼 게 있는데, 학생은 이 보고서에 대해 알게 된 지 지금 몇 주나 됐어요. 왜 더 빨리 나에게 오지 않은 거죠?

S 그렇죠. 그래야 했습니다. 그저 다른 수업 과제들 때문에 일이 눈덩이처럼 커져 버렸고, 그 후엔 어머니께서 편찮아지셔서…

P Okay, okay. I'll give you an extension this time, but don't expect me to do it again. I try to be fair with all my students, and I can't keep giving second chances. I'm sure you can understand that.	P 좋아요, 알겠어요. 이번에는 연장해 주겠지만, 내가 또 그럴 거라는 기대는 하지 말아요. 내 모든 학생들에게 공평하게 대하려고 하고 있어서, 계속 기회를 더 줄 순 없어요. 분명 이해할 수 있을 거라고 생각합니다.
S Thank you, Professor Smith. I won't let you down.	S 감사합니다, 스미스 교수님. 실망시켜드리지 않을 게요.

스크립트 어휘

extension 연장   grant 허용하다, 주다   struggle with ~로 힘겨워하다   get a full grasp of ~을 전체적으로 파악하다
take up (시간 등을) 잡아먹다   citation 인용(문)   properly 적절히   cite 인용하다   source 자료
got(have) a lot on one's plate 할 일이 산더미처럼 있다   get ~ in order ~을 정리하다   specific 구체적인
draft 초고, 초안   introduction 도입부   body 본문   paragraph 단락   move on to (순서를) ~로 넘어가다   work on
~에 대한 작업을 하다   conclusion 결론   solid 실속 있는, 알찬   snowball 눈덩이처럼 커지다   assignment 과제
let ~ down ~을 실망시키다

주제와 목적 찾기

1 학생은 왜 교수를 방문하는가?
(A) 연구 보고서 작성을 위한 자신의 계획을 교수에게 알리기 위해
(B) 과제 가이드라인을 이해하는 데 있어 교수에게 도움을 청하기 위해
(C) 과제를 완료할 수 있도록 더 많은 시간을 달라고 교수에게 요청하기 위해
(D) 더 늦은 날짜에 자신의 보고서를 제출하는 이유를 설명하기 위해

어휘 hand in ~을 제출하다

해설 학생은 교수에게 자신의 연구 보고서 마감 기한에 대한 연장을 요청하러 왔다고 말하고 있다. 기한 연장을 요청한 뒤 그 이유를 나열하지만, 이유를 설명하기 위해 교수를 방문했다고 볼 수 없다. 따라서 정답은 (C)다.

의도와 태도 파악하기

2 학생에 대한 교수의 태도는 어떠한가?
(A) 학생의 상황에 대해 동정적이지 않다.
(B) 엄격하지만 이번만은 학생의 뜻을 따를 의향을 보인다.
(C) 교칙에 어긋나기 때문에 기한을 연장해 주기를 꺼려한다.
(D) 과제를 완료하지 못한 학생의 변명을 듣는 데 싫증이 났다.

어휘 sympathetic 동정적인   stern 엄격한, 엄중한
(for) this one time 이번만은(= this once)
be reluctant to ~하기를 꺼리다   fail to ~하지 못하다

해설 교수는 학생에게 이번에는 연장해 주지만 또 그럴 것이라는 기대는 하지 말라는 말과 함께 모든 학생들에게 공평하게 하려 한다고 말하고 있다. 따라서 정답은 (B)다.

EXERCISE 02

정답 | **1** (A) **2** (B)

	N Narrator S Student L Librarian
N Listen to a conversation in a library.	N 도서관에서의 대화를 들으시오.
S Hi. I'm here to return this book. It was due last Wednesday.	S 안녕하세요. 이 책을 반납하러 왔습니다. 지난 수요일이 기한이었습니다.
L I see. I'll have to charge you an overdue fee.	L 그렇군요. 연체료를 청구해야 하겠습니다.
S Yes, I'm aware of that. How much is it?	S 네, 알고 있습니다. 얼마인가요?
L It's thirty-five cents per day. Oh, wait, hold on. Did you say last Wednesday?	L 하루에 35센트입니다. 아, 잠시만요, 기다려 보세요. 지난 수요일이라고 했나요?
S Yes.	S 네.

L I'm afraid you're mistaken. This book was due a week before then.

S What do you mean? I thought students were allowed to borrow books for three weeks.

L General books, yes. But this book is a recent release. New books can be borrowed for only two weeks.

S I didn't know that. Why didn't anyone from the library call me?

L Well, that's not really the library's responsibility. It's up to the borrower to keep track of the due date. Didn't you check the slip at the back of the book?

S No, I just assumed... I never thought to check it. Okay, then. So it's been overdue for two weeks—14 days. Which makes my fine, um... $4.90, right?

L Actually, you only have to count the days the library is open. We're open on Saturdays, but not on Sundays. Your fine is $4.20.

S Okay.

L Just be sure to check the due date next time.

S Right. By the way, I was just wondering... What happens if I lose a library book?

L If you lose a book, you have three days after the due date to find it. After that, it is declared an unreturned book. Then you have to pay a replacement charge.

S I suppose that makes sense. Are there any other penalties? Would I still be allowed to check out books?

L As long as you paid the fine. If you didn't, you wouldn't be able to check out any more books or renew your library card until the matter of the fine was resolved.

S I see. Anyway, here's $4.20.

L Thank you.

L 착각하신 것 같군요. 이 책은 그보다 일주일 전이 반납 기한이었어요.

S 무슨 말씀이신가요? 학생들이 3주 동안 책을 대출하도록 허용되는 줄 알았는데요.

L 네, 일반 서적은요. 하지만 이 책은 최근에 출시된 책이에요. 신간 도서는 오직 2주 동안만 대출될 수 있습니다.

S 그건 몰랐네요. 왜 도서관에서 아무도 저에게 전화해 주지 않은 거죠?

L 음, 그게 꼭 도서관 책임은 아닙니다. 반납 기일을 파악하는 건 대출하는 사람에게 달려 있죠. 책 뒤쪽에 있는 작은 종이를 확인하지 않으셨나요?

S 네, 전 그저 당연히… 확인해 볼 생각은 전혀 못했어요. 알겠습니다. 그럼 2주 동안 기한이 지나 있었으니까, 14일이네요. 그래서 제 벌금은, 음… 4달러 90센트가 되는 거죠?

L 아뇨, 도서관이 문을 여는 날만 계산하면 됩니다. 저희 도서관은 토요일엔 열고 일요일엔 닫아요. 그래서 벌금은 4달러 20센트입니다.

S 네.

L 다음 번엔 반납일을 꼭 확인하세요.

S 알겠습니다. 그런데 궁금한 게 있는데요… 도서관 책을 분실하면 어떻게 되나요?

L 책을 분실하는 경우에는 반납일 이후로 3일 동안 책을 찾을 수 있는 시간이 주어집니다. 그 뒤에는 미반납 도서로 처리되죠. 그럼 대체 비용을 지불해야 해요.

S 합리적인 것 같네요. 그 외에 다른 벌칙도 있나요? 도서 대출이 계속 가능한가요?

L 벌금을 내기만 한다면요. 만약 내지 않으면, 벌금 문제가 해결될 때까지 도서 대출도 안 되고 도서관 카드를 갱신할 수도 없답니다.

S 그렇군요. 어쨌든, 여기 4달러 20센트요.

L 감사합니다.

스크립트 어휘

due ~가 기한인 charge A B A에게 B를 청구하다 overdue fee 연체료 be aware of ~을 알고 있다 mistaken 착각한, 잘못 알고 있는 be allowed to ~하도록 허용되다 release 출시된 작 up to ~에게 달려 있는 keep track of ~을 파악하다 due date 만기일 slip 작은 종이, 쪽지 assume 생각하다 overdue 기한이 지난 fine 벌금 be declared (as) ~로 공표되다, 알려지다 unreturned 반납되지 않은 replacement 대체(품) make sense 타당하다 penalty 벌칙, 벌금 as long as ~하기만 하면 renew 갱신하다 matter 문제, 사안

세부 내용 찾기

1 학생은 왜 자신이 빌린 책의 반납일을 알지 못했는가?
   (A) 책을 대출할 때 반납일을 확인하지 않았다.
   (B) 반납 지침이 학생들에게 공개적으로 알려지지 않았다.
   (C) 도서관이 새로 출간된 책에 대한 정보를 공개하지 않았다.
   (D) 사서가 책을 대출해 줄 때 반납일을 잘못 알려주었다.

어휘 return date 반납일 fail to ~하지 않다, 못하다 policy 지침, 정책 publicly 공개적으로 withhold 주지 않다

해설 사서가 반납일을 확인하는 방법인 책 뒤쪽에 있는 작은 종이를 확인했는지 묻자, 학생은 확인해 볼 생각을 못했다고 대답하고 있다. 따라서 정답은 (A)다.

2 도서관의 분실 도서 지침에 대한 학생의 태도는 어떠한가?
   (A) 현재의 벌금을 부과하는 게 부당하다고 생각한다.
   (B) 분실한 책에 대해 도서관에 보상하는 것이 합리적이라고
       여긴다.
   (C) 벌금을 내지 않은 학생들은 책을 더 대출할 수 없다는
       사실에 짜증이 나 있다.
   (D) 학생들이 빌린 책의 반납일을 도서관 측에서 상기시켜
       주어야 한다고 생각한다.

어휘 unfair 부당한 impose 부과하다 consider A B
A를 B라고 여기다 reasonable 합리적인 compensate
보상하다 annoyed 짜증이 난

해설 학생은 분실된 도서가 미반납 도서로 공표되면 대체
도서 비용을 지불해야 한다는 설명을 듣고 'that makes
sense'라고 한다. 이는 해당 지침이 합리적이라고 생각함을
뜻하므로 정답은 (B)다. 학생은 도서관의 현 벌금 체계에 대한
불만이 없으므로 (A)는 틀렸다. (D)는 도서관의 신간 도서
지침과 관련된 학생의 생각으로, 분실 도서 지침과 관련이
없기 때문에 정답이 아니다.

EXERCISE 03 p.50

정답 | 1 (C)   **2** (B)

N Narrator   **P** Professor

N Listen to part of a lecture in an environmental science class.

P Good morning, class. Today we're going to talk about fertilizer runoff, which is an incredibly serious environmental problem that can have a devastating impact on water quality, aquatic life, and human well-being.

Let's begin by defining "fertilizer runoff." It is a phenomenon wherein excess fertilizer is carried away from where it is applied, usually into nearby waterways. This can happen through rain, irrigation, or snowmelt. Fertilizer runoff can contain a variety of pollutants, including nitrogen, phosphorus, and potassium.

There are many negative consequences associated with fertilizer runoff. First, we have eutrophication, which is the process by which water bodies become excessively enriched with nutrients. This can lead to algal blooms, which cause severe problems like hypoxia, characterized by diminished oxygen levels, the formation of dead zones, and the production of toxins.

This is happening right now in Northern Ireland. Lough Neagh is the largest body of water in the United Kingdom, and it's currently the site of large protests as locals voice concerns about the blue-green algal blooms that occurred during the summer. This has led to the loss of wildlife and birds, and local fishermen are in danger of losing their livelihoods, too, as this lake is home to the largest commercial wild eel fishery in Europe. So, the problems posed by fertilizer runoff have broader implications.

N 환경 과학 수업의 강의 일부를 들으시오.

P 안녕하세요, 여러분. 오늘은 비료 유거수에 관해 이야기해 볼 텐데, 이는 매우 심각한 환경 문제로서 수질과 수중 생물, 인간의 안녕에 치명적인 영향을 미칠 수 있습니다.

'비료 유거수'를 정의하는 것으로 시작해 봅시다. 비료 유거수는 과도한 비료가 사용된 곳으로부터 근처 수로 등으로 휩쓸려 가는 현상입니다. 이는 빗물과 관개 시설, 해빙을 통해 발생할 수 있습니다. 비료 유거수는 질소, 인, 칼륨을 포함해 다양한 오염 물질을 함유할 수 있습니다.

비료 유거수와 관련하여 여러가지 부정적인 결과가 발생합니다. 우선, 부영양화가 있는데, 이는 수역에 영양분이 과도하게 풍부한 상태가 되는 과정입니다. 부영양화는 녹조 현상으로 이어질 수 있으며, 이어 감소된 산소량을 특징으로 하는 산소 결핍 현상, 데드존 형성, 독소 생성과 같은 심각한 문제를 초래합니다.

이 문제는 바로 지금 북아일랜드에서 나타나고 있습니다. 네이 호는 영국에서 가장 큰 수역이며, 현재 지역 주민들이 여름 동안 생겨난 청록색 녹조 현상과 관련해 우려를 표하는 대규모 시위가 일어나는 장소입니다. 이 녹조 현상으로 인해 야생 동물과 조류가 희생되었고, 지역 어민들도 생계 수단을 잃을 위험에 처해 있는데, 이 호수가 유럽에서 가장 큰 상업적 야생 장어 양식장의 본거지이기 때문입니다. 이처럼 비료 유거수에 의해 야기된 문제들은 더욱 광범위한 영향을 미치고 있는 것입니다.

Even if the algal blooms are eliminated, the persistent threat of hypoxia remains. This condition arises when algal blooms die and decompose, depleting oxygen and leading to the death of fish and other aquatic life. When this happens, the body of water is classified as a "dead zone," where the oxygen levels are so low that no aquatic life can survive. This condition may last for years, even decades, causing a terrible blight on the landscape.

Another critical consequence is the contamination of drinking water. Let's return to Lough Neagh. The lake supplies about 50 percent of the drinking water to Belfast residents. When fertilizer runoff enters drinking water supplies, it poses a severe risk to human health. Nitrates from fertilizer runoff have been found to cause blue baby syndrome, a condition in which infants experience insufficient oxygen intake. This is just one of the terrible consequences of our agricultural practices, which—while aimed at noble pursuits like food production—inadvertently contribute to the pollution of our planet.

설사 녹조 현상을 없앤다 하더라도, 지속적인 산소 결핍 위험 문제가 여전히 남아 있습니다. 이러한 상태는 녹조가 죽어 분해될 때 유발되며, 산소를 고갈시켜 물고기 및 기타 수중 생물의 죽음으로 이어집니다. 이렇게 되면 그 수역은 산소량이 너무 낮아 어떤 수중 생물도 생존할 수 없는 '데드존'으로 분류됩니다. 이러한 상태는 수년, 심지어 수십 년 동안 지속되어 경관에 끔찍하게 어두운 그림자를 드리울 수 있습니다.

또 하나의 중대한 결과는 식수 오염입니다. 네이 호 이야기로 되돌아가 봅시다. 이 호수는 벨파스트 주민들에게 식수의 약 50퍼센트를 공급합니다. 비료 유거수가 식수 공급 시설에 유입될 경우, 인간의 건강에 심각한 위협을 일으킵니다. 비료 유거수의 질산염이 청색증, 즉 유아가 산소를 충분히 흡입하지 못하는 질환을 초래하는 것으로 밝혀졌습니다. 이 것은 식량 생산과 같은 고귀한 업을 목표로 하고 있지만 의도치 않게 지구를 오염시키는 우리의 농업 관행에 따른 끔찍한 결과들 중 하나에 불과합니다.

스크립트 어휘

fertilizer 비료 runoff 유거수(지표면을 따라 흐르는 물) devastating 치명적인, 파괴적인 aquatic 수중의, 수생의 define 정의하다 phenomenon 현상 apply 사용하다, 적용하다 irrigation 관개 (시설) snowmelt 해빙 contain 함유하다 a variety of 다양한 pollutant 오염 물질 nitrogen 질소 phosphorus 인 potassium 칼륨 associated with ~와 연관된 eutrophication 부영양화(물 속의 영양 물질이 많아지는 것) water body 수역(= body of water) enriched with ~가 풍부한 nutrient 영양분 lead to ~로 이어지다 algal bloom 녹조, 조류 증식 hypoxia 산소 결핍 diminished 감소된 toxin 독소 protest 시위 local 지역 주민; 그 지역의 voice 표하다 livelihood 생계 (수단) commercial 상업적 fishery 양식장, 어업 pose (문제 등을) 제기하다, 가하다 implication 영향, 결과 eliminate 없애다 persistent 지속적인 arise 유발되다 decompose 분해되다 be classified as ~로 분류되다 last 지속되다 decade 10년 cause a blight on ~에 어두운 그림자를 드리우다 critical 중대한 consequence 결과 contamination 오염 supplies 시설 pose A to B B에 A를 불러일으키다 nitrate 질산 be found to ~하는 것으로 밝혀지다 blue baby syndrome 청색증(심장 기능 장애로 인해 산소 공급이 충분하지 않아 유아의 피부가 푸르게 보이는 병) infant 유아 insufficient 불충분한 intake 흡입, 섭취 agricultural 농업의 practice 관행 aimed at ~을 목표로 하는 noble 고귀한 pursuit 업, 일, 추구 inadvertently 의도치 않게, 무심코 contribute to ~의 원인이 되다

주제와 목적 찾기

1 강의의 주제는 무엇인가?
  (A) 북아일랜드에서 비료 유거수가 미치는 해로운 영향
  (B) 비료 유거수의 양을 줄이기 위한 예방 조치
  (C) 비료 과잉이 어떻게 환경적 과제를 제기하는가
  (D) 부영양화의 원인과 영향

어휘 detrimental 해로운 preventive measure 예방 조치 surplus 과잉, 잉여

해설 교수는 비료 유거수가 심각한 환경 문제라고 알리면서 그에 따른 부정적인 결과로 나타나는 현상들을 이야기하고 있다. 따라서 정답은 (C)다.

2 강의의 일부를 다시 들으시오. 그런 다음 질문에 답하시오. 🎧

> **P** 또 하나의 중대한 결과는 식수 오염입니다. 네이 호 이야기로 되돌아가 봅시다. 이 호수는 벨파스트 주민들에게 식수의 약 50퍼센트를 공급합니다. 비료 유거수가 식수 공급 시설에 유입될 경우, 인간의 건강에 심각한 위험을 일으킵니다.

교수는 왜 다음과 같이 말하는가?

> **P** 네이 호 이야기로 되돌아가 봅시다.

(A) 강의의 초점을 바꾸기 위해
(B) 현재 주제에 대한 예를 들기 위해
(C) 언급하는 것을 잊은 상세 정보를 알려주기 위해
(D) 자신이 주제에서 벗어났음을 인정하기 위해

어휘 shift 바꾸다 at hand 현재의, 당면한 get sidetracked 주제에서 벗어나다

해설 교수는 식수 오염을 언급하면서 네이 호 이야기로 되돌아가 보겠다고 말한 다음, 그 지역 주민들에게 발생 가능한 부정적인 상황을 이야기하고 있으므로 식수 오염에 관한 구체적인 예시를 제공하고 있다는 것을 알 수 있다. 따라서 정답은 (B)다.

EXERCISE 04 {p.51}

정답 | **1** (C), (D)　　　**2** (D)

N Narrator　　**P** Professor　　**S** Student

N Listen to part of a lecture on bird migration.

P Good morning, everyone. Let's continue with the topic of migration in the animal world. Today, we are looking at birds, those feathered marvels that grace our skies. Every spring and autumn, these creatures embark on incredible journeys covering thousands of miles across oceans and continents, traveling between breeding and wintering grounds.

Have you ever wondered how these avian travelers navigate with such precision over vast distances? Common sense would tell us that birds use visual landmarks. And we'd be right—birds use coastlines, rivers, and mountains to orient themselves during their journey. They memorize these landmarks and use them as navigational guides, ensuring they stay on course. But that's only part of the story.

Did you know that many bird species possess the ability to use the sun's position as a compass? By detecting the angle of sunlight and time of day, birds can determine their direction and adjust their flight path accordingly. This solar navigation is especially common among songbirds and passerines.

N 새의 장거리 이동에 관한 강의의 일부를 들으시오.

P 안녕하세요, 여러분. 동물 세계의 장거리 이동이라는 주제로 계속 이야기해봅시다. 오늘은 하늘을 빛내 주는 깃털 달린 경이로운 존재, 새들을 살펴보겠습니다. 매년 봄과 가을, 이 생물체는 바다와 대륙을 가로질러 번식지와 월동지를 오가며 수천 마일에 이르는 놀라운 여행에 나섭니다.

여러분은 이 조류 여행자들이 어떻게 그렇게 정확하게 광범위한 거리에 걸쳐 방향을 탐지하는지 궁금했던 적이 있나요? 상식적으로 우리는 새들이 시각적 주요 지형지물을 활용한다고 생각할 겁니다. 이러한 우리의 예상은 옳을 것입니다. 새들은 여행 중에 해안선, 강, 산을 활용해 자신의 위치를 파악합니다. 이러한 주요 지형지물들을 기억하고 방향 탐지용 가이드로 활용해 진로를 확실히 유지합니다. 하지만 이것은 그저 이야기의 일부분일 뿐이랍니다.

여러분은 많은 새 종들이 태양의 위치를 나침반으로서 활용하는 능력을 소유하고 있다는 사실을 알고 있었나요? 새들은 햇빛의 각도와 시간을 감지함으로써 방향을 결정하고 그에 따라 비행 경로를 조정할 수 있답니다. 이러한 태양을 이용한 방향 탐지는 특히 명금류와 연작류 사이에서 흔합니다.

Now, I know what you're thinking: what about birds that fly at night? Studies have shown that nocturnal migrants, including seabirds and waterfowl, navigate by the stars. They can recognize specific constellations and use them to maintain their direction during the night. Polaris, or the North Star, is a crucial reference point for birds migrating in the Northern Hemisphere.

S But what if the weather is bad, and the birds can't see the sun or the stars?

P Excellent point. How would birds navigate their way when they don't have celestial cues or geographical landmarks to guide them? Well, this is what makes birds really special. Many migratory birds possess some form of magnetoreception, the ability to sense the Earth's magnetic field. One proposed mechanism for magnetoreception is specialized cells containing magnetite. This magnetic mineral is located in birds' beaks or brains, allowing birds to align themselves with the Earth's magnetic field lines. Another mechanism is cryptochromes, which are light-sensitive proteins found in the eyes of birds. When exposed to blue light, cryptochromes may form radical pairs that are sensitive to the Earth's magnetic field.

Last but not least is the ability of some species to use olfactory cues to navigate. Research has shown that homing pigeons have a well-developed sense of smell and can detect specific odors in the atmosphere, helping them recognize familiar locations and find their way home. In some experiments, when pigeons were subjected to conditions that limited olfactory input, their navigation abilities were compromised.

자, 여러분은 이런 생각이 들겠죠. 그럼 밤에 날아 다니는 새들은 어떨까요? 연구에 따르면 바다새와 물새를 포함한 야행성 철새들은 별을 이용해 방향을 탐지하는 것으로 나타났습니다. 이들은 특정 별자리를 인식해 밤에 방향을 유지하는 데 활용할 수 있습니다. 폴라리스, 즉 북극성은 북반구에서 이주하는 새들에게 중요한 기준점입니다.

S 하지만 날씨가 좋지 않고, 새들이 태양이나 별들을 볼 수 없으면 어떻게 되나요?

P 훌륭한 지적입니다. 자신들을 이끌어 줄 천체의 단서나 지리적 주요 지형지물이 없을 경우에 새들은 어떻게 방향을 탐지할까요? 음, 이 때문에 새들이 정말로 특별한데, 많은 철새들은 일종의 자기장 인식 능력, 즉 지구의 자기장을 감지하는 능력을 지니고 있습니다. 자기장 인식 능력을 설명하기 위해 제시된 한 가지 장치는 자철석을 포함하고 있는 특수 세포입니다. 자성을 지닌 이 무기물이 새의 부리 또는 뇌에 위치해 있어, 새들이 지구의 자기장 선에 맞춰 자신을 조정할 수 있습니다. 또 다른 장치는 크립토크롬이고, 이는 새의 눈 속에서 발견되는 감광 단백질입니다. 크립토크롬은 푸른 빛에 노출되는 경우 지구의 자기장에 민감한 라디칼 쌍을 형성할 수 있습니다.

마지막으로, 그리고 마찬가지로 중요한 방법은 후각적 단서를 활용해 방향을 탐지하는 일부 종의 능력입니다. 연구에 따르면 전서구는 후각이 잘 발달되어 있어 대기 중의 특정 냄새를 감지할 수 있고, 이는 전서구가 익숙한 장소를 인식하고 집으로 돌아가는 길을 찾는 데 도움이 되는 것으로 나타났습니다. 일부 실험에서는, 전서구가 후각 입력을 제한한 환경에 처했을 때 방향 탐지 능력이 저하되었습니다.

스크립트 어휘

migration 장거리 이동, 이주 feathered 깃털이 있는 marvel 경이로운 존재 grace 빛내 주다 embark on ~에 나서다,
~에 착수하다 cover (거리 등이) 이르다 breeding 번식 wintering ground 월동장 avian 조류의 navigate 방향을 탐지하다
landmark 주요 지형지물 orient oneself 자신의 위치를 파악하다 ensure (that) 반드시 ~하도록 하다 stay on course 진로를
유지하다 species (동식물의) 종 detect 감지하다 determine 결정하다 adjust 조정하다 accordingly 그에 맞춰, 상응하게
passerine (제비, 참새 등) 연작류 nocturnal 야행성의 migrant 철새, 이주자 waterfowl 물새 constellation 별자리
Polaris 폴라리스(북극성) reference point 기준점 Northern Hemisphere 북반구 navigate one's way 길을 찾다
celestial 천체의, 하늘의 migratory bird 철새 magnetoreception 자기장 인식 능력 magnetite 자철석
align A with B A를 B에 맞춰 조정하다 mechanism 장치, 작용 방식 cryptochrome 크립토크롬(생장이나 환경 변화 등을 감지해
적응하는 데 관여하는 핵 단백질) light-sensitive 감광의, 빛에 민감한 exposed to ~에 노출된 radical pair 라디칼 쌍(눈에 있는
특정 화학 물질에 의한 양자 얽힘 현상) last but not least 마지막으로, 앞서 언급된 것들과 마찬가지로 중요한 olfactory 후각의
homing pigeon 전서구(먼 길을 갔다가 집으로 되돌아오도록 훈련된 비둘기) odor 냄새 atmosphere 대기
be subjected to ~에 처하다, ~의 대상이 되다 compromise 저하시키다, 위태롭게 하다

세부 내용 찾기

1 교수의 말에 따르면, 다음 중 철새의 방향 탐지용 가이드가 될 수 있는 것은 무엇인가? 두 개의 답을 고르시오

(A) 북반구
(B) 근처의 다른 새들
(C) 지리적 주요 지형지물
(D) 하늘에 있는 별의 위치

어휘 nearby 근처의

해설 교수는 해안선, 강, 산과 같은 주요 지형지물들, 태양의 위치, 그리고 야행성 철새들이 이용하는 별자리를 차례로 언급하고 있다. 따라서 정답은 (C), (D)다.

의도와 태도 파악하기

2 강의의 일부를 다시 들으시오. 그런 다음 질문에 답하시오.

> P *이러한 주요 지형지물들을 기억하고 방향 탐지용 가이드로 활용해 진로를 확실히 유지합니다. 하지만 이것은 그저 이야기의 일부분일 뿐이랍니다. 여러분은 많은 새 종들이 태양의 위치를 나침반으로서 활용하는 능력을 소유하고 있다는 사실을 알고 있었나요?*

교수는 왜 다음과 같이 말하는가?

> P *하지만 이것은 그저 이야기의 일부분일 뿐이랍니다.*

(A) 새의 방향 탐지에 있어 시각적 주요 지형지물의 중요성을 강조하기 위해
(B) 새들이 더욱 큰 지형지물을 방향 탐지 단서로 활용할 수 있음을 암시하기 위해
(C) 새들의 방향 탐지 방법에 대한 관습적인 이해를 비판하기 위해
(D) 새의 방향 탐지에 있어 시각적 주요 지형지물 외 추가 방법을 소개하기 위해

어휘 criticize 비판하다   conventional 관습적인, 전통적인

해설 교수는 새들의 방향 탐지용 가이드로 주요 지형지물들을 언급한 후, 이는 일부분에 불과하다고 말한다. 이것은 후에 나올 태양의 위치를 활용하는 방법 등을 추가로 소개하기 위한 장치라고 할 수 있다. 따라서 정답은 (D)다.

관련 지식 전서구는 유럽, 아시아 및 아프리카에서 야생으로 서식하는 양비둘기의 자손으로, 통신에 이용하기 위해 훈련시킨 비둘기를 가리킨다. 귀소본능이 뛰어나고 장거리 비행에 능하여, 과거에는 길들여진 비둘기는 우체국에서 또는 전쟁  중에 메시지를 운반하는 데 사용되었다. 현재 전서구는 비둘기 경주에 더 많이 이용되는데, 경주에서 1,800km에 달하는 거리를 비행한 것으로 기록되어 있다.

EXERCISE 01   p.58

정답 | **1** (D)   **2** (A)

N Narrator   **S** Student   **E** Employee

N Listen to a conversation between a student and a cafeteria employee.

S Hi. I just transferred from another school and have a question. Do you guys use meal cards here?

E Absolutely! We have a meal card system that's convenient and efficient for everyone.

S Great. So how do I get a card?

E It's quite straightforward. You'll need to open a meal card account. You can do this by visiting the cafeteria manager and making a deposit. You can pay in cash or with a check. Most students prefer making monthly deposits to streamline the process.

S Got it. How much should I deposit initially?

E Each lunch meal costs four dollars. You can start with just eight dollars in your account, covering two meals. However, many students find it more convenient to deposit larger amounts to avoid frequent trips for small payments.

S That makes sense. What about other items in the cafeteria, like fresh fruit and bagels?

E Those items are typically available for cash purchase only. The meal card is primarily for the daily lunch specials.

S Good to know. And what if I forget my card or, worse, lose it?

E No worries. If you forget your card, visit the cafeteria manager before 10 a.m. He can provide you with a slip allowing you to use your account for the day. If your card is lost, report it to the cafeteria manager immediately. The lost card will be invalidated to prevent unauthorized use.

S Will I get a new card?

E Absolutely. Replacement cards are issued, but it takes approximately two days. The good news is that we provide up to three replacements free of charge during the school year. This system ensures a smooth and secure experience for students who purchase food at the cafeteria.

N 학생과 구내식당 직원 사이의 대화를 들으시오.

S 안녕하세요. 제가 막 다른 학교에서 편입을 해서 질문이 있습니다. 여기선 식사 카드를 이용하나요?

E 그럼요! 우리는 모두에게 편리하고 효율적인 식사 카드 시스템이 있습니다.

S 잘됐네요. 그럼 어떻게 카드를 구입하죠?

E 꽤 간단합니다. 식사 카드 계정을 만들어야 할 겁니다. 구내식당 관리자에게 가서 입금하면 만들 수 있습니다. 현금이나 수표로 지불하면 됩니다. 대부분의 학생들이 과정을 간편하게 하기 위해 월 단위로 입금하는 걸 선호합니다.

S 알겠습니다. 처음에 얼마를 내야 하죠?

E 각 점심 식사는 4달러입니다. 학생의 계정에 두 끼 식사 비용을 충당하는 8달러만 있으면 시작할 수 있습니다. 하지만, 많은 학생들이 소액 지불을 위한 잦은 이동을 피하려고 더 많은 금액을 입금하는 걸 더 편리하게 여기죠.

S 이해가 되네요. 구내식당에 있는 신선한 과일과 베이글과 같은 다른 품목들은 어떤가요?

E 그런 품목들은 보통 현금 결제로만 이용 가능합니다. 식사 카드는 주로 일일 점심 특선용입니다.

S 알아두면 좋은 정보군요. 그리고 제가 카드를 잊고 안 가져오거나, 더 심한 경우, 잃어버리면 어떻게 될까요?

E 걱정하지 말아요. 카드를 잊은 경우에는, 오전 10시 전에 구내식당 관리자에게 가 보세요. 그가 학생에게 당일에 계정을 이용할 수 있게 해 주는 표를 한 장 제공해 줄 수 있을 겁니다. 카드를 분실한 경우에는, 즉시 구내식당 관리자에게 알리세요. 분실한 카드는 미승인 사용을 방지하기 위해 무효화될 겁니다.

S 새 카드를 받게 되나요?

E 물론입니다. 대체 카드가 발급되는데, 대략 이틀이 소요됩니다. 좋은 소식은 학년 중에 무료로 세 장까지 대체 카드를 제공한다는 점입니다. 이 시스템이 구내식당에서 음식을 구입하는 학생들을 위해 원활하고 안전한 경험을 보장해 줍니다.

주제와 목적 찾기

1 대화는 주로 무엇에 관한 것인가?
(A) 구내식당에서 식사 카드를 충전하는 방법
(B) 계정을 만드는 데 얼마나 많은 금액이 필요할지
(C) 기숙사에 사는 학생들에게 어떤 점심 식사 선택권들이 있는지
(D) 구내식당 서비스를 이용하는 방법

어휘 charge 충전하다

해설 학생은 구내식당 직원에게 구내식당에서 사용할 식사 카드를 만드는 방법과 구체적인 이용 방법 등에 대해 묻고 있다. 따라서 정답은 (D)다.

구조 파악하기

2 직원은 왜 학생에게 계정에 8달러만 있어도 시작할 수 있다고 언급하는가?
(A) 학생에게 식사 카드 계정의 최소 입금액을 알려 주기 위해
(B) 한 번의 식사에 8달러가 든다고 설명하기 위해
(C) 학생이 자신의 식사 계정을 만들 수 있을지에 대해 자신의 의문을 표현하기 위해
(D) 학생에게 분실 카드를 신고할 수 있다는 것을 보장하기 위해

어휘 express one's doubt about ~에 대한 의문을 표하다
assure ~에게 보장하다

해설 구내식당 직원은 학생이 식사 카드를 만들기 위해서는 최소 8달러를 입금해야 한다고 말하고 있다. 따라서 정답은 (A)다.

EXERCISE 02 p.59

정답 | **1** (B) **2** (A)

	N Narrator **S** Student **E** Employee
N Listen to a conversation between a student and a post office employee.	**N** 학생과 우체국 직원 사이의 대화를 들으시오.
E Good afternoon, Christopher. It appears as though you're settling in pretty well at your new job here at the campus post office. There haven't been any problems in your first week, have there?	**E** 안녕하세요, 크리스토퍼. 학생은 여기 학교 우체국의 새 일자리에 상당히 잘 적응하고 있는 것처럼 보이네요. 근무 첫 주에 어떤 문제도 없는 거죠, 그렇죠?
S Not at all, Ms. Haroldson. Everyone I work with has been explaining what I need to do whenever something comes up that I can't handle. I'm happy to have such helpful coworkers.	**S** 전혀 없습니다, 해럴드슨 씨. 함께 근무하는 모든 분들이 제가 처리할 수 없는 뭔가가 생길 때마다 뭘 해야 하는지 설명해 주고 있어요. 이렇게 도움이 되는 동료 직원들이 있어서 기쁩니다.
E I'm happy to hear that. You're a hard worker, so I hope that you stay with us here until you graduate four years from now.	**E** 그 얘기를 들으니 다행이네요. 열심히 일하는 분이니까, 지금부터 4년 후에 졸업할 때까지 우리와 함께 하기를 바랍니다.
S Thanks for saying that.	**S** 그렇게 말씀해 주셔서 감사합니다.
E Now, uh, I heard you would like to speak with me about something. Is there a problem?	**E** 자, 어, 내가 듣기로는 뭔가에 관해 나와 얘기하고 싶어 한다고 하던데요. 무슨 문제가 있나요?

S Hmm... It's not really a problem. It's more like a scheduling issue.

E What's going on?

S Well, as you know, I have three shifts here, uh, on Monday morning, Wednesday afternoon, and Thursday morning. The problem has to do with Thursday's shift.

E I see.

S You see, my shift tomorrow finishes at noon, but I'm changing my class schedule around a bit and need to enroll in a physics class that starts at 11:30. So... Is there any way that I can alter my schedule?

E Fortunately, Peter Hopkins mentioned to me a couple of days ago that he wants to switch his Friday afternoon shift to Thursday morning.

S When does his Friday shift start and end?

E It begins at one and finishes at five. Can you do that?

S That's perfect. I have a psychology class that ends at 12:30, so I can be here by one. I'll gladly change shifts with him.

E Okay. I'll call him right now and tell him that he needs to be here tomorrow.

S 흠… 꼭 문제인 건 아닙니다. 일정 조정에 대한 고민이라고 할 수 있습니다.

E 무슨 일이죠?

S 저, 아시다시피, 제가 여기에 세 번 교대 근무 시간이 있는데, 어, 월요일 오전과 수요일 오후, 목요일 오전에요. 문제는 목요일 근무 시간과 관련이 있습니다.

E 그렇군요.

S 그러니까, 내일 근무가 정오에 끝나는데, 제 수업 일정을 좀 이리저리 바꾸는 중이라서 11시 30분에 시작하는 물리학 수업에 등록해야 하거든요. 그래서… 제 일정을 변경할 수 있는 어떤 방법이라도 있을까요?

E 다행히, 피터 홉킨스 학생이 며칠 전에 금요일 오후 근무를 목요일 오전 근무로 옮기고 싶다고 나에게 말했어요.

S 그 학생의 금요일 근무가 언제 시작하고 끝나나요?

E 1시에 시작해서 5시에 끝납니다. 할 수 있겠어요?

S 완벽합니다. 12시 30분에 끝나는 심리학 수업이 하나 있어서, 1시까지 여기로 올 수 있거든요. 기꺼이 그 학생과 교대 근무를 바꾸겠습니다.

E 알겠어요. 지금 바로 전화해서 그에게 내일 여기에 와야 한다고 말할게요.

스크립트 어휘

as though 마치 ~인 것처럼 settle in ~에 적응하다, 자리잡다 come up 생기다, 발생하다 handle 처리하다 shift (교대제의) 근무 시간 have to do with ~와 관련이 있다 change ~ around ~을 이리저리 바꾸다 a bit 좀, 약간 enroll in ~에 등록하다 physics 물리학 alter 변경하다 switch A to B A를 B로 옮기다, 바꾸다 psychology 심리학

구조 파악하기

1 여자는 왜 피터 홉킨스를 언급하는가?
(A) 학생이 그에게 질문하도록 권하기 위해
(B) 학생의 문제에 대한 해결책으로 그를 추천하기 위해
(C) 그가 관리자로 승진할 것이라고 말하기 위해
(D) 학생이 본받도록 노력해야 하는 직원을 언급하기 위해

어휘 recommend (that) + A(주어) + (should) B(동사원형) A가 B하라고 권하다 suggest A as B A를 B로 추천하다 get a promotion to ~로 승진하다 note 언급하다 imitate 본받다, 모방하다

해설 학생의 근무 시간 변경 문제를 들은 우체국 직원이 피터 홉킨스와 시간을 맞바꾸면 문제를 해결할 수 있음을 언급하면서 피터에게 변경된 일정으로 근무하도록 전화하겠다고 말하고 있다. 따라서 정답은 (B)다.

추론하기

2 학생에 대해 추론할 수 있는 것은 무엇인가?
(A) 그는 자신의 근무와 수업 사이에 일정 충돌이 있다.
(B) 그는 두 개의 다른 시간제 일자리에서 근무 중이다.
(C) 그는 전공을 물리학으로 변경했다.
(D) 그는 이번 여름에 우체국에서 근무할 계획이다.

어휘 conflict 충돌

해설 학생은 우체국 직원에게 자신의 수업 일정 변경 때문에 교대 근무 시간을 조정할 수 있는지 묻고 있다. 따라서 정답은 (A)다. 학생은 물리학 수업에 등록한다고 말했지만 전공을 물리학으로 변경했는지는 알 수 없으므로 (C)는 오답이다.

N Listen to part of a lecture in an art class.

P I'd like to cover the early history of movies for a bit. There are four people who were pioneers of cinema. They are Thomas Edison, the Lumière brothers, and Georges Méliès. As you are surely aware, Thomas Edison was one of history's greatest inventors. After all, he held more than 1,000 patents during his life. You probably know he invented the phonograph. Later, he wanted to create something that could replay recorded images the way the phonograph was used to replay recorded sounds. The results were the Kinetograph and Kinetoscope, which he invented in the early 1890s. The Kinetograph could be used to record still images on a strip of film around 15 meters long. The strip was then passed between the lens and light bulb of the Kinetoscope at a speed of about 40 frames per second. This created the appearance of motion when a viewer looked through its peephole.

Next, look at the Lumière brothers, Auguste and Louis. In 1894, their father, Antoine, attended an exhibition where he saw a demonstration of the Kinetoscope. He found the Kinetograph to be too large and bulky, so he instructed his sons to develop something cheaper and smaller. He also wanted them to create something that could be viewed on a screen by multiple people simultaneously. The brothers came up with the Cinématographe the following year. It was small and light, weighing around five kilograms. It could show sixteen frames per second, which was slower than the Kinetograph. It had some faults, but the Cinématographe was the world's first effective film camera. The Lumière brothers even filmed the first motion picture with it. Its title was *Workers Leaving the Lumière Factory*. It was a simple film of workers going home at the end of the day, but it showed the effectiveness of their camera.

As for Georges Méliès, he was fascinated by film, so he started creating short films in 1896. He realized that films could tell stories and show performances. He made the first basic special effects, including jump cuts and split screens. He even hand-painted

N 예술학 수업 강의의 일부를 들으시오.

P 잠시 영화의 초기 역사를 다뤄 보고자 합니다. 영화의 선구자였던 네 명이 있습니다. 그들은 토머스 에디슨과 뤼미에르 형제, 조르주 멜리에스입니다. 여러분들도 잘 알고 있겠지만, 토머스 에디슨은 역사상 가장 위대한 발명가들 중 한 명이었습니다. 결국, 그는 평생 동안 1,000개가 넘는 특허들을 보유했습니다. 여러분들은 아마 그가 축음기를 발명했다는 것을 알 겁니다. 나중에, 그는 축음기가 녹음된 소리를 재생하는 데 이용되었던 방식으로 녹화된 이미지를 재생할 수 있는 무언가를 만들고 싶어 했습니다. 그 결과물이 활동 사진 촬영기와 활동 사진 영사기였으며, 그것들은 그가 1890년대 초반에 발명했습니다. 활동 사진 촬영기는 약 15미터 길이의 필름 한 줄에 정지 이미지들을 녹화하는 데 사용될 수 있었습니다. 그 필름 한 줄은 그 후 활동 사진 영사기의 렌즈와 전구 사이에서 초당 약 40 프레임의 속도로 통과되었습니다. 이것은 관람자가 작은 구멍을 통해 볼 때 움직이는 모습을 만들었습니다.

다음, 뤼미에르 형제, 즉 오귀스트와 루이를 살펴봅시다. 1894년에, 그들의 아버지인 앙투완은 한 전시회에 참석했다가 활동 사진 영사기의 시연을 봤습니다. 그는 활동 사진 촬영기가 너무 거대하고 부피가 크다고 생각했기 때문에, 두 아들에게 더 저렴하고 더 작은 것을 개발해 보라고 했습니다. 그는 또한 두 아들이 동시에 한 화면에서 여러 사람들이 볼 수 있도록 하는 무언가를 만들기를 원했습니다. 뤼미에르 형제는 이듬해에 시네마토그라프를 생각해 냈습니다. 그것은 작고 가벼워서, 무게가 약 5킬로그램이었습니다. 초당 16 프레임을 상영할 수 있었는데, 이는 활동 사진 촬영기보다 더 느린 것이었습니다. 몇몇 결함이 있긴 했지만, 시네마토그라프는 세계 최초의 실질적인 필름 카메라였습니다. 뤼미에르 형제는 심지어 그것으로 최초의 영화를 촬영했습니다. 그 영화의 제목은 <뤼미에르 공장을 나서는 노동자들>이었습니다. 하루 일과를 마치고 집으로 가는 노동자들을 담은 단순한 영화였지만, 두 형제의 카메라의 효과를 보여주었습니다.

조르주 멜리에스와 관련해서, 그는 영화에 매료되어 1896년에 단편 영화들을 만들기 시작했습니다. 그는 영화가 이야기를 전할 수 있고 볼거리를 제공해 줄 수 있다는 것을 깨달았습니다. 그는 장면의 급전환과 분할 화면을 포함해, 최초의 기본적인 특수 효과를 만들었습니다. 심지어 그는 자신의 영화에서 프레임들을 직접 페인트칠했는데, 이것은 그가 컬러로 영화를 상영할 수 있도록 했습니다. 저는 멜리에스가 했던 작업을 아주 좋아

frames in his films, which enabled him to show movies in color. I love the work Méliès did, so I want to show you a short video about it now.

하기 때문에, 지금 여러분에게 그것과 관련된 짧은 동영상을 하나 보여 주고자 합니다.

스크립트 어휘

cover (주제를) 다루다　pioneer 선구자　hold a patent 특허를 보유하다　phonograph 축음기　Kinetograph 활동 사진 촬영기
Kinetoscope 활동 사진 영사기　still 정지한　strip 가늘고 긴 조각　peephole 핍홀(들여다 볼 수 있게 만든 작은 구멍)
exhibition 전시회　demonstration 시연(회)　bulky 부피가 큰　instruct A to B A에게 B하라고 지시하다　simultaneously
동시에　come up with ~을 생각해 내다　Cinématographe 시네마토그라프(카메라인 동시에 영사기도 되는 기계)　weigh 무게가
~이다　fault 결함　effective 실질적인　effectiveness 효과(성)　be fascinated by ~에 매료되다　special effect 특수 효과
jump cut 장면 급전환　split screen 분할 화면

주제와 목적 찾기

1 강의는 주로 무엇에 관한 것인가?
(A) 영화 카메라가 작동하는 방법들
(B) 영화를 만들기 위한 기기의 특징들
(C) 영화사에서 중요한 인물들
(D) 초기 영화들은 무엇에 관한 것인가

어휘 work 작동하다　characteristic 특징　device 기기, 장치
prominent 중요한, 두드러진　figure 인물

해설 교수는 영화 역사에 있어 중요한 인물 네 명을 언급하면서 그
인물들을 소개하고 있다. 따라서 정답은 (C)다.

구조 파악하기

2 교수는 주제를 어떻게 전개하는가?
(A) 시네마토그래프와 활동 사진 촬영기를 비교함으로써
(B) 중요한 발명으로 이어진 아이디어에 초점을 맞춤으로써
(C) 다양한 기계들이 작동하는 방식들을 설명함으로써
(D) 연대순으로 중요한 인물들을 이야기함으로써

어휘 compare A and B A와 B를 비교하다　lead to ~로
이어지다　in chronological order 연대순으로

해설 교수는 먼저 에디슨과 그가 1891년에 발명한 기기에 대해
설명한 후, 1894년에서 그 이듬해에 걸쳐 뤼미에르 형제가
발명한 기기와 1896년에 단편 영화를 만들기 시작한 조르주
멜리에스를 차례로 설명하고 있다. 따라서 정답은 (D)다.

관련 지식 뤼미에르 형제(Lumière brothers)는 1895년
3월 22일 파리에서 46초짜리 초단편 흑백 무성영화인
<뤼미에르 공장을 나서는 노동자들(Workers Leaving
the Lumière Factory)>을 소수의 참석자들을 대상으로
상영했다. 같은 해, 12월 28일 파리의 Grand Café에서
다수의 관객들을 대상으로 입장료 1프랑을 받고, 10편의

짧은 영화들로 구성된 대략 20분
정도의 영화를 상영했다. 이로
인해 뤼미에르 형제는 처음으로
돈을 받고 관객을 대상으로
영화를 상영했던 인물로 역사에
기록되었다.

정답 | **1** (D)   **2** (C)

N Listen to part of a lecture in a business class.

P The goal of the marketing industry is to introduce products or services to as many people as possible for as little money as possible. The more eyes that see a commercial or read an advertisement, the better. It's even better to get people to tell others about products or services.

Nowadays, every marketer wants their commercial or ad to go viral. Let me give you a short explanation of viral marketing before I provide some examples. Viral marketing is a marketing method involving trying to spread information about a product very quickly. In nearly every case, it happens over the Internet. Marketers strive to create messages people will want to share with friends, family members, and others.

Do you remember the Ice-Bucket Challenge back in the summer of 2014? Basically, people filmed themselves pouring ice water over their heads and then challenged three others to do the same thing. The objective was to raise money for research on the disease amyotrophic lateral sclerosis, also known as ALS. At first, the challenge was done by celebrities, but then regular people started doing it, and it really caught on. Millions of people took part and raised more than 100 million dollars for ALS research.

That same year, Coca-Cola introduced its "Share a Coke" campaign. It put the 250 most popular names in the United States on its bottles and encouraged people to find bottles with their names on it. This campaign went viral as more than 25 million people started following Coca-Cola on Facebook that year.

In 2018, IHOP, also known as the International House of Pancakes, announced it was changing its name to IHOB. The B stand for burgers. The name change was just temporary, but thanks to this viral marketing campaign, burger sales at IHOP increased by 400 percent, while the company's stock price rose more than 30 percent.

You're probably wondering what makes something go viral. Most viral marketing campaigns appeal to people's emotions in a positive manner. Many also rely upon influencers, who have their own followings

---

N Narrator   **P** Professor

N 경영학 수업 강의의 일부를 들으시오.

P 마케팅 업계의 목표는 가급적 적은 돈으로 가급적 많은 사람들에게 제품이나 서비스를 소개하는 것입니다. 광고 방송을 보거나 광고 글을 읽는 눈이 더 많을수록, 더 좋습니다. 제품이나 서비스에 관해 사람들이 다른 사람들에게 이야기하게 만든다면 훨씬 더 좋습니다.

요즘은, 모든 마케팅 담당자가 자신들의 광고 방송이나 광고 글이 입소문이 나기를 원합니다. 바이럴 마케팅을 간단히 설명하고 나서 몇 가지 예를 들겠습니다. 바이럴 마케팅은 제품에 관한 정보를 아주 빠르게 확산시키려는 것과 관련된 마케팅 방법입니다. 거의 모든 경우에 있어, 인터넷상에서 일어납니다. 마케팅 담당자들은 사람들이 친구와 가족, 다른 사람들과 공유하기를 원할 만한 메시지를 만들기 위해 애씁니다.

지난 2014년 여름에 있었던 아이스 버킷 챌린지를 기억하시나요? 요컨대, 사람들은 자신의 머리 위로 얼음물을 쏟아 붓는 모습을 촬영한 다음, 세 명의 다른 사람들에게 똑같이 도전하도록 요구했습니다. 그 목적은 ALS라고도 알려진 근위축성 측색 경화증이라는 질병 연구를 위한 기금을 마련하는 것이었습니다. 처음에는, 이 챌린지가 유명 인사들에 의해 진행되었지만, 그 후 일반인들도 하기 시작했고, 엄청난 인기를 끌었습니다. 수백만 명의 사람들이 참가하면서 ALS 연구를 위해 1억 달러가 넘는 기금을 마련했습니다.

같은 해에, 코카콜라는 '코카콜라로 마음을 전하세요.'라는 캠페인을 시작했습니다. 미국에서 가장 대중적인 이름 250개를 병에 부착해 사람들에게 자신의 이름이 붙은 병을 찾아보도록 했습니다. 이 캠페인이 입소문을 타면서 2,500만 명이 넘는 사람들이 그 해에 페이스북에서 코카콜라를 팔로우하기 시작했습니다.

2018년에는, 인터내셔널 하우스 오브 팬케이크라고도 알려진 IHOP가 명칭을 IHOB로 변경한다고 발표했습니다. B는 버거를 상징합니다. 이 명칭 변경은 그저 일시적인 것이었지만, 이 바이럴 마케팅 캠페인 덕분에, IHOP의 버거 판매량이 400퍼센트 증가했으며, 회사의 주가는 30퍼센트 넘게 치솟았습니다.

여러분은 아마 무엇이 입소문을 나게 만드는지 궁금할 겁니다. 대부분의 바이럴 마케팅 캠페인은 긍정적인 방식으로 사람들의 감성에 호소합니다. 또한 많은 캠페인들은 인플루언서들, 즉 소셜 미디어에서 자신의 팬들을 보유한 사람들에게 의존합니다. 인플루언서들은 동시에 수천 명 또는 심지어 수백만 명의

on social media. Influencers can spread the message about a viral campaign to thousands or even millions of people at once.

사람들에게 바이럴 캠페인에 관한 메시지를 확산시킬 수있습니다.

스크립트 어휘

commercial (상업) 광고 방송 advertisement 광고(= ad) go viral 입소문이 나다 strive to ~하기 위해 애쓰다 basically 요컨대 film 촬영하다 pour A over B A를 B 위에 붓다 challenge A to B A에게 B하도록 요구하다 objective 목적 raise money for ~을 위한 기금을 마련하다, 모금하다 amyotrophic lateral sclerosis 근위축성 측색 경화증, 루게릭병(= ALS) celebrity 유명 인사 catch on 인기를 끌다, 유행하다 take part 참가하다 introduce 시작하다 encourage A to B A에게 B하라고 권하다 stand for ~을 상징하다 temporary 일시적인, 임시의 stock price 주가 appeal to ~에 호소하다 in a positive manner 긍정적인 방식으로 rely upon ~에 의존하다 following 팬, 추종자 social media 소셜 미디어(= SNS) at once 동시에

세부 내용 찾기

1 교수는 아이스 버킷 챌린지에 관해 무슨 말을 하는가?
(A) 그것은 주로 SNS로 인해 널리 퍼지게 되었다.
(B) 그것은 여러 다른 종류의 제품들을 홍보했다.
(C) 몇 천 명의 사람들이 자신의 행동을 영상으로 만들었다.
(D) 그것의 목적은 의료 연구를 위해 모금하는 것이었다.

어휘 become widespread 널리 퍼지다 promote 홍보하다

해설 교수는 아이스 버킷 챌린지가 근위축성 측색 경화증이라는 질병 연구를 위한 기금을 마련하기 위한 것이었다고 설명하고 있다. 따라서 정답은 (D)다.

구조 파악하기

2 교수는 정보를 어떻게 구성하는가?
(A) 바이럴 마케팅의 장단점을 지적함으로써
(B) 바이럴 마케팅이 어떻게 빠르게 확산되는지에 초점을 맞춤으로써
(C) 다양한 바이럴 마케팅 캠페인들을 설명함으로써
(D) 바이럴 마케팅 활용의 이점들을 논의함으로써

어휘 point out ~을 지적하다 pros and cons 장단점

해설 교수는 바이럴 마케팅을 간단히 설명한 후, 그 예들인 아이스 버킷 챌린지와 코카콜라의 캠페인, IHOP의 캠페인을 차례로 소개하고 있다. 따라서 정답은 (C)다.

관련 지식 amyotrophic lateral sclerosis(ALS)는 근위축성 측색 경화증 또는 루게릭병이라고도 불린다. 운동신경세포만 선택적으로 파괴되는 질병으로, 서서히 온몸의 근육이 약해지며, 병이 진행되면서 결국 호흡근마비로 수년 내에 사망에 이르게 되는 치명적인 질병이다. 일년에 10만 명 당 1~2명에게서 발병하는 것으로 알려져 있으며 남성이 여성에 비해 1.4~2.5배 발병률이 높다.

EXERCISE 01
p.69

정답 | **1** (C)   **2** No, No, Yes, Yes, No

N Narrator   **S** Student   **C** Counselor

N Listen to a conversation between a student and a guidance counselor.

S Hello. Thanks for seeing me.

C Of course, that's what I'm here for. You're Ryan, right?

S Yes, and you're Ms. Schiffer?

C Jane's fine. The notes for your appointment said you need some advice about studying?

S Yes, that's right. I just started here as a freshman, and I'm having a hard time staying focused and studying effectively. Do you have any advice for me?

C Certainly. A lot of freshmen come to me with similar concerns. To study effectively, it's important to establish a structured routine. Start by creating a study schedule that allocates specific time slots for each subject or topic you need to cover. This will help you stay organized and manage your time efficiently.

S I think that's easier said than done. But I'll definitely try making a study schedule. Is there anything else I should keep in mind?

C Well, another key aspect is finding a suitable study environment. Choose a quiet and well-lit space where you can minimize distractions. I'd recommend one of the study rooms in the library.

S That does sound good. But what can I do to stay focused?

C Maintaining focus can be challenging, but there are strategies you can try. One effective method is the Pomodoro Technique, where you work for 25 minutes and then take a short break. This helps prevent burnout and keeps your mind fresh.

S The Pomodoro Technique sounds interesting. I'll give it a try. And do you have any tips for retaining information better?

C Let me see… One effective method is to actively engage with the material you're studying. Instead of passively reading, try summarizing the information in your own words or teaching it to someone else. And bear in mind that taking regular breaks and getting enough sleep are crucial for memory consolidation.

N 학생과 생활 지도 상담 교직원 사이의 대화를 들으시오.

S 안녕하세요. 만나 주셔서 감사합니다.

C 별말씀을요. 그게 제 역할인데요. 라이언 맞죠?

S 네, 쉬퍼 선생님이시죠?

C 제인이라고 불러도 됩니다. 상담 예약 메모에 학업과 관련된 조언이 좀 필요하다고 쓰여 있던데요?

S 네, 맞습니다. 제가 이곳에서 신입생 생활을 막 시작했는데, 집중력을 유지하고 효과적으로 공부하는 게 힘들어요. 제게 해 주실 어떤 조언이든 있으신가요?

C 그럼요. 많은 신입생들이 비슷한 걱정을 안고 제게 옵니다. 효과적으로 공부하려면, 체계적인 일상을 확립하는 게 중요합니다. 다뤄야 하는 각 과목 또는 주제에 대해 일정한 시간대를 할당하는 학습 일정표를 만드는 것으로 시작해 보세요. 이렇게 하면 체계적인 상태를 유지하고 시간을 효율적으로 관리하는 데 도움이 될 겁니다.

S 그게 말은 쉬워도 실제로 하기는 어려운 것 같아요. 하지만 꼭 학습 일정표를 만들어 보도록 할게요. 제가 명심해야 하는 다른 게 또 있을까요?

C 또 다른 중요한 측면은 적합한 학습 환경을 찾는 것입니다. 방해 요소를 최소화할 수 있는 조용하고 조명이 적당한 곳을 선택하세요. 도서관에 있는 자습실 중 한 곳을 추천해 드리고 싶네요.

S 좋은 것 같아요. 하지만 집중력을 유지하기 위해서는 뭘 할 수 있을까요?

C 집중력을 유지하는 게 어려울 수 있지만, 몇 가지 전략들을 시도해 볼 수 있어요. 한 가지 효과적인 방법이 포모도로 기법인데, 25분 동안 공부한 다음 짧은 휴식을 취하는 겁니다. 이는 번아웃을 방지하는 데 도움이 되고 머리를 맑게 유지해 줍니다.

S 포모도로 기법이라는 게 흥미로운 것 같아요. 한번 해 볼게요. 그리고 정보를 더 잘 유지할 수 있는 팁이 있으신가요?

C 어디 보자… 한 가지 효과적인 방법은 공부하는 내용에 적극적으로 참여하는 것입니다. 내용을 수동적으로 읽기보다, 자신만의 말로 정보를 요약하거나 다른 사람에게 가르치도록 해 보세요. 그리고 주기적인 휴식과 충분한 수면을 취하는 것이 기억력 강화에 아주 중요하다는 점도 명심하세요.

S Thank you so much for these useful tips. I feel more confident about improving my study habits now.
C You're very welcome. Remember, developing effective study habits takes time and practice. Don't hesitate to reach out if you need further assistance. Good luck with your studies!

S 이렇게 유용한 팁을 주셔서 정말 감사합니다. 이제 제 학습 습관을 개선하는 데 자신감이 더 생긴 것 같아요.
C 천만에요. 효과적인 학습 습관을 들이는 데 시간과 연습이 필요하다는 걸 기억하세요. 더 많은 도움이 필요하면 주저하지 말고 연락 주세요. 학업에 행운을 빕니다!

스크립트 어휘

appointment (전문가와의) 예약 focused 집중한 concern 걱정, 우려 structured 체계적인(= organized) allocate 할당하다 time slot 시간대 cover 다루다, 포함하다 easier said than done 말은 쉽지만 실제로 하기는 어려운 keep ~ in mind ~을 명심하다, 유념하다(= bear ~ in mind) aspect 측면, 양상 well-lit 조명이 적당한, 조명이 밝은 minimize 최소화하다 distraction 방해 (요소) challenging 어려운, 힘든 strategy 전략 take a break (잠시) 휴식을 취하다 burnout 번아웃(신체적, 정신적 극심한 피로) give ~ a try ~을 한번 해 보다 retain 유지하다 engage with ~에 적극적으로 참여하다 summarize 요약하다 consolidation 강화 practice 연습 hesitate to ~하기를 주저하다

주제와 목적 찾기

1 남학생은 왜 상담 교직원을 만나러 가는가?
(A) 신입생으로서 학교 생활에 적응하는 데 힘든 시간을 겪고 있다.
(B) 수업 중에 집중력을 유지하는 데 어려움을 겪고 있다.
(C) 학습 방법에 관한 몇몇 유용한 팁을 찾고 있다.
(D) 현재 그의 학습 방법이 지닌 효력에 대해 의문이 있다.

어휘 adapt to ~에 적응하다 be doubtful of ~을 의심하다, ~에 자신이 없다 effectiveness 효력

해설 학생은 집중력을 유지하고 효과적으로 공부하는 데 힘든 시간을 보내고 있다고 알리면서 자신에게 해 줄 조언이 있는지 상담 교직원에게 묻고 있다. 따라서 정답은 (C)다.

전개구조 파악하기

2 상담 교직원은 학생에게 어떤 조언을 해 주는가? 아래 각 항목마다 'X'표시를 하시오.

	예	아니오
항상 도서관 자습실을 이용할 것		X
포모도로 기법에 관해 더 알아 볼 것		X
학습 시간 사이에 짧은 휴식 시간을 포함할 것	X	
학습 일정표를 만들 것	X	
이른 아침 수업에 등록할 것		X

어휘 interval 중간 휴식 시간 session (특정 활동을 위한) 시간 register for ~에 등록하다

해설 상담 교직원은 일정 시간대를 할당하는 학습 일정표를 만드는 것과 25분 동안 공부하고 짧은 휴식을 취하는 방법을 추천하고 있다. 하지만 항상 도서관 자습실을 이용하도록 권하고 있지 않으며, 포모도로 기법에 관해 더 알아보는 일과 이른 아침 수업에 등록하는 일은 언급하지 않는다.

관련 지식 포모도로 기법은 1980년대 후반에 프란체스코 치릴로(Francesco Cirillo)가 개발한 시간 관리 방법으로, 작업과 짧은 휴식을 교대로 취함으로써 일의 효율성을 증진시키는 방식이다. 이 용어는 이탈리아어로 '토마토'를 의미하며, 치릴로가 대학 시절에 사용한 토마토 모양의 주방 타이머에서 유래되었다.

정답 | 1 (D) **2** (C), (A), (D), (B)

N Narrator **P** Professor

N Listen to part of a lecture in a psychology class.

P In the fascinating realm of early language development, parents often hold cherished memories of their children's initial words, typically simple and endearing words like "mama" or "dada." While the timing of this milestone varies among infants, they all go through the following distinct stages.

The initial stage, spanning from birth to four months of age, is characterized by primal expressions such as crying, burping, and other instinctual sounds. During this period, infants lack the ability to articulate their needs, relying on caregivers to understand signs of hunger or sleepiness.

The next stage, which typically occurs between four and six months of age, marks the onset of babbling. Here, babies absorb the linguistic nuances they hear around them and attempt to replicate sounds. Through the coordination of their jaws, lips, and tongue, they experiment with different babbling sounds. Recognizing that caregivers respond to these sounds, babies use babbling as a rudimentary form of expression. This lays the groundwork for future language skills.

Between the ages of nine and twelve months, the third stage of language development unfolds. This is marked by the transition from babbling to melodic utterances that resemble actual speech. Though sounds like "dadada" might seem simplistic, they signify a significant milestone. Babies grapple with the intricate process of combining consonant and vowel sounds, showing that they understand the basic components and processes of language.

And then they advance to the fourth and final stage. From fourteen to twenty months of age, infants weave together their acquired linguistic skills to produce their maiden word. In this phase, they may omit some consonant sounds, resulting in holophrastic utterances—single words containing entire thoughts. For instance, a baby might point at a bottle and say "baba" to convey a desire for their bottle or just to express what they see in front of them. Remarkably, even at this early stage, infants adeptly manipulate intonation to convey nuanced and subtle meanings.

N 심리학 수업의 강의 일부를 들으시오.

P 초기 언어 발달이라는 흥미로운 영역에 있어, 부모는 흔히 아이들이 처음 말하는 단어에 대한 소중한 기억을 간직하고 있습니다. 이는 일반적으로 '마마'나 '다다'처럼 단순하고 사랑스러운 것들이죠. 이 중요 사건의 시기가 유아들별로 차이가 있지만, 모두가 지금부터 이야기하는 뚜렷한 단계들을 거칩니다.

첫 단계는 출생부터 4개월까지의 기간에 걸치는 것으로서, 울음과 트림, 그리고 그 외의 본능에 따른 소리들 같은 원시적인 표현으로 특징지어집니다. 이 기간에는 유아들은 요구 사항을 명확하게 표현하는 능력이 부족하며, 돌보는 사람이 배고픔이나 졸음 신호를 이해해주길 의존합니다.

다음 단계는 일반적으로 4~6개월 사이에서 나타나며, 옹알이의 시작에 해당합니다. 이 단계에서 아기들은 주변에서 들리는 미묘한 언어적 차이를 흡수해 소리를 따라 하려 시도합니다. 턱과 입술, 혀의 조정을 통해 여러 다른 옹알이 소리들로 실험합니다. 아기들은 돌보는 사람이 이 소리에 반응한다는 것을 인식하여, 가장 기본적인 표현 형식으로서 옹알이를 이용합니다. 이는 미래의 언어 능력에 대한 토대를 마련해 줍니다.

9~12개월 사이에서는 언어 발달의 세 번째 단계가 펼쳐집니다. 이 단계는 옹알이에서 실제 말과 유사한 선율을 지닌 발화로 전환되는 것이 특징입니다. '다다다' 같은 소리가 지나치게 단순한 것 같지만, 상당히 획기적인 중대한 사건임을 의미하죠. 아기들은 자음과 모음의 소리를 결합하는 복잡한 과정을 해 내려고 노력하며, 언어의 기초적 요소들과 과정들을 이해하고 있음을 드러냅니다.

그 다음으로는 네 번째이자 마지막 단계로 나아갑니다. 14~20개월에서 유아들은 습득한 언어 능력을 한데 엮어서 최초의 단어를 만들어 냅니다. 이 단계에서는 일부 자음 소리를 생략하여, 한 단어로 표현하는 발화, 즉 전체 생각을 담고 있는 하나의 단어를 결과적으로 만들어 낼 수 있습니다. 예를 들어, 아기가 젖병을 가리키며 '바바'라고 말하는 것은, 자신의 젖병에 대한 욕구를 전달하거나 단순히 눈 앞에 보이는 것을 표현하고자 하는 것일 수 있습니다. 놀랍게도, 이 초기 단계에서조차 유아들은 억양을 능숙하게 조절해 미묘한 차이를 지닌 미세한 의미를 전달합니다.

In essence, the journey from unintelligible cries to the nuanced expressions of infants narrates a captivating story of linguistic evolution, showcasing the remarkable cognitive strides achieved during the formative years.

본질적으로, 불가해한 울음에서부터 미묘한 차이의 표현에 이르기까지 유아들이 펼치는 여정은 언어적 발전의 매력적인 이야기를 서술합니다. 이는 형성기에 이뤄지는 놀라운 인지적 진보를 보여 줍니다.

스크립트 어휘

realm 영역 cherished 소중한 endearing 사랑스러운 milestone 중요 단계, 획기적 사건 distinct 뚜렷한
span from A to B A에서 B(의 기간)에 걸치다 be characterized by ~로 특징지어지다(= be marked by) primal 원시적인
burp 트림하다; 트림 instinctual 본능에 따른 articulate 또렷이 말하다 caregiver 돌보는 사람 onset 시작 babbling 옹알이
nuance 미묘한 차이 replicate 따라 하다, 복제하다 coordination 조정 jaw 턱 rudimentary 가장 기본적인
lay the groundwork for ~에 대한 토대를 마련하다 unfold 펼쳐지다 transition 전환 utterance 발화 resemble 유사하다,
닮다 simplistic 지나치게 단순한 grapple with ~을 해 내려고 노력하다 intricate 복잡한 consonant 자음 vowel 모음
component (구성) 요소 advance 나아가다 weave ~ together ~을 한데 엮다 maiden 최초의 omit 생략하다 result in
~라는 결과를 낳다 holophrastic 한 단어로 표현하는 remarkably 놀랍게도 adeptly 능숙하게 manipulate 조작하다
intonation 억양 subtle 미세한 in essence 본질적으로 unintelligible 이해할 수 없는 narrate 서술하다, 이야기하다
captivating 매력적인 showcase 보여 주다, 알리다 cognitive 인지의 stride 진보 formative years 형성기

주제와 목적 찾기

1 강의의 주요 내용은 무엇인가?
(A) 아기들이 발화하는 단어들의 의미
(B) 언어 습득 과정 및 관련 이론들
(C) 언어 발달에 필요한 필수 요소들
(D) 유아들의 언어 사용 발달

어휘 utter 발화하다 acquisition 습득

해설 교수는 유아들의 초기 언어 발달 단계를 차례로 설명하고 있다. 따라서 정답은 (D)다.

전개구조 파악하기

2 교수는 강의에서 언어 발달 단계를 설명하고 있다. 아래의 단계별 특징들을 올바른 순서로 정렬하시오.
각 선택지를 해당하는 칸으로 드래그하시오.

1단계	(C)
2단계	(A)
3단계	(D)
4단계	(B)

(A) 유아들이 주변의 소리를 모방하려 한다.
(B) 유아들이 억양을 조절해 의미하는 바를 전달한다.
(C) 유아들이 본능에 따른 소리에 의존해 요구 사항을 전달한다.
(D) 유아들이 자음과 모음의 결합을 이해한다.

어휘 imitate 모방하다 communicate 전달하다

해설 교수는 '본능에 따른 소리로 전달 → 주변 소리 모방 → 자음과 모음 결합 이해 → 억양 조절을 통한 의미 전달'의 순서로 유아 언어 발전 과정을 설명하고 있다. 따라서 정답은 차례로 (C), (A), (D), (B)다.

정답 | **1** M, D, M, N, D   **2** (A)

N Narrator   P Professor

N   Listen to part of a lecture in an art history class.

P   Hello, everyone. Today, let's delve into the fascinating world of the Impressionist period, focusing on two prominent artists who significantly shaped this artistic era: Claude Monet and Edgar Degas. Monet, often regarded as the "Father of Impressionism," and Degas both played pivotal roles in influencing and defining the aesthetics of this transformative period in art history.

As compatriots within the Impressionist movement, Monet and Degas share several similarities in their artistic methods and styles. Reflecting the essence of Impressionism, their paintings eloquently capture moments of everyday life and scenes from contemporary society. Additionally, both artists earned recognition for their groundbreaking use of color, although each approached this aspect of their craft in distinctive ways.

Monet, recognized for his vibrant and expressive use of color, sought to convey the fleeting effects of light and atmosphere. His technique involved painting outdoors, or *plein air*, to directly observe and capture the changing conditions of the environment. Monet's use of vibrant and expressive colors aimed to convey the immediate, transient qualities of the scenes he painted. In works such as *Water Lilies and The Cathedral of Rouen*, he depicted the same subjects at different times of day and in various weather conditions. Let's take a moment to appreciate his *Water Lillies* series; the true subject here is not really the lilies themselves, is it? Also, you can see that Monet's brushwork is characterized by loose and spontaneous strokes, imbuing his works with a sense of vibrancy and movement. This is what makes his artistic creations instantly recognizable.

On the other hand, Degas employed a more subdued color palette, a deliberate choice to capture the nuanced details of his subjects, particularly the human figure. His fascination with ballet and scenes from the Parisian theater found expression in meticulously crafted works that depicted dancers in various stages of movement. Degas often used unconventional perspectives, capturing scenes from angles not typically seen by the audience. His interest in freezing

N   미술사 수업의 강의 일부를 들으시오.

P   안녕하세요, 여러분. 오늘은 인상주의 시대의 흥미로운 세계를 깊이 있게 살펴볼 텐데요, 이 예술 시대를 두드러지게 형성한 두 명의 중요한 미술가, 클로드 모네와 에드가 드가에 초점을 맞춰 보겠습니다. 흔히 '인상주의의 아버지'로 일컬어지는 모네, 그리고 드가 이 두 사람 모두 미술사에서 이 변혁적인 시기의 미학에 영향을 미치고 그것을 정의하는 데 있어 중추적인 역할을 했습니다.

모네와 드가는 인상주의 운동을 함께 했던 동료로서 미술 기법과 양식에 있어 여러 공통점을 지니고 있습니다. 이들의 그림은 인상주의의 진수를 보여 주며 일상의 순간과 당대 사회의 장면들을 생생하게 포착합니다. 또한 두 미술가 모두 색감을 획기적으로 활용하는 것으로 명성을 얻었죠. 비록 각자 독특한 방식으로 이런 기교적인 측면에 접근하긴 했지만요.

모네는 강렬하고 표현적인 색감 활용으로 인정받았으며, 빛과 대기가 순식간에 미치는 효과를 전달하고자 했습니다. 그의 기법은 환경의 변화하는 상태를 직접 관찰하고 포착할 수 있는 '플레네르'에서, 즉 야외에서 그리는 작업을 수반했습니다. 모네의 강렬하고 표현적인 색감 활용은 그가 그리는 광경의 즉각적이고 일시적인 특성을 전달하는 것이 목적이었습니다. <수련>과 <루앙 대성당> 같은 작품들 속에서, 하루 중 다른 시간대에, 그리고 다양한 기상 환경에 놓인 동일 대상을 묘사했습니다. 잠시 <수련> 시리즈를 감상해 보도록 하죠. 여기서 진정한 주제는 사실 수련 자체가 아니겠죠? 또한, 모네의 화법이 세밀하지 않고 즉흥적인 붓놀림으로 특징지어져 있어, 작품을 활기와 생동감으로 가득 채우고 있다는 게 보일 겁니다. 이것이 바로 그의 미술 창작품을 즉시 알아보게 하는 거죠.

반면에, 드가는 더욱 은은한 색채를 활용했는데, 이는 그림 대상, 특히 인간의 모습이 지닌 미묘한 세부 요소를 포착하기 위한 의도적인 선택이었습니다. 그를 매료시켰던 발레 및 파리 극장의 장면들은 다양한 단계의 동작을 거치는 무용수들을 묘사한 세심하게 공들인 작품들 속에 표현되었습니다. 드가는 흔히 관습에 얽매이지 않은 관점을 활용해, 일반적으로 관객들이 보지 못하는 각도로 장면들을 포착했습니다. 얼어붙은 듯한 순간들에 대한 그의 관심은 무대 위의 공연을 너머 준비하고 숙고하는 모습이 담긴 사적이고 자연스러운 순간들에까지

moments extended beyond onstage performances to the intimate and candid moments of preparation and reflection. It goes without saying that Degas' style demonstrated a commitment to careful observation and detail. His controlled brushwork, marked by delicate lines and subtle shading, allowed him to capture the human form in motion with precision and grace.

확장되었습니다. 드가의 양식이 세심한 관찰과 세부 요소에 전념했음을 보여 주었음은 말할 필요도 없습니다. 그의 절제된 화법은 섬세한 선과 미묘한 명암 표현으로 특징지어지며, 움직이는 인간의 모습을 정확하고 우아하게 포착할 수 있도록 하였습니다.

스크립트 어휘

delve into ~을 깊이 있게 파고 들다   prominent 중요한, 눈에 띄는   significantly 크게, 대단히   play a pivotal role in ~에서 중추적인 역할을 하다   aesthetics 미학   transformative 변혁의   compatriot 동료   eloquently 생생하게, 유창하게   contemporary 당시의   earn recognition for ~로 명성을 얻다   groundbreaking 획기적인   craft 기교, 기술; 공들여 만들다   distinctive 독특한   vibrant 강렬한, 활기찬   expressive 표현적인   seek to ~하려 하다   fleeting 순식간의   plein air 플레네르, 외광파 화풍의(야외의 자연 광선과 대기를 중시하는 화풍)   immediate 즉각적인(= instant)   transient 일시적인   depict 묘사하다   appreciate 감상하다   brushwork 화법   loose 촘촘(세밀)하지 않은, 느슨한   spontaneous 즉흥적인   stroke 붓놀림   imbue A with B A를 B로 가득 채우다   vibrancy 활기   subdued 은은한, 부드러운   deliberate 의도적인   nuanced 미묘한 (차이가 있는)   meticulously 세심하게   unconventional 관습에 얽매이지 않은   perspective 관점   intimate 사적인, 친밀한   candid 자연스러운, 있는 그대로의   reflection 숙고   it goes without saying (that) ~라는 것은 말할 필요도 없다   demonstrate 보여 주다   commitment to ~에의 전념   controlled 절제된   marked by ~로 특징 지어지는   delicate 섬세한   subtle 미묘한

전개구조 파악하기

1 교수는 모네와 드가의 그림을 대조하고 있다. 각 특징을 올바른 화가와 일치시키시오. 일부 특징은 둘 중 누구에게도 해당되지 않을 수 있다. 알맞은 상자에 체크하시오.

	모네	드가	해당 없음
강렬하고 표현적인 색감	✓		
파리 극장에 대한 관심		✓	
세밀하지 않고 즉흥적인 화법	✓		
자세하고 사진처럼 사실적인 모습			✓
정확한 인간 동작 포착		✓	

어휘 photorealistic (사진처럼) 사실적인

해설 교수는 모네가 강렬하고 표현적인 색감 활용으로 인정받은 사실과 세밀하지 않고 즉흥적인 화법이 그의 특징이라고 말하고 있다. 드가와 관련해서는, 발레와 파리 극장에서 볼 수 있었던 장면들에 매료되었다는 점과 움직이는 인간의 모습을 정확하고 우아하게 포착한 화법을 이야기하고 있다. 하지만 두 미술가의 작품이 지닌 특징으로 사진처럼 사실적인 모습은 언급하지 않는다.

추론하기

2 강의의 일부를 다시 들으시오. 그런 다음 질문에 답하시오. 🎧

> P <수련>과 <루앙 대성당> 같은 작품들 속에서, 하루 중 다른 시간대에, 그리고 다양한 기상 환경에 놓인 동일 대상을 묘사했습니다. 잠시 <수련> 시리즈를 감상해 보도록 하죠. 여기서 진정한 주제는 사실 수련 자체가 아니겠죠?

교수가 다음과 같이 말할 때 암시하는 것은 무엇인가?

> P 여기서 진정한 주제는 사실 수련 자체가 아니겠죠?

(A) 모네의 그림은 전체적인 인상과 분위기에 초점을 맞춘다.
(B) <수련>은 덜 흔히 알려진 주제를 특징으로 한다.
(C) 수련은 모네의 그림에서 배경 역할을 한다.
(D) 모네의 화법은 주체들의 일시적 성질을 잘 포착한다.

어휘 overall 전체적인   feature 특징으로 하다   serve as ~의 역할을 하다   backdrop 배경   nature 성질, 성격

해설 교수는 <수련>이라는 작품을 언급하면서 하루 중 다른 시간대에, 그리고 다양한 기상 조건에 놓인 동일 대상을 묘사했다고 설명한 후, '진정한 주제는 사실 수련 자체가 아니지 않을까?'라고 묻고 있다. 이는 모네의 그림이 수련을 소재로 하고 있으나, 시간대 및 빛에 따라 다르게 보이는 느낌과 분위기에 초점을 두고 있다는 것을 나타낸다. 따라서 정답은 (A)다.

정답 | **1** (C), (D), (A), (B)   **2** (D)

N Narrator	**P** Professor

N Listen to part of a lecture on moral development.

P Today, we will explore a question that intrigued me during my undergrad days and continues to captivate my interest in the field of developmental psychology. That is, how do humans acquire the ability to make moral judgments?

One of the more widely accepted answers to this question was proposed by Lawrence Kohlberg. Kohlberg's theory suggests that individuals progress through a series of six stages characterized by different levels of moral reasoning. These levels are classified as pre-conventional, conventional, and post-conventional.

The first pre-conventional stage, typically observed in young children, involves making moral decisions based on the fear of punishment or the desire for rewards. Their moral reasoning centers around self-interest and immediate consequences.

The second stage focuses on the development of reciprocity. Individuals at this stage make moral decisions with the anticipation of receiving something in return for good behavior. Much like the first stage, concern for the needs of others is highly limited.

Moving into the conventional level, the third stage is commonly known as the "good boy/good girl" orientation. At this stage, individuals seek approval from others and conform to societal expectations. Moral decisions are made based on the desire to be perceived as a good person and to maintain social harmony.

The fourth stage involves obedience to law and order. Individuals at this stage recognize the mutually agreed-upon rules in society and believe in upholding these rules and conventions. Morality is primarily influenced by external factors, and moral decisions are guided by, above all, a strong sense of duty and respect for authority.

Transitioning to the post-conventional level, the fifth stage is the social contract orientation. Here, individuals recognize that laws and rules are not absolute and can be changed if deemed unjust. Individuals have the freedom to support these changes, even if the majority disagrees. Belief in individual rights and democratic principles is crucial in this stage.

N 도덕성 발달에 관한 강의의 일부를 들으시오.

P 오늘은, 발달 심리학 분야에서 대학생 시절 저의 흥미를 불러일으켰고 또한 지속적으로 제 관심을 사로잡고 있는 질문 한 가지를 살펴보겠습니다. 그것은 바로, '인간이 어떻게 도덕적 판단을 내릴 수 있는 능력을 얻는가?'입니다.

이 질문에 대해 일반적으로 받아들여지는 대답들 중 하나는 로렌스 콜버그에 의해 제안되었습니다. 콜버그의 이론은 사람들이 서로 다른 수준의 도덕적 추론으로 특징지어지는 일련의 여섯 가지 단계를 통해 발달한다는 점을 시사합니다. 이 수준들은 전인습적 수준, 인습적 수준, 그리고 후인습적 수준으로 분류됩니다.

첫 번째 전인습적 단계는 일반적으로 어린 아이들에게서 관찰되는데, 벌을 받는 것에 대한 두려움 또는 보상에 대한 바람을 바탕으로 내리는 도덕적 결정을 수반합니다. 이들의 도덕적 추론은 자기 이익과 즉각적인 결과를 중심으로 합니다.

두 번째 단계는 호혜성의 발달에 초점을 맞춥니다. 이 단계에 있는 사람들은 선행에 대한 대가로 뭔가 받을 것이라는 기대를 갖고 도덕적 결정을 내립니다. 첫 번째 단계와 거의 비슷하게, 다른 이들이 필요로 하는 것에 대한 관심은 크게 제한되어 있습니다.

그 다음은 인습적 수준으로 접어드는데, 세 번째 단계는 '착한 아이' 지향이라고 흔히 알려져 있습니다. 이 단계에서 사람들은 다른 이들에서의 인정을 추구하고 사회적 기대를 따릅니다. 도덕적 판단은 좋은 사람으로 인지되고 사회적 조화를 유지하려는 바람을 바탕으로 이루어집니다.

네 번째 단계는 법과 질서에 대한 순종을 수반합니다. 이 단계에 있는 사람들은 사회에서 상호 합의된 규칙을 인정하고 이 규칙과 관습을 유지하는 것이 옳다고 생각합니다. 도덕성은 주로 외부적 요소들에 영향을 받으며, 도덕적 결정은 무엇보다도 강한 의무감과 권위에 대한 존중에 의해 좌우됩니다.

이제 후인습적 수준으로 전환해 볼 텐데, 다섯 번째 단계는 사회적 계약 지향입니다. 이 단계에서 사람들은 법과 규칙이 절대적이지 않으며 부당하다고 여겨지는 경우에 바뀔 수 있다는 점을 인지합니다. 사람들은 대다수가 동의하지 않는다 하더라도 이러한 변화를 지지할 자유가 있습니다. 이 단계에서는 개인의 권리와 민주주의의 원칙에 대한 믿음이 중대합니다.

Finally, the sixth stage is the universal ethical principles orientation. Individuals at this stage have developed their own set of moral principles based on universal ethical values. Moral decisions are guided by a commitment to justice, equality, and human rights, even if they conflict with societal norms or laws.

Now, it is important to note that not everyone reaches the highest stages of moral development. Factors such as culture, education, and life experiences can influence an individual's moral development, shaping the extent to which they progress through Kohlberg's stages.

마지막으로, 여섯 번째 단계는 보편적 윤리 원칙 지향입니다. 이 단계에 있는 사람들은 보편적 윤리 가치를 바탕으로 각자 일련의 도덕적 원칙을 발달시킨 상태입니다. 도덕적 결정은 정의와 평등, 인권에 대한 헌신에 의해 좌우됩니다, 설사 사회적 규범이나 법과 충돌한다 하더라도 말이죠.

자, 우리 모두가 가장 높은 도덕성 발달 단계에 도달하는 것은 아니라는 점에 유의하는 것이 중요합니다. 문화와 교육, 삶의 경험 같은 요소들이 개인의 도덕성 발달에 영향을 미쳐, 콜버그의 단계들을 통해 발달하는 정도를 형성할 수 있습니다.

스크립트 어휘

intrigue ~의 흥미를 불러일으키다   undergrad(undergraduate) 대학생   captivate 사로잡다   developmental psychology 발달 심리학   acquire 얻다   moral judgment 도덕적 판단   propose 제안하다   reasoning 추론   be classified as ~로 분류되다   center around ~을 중심으로 하다   self-interest 자기 이익   reciprocity 호혜성   anticipation 기대, 예상   in return for ~에 대한 대가로   orientation 지향   approval 찬성   conform to ~을 따르다   societal 사회의   perceive 인지하다   obedience 순종, 복종   mutually agreed-upon 상호 합의된   uphold 유지하다, 옹호하다   external 외부의   authority 권위   transition to ~로 전환하다   contract 계약   absolute 절대적인   deemed ~라고 여겨지는   unjust 부당한   majority 대다수   democratic 민주주의의   ethical 윤리의   commitment to ~에 대한 헌신, 전념   conflict with ~와 충돌하다   norm 규범, 표준   note ~에 주목하다   extent 정도

전개구조 파악하기

1 교수는 강의에서 도덕성 발달 단계를 이야기하고 있다. 아래의 도덕적 추론 예시들을 올바른 순서대로 정렬하시오. 각 선택지를 해당하는 칸으로 드래그하시오.

(1)	(C)
(2)	(D)
(3)	(A)
(4)	(B)

(A) 음주 운전은 사회에 위협을 가하므로 처벌되어야 한다.
(B) 나는 직장 내 변화를 위한 청원서에 서명해 근로자 권리를 보호할 것이다.
(C) 내가 이웃 사람이 잔디 깎는 일을 돕는다면, 그는 내가 선반을 설치하는 일을 도울 것이다.
(D) 나는 좋은 이미지를 유지하고 싶기 때문에 그녀에 관한 소문을 퍼뜨리지 않을 것이다.

어휘 pose a threat to ~에 위협을 가하다   petition 청원서   put up ~을 설치하다, 세우다   positive 좋은, 긍정적인

해설 음주 운전에 대한 처벌을 이야기하는 (A)는 콜버그의 이론에서 법과 질서에 대한 복종을 수반하는 네 번째 단계에 해당한다. 청원서 서명을 통한 근로자 권리 보호를 언급하는 (B)는 법과 규칙이 부당할 경우에 바뀔 수 있음을 말하는 다섯 번째 단계에 해당한다. 이웃 사람을 도울 경우에 자신도 도움을 받을 수 있음을 의미하는 (C)는 선행에 대한 대가를 말하는 두 번째 단계에 해당한다. 긍정적인 이미지 유지를 위해 다른 사람에 관한 소문을 퍼뜨리지 않는 일을 언급하는 (D)는 좋은 사람으로 인지되려는 바람을 바탕으로 하는 세 번째 단계에 해당한다. 따라서 정답은 차례로 (C), (D), (A), (B)다.

추론하기

2 보편적 윤리 원칙 지향 단계에 대해 추론할 수 있는 것은 무엇인가?
(A) 개인의 이득을 초래하지 않는다는 점에서 나머지 단계와 다르다.
(B) 사람들이 따르는 규칙의 공정성이 거의 의심받지 않는다.
(C) 청소년기에서 성년기에 이르는 사람들에게 일반적일 수 있다.
(D) 어떤 사람들은 이 수준의 도덕적 추론에 이르는 것이 힘들 수 있다.

어휘 in that ~라는 점에서   prevalent 일반적인   adolescence 청소년기   attain ~에 이르다, 이루다

해설 교수는 도덕성 발달의 여섯 단계에 대한 설명을 마친 후, 여러 요소들로 인해 사람들의 도덕성 발달에 차이가 있으며 모두가 가장 높은 도덕성 발달 단계에 도달하는 것은 아니라고 강조한다. 따라서 정답은 (D)다.

EXERCISE 01 p.78

정답 | 1 (C)   **2** (A)

N Narrator   **S** Student   **D** Director

N Listen to a conversation between a student and a director of scholarships.

S Excuse me, I'm looking for Ms. Pitt, the director of scholarships.

D That's me. You must be Jeffrey. I've been expecting you. Nice to meet you.

S It's nice to meet you, too, Ms. Pitt.

D Your teacher, Mr. Packer, has told me a lot about you. He informed me that you want to attend our school, but you're worried about the tuition.

S Yes. He said you might be able to help me.

D Well, I certainly hope so. He spoke quite highly of you. Our school offers a diverse range of scholarships, and I'd like to discuss them with you to see if you qualify for any. Basically, there are two types of scholarships: academic scholarships and nonacademic scholarships. Academic scholarships are for students with a GPA over 4.0 or those who have excelled in national academic contests.

S I'm afraid my GPA isn't that high. I get good grades now, but I wasn't a good student in the past. In fact, I hardly studied at all.

D That's fine. Our nonacademic scholarships, called "performance scholarships," are for students with talents beyond academics. First, there are athletic scholarships for the students who will play on our school's sports teams. There are also creative scholarships for students who excel in art, music, or dance. For art, you have to submit a portfolio, and for music and dance, you have to perform at an audition. Finally, we have community service scholarships, which are a recent addition. They are for students heavily involved in community work. So, do you think you might qualify for any of these scholarships?

S Well, I've won first place in several dance competitions.

N 학생과 장학금 사정관 사이의 대화를 들으시오.

S 실례지만, 저는 장학금 사정관이신 피트 씨를 찾고 있는데요.

D 접니다. 제프리 학생인 것 같군요. 기다리고 있었습니다. 만나서 반가워요.

S 저도 만나 뵙게 되어서 반갑습니다, 피트 씨.

D 담임 교사이신 패커 선생님이 학생에 대해 많은 이야기를 하셨습니다. 선생님이 저에게 학생이 우리 학교에 다니고 싶지만, 등록금이 걱정이라고 말씀하셨어요.

S 네. 선생님이 사정관 님께서 도와주실 수 있을지도 모른다고 하셨습니다.

D 음, 분명 그렇게 되길 바랍니다. 패커 선생님께서 학생에 대한 칭찬을 꽤 많이 하셨어요. 우리 학교에서는 다양한 범위의 장학금들을 제공하는데, 함께 장학금에 대해 이야기하면서 학생이 어느 것이든 자격이 되는지 알아보면 좋겠어요. 간단히 말해서, 두 가지 종류의 장학금이 있는데, 성적 우수 장학금과 비학문적 장학금입니다. 성적 우수 장학금은 평점 4.0을 넘거나 전국 학술 경연대회에서 우수한 성적을 거둔 학생들을 대상으로 합니다.

S 제 평점이 그렇게 높진 않은 것 같습니다. 지금은 좋은 성적을 받고 있지만, 과거에 좋은 학생이 아니었거든요. 사실, 공부를 거의 하지 않다시피 했습니다.

D 괜찮아요. '기능 장학금'이라고 불리는 비학문적 장학금은 학업을 뛰어넘는 재능을 지닌 학생들을 대상으로 합니다. 우선, 우리 학교의 스포츠 팀에서 활동할 학생들을 대상으로 하는 운동 장학금이 있습니다. 또한 미술이나 음악, 댄스 분야에서 뛰어난 학생들을 대상으로 하는 창의성 장학금이 있습니다. 미술의 경우, 포트폴리오를 제출해야 하고, 음악과 댄스의 경우에는, 오디션에서 공연을 해야 합니다. 마지막으로, 지역 사회 봉사 장학금도 있는데, 이건 최근에 추가되었습니다. 지역 사회 활동에 깊이 관여한 학생들을 대상으로 하죠. 자, 이 장학금들 중 어느 것이든 자격이 될지도 모르겠다고 생각하는 게 있나요?

S 아, 저는 여러 댄스 경연대회에서 우승한 적이 있습니다.

D	Really? That's impressive! I suggest you participate in the upcoming scholarship audition at our auditorium.	D	그래요? 인상적이군요! 나는 학생이 우리 학교 강당에서 곧 열리는 장학금 오디션에 참가하는 것을 추천합니다.

D Really? That's impressive! I suggest you participate in the upcoming scholarship audition at our auditorium.
S When will it be held?
D It's in 20 days, which gives you plenty of time to prepare a routine.
S OK. Thank you for providing me with such valuable information, Ms. Pitt.
D You're quite welcome.

D 그래요? 인상적이군요! 나는 학생이 우리 학교 강당에서 곧 열리는 장학금 오디션에 참가하는 것을 추천합니다.
S 오디션은 언제 개최되나요?
D 20일 후에 있으니, 안무를 준비할 시간은 충분할 겁니다.
S 알겠습니다. 저에게 이렇게 소중한 정보를 제공해 주셔서 감사합니다, 피트 씨.
D 천만에요.

스크립트 어휘

scholarship 장학금 tuition 등록금 speak highly of ~을 칭찬하다 a diverse range of 다양한 범위의 qualify for ~의 자격이 있다 basically 간단히 말해서, 요컨대; 기본적으로 GPA 평점(= grade point average) excel in ~에 뛰어나다, 우수하다 hardly ~ at all 거의 ~하지 않는 athletic 운동의 submit 제출하다 addition 추가(되는 것) heavily 깊이, 대단히 first place 우승, 1등 competition 경연대회 participate in ~에 참가하다 upcoming 곧 있을, 다가오는 routine (정해진) 안무, 춤 동작 provide A with B A에게 B를 제공하다

주제와 목적 찾기

1 화자들이 주로 이야기하고 있는 것은 무엇인가?
   (A) 좋은 성적을 받는 구체적인 방법들
   (B) 기능 장학금을 위한 자격 요건들
   (C) 학교가 제공하는 여러 종류의 보조금들
   (D) 창의적인 학생들을 대상으로 하는 오디션에 참가하는 방법

어휘 specific 구체적인 qualification for ~을 위한 자격 grant 보조금
해설 학생과 장학금 사정관은 학교가 제공하는 다양한 범위의 장학금들에 대해 이야기를 하고 있다. scholarship을 선택지에서는 grant로 바꾸어 표현(paraphrasing)하고 있음을 알아야 한다. 따라서 정답은 (C)다.

추론하기

2 학생에 대해 추론할 수 있는 것은 무엇인가?
   (A) 그는 성적 우수 장학금 자격이 없을지도 모른다.
   (B) 그는 창의성 장학금에 오랫동안 관심이 있었다.
   (C) 그는 장학금 오디션에 참가할 준비가 되지 않았다.
   (D) 그는 학교에서 제공하는 모든 장학금에 지원할 자격이 있다.

어휘 be eligible for ~의 자격이 있다 apply for ~에 지원하다
해설 학생은 과거에 공부를 열심히 하지 않아 좋은 성적을 받지 못했다고 말했다. 따라서 정답은 (A)다.

EXERCISE 02

정답 | 1 (B)   **2** (C)

	N Narrator **S** Student **P** Professor

N Listen to a conversation between a student and a professor.

P Good afternoon, Amy. Is there something I can help you with?
S Hello, Professor Bernard. I was confused by your lecture today.
P Which part? The entire lecture or just a certain aspect?

N 학생과 교수 사이의 대화를 들으시오.

P 안녕하세요, 에이미. 내가 뭔가 도와줄 거라도 있나요?
S 안녕하세요, 버나드 교수님. 오늘 교수님 강의에서 혼동되는 부분이 있어서요.
P 어느 부분이죠? 강의 전체인가요, 아니면 단지 특정 측면이 그런 건가요?

50 YBM TOEFL 80+ Listening

S Oh, not the entire lecture. I understood nearly everything. However, I had trouble understanding two of the concepts you discussed.

P Let me guess. You had some problems with tenebrism and chiaroscuro, right?

S Whoa! How did you know they were what I didn't understand?

P It happens every year. Tenebrism is basically an extreme form of chiaroscuro, and that's why many students have problems differentiating one from the other.

S Okay, uh, let me see if I am correct then... Chiaroscuro is a technique in which parts of a painting are completely black. Is that right?

P I'm afraid not. You just described tenebrism. I think the best way to explain the difference is to show you some paintings. Now, remember I said that Caravaggio was a master of tenebrism? Take a look at the picture on the screen. It's called *Self-Portrait as Sick Bacchus*. Notice how much of the part of the canvas is pure black. That's tenebrism.

S Wow. And it really creates an extreme contrast between the light on the face and the body.

P Exactly. That's the entire point of tenebrism. Now, uh, here's an example of chiaroscuro. Do you know this painting?

S Sure. That's the *Mona Lisa* by Leonardo da Vinci. It's not nearly as dark as the Caravaggio painting you just showed me.

P Well done, Amy. Chiaroscuro uses shades of light and dark to create a dramatic effect and to give a painting a three-dimensional appearance. Now, um, you have a term paper due next month, and this is what I'd like you to do for it. Take two artists. Caravaggio can be one, but don't choose da Vinci as the other. Select a lesser-known artist. Focus on how the two artists use both tenebrism and chiaroscuro. Researching them will help you understand the concepts better.

S That's a great idea. Thanks so much, Professor.

P You're welcome. I look forward to reading your analysis.

S 아, 강의 전체는 아닙니다. 거의 모든 걸 이해했습니다. 하지만, 교수님이 말씀하셨던 개념들 중에서 두 가지를 이해하는 데 어려움이 있었습니다.

P 내가 맞혀 보죠. 명암 대비 화법과 명암법에 문제가 좀 있었던 게 맞나요?

S 와! 그게 제가 이해하지 못한 부분이라는 걸 어떻게 아셨죠?

P 매년 있는 일이니까요. 명암 대비 화법은 기본적으로 명암법의 극단적인 형식이고, 그게 바로 많은 학생들이 그 둘을 구별하는 데 어려움을 가지는 이유입니다.

S 알겠습니다, 어, 그럼 제가 맞는지 확인해 볼게요… 명암법은 그림의 부분들이 완전히 검은색인 기법입니다. 그렇지요?

P 그렇지 않아요. 학생이 방금 설명한 건 명암 대비 화법입니다. 내 생각에 그 차이를 설명할 수 있는 가장 좋은 방법은 몇몇 그림을 보여 주는 것 같네요. 자, 카라바조가 명암 대비 화법의 대가였다고 말한 것을 기억하나요? 이 화면에 있는 그림을 한 번 보세요. <병든 바커스 자화상>이라고 불리는 작품입니다. 캔버스의 얼마나 많은 부분이 순수한 검은색인지 주목해 보세요. 이게 명암 대비 화법입니다.

S 와우. 그래서 얼굴 빛과 몸 빛 사이에 극단적인 대비가 이루어지네요.

P 바로 그렇습니다. 이것이 바로 명암 대비 화법의 전체적인 포인트입니다. 자, 어, 여기 명암법의 예가 하나 있습니다. 이 그림을 알고 있나요?

S 그럼요. 레오나르도 다 빈치의 <모나리자>잖아요. 방금 보여 주신 카라바조의 그림만큼 아주 어둡진 않네요.

P 아주 좋아요, 에이미. 명암법은 명암의 정도를 사용해 극적인 효과를 만들고 그림에 입체적인 모습을 부여합니다. 자, 음, 다음 달이 제출 기한인 학기말 과제가 있는데, 이것이 바로 그 과제를 위해 해 주었으면 하는 것입니다. 두 명의 미술가를 선택하세요. 카라바조가 한 명이 될 수 있겠지만, 나머지 한 명으로 다 빈치를 선택하진 마세요. 덜 알려진 미술가를 고르세요. 두 미술가가 명암 대비 화법과 명암법 둘 다를 어떻게 활용하는지에 초점을 맞추세요. 그들을 조사해 보면 이 개념들을 더 잘 이해하는 데 도움이 될 겁니다.

S 아주 좋은 생각입니다. 정말 감사합니다, 교수님.

P 천만에요. 그 분석을 읽어 볼 수 있기를 고대합니다.

스크립트 어휘

be confused by ~로 혼란스러워하다   nearly 거의   have trouble -ing ~하는 데 어려움이 있다   tenebrism 명암 대비 화법(극명한 명암의 대조를 통해 극적인 효과를 내는 표현법)   chiaroscuro 명암법(입체감 부여를 위한 명암 대비 효과를 총칭) extreme 극단적인   differentiate A from B A와 B를 구별하다   pure 순수한   contrast 대비, 대조   shade (명암의) 정도 three-dimensional 입체적인   term paper 학기말 과제   due ~가 기한인   lesser-known 덜 알려진   look forward to -ing ~하기를 고대하다

구조 파악하기

1 교수는 왜 <병든 바커스 자화상>을 언급하는가?
(A) 학생에게 그 그림의 의미를 설명하도록 요청하기 위해
(B) 수업 중에 다룬 미술 개념을 설명하기 위해서 그 그림을 이용하려고
(C) 그것이 명암법을 이용한 방식을 짚어 주기 위해
(D) 그것이 정말로 레오나르도 다 빈치가 그린 것임을 주장하기 위해

해설 교수는 자신의 강의에서 다룬 명암 대비 화법을 설명하기 위해 그 화법이 적용된 카라바조의 <병든 바커스 자화상>이라는 작품을 언급하고 있다. 따라서 정답은 (B)다.

추론하기

2 학생에 대해 추론할 수 있는 것은 무엇인가?
(A) 그녀는 미술사 전공자가 되기로 결심했다.
(B) 그녀는 레오나르도 다 빈치의 작품보다 카라바조의 작품을 선호한다.
(C) 그녀는 자신의 과제에서 두 개의 미술 기법을 분석해야 한다.
(D) 그녀는 다가오는 중간고사에 대해 걱정하고 있다.

어휘 major 전공자   prefer A to B B보다 A를 선호하다
be concerned about ~에 대해 걱정하다

해설 교수가 다음 달이 제출 기한인 기말 과제를 언급한 후, 두 명의 미술가를 선택해서 명암 대비 화법과 명암법 둘 다를 어떻게 활용하는지에 초점을 맞추라고 말했으므로 두 개의 미술 기법을 분석해야 한다는 것을 추론할 수 있다. 따라서 정답은 (C)다.

관련 지식 카라바조(Caravaggio)는 16세기 르네상스 시대에 마침표를 찍고 17세기 바로크 시대를 연 혁신적인 화가이다. 그의 작품들은 명암 대비를 극명하게 사용해 극적 효과를 연출할 뿐 아니라 전체적으로 어두운 색조를 띠는 명암 대비

화법(tenebrism)이 특징이다. 인물의 입체감을 강조하는 이 화법은 루벤스와 렘브란트 등 후대 화가들에게도 큰 영향을 미쳤다.

EXERCISE 03   p.80

정답 | 1 (A)   **2** (D)

N Narrator   **P** Professor

N Listen to part of a lecture in a business class.

P Near the end of Monday's lecture, I began discussing consumer behavior. I'd like to continue that topic today. As I stated, consumer behavior is defined as how people feel and what they think when they're deciding whether or not to buy a product. It also focuses on what people buy, how much of it they buy, and where and why they buy it. As you can likely guess, the purchase decision itself is a vital aspect of consumer behavior. Now, uh, there are five stages in the consumer decision process. They are need recognition, information search, evaluation of alternatives, purchase decision, and post-purchase evaluation. I'd like to cover each stage individually now.

The process starts with need recognition, and as its name indicates, this happens when a consumer realizes that something needs to be purchased. It could be a person realizing that there's no more orange juice in the fridge, or it could be more complicated than that. Perhaps you realize that your car is getting old and needs replacing or you decide that you'd like to purchase a new house in a different neighborhood.

N 경영학 수업 강의의 일부를 들으시오.

P 월요일 강의 종료 즈음에, 소비자 행동을 이야기하기 시작했죠. 오늘은 그 주제를 이어가도록 하겠습니다. 말했다시피, 소비자 행동은 사람들이 제품을 구입할 것인지 아닌지를 결정할 때 그들이 어떻게 느끼는지와 무슨 생각을 하는지로 정의됩니다. 또한 소비자 행동은 사람들이 무엇을 구입하는지와 그것을 얼마나 많이 구입하는지, 어디서 왜 그것을 구입하는지에 대해서도 초점을 맞춥니다. 여러분도 아마 추측할 수 있겠지만, 구매 결정 자체가 소비자 행동의 필수적인 측면입니다. 자, 어, 소비자 결정 과정에는 다섯 단계가 있습니다. 그것들은 바로 욕구 인식과 정보 탐색, 대안 평가, 구매 결정, 구매 후 평가입니다. 지금 각 단계들을 개별적으로 다뤄 보고자 합니다.

이 과정은 욕구 인식으로 시작되며, 이 명칭이 나타내는 바와 같이, 소비자가 무언가를 구매할 필요가 있다고 인식할 때 일어납니다. 냉장고에 더 이상 오렌지 주스가 없다는 사실을 인식하는 사람일 수도 있고, 또는 이보다 더 복잡할 수도 있습니다. 어쩌면 여러분의 자동차가 오래 되어서 교체가 필요하다는 점을 인식하거나, 또는 다른 지역에 새 집을 구입하고 싶다고 결정하기도 합니다.

Once you realize you need something, the second stage, information search, can begin. During this time, you actively search for information, perhaps online or by talking to friends about what you're interested in purchasing. Maybe you test-drive a car at a dealership or view houses with a real estate agent. Of course, if you merely need orange juice, you'll bypass this stage and simply visit the store to buy a new carton.

The third stage is the evaluation of alternatives. In some instances, this could be as easy as figuring out what's on the menu at a restaurant or choosing between two brands of cola. In other cases, such as when buying a car, you're going to take more factors into consideration. You'll think about the size, the gas mileage, the maneuverability, the comfort, and the price, among other things.

After that's done, you move to the purchase decision, which is stage four. Some people make their decisions based on past purchases. Others consider brand loyalty important or prefer to buy only products made in their home country. Last, once the purchase has been made, there's the final step: the post-purchase evaluation. This is the time when, uh, after using the product, you determine whether you're satisfied with it or not.

일단 여러분이 뭔가 필요하다는 사실을 인식하는 순간, 두 번째 단계인 정보 탐색이 시작될 수 있습니다. 이 기간에, 구입하고 싶은 것과 관련해 아마도 온라인상이나 친구들과 이야기함으로써 적극적으로 정보를 탐색합니다. 아마 여러분은 대리점에서 자동차를 시운전하거나 부동산 중개업자와 함께 집을 둘러볼 겁니다. 물론, 단지 오렌지 주스가 필요하다면, 이 단계를 건너뛰고 그냥 상점을 방문해서 새로 한 통을 구입하면 됩니다.

세 번째 단계는 대안 평가입니다. 몇몇 경우에 있어, 이는 레스토랑에서 메뉴에 무엇이 있는지 파악하거나 두 브랜드의 콜라 사이에서 선택하는 일만큼 쉬울 수도 있습니다. 자동차를 구입할 때와 같은 다른 경우에 있어서는, 더 많은 요소들을 고려할 겁니다. 무엇보다 크기와 연비, 조종성, 편안함, 가격에 대해 고려할 것입니다.

이것이 끝난 후에는, 구매 결정, 즉 네 번째 단계로 넘어 갑니다. 어떤 사람들은 과거의 구매를 바탕으로 결정을 합니다. 다른 사람들은 브랜드 충성도를 중요하게 여기거나 오직 자국에서 제조된 제품들을 구입하는 것을 선호합니다. 마지막으로, 구매가 이뤄지고 나면, 마지막 단계인 구매 후 평가가 있습니다. 이는, 어, 제품 이용 후에, 만족하는지 아닌지 결정하는 시점입니다.

스크립트 어휘

consumer behavior 소비자 행동   be defined as ~로 정의되다   vital 필수적인   recognition 인식   evaluation 평가   alternative 대안   post-purchase 구매 후의   individually 개별적으로   indicate 나타내다   complicated 복잡한   replace 교체하다   neighborhood 지역, 지방   once 일단 ~하면   test-drive 시운전하다   dealership 대리점   real estate agent 부동산 중개인   bypass 건너뛰다   carton (음식이나 음료를 담는) 통   figure out ~을 파악하다, 알아내다   take ~ into consideration ~을 고려하다   gas mileage 연비   maneuverability 조종성   among other things 무엇보다   make a decision 결정을 하다   prefer to+동사원형 ~하는 것을 선호하다

주제와 목적 찾기

1 강의는 주로 무엇에 관한 것인가?
(A) 소비자 결정 과정의 다섯 단계들
(B) 소비자들이 자신의 구매품에 만족할 때 행동하는 방식
(C) 제품 구매를 평가하는 다섯 과정들
(D) 소비자들이 특정 제품과 서비스를 구입하는 이유

어휘 behave 행동하다   evaluate 평가하다

해설 교수는 소비자 결정 과정에는 욕구 인식과 정보 탐색, 대안 평가, 구매 결정, 구매 후 평가 등의 다섯 단계가 있다고 말하면서 그 단계들을 차례로 설명하고 있다. 따라서 정답은 (A)다.

추론하기

2 교수가 정보 탐색에 대해 암시하는 것은 무엇인가?
(A) 그것은 구매될 제품의 가격에 초점을 맞춘다.
(B) 그것은 대안이 고려되기 전에 반드시 일어난다.
(C) 대부분의 사람들은 광고를 통해 정보를 얻는다.
(D) 사람들이 구입하기 원하는 것들을 언제나 조사하는 것은 아니다.

어휘 take place 일어나다, 발생하다

해설 교수는 정보 탐색 단계를 설명하면서, 집과 자동차, 오렌지 주스를 예로 들었다. 오렌지 주스의 경우에는 정보 탐색 단계를 건너뛰고 그냥 매장을 방문해서 새로 한 통 구입하면 된다고 말하고 있으므로 사람들이 항상 정보 탐색을 하는 것은 아니라는 것을 알 수 있다. 따라서 정답은 (D)다.

정답 | **1** (C), (D)   **2** (C)

N Narrator   **P** Professor

N Listen to part of a lecture in an astronomy class.

P For centuries, one of the biggest questions about the planet Mars concerned water. The question, of course, was this: Is there water on Mars? For a long time, nobody was certain of the answer. Thanks to various space probes sent to Mars, the answer is... Yes, there is water on Mars. However, it might not be precisely the type of water you are thinking about.

There is ample evidence that liquid water once existed in great quantities on Mars's surface. This was billions of years ago though. There were likely oceans, seas, lakes, and rivers on its surface. Some astronomers believe that perhaps twenty percent of Mars's surface was covered with liquid water in the past. Nevertheless, for a variety of reasons, this surface water disappeared over time.

So, um, what kind of water is there now? First, Mars has two polar caps, where there are tremendous amounts of frozen water. Some astronomers speculate that if all of the ice at the polar caps were to melt, it would cover the entire planet with around thirty meters of water. Satellites have also detected ice in other places. For instance, there's one ice slab just beneath the surface in Mars's Northern Hemisphere that's the size of the states of Texas and California combined. That, by the way, is enormous. Many astronomers suspect there are huge underground aquifers due to the porous nature of Mars's crust. However, these aquifers are probably several kilometers beneath the surface.

Now, uh, here's something interesting. There's plenty of geomorphic evidence proving water once flowed on the surface of Mars. For instance, there are numerous river valleys where rivers eroded the land as they flowed. There are also lake basins... Uh, you know, places where lakes existed before their water vanished. Additionally, satellites have recently taken pictures of Mars showing that its surface changes in appearance at times, most likely due to the flowing of water. Look at these two pictures of the same mountain. Notice how the features are different in each picture. That was almost certainly caused by liquid water combined with

N 천문학 수업 강의의 일부를 들으시오.

P 수 세기 동안, 화성에 관한 가장 큰 의문점들 중의 하나는 물과 관련된 것이었습니다. 그 의문점은, 당연히, '화성에 물이 존재하는가?'라는 것이었습니다. 오랫동안, 아무도 그 대답을 확신하지 못했습니다. 화성으로 보내진 여러 무인 우주 탐사선들 덕분에, 그 대답은… 네, 화성에는 물이 존재합니다. 하지만, 그것은 정확히 여러분이 생각하고 있는 형태의 물은 아닐지도 모릅니다.

액체 형태의 물이 엄청난 양으로 한때 화성의 표면에 존재했다는 증거는 충분합니다. 하지만 이는 수십억 년 전이었습니다. 아마 화성 표면에 대양과 바다, 호수, 강이 존재했을 겁니다. 일부 천문학자들은 어쩌면 과거에 화성 표면의 20퍼센트가 액체 형태의 물로 뒤덮여 있었을 거라고 믿습니다. 그럼에도 불구하고, 여러 가지 이유로, 이 지표수는 시간이 흐르면서 사라졌습니다.

그럼, 음, 지금은 어떤 형태의 물이 있는 걸까요? 우선, 화성에는 두 곳의 극관이 있는데, 이곳에 엄청난 양의 얼어붙은 물이 있습니다. 일부 천문학자들은 그 극관들의 모든 얼음이 녹는다면, 약 30미터의 물로 행성 전체를 뒤덮을 것이라고 추측합니다. 또한 위성들은 다른 곳에 있는 얼음을 감지했습니다. 예를 들어, 화성의 북반구 표면 바로 아래에는 텍사스 주와 캘리포니아 주를 합친 것과 같은 크기의 얼음 판이 하나 있습니다. 그나저나, 그것은 어마어마하죠. 많은 천문학자들은 화성의 지각이 지닌 다공성 때문에 엄청난 지하 대수층들이 존재한다고 생각하고 있습니다. 하지만, 이러한 대수층들은 아마 표면에서 수 킬로미터 아래에 있을 겁니다.

자, 어, 여기 흥미로운 게 있습니다. 물이 한때 화성의 표면에서 흐르고 있었음을 증명하는 지형학적 증거가 많습니다. 예를 들어, 강들이 흐르면서 땅을 침식시킨 다수의 강 계곡들이 있습니다. 호수 분지들도 있는데… 어, 그러니까, 물이 사라지기 전에 호수가 있었던 곳들입니다. 게다가, 최근에 위성들은 가끔씩 화성 표면의 외관상 변화를 보여주는 사진들을 촬영했는데, 이는 아마 물의 흐름 때문일 것입니다. 같은 산을 촬영한 이 두 장의 사진들을 보세요. 각 사진에서 특징들이 어떻게 다른지에 주목하세요. 이것은 거의 분명히 염수화물과 결합한 액체 형태의 물에 의해 발생된 것입니다. 말하자면, 어, 염분이 물의 어는점을 너무 많이 낮췄기 때문에 액

salt hydrate. You see, uh, the salts lower the freezing point of water so much that it's likely that liquid water does, in fact, flow on the surface from time to time.

체 형태의 물이, 실제로, 이따금씩 표면에서 정말로 흐르고 있을 가능성이 있습니다.

스크립트 어휘

concern ~에 관한 것이다 be certain of ~을 확신하다 space probe 무인 우주 탐사선 precisely 정확히, 바로 ample 충분한 in great quantities 대량으로 though (문장 끝에 와서) 하지만, 그렇지만 astronomer 천문학자 nevertheless 그럼에도 불구하고 polar cap 극관(화성의 남북 양극에 보이는 흰 반점) tremendous 엄청난 speculate 추측하다 melt 녹다 detect 감지하다 slab (두껍고 반듯한) 판 Northern Hemisphere 북반구 A and B combined A와 B를 합친 aquifer 대수층(지하수를 품고 있는 지층) porous 다공성의, 침투성의 crust 지각 geomorphic 지형학의 flow 흐르다 erode 침식시키다 basin 분지 vanish 사라지다 additionally 게다가 combined with ~와 결합된 salt hydrate 염수화물 freezing point 어는점

세부 내용 찾기

1 교수의 말에 따르면, 화성에서 얼음을 찾을 수 있는 곳은 어디인가? 두 개의 답을 고르시오.
(A) 적도 근처
(B) 표면 아래 깊은 곳
(C) 표면과 가까운 곳
(D) 극관에서

어휘 equator 적도

해설 교수는 화성의 극관에 엄청난 양의 얼어붙은 물이 있다고 말한 후, 북반구 표면 바로 아래에 텍사스와 캘리포니아 주를 합친 것과 같은 크기의 거대한 얼음 판이 있다고 말했다. 따라서 정답은 (C)와 (D)다.

추론하기

2 교수가 화성에 대해 암시하는 것은 무엇인가?
(A) 그것에는 한때 캘리포니아 주의 표면을 뒤덮을 만큼 얼어붙은 물이 충분히 있었다.
(B) 때때로 내리는 비가 화성 표면의 지형을 변화시킨다.
(C) 더 이상 화성의 표면에 흐르는 강은 없을 수도 있다.
(D) 화성의 지하 호수는 때때로 표면으로 흐른다.

어휘 geography 지형, 지리

해설 교수는 한때 엄청난 양의 물이 화성의 표면에 있었고, 아마 대양과 바다, 호수, 강 등도 있었을 것이라고 말했다. 하지만 이는 수십억 년 전 일이라고 말했으므로 지금은 화성의 표면에 흐르는 강이 없을 수도 있다는 것을 의미한다. 따라서 정답은 (C)다.

관련 지식 화성(Mars)은 지구에서 오갈 수 있는 제한적이나마 대기가 있고 인류에게 꼭 필요한 물이 있을 가능성이 가장 높은 행성이다. 또한 지구와 같은 암석 환경으로 지구와 가장 비슷한 구조를 가졌기 때문에 인간이 살기에 가장 적합하다고 생각되고 있다. 때문에 지구를 제외한 태양계 내 모든 행성 중 가장 많은 탐사가 이루어진 곳이다. 하지만 화성은 대기가 희박하고 평균 표면 온도는 영하 80도나 되기 때문에 실제로 인류가 살기 위해서는 해결해야 할 문제가 많다.

CONVERSATION 01 pp.86-87

정답 | **1** (A)　　**2** (B)　　**3** (B)　　**4** (D)　　**5** (C)

N Narrator　　**S** Student　　**E** Employee

N Listen to a conversation between a student and a university employee.

S Hi, uh… I heard something about an orientation program for international students. Apparently, it's mandatory?

E Yes, hello. All new international students are required to attend a one-week orientation program. The primary goal is to help them quickly adapt to their new environment. During this time, you'll have the opportunity to connect with fellow students from around the globe.

S Okay. Do you have, like, a booklet for the program?

E It's in the email we sent a week before. But you'll receive a comprehensive orientation manual and the necessary information on class enrollment during orientation.

S Oh? I don't think I got any emails. I assumed I would need to enroll online beforehand. How does this work?

E I suppose I could give you a quick run-through. You'll have to decide on the specific classes you'd like to enroll in during the program.

S You mean I have to choose which courses to take right on the spot?

E Don't worry. Our academic advisors will guide you through your choices, providing detailed information about each class. Together, you and the advisor will decide on your class schedule for the upcoming semester.

S I guess I'm okay with that.

E And… another crucial aspect of the program is that it includes guided tours around the campus. Each day, you'll explore different facilities on the school grounds, becoming acquainted with the range of services available. For instance, you'll spend a day in the library, learning how to maximize its resources. Other days might include a visit to the bank, clinic, or post office within the school premises.

N 학생과 대학교 직원 사이의 대화를 들으시오.

S 안녕하세요, 어… 국제 학생들을 위한 오리엔테이션 프로그램과 관련해서 들은 게 있어서요. 보니까, 의무적인 것 같던데요?

E 네, 안녕하세요. 신입 국제 학생은 모두 일주일간의 오리엔테이션 프로그램에 참석해야 합니다. 그 주 목적은 새로운 환경에 빠르게 적응하도록 돕는 것입니다. 이 기간 동안 세계 각지에서 온 학우들과 교류할 기회를 갖게 될 거예요.

S 알겠습니다. 이 프로그램에 대한 소책자 같은 게 있나요?

E 우리 측에서 일주일 전에 발송한 이메일에 들어 있습니다. 하지만 오리엔테이션에서도 종합적인 오리엔테이션 안내서와 수업 등록에 관한 필수 정보를 받게 될 거예요.

S 그래요? 저는 아무 이메일도 받지 않은 것 같은데요. 온라인으로 미리 등록해야 하는 것으로 생각했어요. 어떻게 하는 거죠?

E 간단히 설명을 해드릴 수 있을 것 같네요. 등록하고자 하는 특정 수업들을 프로그램 중에 결정해야 할 겁니다.

S 바로 그 자리에서 어떤 강의를 들어야 하는지 선택해야 한다는 말씀이신가요?

E 걱정하지 마세요. 지도 교수님들께서 선택 사항과 관련해 설명해주면서, 각 수업에 관한 상세 정보를 제공할 겁니다. 지도 교수님과 함께, 다가오는 학기에 대한 수업 일정을 결정하는 거죠.

S 그럼 괜찮을 것 같네요.

E 그리고… 이 프로그램의 또 다른 아주 중요한 측면은 캠퍼스 곳곳을 둘러보는 가이드 동반 투어를 포함한다는 점입니다. 매일 학교 내의 다른 시설을 살펴보면서, 이용 가능한 다양한 서비스를 알아 두는 거죠. 예를 들어, 도서관에서 하루를 보내면서 그곳의 자료를 최대한 활용하는 방법을 배우는 겁니다. 다른 날들은 학교 구내에 있는 은행, 진료소, 또는 우체국을 방문하는 일정을 포함할 수도 있습니다.

S Sounds helpful. Are there any tours outside the campus?

E Oh, yes. The program includes tours to significant locations in the city. The Free Buses Tour is particularly interesting. Upon registration at the International Student Services office, you'll receive your student ID card. This card grants you free rides on school buses and select local buses. The tour will take you to numerous places accessible using these free buses.

S That sounds cool. Does the tuition cover the orientation, then?

E No, there's a separate fee of $75 for the orientation program. This covers meal costs, admission fees to places outside the campus, and other supporting material expenses during the program.

S All right. Thanks for your help.

E And, uh… Here's another program you might wanna check out. This is a brochure on our Peer Mentor Support Program.

S Oh. You mean we can sign up for student mentors?

E Yes. Since peer mentors are students themselves, they can help you get the most out of your campus life. They also organize after-class activities like pizza nights, movie nights, and weekend day trips. Your peer mentor can be either an international student or a local student—they each have different strengths.

S I guess international students could relate to us and understand the difficulties of getting used to a new environment, like language and cultural differences.

E That's right. And local students can offer information on the surrounding areas and customs. It would really depend on each mentor, of course, but if you have any preferences between international and local students, you can speak to the teacher in charge of the program.

S All right. I think I have everything I need to know for now.

E Good. Best of luck to you.

S 유익할 것 같군요. 캠퍼스 밖에서 하는 투어도 있나요?

E 네, 이 프로그램은 도시의 중요한 곳들에 대한 투어도 포함합니다. 무료 버스 투어가 특히 흥미롭습니다. 국제 학생 서비스 사무실에서 등록하면 학생증을 받게 됩니다. 이 학생증이 있으면 학교 버스와 특정 시내 버스를 무료로 탈 수 있습니다. 투어 시간에 이 무료 버스를 이용해서 접근 가능한 다수의 장소로 가게 될 겁니다.

S 좋은 것 같아요. 그럼 등록금에 오리엔테이션 비용도 포함되나요?

E 아뇨, 오리엔테이션 프로그램에 필요한 75달러의 별도 비용이 있습니다. 이 금액은 식비, 캠퍼스 외부 장소에 대한 입장료, 그리고 프로그램 중의 기타 지원 물품 비용을 포함합니다.

S 알겠습니다. 도와주셔서 감사합니다.

E 그리고, 어… 확인해 보면 좋을 만한 프로그램이 하나 더 있습니다. 이건 학우 멘토 지원 프로그램 안내책자입니다.

S 아. 학생 멘토를 신청할 수 있다는 뜻인가요?

E 네. 학우 멘토들도 학생들이기 때문에, 교내 생활을 최대한 활용하도록 도움을 줄 수 있습니다. 그리고 피자를 즐기는 밤, 영화의 밤, 그리고 주말 당일치기 여행 같은 방과 후 활동도 주최합니다. 학우 멘토는 국제 학생이나 국내 학생 둘 중 하나인데, 각각 다른 강점을 가지고 있죠.

S 국제 학생은 저희에게 공감하면서 언어와 문화 차이 같은 새로운 환경에 적응하는 어려움을 이해해 줄 수 있을 것 같네요.

E 그렇죠. 그리고 국내 학생은 주변 지역과 관습에 관한 정보를 제공해 줄 수 있죠. 물론 각 멘토에 따라 다르겠지만, 국제 학생과 국내 학생 중 선호하는 쪽이 있으면 프로그램을 맡고 계신 선생님께 말씀드리면 됩니다.

S 알겠습니다. 일단은 알아 두어야 하는 모든 걸 안 것 같아요.

E 잘됐네요. 행운을 빕니다.

스크립트 어휘

apparently 보아 하니, 듣자 하니 mandatory 의무적인, 필수적인 primary 주된 adapt to ~에 적응하다 connect with ~와 교류하다 booklet 소책자 comprehensive 종합적인 enrollment 등록 assume 생각하다, 추정하다 beforehand 미리, 사전에 give ~ a quick run-through ~에게 간단히 설명해 주다 specific 특정한, 구체적인 enroll in (수업 등)에 등록하다 on the spot 즉석에서 guide A through B A에게 B를 설명해 주다 upcoming 다가오는, 곧 있을 crucial 아주 중요한 aspect 측면, 양상 facility 시설(물) grounds 부지, 구내(= premises) become acquainted with ~을 알게 되다, ~에 익숙해지다 a range of 다양한 maximize 극대화하다, 최대한으로 활용하다 registration 등록 grant A B A에게 B를 주다 select 특정의, 선택된 accessible 접근 가능한 cover 포함하다, 충당하다 admission fee to ~의 입장료 mentor 멘토(조언과 도움을 제공해 주는 경험자나 선배) sign up for ~을 신청하다, ~에 등록하다 get the most out of ~을 최대한 활용하다 strength 강점, 장점 relate to ~에 공감하다 in charge of ~을 맡고 있는 for now 일단은, 현재로는 best of luck to ~에게 행운을 빈다

주제와 목적 찾기

1 화자들은 주로 무엇에 대해 이야기하고 있는가?
- (A) 신입 국제 학생을 위한 유익한 프로그램
- (B) 국제 학생들을 위한 멘토의 유형
- (C) 학생이 어느 프로그램을 신청할 수 있는지의 여부
- (D) 오리엔테이션 프로그램 등록 절차

어휘 apply for ~을 신청(지원)하다

해설 학생이 국제 학생들을 위한 오리엔테이션 프로그램과 관련해서 들은 게 있다고 언급한 뒤로, 프로그램의 장점 및 특징 등과 관련해 이야기하고 있다. 따라서 정답은 (A)다.

세부 내용 찾기

2 오리엔테이션 프로그램 중에 학생들이 할 수 있는 것은 무엇인가?
- (A) 해외 프로그램에 등록하기
- (B) 듣게 될 수업에 대해 배우기
- (C) 학교 도서관에서 조사 실시하기
- (D) 그들과 함께할 학우 선택하기

어휘 conduct 실시하다

해설 교직원은 오리엔테이션 프로그램 중에 학생들은 각 수업에 대한 상세 정보를 얻고 등록할 수업들을 결정할 것이라고 말하고 있다. 따라서 정답은 (B)다.

구조 파악하기

3 직원은 왜 도서관을 언급하는가?
- (A) 학생에게 도서관 자료를 이용하는 방법을 알려 주기 위해
- (B) 학생들이 방문할 학교 시설의 예를 들기 위해
- (C) 학교 부지 내의 건물들에 관한 정보를 제공하기 위해
- (D) 버스 투어 목적지의 한 예를 들기 위해

어휘 access 이용하다, ~에 접근하다 destination 목적지, 도착지

해설 직원이 캠퍼스 곳곳을 둘러 보는 투어를 언급하면서 둘러 보게 될 학교 시설 중의 하나로 도서관을 예로 들고 있다. 따라서 정답은 (B)다.

추론하기

4 오리엔테이션 프로그램에 대해 추론할 수 있는 것은 무엇인가?
- (A) 교수진과 학생들 모두에 의해 마련된 프로그램이다.
- (B) 참가자들은 캠퍼스 밖의 특정 건물을 방문하는 데 추가 요금을 지불해야 한다.
- (C) 참가자들은 학생증을 받을 때까지 학교 버스를 탈 수 없을 것이다.
- (D) 그 프로그램은 학우 멘토 지원 프로그램을 포함하지 않는다.

어휘 participant 참가자 off-campus 캠퍼스 밖의

해설 직원은 오리엔테이션 안내를 마친 뒤, 학생에게 확인해 보면 좋을 만한 프로그램이 하나 더 있다는 말과 함께 학우 멘토 지원 프로그램 안내 책자를 제공하고 있다. 따라서 정답은 (D)다.

의도와 태도 파악하기

5 대화의 일부를 다시 들으시오. 그런 다음 질문에 답하시오. 🎧

> S 국제 학생은 저희에게 공감하면서 언어와 문화 차이 같은 새로운 환경에 적응하는 어려움을 이해해 줄 수 있을 것 같네요.
> E 그렇죠. 그리고 국내 학생은 주변 지역과 관습에 관한 정보를 제공해 줄 수 있죠. 물론 각 멘토에 따라 다르겠지만, 국제 학생과 국내 학생 중 선호하는 쪽이 있으면 프로그램을 맡고 계신 선생님께 말씀드리면 됩니다.

직원이 다음과 같이 말할 때 무엇을 의미하는가?

> E 물론 각 멘토에 따라 다르겠지만…

- (A) 직원은 특정 유형의 멘토를 다른 유형의 멘토보다 선호하지 않는다.
- (B) 직원은 어느 유형의 멘토가 학생의 필요에 가장 적합할지 확신하지 못한다.
- (C) 멘토는 개인의 지식과 경험을 바탕으로 학생들을 도울 수 있다.
- (D) 멘토 선택은 각 학생의 선호도를 바탕으로 이루어져야 한다.

어휘 favor A over B B보다 A를 선호하다 fit ~에 적합하다, 어울리다 be based on ~을 바탕으로 하다

해설 직원은 각 유형의 멘토의 강점을 인정한 뒤, 사실상 각 멘토에 따라 학생에게 제공해주는 것이 다를 것이라고 덧붙인다. 이는 멘토가 도울 수 있는 부분이 개인마다 다르다는 뜻으로서, 그 지식과 경험 측면에서 세부적인 차이가 있을 수 있음을 나타낸다. 따라서 정답은 (C)다.

정답 | **1** (D)   **2** (D)   **3** (B)   **4** (A)   **5** (B)

N Narrator   **S** Student   **P** Professor

N Listen to a conversation between a student and a professor.

S Good morning, Professor Stamos. I like how you've redecorated your office. It looks really good.

P Thanks, Jennifer. How's life after graduation?

S Well, it has only been a couple of months. Actually, I'm applying for a job at a university that's out of state. I wanted to ask if you'd be willing to provide me with a job reference.

P Sure, I'd be happy to help. So, a university position, eh?

S Yeah, I'm applying for a position as a research assistant in behavioral psychology. They require two professional references, and I thought you would be a great fit.

P Well, I appreciate your confidence in me. Just out of curiosity, where do you plan to get the other reference from?

S Uh, I was thinking of asking Dr. Pearse.

P Ah, of course. You were her teaching assistant for two years. Well, I'd check with her quickly before she goes on her biannual research program. As for me, I'd be happy to serve as a reference for you. As I recall, you were a good student, and your papers were very well organized and written. But the university administration staff will want to know about your specific skills and experiences. So I am going to need to know more about the position and any information you would like me to highlight in the reference.

S Sure. Um… It entails conducting literature reviews and assisting in data collection and analysis. I believe my strong research skills, attention to detail, and ability to work independently would be valuable for this position. I also have experience in data analysis and, as you know since you helped me, I had my research paper published a year ago.

P Ah, yes. It was featured in the journal *Psychology Today*, if I remember correctly. That is indeed an impressive achievement. I will make sure to highlight that in the reference letter. You'll need to send me your resume via email, as well as any other relevant documents that would support your application.

N 학생과 교수 사이의 대화를 들으시오.

S 안녕하세요, 스타모스 교수님. 연구실을 재단장하신 게 마음에 들어요. 정말 좋아 보입니다.

P 고마워요, 제니퍼. 졸업 후에 어떻게 지냈나요?

S 음, 겨우 몇 달밖에 되지 않은 걸요. 실은 다른 주에 있는 대학교 일자리에 지원하려고 합니다. 제게 취업 추천서를 제공해 주실 의향이 있으신지 여쭤 보고 싶었습니다.

P 그럼요, 기꺼이 도와 줄게요. 그래서 대학교 일자리라고요?

S 네, 행동 심리학 연구 조교 자리에 지원합니다. 그쪽에서 두 장의 전문가 추천서를 요구하는데, 교수님께서 아주 적합하신 분일 거라고 생각했어요.

P 날 신뢰한다니 고맙군요. 그냥 궁금해서 그러는데, 나머지 추천서는 어디서 받을 계획인가요?

S 어, 피어스 박사님께 여쭤 볼 생각이었어요.

P 아, 그렇겠죠. 2년 동안 박사님 조교로 있었으니까요. 나라면 박사님이 매년 두 번 있는 연구 프로그램에 들어 가시기 전에 얼른 박사님에게 확인해 보겠어요. 나로서는 기꺼이 추천인으로서의 역할을 해 줄게요. 내 기억으로 학생은 성실했고 과제들도 아주 잘 구성해 썼던 것 같았어요. 하지만 그쪽 대학 행정 직원들은 학생의 구체적인 능력과 경험에 관해 알고 싶을 겁니다. 그래서 나는 그 일자리와 관련해서, 그리고 학생이 추천서에서 강조해 주었으면 하는 모든 정보를 더 알아야 필요가 있을 거예요.

S 물론입니다. 음… 그 일자리는 문헌 검토를 실시하고 자료 수집 및 분석을 돕는 일을 수반합니다. 제 뛰어난 조사 능력과 세부 요소에 대한 주의력, 그리고 독립적으로 일할 수 있는 능력이 이 일자리에 유용할 거라고 생각합니다. 전 자료 분석 경험도 있고, 교수님께서 저를 도와 주셔서 아시겠지만 1년 전에 연구 논문을 발표했죠.

P 아, 그렇죠. 내 기억이 정확하다면 <심리학 투데이> 저널에 실렸죠. 그건 정말 대단한 성과입니다. 추천서에서 꼭 그 부분을 강조하도록 할게요. 이메일로 이력서뿐만 아니라 지원서를 뒷받침할 만한 다른 모든 관련 서류들도 내게 보내야 할 겁니다.

S Yes, of course. Oh, there's one more thing I'd like to include in the letter. I recently completed a summer internship at a research institute, where I collaborated on a project investigating the environmental factors of adolescent behavior. I presented our findings at a national psychology conference.

P That's certainly a valuable addition to your experience. However, I'm hesitant to highlight the internship in the reference letter, as my knowledge and interaction with you are primarily based on your undergraduate studies. In order to provide a comprehensive and accurate recommendation, I believe it would be more appropriate to focus on your achievements during your time as an undergraduate student.

S Oh, I see. I guess that makes sense. I'll email you everything you need later today, after I'm done with my dentist's appointment that I have in… half an hour. Is there anything else I should keep in mind?

P Hmm. Just remember to send me a text message once you've sent the email, so I can make sure I got it. And I suggest you drop by Dr. Pearse's office as soon as possible. She's so busy all the time, you never know when you're going to catch her.

S I will do that right now. I really appreciate your doing this.

P Anytime, Jennifer. Best of luck with your application.

S 네, 물론입니다. 아, 추천서에 포함시키고 싶은 게 하나 더 있어요. 제가 최근에 한 연구소에서 여름 인턴 프로그램을 마쳤는데, 청소년 행동의 환경적 요소를 조사하는 프로젝트에 공동으로 작업했습니다. 제가 전국 심리학 컨퍼런스에서 저희 연구 결과물을 발표했어요.

P 그건 분명 경력에 유용한 보탬이 될 겁니다. 하지만 추천서에서 그 인턴 프로그램을 강조하는 게 망설여지는데, 내가 학생에 대해 알고 있는 것과 학생과의 교류는 주로 학부 과정의 학업을 바탕으로 하고 있기 때문이죠. 종합적이고 정확한 추천서를 제공하려면, 대학생으로 있던 기간 중의 성과에 초점을 맞추는 게 더 적합할 거라고 생각해요.

S 아, 알겠습니다. 타당하신 말씀인 것 같아요. 오늘 이따가 교수님께 필요한 모든 걸 이메일로 보내드릴게요… 30분 후에 있는 치과 예약이 끝난 후에요. 제가 유의해야 하는 다른 게 또 있을까요?

P 흠. 이메일을 보낸 후 내게 문자 메시지를 보내는 것만 기억해요. 그래야 내가 이메일을 받았다는 걸 확실히 해둘 수 있어요. 그리고 가능한 한 빨리 피어스 박사님 연구실에 들르길 권합니다. 늘 아주 바쁘신 분이라서, 언제 만나게 될지 모르니까요.

S 지금 바로 그렇게 하겠습니다. 부탁을 들어 주셔서 정말 감사합니다.

P 천만에요, 제니퍼. 지원하는 데 행운을 빌어요.

스크립트 어휘

redecorate 재단장하다 apply for ~에 지원하다 provide A with B A에게 B를 제공하다 reference 추천(서), 추천인 behavioral psychology 행동 심리학 fit 적합한 사람 confidence in ~에 대한 신뢰 out of curiosity 궁금해서 그런데 biannual 연 2회의 as for ~의 경우에는 serve as ~의 역할을 하다 recall 기억해 내다 highlight 강조하다 entail 수반하다 conduct 실시하다 literature review 문헌 검토 analysis 분석 independently 독립적으로 feature (매체 등에) 싣다 make sure to 꼭 ~하도록 하다 resume 이력서 via (시스템 등)을 통하여 as well as ~또한 relevant 관련된 application 지원(서) collaborate on ~에 공동 작업하다 adolescent behavior 청소년 행동 present 발표하다 findings (연구) 결과물 be hesitant to ~하기를 망설이다 interaction 교류, 상호 작용 primarily 주로 undergraduate 대학생의; 대학생 comprehensive 종합적인 appropriate 적합한 make sense 타당하다 be done with ~을 마치다 keep ~ in mind ~을 명심하다 make sure (that) ~을 확실히 하다 drop by ~에 들르다 catch 만나다 appreciate 고마워하다 best of luck with ~에 행운을 빈다

주제와 목적 찾기

1 학생은 왜 교수를 방문하는가?
(A) 교수가 연구실을 어떻게 재단장했는지 보고 싶어 한다.
(B) 학생은 다른 대학교로 옮기기를 원한다.
(C) 대학원 과정과 관련해 교수의 조언을 원한다.
(D) 교수에게 부탁을 하고자 한다.

어휘 transfer (학교, 직장 등을) 옮기다 graduate program 대학원 과정 favor 부탁, 호의

해설 학생은 교수에게 취업 추천서를 제공해 줄 의향이 있는지 물어 보고 싶었다고 말하고 있다. 따라서 정답은 (D)다.

구조 파악하기

2 학생은 해당 일자리에 대한 자신의 자격을 어떻게 설명하는가?

(A) 대학교에서 했던 이전의 역할을 강조함으로써

(B) 과학 저널에 실린 작업물을 교수에게 제시함으로써

(C) 한 연구소의 인턴 프로그램에 대한 자신의 계획을 이야기함으로써

(D) 자료 수집 및 분석 과정의 구체적인 성과를 열거함으로써

어휘 qualification 자격 (요건)　present A with B A에게 B를 제시하다　list 열거하다

해설 해당 일자리에서 자료 분석 및 수집을 돕는다고 말하면서 자신이 지닌 몇 가지 세부적인 능력 및 자료 분석과 관련된 연구 논문 발표 사실을 언급하고 있다. 따라서 정답은 (D)다.

세부 내용 찾기

3 교수는 왜 추천서에서 인턴 프로그램 경험을 강조하는 것을 꺼려하는가?

(A) 추천서가 특정 가이드라인을 준수해야 한다.

(B) 교수는 그 경험을 강조하지 않으면 추천서가 더 효과적일 것이라고 생각한다.

(C) 인턴 프로그램이 추천서의 전체적인 일관성에 지장을 줄 수 있다.

(D) 교수는 인턴 프로그램이 해당 일자리와 관련되어 있는지 확신하지 못한다.

어휘 be reluctant to ~하기를 꺼리다　adhere to ~을 준수하다 disrupt ~에 지장을 주다　overall 전체적인　coherence 일관성

해설 교수는 자신이 학생에 대해 아는 것과 학생과의 교류가 주로 학부 과정의 학업을 바탕으로 한다고 말하며, 종합적이고 정확한 추천서를 제공하기 위해 인턴 프로그램 대신 다른 것에 초점을 맞추고자 한다. 따라서 정답은 (B)다.

의도와 태도 파악하기

4 추천서에 관한 교수의 의견은 무엇인가?

(A) 학생의 학부 과정 경험에 초점을 두어야 한다.

(B) 학교 공부와 관련 없는 성과는 이야기하지 말아야 한다.

(C) 독립적으로 일할 수 있는 학생의 능력을 강조해야 한다.

(D) 앞으로의 노력에 대한 학생의 계획을 포함해야 한다.

어휘 endeavor 노력, 시도

해설 교수는 추천서에서 인턴 프로그램을 강조하는 것보다 학생의 학부 과정의 학업과 성과에 초점을 맞추는 것이 더 적합할 것이라고 말하고 있다. 따라서 정답은 (A)다.

추론하기

5 학생은 곧이어 무엇을 할 것인가?

(A) 치과 예약 시간에 가기

(B) 다른 교수에게 추천서를 요청하기

(C) 이력서와 관련 서류를 교수에게 이메일로 보내기

(D) 교수에게 문자 메시지를 보내기

어휘 request 요청하다

해설 교수가 학생에게 가능한 한 빨리 피어스 박사 연구실에 들르기를 권하자, 학생이 지금 바로 그러겠다고 대답하고 있으며, 그 목적은 나머지 추천서 한 장을 받는 것이다. 따라서 정답은 (B)다.

CONVERSATION 03

pp.90-91

정답 |　**1** (D)　**2** (B), (C), (E)　**3** (D)　**4** (C)　**5** (C)

N Narrator　**S** Student　**L** Librarian

N Listen to a conversation in a library.

S Excuse me. I need to access some books in the restricted section. Can you help me with that?

L Of course. But accessing materials in the restricted section requires a special permission. Can you give more details about the specific books you're looking for?

N 도서관에서의 대화를 들으시오.

S 실례합니다. 출입 제한 구역에 있는 몇몇 도서를 이용해야 합니다. 좀 도와 주시겠어요?

L 물론입니다. 하지만 출입 제한 구역에 있는 자료를 이용하려면 특별 승인이 필요합니다. 찾고 있는 특정 도서와 관련해 좀 더 자세히 얘기해 주시겠어요?

S Uh, my thesis research concerns local history from about 200 years ago. I'm looking for books related to the genealogy and church histories of the surrounding region. My professor said that your library keeps these types of books in the restricted area.

L Yes, I do believe we have records of the type you are looking for. But I'm kind of new here, so let me check the database. Just bear with me a sec... Okay, we do have some books of that type. And yes, they're in the restricted section.

S Right. Um, just curious, why are those books restricted?

L Well, restricted books are typically rare or fragile, or they require additional supervision. In the case of your books, they aren't particularly valuable, but they are rare. If they were damaged, there are no other copies that could replace them.

S I see. Well, that makes sense. I mean, there would be no reason for books detailing the family records of this area to be mass produced.

L Exactly. So to access those books, you'll need to follow the library's protocol, which, I admit, are rather strict. It might be easier to check and see if there are any alternative resources available in the general collection.

S Thanks, but I've gone through that already, and I haven't found the specific resources I'm looking for. That's why I'm asking for access to the restricted area.

L I see. In that case, I recommend speaking with the library administration or the head librarian. They can provide you with more information about the process for accessing the restricted section. You might be asked to submit a formal request, explaining your research needs and the importance of accessing those specific resources. And you might also need a recommendation by a tenured college professor from an accredited university.

S Oh, my professor, Dr. Miller, anticipated that. I've got a letter from him to show whoever's in charge. He said I can use it to get access to any helpful resources.

L I think that would be perfect. Let me just send a quick message to Mrs. Larkin—that's the head librarian. She might be on her lunch break. Hmm… Yep, just as I thought. You'll have to wait for about 15 minutes before heading down there.

S Oh, sure. No problem.

L You know, while you're there, you might also want to sign up for a card that provides access to our restricted online database. We're currently working on digitizing certain materials to enhance accessibility. You won't get to see the actual materials except for a couple of pages from each one, but this way, you can see if there's anything useful in the restricted section before making your way here to the library.

S 어, 제 논문 연구는 약 200년 전의 이 지역 역사와 관련되어 있습니다. 주변 지역의 가계도 및 교회 역사와 관련된 도서를 찾고 있어요. 저희 교수님께서 이 도서관이 출입 제한 구역에 이런 종류의 도서를 소장하고 있다고 말씀하셨습니다.

L 네, 찾으시는 종류에 대한 기록이 있는 것 같긴 합니다. 하지만 제가 이곳이 처음이라, 데이터베이스를 확인해 보겠습니다. 잠시만 기다려 주세요… 네, 그런 종류의 도서가 좀 있습니다. 그리고 네, 출입 제한 구역에 있네요.

S 알겠습니다. 음, 궁금해서 그러는데, 그 도서들이 왜 제한되어 있는 거죠?

L 제한 도서는 일반적으로 희귀하거나 취약한 것, 또는 추가적인 관리가 필요한 것들입니다. 찾으시는 도서의 경우에는, 특별히 귀중하진 않지만 희귀합니다. 해당 도서가 손상되는 경우 대체할 수 있는 다른 출판본이 없습니다.

S 그렇군요. 뭐, 이해는 되네요. 이 지역의 족보들을 자세히 설명하는 도서들이 대량 생산될 이유는 없겠죠.

L 그렇죠. 그 도서들을 이용하시려면 저희 도서관의 규정을 따르셔야 하는데, 규정이, 저도 인정하건데, 다소 엄격합니다. 일반 소장 도서 중에 이용할 수 있는 대체 자료가 있는지 확인해서 알아보시는 게 더 수월할지도 모르죠.

S 말씀은 감사하지만, 이미 그 소장 도서를 살펴봤는데 제가 찾고 있는 특정 자료를 발견하지 못했어요. 그래서 출입 제한 구역 이용을 요청 드리는 겁니다.

L 알겠습니다. 그렇다면 도서관 운영팀이나 수석 사서님과 얘기해 보시길 권해 드립니다. 그분들이 출입 제한 구역 이용에 필요한 과정과 관련해 더 많은 정보를 제공해 드릴 수 있습니다. 연구 필요성과 그 특정 자료 이용의 중요성을 설명하는 정식 요청서를 제출하도록 요청받으실 수도 있습니다. 그리고 공인된 대학의 종신 교수님께서 써 주시는 추천서도 필요하실 수 있습니다.

S 아, 저희 교수님이신 밀러 박사님께서도 그 부분은 예상하셨어요. 책임자에게 보여 드릴 추천서도 교수님께 받아 왔습니다. 이걸로 어떤 유익한 자료든 이용할 수 있을 거라고 말씀하셨어요.

L 그럼 완벽할 것 같습니다. 제가 수석 사서이신 라킨 씨께 간단히 메시지 좀 보내겠습니다. 아마 점심 시간이실 거예요. 흠… 네, 생각했던 대로입니다. 15분 정도 기다리셨다가 가셔야 할 겁니다.

S 아, 물론이죠. 전혀 문제되지 않습니다.

L 저기, 가셔서 제한된 온라인 데이터베이스에 대한 이용 권한을 제공하는 카드 신청하는 것도 좋을 겁니다. 저희가 현재 접근성을 향상하기 위해 특정 자료를 디지털화하는 작업을 하고 있습니다. 각각의 것에서 몇몇 페이지를 제외하고 실제 자료를 보진 못하시겠지만, 이렇게 하시면 도서관으로 오기 전에 출입 제한 구역에 유용한 것이 있는지 확인해 보실 수 있습니다.

S That's actually very helpful. Do I need anything to sign up?

L Just a confirmation letter from your professor for your first entry into the restricted section. So, you're good to go. Oh, would you look at that. Seems like Mrs. Larkin finished her break early.

S Great. I appreciate your help.

S 실제로 아주 큰 도움이 되겠네요. 신청하는 데 필요한 거라도 있나요?

L 출입 제한 구역에 처음 들어갈 때 필요한 교수님 확인서만 있으면 됩니다. 그러니까 준비가 다 되신 거죠. 아, 저기 좀 보세요. 라킨 씨께서 일찍 점심 시간을 마치신 것 같아요.

S 좋아요. 도와 주셔서 감사합니다.

스크립트 어휘

access 이용하다, ~에 접근하다(= get access to); 이용, 접근 restricted 제한된 specific 특정한, 구체적인 thesis 논문 concern ~와 관련되다 genealogy 가계도, 계보 bear with ~을 참고 기다리다 typically 일반적으로 fragile 취약한 supervision 관리, 감독 replace 대체하다 make sense 이해가 되다, 앞뒤가 맞다 detail 자세히 설명하다 mass produce 대량 생산하다 protocol 규정, 규약 rather 다소, 약간 strict 엄격한 alternative 대체하는, 대안의 resource 자료 collection 소장품 go through ~을 꼼꼼히(거듭) 살펴보다 recommend -ing ~하는 것을 권장하다 tenured 종신 재직의 accredited 공인된 in charge 책임지고 있는 on one's lunch break ~의 점심시간인 head 가다, 향하다 sign up for ~을(에) 신청하다 work on ~에 노력을 들이다 digitize 디지털화하다 enhance 향상하다, 개선하다 get to ~하게 되다 make one's way to ~로 가다 confirmation 확인(서) entry into ~로의 입장 good to go (준비 등이) 다 된, 해도 좋은

주제와 목적 찾기

1 학생은 왜 도서관을 방문하는가?
(A) 제한된 자료에 대한 온라인 이용 권한이 필요하다.
(B) 그 지역 내에서 이어져 온 자신의 가족 내력에 관해 아는 데 관심이 있다.
(C) 고대 그 지역에 있었던 역사적 사건들을 탐구하고 싶어 한다.
(D) 자신의 연구에 도움이 될 자료에 대한 이용 권한이 필요하다.

어휘 explore 탐구하다 ancient 고대의

해설 학생은 출입 제한 구역에 있는 몇몇 도서를 이용해야 한다고 말하면서 그 도서가 자신의 논문 연구를 위한 것이라고 밝히고 있다. 따라서 정답은 (D)다.

세부 내용 찾기

2 사서의 말에 따르면, 출입 제한 구역에서 일반적으로 찾아 볼 수 있는 도서 종류는 무엇인가?
(A) 성인물이 있는 도서
(B) 손상에 취약한 도서
(C) 한정적으로 제공된 도서
(D) 일부 국가에서 금지된 도서
(E) 별도의 관리가 필요한 도서

어휘 feature 특징으로 하다 mature 성인의, 성숙한 susceptible to ~에 취약한, ~의 대상이 되기 쉬운 limited 많지 않은, 한정된

해설 사서는 제한 도서는 일반적으로 희귀하거나 취약한 것, 또는 추가적인 관리가 필요한 것들이라고 알리고 있다. 'books with little availability'는 희귀하여 도서관에서 많이 제공되지 않는 rare books를 뜻한다. 따라서 정답은 (B), (C), (E)다.

구조 파악하기

3 사서는 왜 일반 소장 도서에 있는 자료를 언급하는가?
(A) 학생이 필요로 하는 자료가 그 소장 도서에서 이용할 수 없다는 점에 유감을 표하기 위해
(B) 학생이 그 자료를 이용하는 데 서면 승인이 필요하지 않다는 점을 분명히 말하기 위해
(C) 학생이 찾는 자료를 지나쳤을 수도 있다는 가능성을 제시하기 위해
(D) 학생에게 출입 제한 구역에 가 보기 전에 그 소장 도서를 잘 살펴보도록 권하기 위해

어휘 clarify 분명히 말하다 may have p.p. ~했을 수도 있다 recommend that A(주어) + (should) B(동사원형) A에게 B하도록 권하다 explore 자세히 조사하다(살펴보다), 잘 알아보다

해설 사서는 일반 소장 도서 중에 이용할 수 있는 대체 자료가 있는지 알아 보는 게 더 수월할 수도 있다고 말하는데, 이는 일반 소장 도서를 먼저 살펴보도록 권하는 말에 해당한다. 따라서 정답은 (D)다.

추론하기

4 사서는 왜 다음과 같이 말하는가? ∩
L 라킨 씨께서 일찍 점심 시간을 마치신 것 같아요.
(A) 동료 사서의 성실함에 놀라움을 표하기 위해
(B) 학생에게 이제 자신의 점심 식사 시간임을 알리기 위해
(C) 학생에게 수석 사서가 이제 시간이 있음을 말하기 위해
(D) 학생에게 즉시 출입 제한 구역을 이용하도록 권하기 위해

어휘 diligence 성실, 근면 fellow 동료의 available (누구를 만날) 시간이 있는 promptly 즉시, 지체 없이

해설 라킨 씨가 점심 시간을 마치고 왔다는 말은 이제 수석 사서인 라킨 씨가 학생을 도와줄 시간이 있다는 뜻이다. 따라서 정답은 (C)다.

5 대화의 일부를 다시 들으시오. 그런 다음 질문에 답하시오. 🎧

> S 신청하는 데 필요한 거라도 있나요?
> L 출입 제한 구역에 처음 들어갈 때 필요한 교수님 확인서만 있으면 됩니다. 그러니까 준비가 다 되신 거죠.

사서가 다음과 같이 말할 때 무엇을 의미하는가?

> L 그러니까 준비가 다 되신 거죠.

(A) 학생은 마침내 필요로 하는 도움을 받을 것이다.
(B) 이제 학생은 온라인 데이터베이스를 이용할 수 있다.
(C) 학생은 특별 카드에 등록할 수 있는 필수 물품을 갖고 있다.
(D) 학생은 얼마든지 도서관 내의 다른 자료를 살펴봐도 된다.

어휘 assistance 도움, 지원 required 필수의 be free to 얼마든지 ~해도 된다

해설 good to go는 '(준비 등이) 다 된, ~해도 좋은'을 의미한다. 앞서 대화 중반부에 학생이 교수님 추천서를 받았다고 말한 것과 관련해, 사서는 온라인 데이터베이스 이용을 위한 카드를 신청하는 데 학생이 필요한 물품을 이미 가지고 있다고 알린다. 따라서 정답은 (C)다.

CONVERSATION 04
pp.92-93

정답 | 1 (C) **2** (C) **3** (A) **4** (D) **5** (B)

N Narrator **S** Student **E** Employee

N Listen to a conversation between a student and a university employee.

S Morning, Karen. How are you doing?

E Hey, Connor. Let me guess. You're here to reserve a room for this week?

S You read my mind. But this week, I think I'll need to reserve a room for all five days. In the late afternoons, as usual, two hours each time.

E That's two more days than usual. What's the special occasion?

S I was invited to play at Riverside Concert Hall two weeks from now. I was actually kind of surprised by their invitation. They want me to perform solo, after doing a shorter concert with a string section.

E That sounds like quite an honor! You know, they don't invite just anyone to come and play at their concert hall. But with the way you've been practicing all year, I'm not surprised. Okay, let me check the computer. And don't tell anyone, but I can go ahead and reserve a room for you next week as well.

S Oh, that would be fantastic. Thanks!

E Here we go. This week I can reserve room 305 for you, Monday to Friday. But the time will change around a bit. You can have it from 3 to 5 p.m. on Monday, Wednesday, and Friday. On Tuesday, you can have it from 4 to 6. And on Thursday, from 5 to 7. Will that work?

N 학생과 대학교 직원 사이의 대화를 들으시오.

S 안녕하세요, 캐런. 잘 지내시나요?

E 안녕하세요, 코너. 보자, 이번 주에 쓸 방을 예약하러 온 건가요?

S 제 마음을 읽으셨네요. 하지만 이번 주는 5일 동안 쓸 방을 예약해야 할 것 같아요. 평소처럼 늦은 오후에 2시간씩이요.

E 평소보다 이틀이나 더 많네요. 무슨 특별한 일이라도 있나요?

S 2주 후에 리버사이드 콘서트 홀에서 공연해 달라는 요청을 받았어요. 사실 그 초대에 좀 놀랐어요. 솔로 연주를 해 달래요, 현악기 연주 부분이 있는 더 짧은 콘서트를 한 후에요.

E 꽤 영광스러운 일이네요! 거긴 그냥 아무나 콘서트 홀에 와서 공연하라고 부르지 않잖아요. 그런데 일 년 내내 계속 연습해 온 걸 보면, 놀랍지도 않네요. 좋아요, 컴퓨터로 확인해 볼게요. 그리고 누구에게도 얘기하면 안 되는데, 다음 주에도 방을 예약하도록 조치해 줄 수 있어요.

S 아, 그렇게 된다면 정말 좋죠. 감사합니다!

E 봅시다. 이번 주는 월요일에서 금요일까지 305호실로 예약해 줄 수 있어요. 하지만 시간이 이리저리 조금씩 바뀔 거예요. 월요일과 수요일, 그리고 금요일에는 오후 3시부터 5시까지 이용할 수 있어요. 화요일에는 4시에서 6시, 목요일에는 5시에서 7시. 괜찮은가요?

S Wait, did you say 5 to 7? That might be difficult. I have a class starting at 7. Are there any earlier times?

E Not for room 305. I know you like that room because it has slightly better acoustics. But room 301 is available from 3 to 5. Would that be all right?

S I guess. It's just for one day, right? And for the following week?

E Well, you know we allow students to make a reservation only a week in advance, so all the rooms are free right now. You can have your pick for that week. Room 305, from 3 to 5 every day?

S Do you mind if I have the room for a little longer on Friday that week? I might need some more time to get ready for the big day.

E Sure. We don't get a lot of reservations for Friday evenings, anyway. How does one more hour sound?

S Perfect. I hope you won't get in trouble for bending the rules.

E No, not at all. As a staff member, we're supposed to support our students, especially when they get such a great chance to show off for our university! Just remember not to tell the other music students. I don't want everyone to start asking me to bend the rules for them.

S Mum's the word. Thanks a lot for your help.

E It's no problem. And now I think I'll call Riverside and buy a ticket for your concert. You said it was two weeks from now?

S Yeah, November 22, at 8 p.m. Or, you know, I could hold a ticket for you. Consider it a thank you for being so supportive.

E That's very generous of you. I'll take you up on that.

S 잠시만요, 5시부터 7시라고 하셨어요? 그건 어려울 것 같아요. 제가 7시에 시작하는 수업이 있거든요. 더 이른 시간대는 없나요?

E 305호실은 없어요. 그곳에 좀 더 나은 음향 시설이 있어서 그 방을 좋아한다는 건 알아요. 하지만 301호실이 3시에서 5시까지 이용 가능해요. 그렇게 하면 괜찮을까요?

S 뭐, 네, 딱 하루뿐이니까요. 그럼 다음 주는요?

E 그게, 알다시피 학생들에게 일주일 전에만 미리 예약하도록 허용하고 있어서, 지금은 모든 방이 가능해요. 그 주는 원하는 대로 선택하면 된답니다. 305호실로, 매일 3시부터 5시로 해줄까요?

S 그 주 금요일엔 좀 더 오래 그 방을 이용해도 될까요? 중요한 날을 준비하는 데 시간이 좀 더 필요할지도 몰라요.

E 물론이죠. 금요일 저녁 시간대는 예약이 많지는 않거든요. 1시간 더 어때요?

S 아주 좋습니다. 원칙대로 하시지 않아서 곤란해지시지 않았으면 좋겠네요.

E 전혀 그렇지 않아요. 직원으로서 우리 학생들을 지원해야죠. 특히 우리 대학을 위해 그렇게 자랑할 수 있는 아주 좋은 기회가 생길 때는요! 단, 다른 음악과 학생들에게 얘기하면 안 된다는 것만 기억해 줘요. 모두가 원칙을 어겨달라고 부탁하는 건 원하지 않아서요.

S 꼭 비밀로 할게요. 도와 주셔서 정말 감사합니다.

E 천만에요. 이제 내가 리버사이드에 전화해서 그 콘서트 입장권을 사야겠네요. 2주 후라고 했죠?

S 네, 11월 22일 오후 8시요. 아니면 제가 입장권을 한 장 확보해 드릴 수 있을 거예요. 이렇게 도와 주시는 것에 대한 감사의 인사로 생각해 주세요.

E 참 친절하군요. 그럼 고맙게 받을게요.

스크립트 어휘

than usual 평소보다 occasion 일, 경우, 행사 be invited to ~하도록 요청 받다 kind of 조금, 약간 string section 현악기 연주 부분 go ahead and ~하도록 하다 change around 이리저리 바뀌다 a bit 조금, 약간(= a little) work (일정 등이) 맞다, 괜찮다 slightly 조금, 약간 acoustics 음향 시설 following 다음의 make a reservation 예약하다 in advance 미리, 사전에 have one's pick 원하는 대로 선택하다 how does ~ sound? ~은 어떠세요? get in trouble 곤란해지다 bend the rules 원칙대로 하지 않다, 편법으로 하다 not at all 전혀 그렇지 않다 be supposed to ~해야 하다, ~하기로 되어 있다 show off 자랑하다 mum's the word 비밀로 할게요, 저만 알고 있을게요 hold a ticket for ~의 표를 따로 챙겨두다 supportive 도와 주는, 지원하는 generous of ~가 친절한, 너그러운 take you up on (상대방의 제안 등을) 받아들이다, 수용하다

주제와 목적 찾기

1 학생은 왜 직원에게 말을 거는가?
(A) 함께 콘서트에 가자고 요청하고 싶어 한다.
(B) 자신이 예약한 시간대를 변경하고자 한다.
(C) 다가오는 행사를 위해 연습할 방을 예약하고 싶어 한다.
(D) 자신이 콘서트에서 연주하도록 요청받은 사실을
알리고자 한다.

어휘 upcoming 다가오는

해설 학생이 이번 주에 5일 동안 쓸 방을 예약해야 할 것 같다고
알리면서 2주 후에 리버사이드 콘서트 홀에서 공연해 달라는
요청을 받았다는 사실을 말하고 있다. 따라서 정답은 (C)다.

추론하기

2 학생에 대해 추론할 수 있는 것은 무엇인가?
(A) 전에 한 번도 콘서트에서 연주하도록 요청받은 적이 없다.
(B) 이틀 연속으로 콘서트에서 연주할 것이다.
(C) 보통 일주일에 3일 동안 연습실을 예약한다.
(D) 종종 2주 전에 미리 연습실을 예약한다.

어휘 consecutive 연속적인

해설 학생이 이번 주에 5일 동안 쓸 방을 예약해야 할 것 같다고
알리자, 직원은 평소보다 이틀이나 더 많다고 말하고 있다.
따라서 정답은 (C)다.

세부 내용 찾기

3 학생은 왜 목요일 시간대를 조정하고 싶어 하는가?
(A) 제안된 시간으로는 수업에 늦을 것이다.
(B) 수업으로 인해 연습실에 늦게 도착할 것이다.
(C) 제안된 시간에 이용 가능한 방은 음향 시스템이
상대적으로 좋지 않다.
(D) 학생은 목요일에 2시간 동안 연습할 수 없다.

어휘 suggested 제안된 do not sound as good
상대적으로(앞서 언급된 대상만큼) 소리가 좋지 않다

해설 직원이 목요일 연습실 이용 시간으로 5시에서 7시까지가
괜찮은지 묻자, 학생은 어려울 것 같다며 7시에 시작하는
수업이 있다고 말한다. 따라서 정답은 (A)다.

구조 파악하기

4 직원은 왜 학생들을 도와야 한다고 말하는가?
(A) 학생이 더 열심히 연습하도록 격려하기 위해
(B) 자신이 왜 학생의 콘서트에 참석할 것인지 설명하기 위해
(C) 학생에게 연습할 날을 더 주겠다고 제안하기 위해
(D) 원칙을 바꾸는 이유를 제시하기 위해

어휘 encourage A to B B하도록 A를 격려하다, A에게 B하도록
권하다 protocol 원칙, 규정

해설 학생이 직원에게 원칙대로 하지 않아서 곤란해지지 않았으면
좋겠다고 말하자, 직원은 학생들을 지원해야 한다고 밝히고
있다. 이는 원칙대로 하지 않는 것을 설명하기 위한 이유에
해당한다. 따라서 정답은 (D)다.

의도와 태도 파악하기

5 대화의 일부를 다시 들으시오. 그런 다음 질문에 답하시오. 🎧

> S *더 이른 시간대는 없나요?*
> L *305호실은 없어요. 그곳에 좀 더 나은 음향 시설이
> 있어서 그 방을 좋아한다는 건 알아요. 하지만
> 301호실이 3시에서 5시까지 이용 가능해요. 그렇게
> 하면 괜찮을까요?*
> S *뭐, 네, 딱 하루뿐이니까요.*

학생이 다음과 같이 말할 때 무엇을 의미하는가?

> S *딱 하루뿐이니까요.*

(A) 학생은 더 나은 음향 시설이 있는 방을 이용하는 것에
대해 망설이고 있다.
(B) 학생은 직원의 제안을 수용할 의향이 있다.
(C) 학생은 제안된 방을 며칠 더 예약하고 싶어 한다.
(D) 학생은 미리 방을 예약하지 않아 유감을 표현하고 있다.

어휘 be hesitant about ~에 대해 망설이다, 주저하다
express regret 유감을 표하다 beforehand 미리, 사전에

해설 직원이 301호실을 3시에서 5시까지 이용하는 것이 괜찮을지
묻자, 학생은 '딱 하루뿐'이니 직원의 제안을 수락하고 있다.
따라서 정답은 (B)다.

정답 | 1 (B)　　**2** (A)　　**3** (C)　　**4** (C)　　**5** (D)

N Narrator　　**M** Man　　**W** Woman

N Listen to a conversation between two students.

M Hey, have you heard about the upcoming club field trip to a museum?

W Yes, I have! I'm actually really excited about it. I've always loved visiting museums and learning about different cultures and historical artifacts. It's going to be a great opportunity to expand our knowledge.

M I wish I could be half as thrilled as you are. I find museums a bit boring, to be honest. I'd rather spend my time doing something more active or engaging. Like the last field trip we took—remember we went to the lake last year and gathered water samples?

W Yeah, that was a fun trip. But I guess the majority of the club's members chose the museum this year. I voted for it myself after I read that they have a special exhibit on ancient civilizations.

M Yeah, I was wondering why the museum was such a popular choice. Wasn't there a theme park in this year's options?

W Yeah, I heard it was neck-and-neck between the two. Look, I understand that museums might not be everyone's cup of tea, but I think this trip could surprise you. I heard the special ancient civilizations exhibit even has interactive displays where we can experience what life was like back then.

M Oh, really? That sounds more interesting than I thought. What else do they have?

W Well, there's a section dedicated to natural history. They have life-sized dinosaur replicas and even a simulated fossil excavation where you can try your hand at being a paleontologist.

M That sounds way cooler than just staring at paintings and old stuff. I might actually enjoy that.

W See, I told you! And there's more. Let me just find the museum's website on my phone… Ah, here we go. The museum also has a science and technology wing with hands-on experiments and interactive displays. And there's even a virtual reality station where you can experience historical events.

M Now you've got my attention. Virtual reality sounds awesome. I didn't realize there was so much variety. I just hope I can make the most of the exhibitions.

N 두 학생 사이의 대화를 들으시오.

M 있잖아, 곧 있을 동아리 박물관 현장 학습 얘기 들었어?

W 응, 들었어! 난 사실 너무 신나. 항상 박물관에 가서 다른 문화와 역사적 유물에 관해 배우는 걸 정말 좋아했거든. 지식을 넓힐 수 있는 아주 좋은 기회가 될 거야.

M 너의 반만큼이라도 신이 나면 좋겠어. 솔직히 박물관이 좀 지루하다고 생각하거든. 난 뭔가 더 활동적이거나 재미있는 걸 하면서 시간을 보내고 싶어. 지난번에 갔던 현장 학습처럼 말이야. 작년에 호수에 가서 물 샘플 수집했던 거 기억 나?

W 응, 재미있는 현장 학습이었어. 근데 동아리 회원들 대부분이 올해는 박물관을 선택한 것 같아. 고대 문명에 관한 특별 전시회가 있다는 걸 읽고 나서 나도 거기 투표했어.

M 응, 난 왜 박물관이 그렇게 인기 있었는지 궁금했어. 올해 선택 대상 중에 테마 파크도 있지 않았어?

W 그래, 그 두 가지가 막상막하였다고 들었어. 있잖아, 박물관이 모두가 좋아하는 게 아닐 수도 있다는 건 이해하지만, 이 현장 학습이 뜻밖으로 흥미로울 수도 있을 거야. 이 고대 문명 특별 전시에 그 당시 삶이 어땠는지 경험해 볼 수 있는 대화형 디스플레이도 있다고 들었어.

M 아, 그래? 그럼 내가 생각한 것보다 더 흥미로운 얘기 같네. 또 뭐가 있대?

W 음, 자연사 전용 구역도 있어. 그곳에 실제 크기의 공룡 모형이랑 심지어 모의 화석 발굴지도 있다니까 고생물학자가 되어 보는 경험도 한번 해 볼 수 있을 거야.

M 그림이랑 오래된 물품을 그냥 쳐다 보기만 하는 것보단 훨씬 더 멋진 것 같네. 그런 건 진짜 재밌을지도 모르겠네.

W 거봐, 내가 뭐랬어! 그리고 또 있어. 내가 휴대폰으로 그 박물관 웹사이트 좀 찾아 볼게… 아, 됐다. 이 박물관에 체험용 실험 시간과 대화형 디스플레이가 있는 과학 기술 부속 건물도 있어. 그리고 심지어 역사적 사건도 경험해 볼 수 있는 가상 현실 체험장도 있대.

M 이제 좀 솔깃하네. 가상 현실은 굉장할 것 같아. 그렇게 다양한 게 많은 줄은 몰랐어. 전시회를 최대한으로 즐길 수만 있으면 좋겠네.

W Well, there will be guided tours available for each exhibit. You know, you might want to look into this trip yourself before we actually visit the museum. The brochure was attached to the group email we got two days ago. You did check the email, didn't you?

M Yes, of course. But I didn't realize the brochure was included as well. What else was attached?

W There wasn't anything else. The email just said to bring our student IDs and some money for lunch. They mentioned that there'll be a lunch break during the trip.

M Yeah, well, I got those covered. Do you know how long the trip will last?

W I'm not sure about the exact duration, but I think it's expected to take three hours, at least. We should be out of there by late afternoon.

M Well, I'm just glad I have my car this time. Remember our last field trip? My dad had to come fetch me because my car was at the mechanic's. He had to wait an hour before picking me up, and boy, was he mad.

W I don't blame him. The lake trip took way longer than we thought it would. I do hope everything's more organized this time around.

W 음, 각 전시에서 이용할 수 있는 가이드 동반 투어도 있을 거야. 우리가 실제로 박물관에 가기 전에 네가 직접 이 현장 학습에 대해 자세히 알아 보면 좋을 것 같아. 이틀 전에 받은 단체 이메일에 안내 책자가 첨부되어 있었는데, 그 이메일은 확인한 거지?

M 응, 당연하지. 근데 안내 책자가 포함되어 있는 줄은 몰랐어. 또 뭐가 첨부되어 있었어?

W 그 외엔 없었어. 그냥 학생증이랑 점심 식사할 돈을 조금 지참하라고 쓰여 있었어. 현장 학습 중에 점심 식사 시간이 있을 거라고 했거든.

M 뭐, 그건 준비를 해 놨지. 현장 학습이 얼마나 오래 걸릴 건지는 아니?

W 정확한 총 시간은 잘 모르겠지만, 최소한 세 시간은 걸릴 것으로 예상돼. 늦은 오후까지는 마무리가 될 거야.

M 이번엔 내 차가 있어서 다행이야. 지난번 현장 학습 기억나? 내 차가 정비소에 있어서 우리 아빠가 날 데리러 와야 하셨잖아. 날 한 시간이나 기다리셨는데, 와, 어찌나 화가 나셨던지.

W 그러실 만도 하지. 그 호수 현장 학습은 우리가 생각했던 것보다 훨씬 더 오래 걸렸잖아. 이번에는 모든 게 더 체계적이면 좋겠네.

스크립트 어휘

upcoming 곧 있을, 다가오는 field trip 현장 학습 artifact (인공) 유물 expand 넓히다, 확장하다 thrilled 신이 난
find A B A를 B하다고 생각하다 would('d) rather ~하는 것을 선호하다, (차라리) ~하고 싶다 engaging 재미있는, 매력적인
vote for ~에 표를 던지다 exhibit 전시 selection 선택 (대상들) neck-and-neck 막상막하인 one's cup of tea
~가 좋아하는 것 interactive 대화형의, 상호 작용하는 back then 그 당시 dedicated to ~ 전용의, ~(만)을 다루는
life-sized 실제 크기의 replica 모형 simulated 모의의, 모조의 fossil 화석 excavation 발굴(지) try one's hand at
~을 한번 해 보다 paleontologist 고생물학자 way (비교급 강조) 훨씬 wing 부속 건물 hands-on 체험의, 실제로 하는
virtual reality 가상 현실 station (특정 활동을 하는) 공간, ~장 make the most of ~을 최대한으로 활용하다 look into
~을 자세히 알아보다, 살펴보다 attach 첨부하다 make sure to 꼭 ~하다 duration 진행 시간 be out of there 마무리되다,
거기서 나오다 fetch 데리러 오다(가다) pick ~ up ~을 차로 태워 가다 boy 와, 맙소사(감탄사) was he mad 그가 어찌나
화났던지(강조를 위해 주어와 동사 도치) blame 탓하다, 비난하다 organized 체계적인, 정리된

주제와 목적 찾기

1 대화의 주된 내용은 무엇인가?
(A) 곧 있을 동아리 행사에 대한 계획
(B) 박물관 방문 관련 세부 정보 및 매력적인 요소
(C) 동아리 박물관 현장 학습에 지참해야 하는 물품
(D) 다른 현장 학습 선택 사항들에 대한 개인 선호도

어휘 attraction 매력 요소 preference for ~에 대한 선호(도)

해설 학생들은 박물관에서 이용 가능한 여러 세부적인 프로그램 및 전반적인 현장 학습 진행과 관련해 주로 이야기하고 있다. 따라서 정답은 (B)다.

구조 파악하기

2 여자는 왜 박물관 웹사이트를 언급하는가?
(A) 남자에게 박물관의 특징 및 전시회를 더 알려 주기 위해
(B) 박물관의 대화형 디스플레이에 관한 더 많은 정보를 제공하기 위해
(C) 남자에게 박물관 온라인 자료를 살펴보도록 권하기 위해
(D) 간과했을 수도 있는 정보를 검색해 보기 위해

어휘 inform A of B A에게 B를 알리다 feature 특징
suggest that A(주어) + (should) B(동사원형) A가 B하도록 권하다 overlook 간과하다

해설 여자는 박물관에 더 많은 것이 있다는 말과 함께 휴대폰으로 박물관 웹사이트를 찾아보겠다고 한 뒤, 시설 및 프로그램에 관한 추가 정보를 제공하고 있다. 따라서 정답은 (A)다.

3 여자는 박물관에 관해 무슨 말을 하는가?
   (A) 그녀가 방문했던 다른 박물관들보다 선진적이다.
   (B) 박물관의 주요 전시는 가상 현실을 다루고 있다.
   (C) 가이드 동반 투어가 모든 전시에 제공된다.
   (D) 박물관 측에서 학생들에게 점심을 무료로 제공할 것이다.

어휘 advanced 선진적인

해설 여자는 박물관의 특징을 설명하며 각 전시에 가이드 동반 투어가 있다는 사실을 알리고 있다. 또한 단체 이메일에서 점심 식사를 위해 돈을 지참하라는 안내를 받았다고 말한다. 박물관에 가상 현실 체험장이 있지만 이것이 주요 전시라는 언급은 없다. 따라서 정답은 (C)다.

추론하기

4 호수 현장 학습에 대해 추론할 수 있는 것은 무엇인가?
   (A) 학생들이 예상했던 것보다 더 일찍 끝났다.
   (B) 학생들이 생태학 수업에 필요한 물품을 수집했다.
   (C) 일정에 있어 제대로 마련되지 않았다.
   (D) 여자는 곧 있을 박물관 현장 학습에 더 들떠 있다.

어휘 ecology 생태학   arrange 마련하다, 조치하다   properly 제대로, 적절히   in terms of ~의 측면에서, ~와 관련해

해설 여자는 작년에 갔던 호수 현장 학습은 생각했던 것보다 훨씬 더 오래 걸렸다고 말하면서 이번에는 모든 게 더 체계적이면 좋겠다는 생각을 밝히고 있다. 이는 호수 현장 학습이 적절한 일정으로 준비되지 못했음을 의미한다. 따라서 정답은 (C)다.

추론하기

5 대화의 일부를 다시 들으시오. 그런 다음 질문에 답하시오. ∩

> **W** 근데 동아리 회원들 대부분이 올해는 박물관을 선택한 것 같아. 고대 문명에 관한 특별 전시회가 있다는 걸 읽고 나서 나도 거기 투표했어.
> **M** 응, 난 왜 박물관이 그렇게 인기 있었는지 궁금했어. 올해 선택 대상 중에 테마 파크도 있지 않았어?

남자는 왜 다음과 같이 말하는가?

> **M** 올해 선택 대상 중에 테마 파크도 있지 않았어?

   (A) 올해의 현장 학습 선택지에 만족하고 있다.
   (B) 자신이 올해의 현장 학습 선택지를 정확히 기억하고 있는지 확실치 않다.
   (C) 여자가 박물관에 투표한 이유를 궁금해하고 있다.
   (D) 박물관이 테마 파크보다 선호되었다는 사실에 놀라고 있다.

어휘 as to ~에 관해   prefer A over B B보다 A를 선호하다 (= prefer A to B)

해설 남자는 왜 박물관이 그토록 인기 있는 선택이었는지 의문 이라는 말과 함께, 다른 선택지 중 테마 파크가 있지 않았는지 묻고 있다. 이는 테마 파크보다 박물관이 인기가 더 많았다는 것에 대한 놀라움을 나타낸다. 따라서 정답은 (D)다.

CONVERSATION 01

pp.96-97

정답 | 1 (D) **2** (A) **3** (B) **4** (C) **5** (B)

N Narrator   **S** Student   **P** Professor

N Listen to a conversation between a student and a professor.

P Hello, Jasmine. Thanks for coming here today. Are you ready to talk about your topic for the final paper you're going to be writing for our class?

S Yes, Professor Gilbert. I brought some notes I wrote up last night. Would you like to read them?

P Well, I'd rather you simply tell me about your topic.

S Okay, uh, I can do that.

P Great. So what will you be writing about?

S Well, uh, we spent a great deal of time in our political science class talking about the American Founding Fathers and the debates they held when they were coming up with the Constitution, uh, and the Bill of Rights a bit later.

P Go on.

S I'm a big fan of the Bill of Rights myself, so I thought I would focus on three of the amendments in it and analyze some of the debates that were held regarding them.

P Which amendments were you thinking of looking into?

S I was hoping to do the First, Second, and Fourth amendments. I am planning to spend a couple of pages on each one, so I will go into detail on how they came to be. So, uh, what do you think?

P Hmm… I like your topic a lot. It's very thoughtful and will require you to go into depth on the topic to a great extent. I think you'll learn a lot from doing research on the topic.

S So you approve? That's wonderful.

P Hold on a moment, please. I'm not finished.

S Oh, sorry… I guess I misunderstood.

P Just a bit. You see, Jasmine, the topic you have chosen is something that a graduate student would write about for a thesis. It's an incredibly broad topic about which, uh… You know, entire books have been written about each of these amendments. And you're only supposed to write a paper ten to twelve pages for my class.

S All right. So… what should I do then?

N 학생과 교수 사이의 대화를 들으시오.

P 안녕하세요, 재스민. 오늘 여기 와 줘서 고마워요. 학생이 쓰려고 하는 우리 수업의 기말 과제 주제와 관련해 얘기할 준비가 되었나요?

S 네, 길버트 교수님. 제가 어젯밤에 작성한 필기 내용을 좀 가져왔습니다. 읽어 보시겠어요?

P 아, 그 주제와 관련해 학생이 나에게 그냥 말해 주었으면 해요.

S 네, 어, 그렇게 할 수 있습니다.

P 좋습니다. 그래서 무엇에 관해 작성할 건가요?

S 음, 어, 저희는 정치학 수업에서 미국 건국의 아버지들을 비롯해 그분들이 헌법과, 어, 조금 더 나중에 권리 장전을 고안해 낼 때 했던 토론 내용에 관해 이야기하는 데 아주 많은 시간을 보냈습니다.

P 계속해 봐요.

S 저는 권리 장전을 아주 좋아하는 사람이라서, 그 안에 있는 세 개의 수정 조항에 초점을 맞추고 그것들과 관련해 진행된 일부 토론 내용을 분석해 볼 생각이었습니다.

P 어느 수정 조항을 살펴볼 생각을 하고 있었죠?

S 제1조와 제2조, 제4조 수정 조항을 살펴보고 싶었습니다. 각 조마다 몇 페이지 씩 할애할 계획이라, 그것들이 어떻게 생겨나게 되었는지에 관해 상세히 다룰 겁니다. 그래서, 어, 어떻게 생각하세요?

P 흠… 학생의 주제가 정말 마음에 들어요. 아주 심오한 것이라 그 주제와 관련해 아주 깊게 파고 들어야 할 필요가 있을 겁니다. 내 생각에는 그 주제와 관련해 조사하면서 많이 배울 것 같군요.

S 그럼 찬성하시는 건가요? 정말 잘됐네요.

P 잠깐만요. 아직 안 끝났어요.

S 아, 죄송합니다… 제가 오해한 것 같네요.

P 그냥 조금요. 그러니까, 재스민, 학생이 선택한 주제는 대학원생이 논문으로 쓸 만한 것이에요. 놀라울 정도로 폭넓은 주제라서 그와 관련해, 어… 그러니까, 아주 많은 책들이 그 수정 조항들 각각에 관해 쓰여졌을 정도입니다. 그리고 내 수업 과제로는 10~12페이지 분량만 쓰면 됩니다.

S 알겠습니다. 그래서… 그럼 제가 어떻게 하면 될까요?

P I suggest focusing on a single amendment instead of writing about all three. If you cover all three, your paper will be extremely superficial and won't be able to go into any detail at all. Instead, choose only one amendment. Which would you prefer to write about?

S The First Amendment for sure. I strongly believe that the freedoms which it describes, particularly the right to free speech and the right to assemble peacefully, are vital to the country, so it's my preference.

P I like the way that you think. Why don't you write about that and see what kind of paper you can come up with? Now remember that you need to include a bibliography with your paper and that you must have at least seven different sources in it. That includes primary sources.

S Yes, sir. I remember you saying that in class. I've already found several secondary sources, and I know which primary sources I intend to use.

P Wonderful. In that case, please submit the titles of the works to me in class tomorrow so that I can approve them. Will that be possible?

S Actually, I've got them right here in my backpack. I can show it to you now.

P 세 개 모두에 관해 쓰는 대신 하나의 수정 조항에 초점을 맞추기를 권합니다. 세 개를 모두 다룬다면, 과제가 너무 피상적인 것이 되어 어떤 것도 전혀 상세히 다룰 수 없게 될 거예요. 대신, 단 하나의 수정 조항만 선택하세요. 어느 것을 더 쓰고 싶은 가요?

S 당연히 헌법 수정 조항 제1조이죠. 저는 헌법이 설명하는 자유, 특히 언론 자유의 권리와 평화적인 집회의 권리가 국가에 필수적이라고 굳게 믿고 있기 때문에, 제가 선호하는 것입니다.

P 학생이 생각하는 방식이 마음에 드네요. 그것을 쓰면서 어떤 종류의 과제를 제시할 수 있는지 한번 볼까요? 이제 과제에 참고 문헌을 포함해야 한다는 점과 반드시 최소 일곱 가지 다른 자료들을 넣어야 한다는 점을 기억하세요. 여기에는 1차 자료가 포함됩니다.

S 네, 교수님. 수업 중에 그렇게 말씀하신 게 기억 납니다. 저는 이미 여러 2차 자료를 찾았고, 어떤 1차 자료를 이용하고자 하는지 알고 있습니다.

P 아주 좋습니다. 그런 경우라면, 내가 승인할 수 있도록 내일 수업 중에 그 자료물의 제목들을 제출하세요. 그게 가능할까요?

S 사실, 바로 여기 제 가방에 가지고 있습니다. 지금 보여 드릴 수 있습니다.

스크립트 어휘

final paper 기말 과제 write up ~을 작성하다 political science 정치학 American Founding Fathers 미국 건국의 아버지들 come up with ~을 고안하다 Constitution 헌법 Bill of Rights 권리 장전 a big fan of ~을 아주 좋아하는 사람 amendment 수정 조항 look into ~을 살펴 보다 go into detail on ~을 상세히 다루다 thoughtful 사상이 풍부한 go into depth on ~을 깊이 있게 다루다 to a great extent 대단히, 크게 do research on ~에 대해 조사하다 graduate student 대학원생 thesis 논문 incredibly 놀라울 정도로 be supposed to ~하기로 되어 있다 suggest -ing ~하는 것을 권하다 cover (주제 등을) 다루다 superficial 피상적인 not ~ at all 전혀 ~ 아니다 for sure 확실히, 틀림없이 assemble 모이다, 집합하다 vital 필수적인 preference 선호(하는 것) bibliography 참고 문헌 primary source (연구나 조사 등의) 1차 자료 secondary source 2차 자료(집필자가 원 저작물이 아닌 다른 저작물을 통해 정보를 얻은 자료) work 저작물, 책

주제와 목적 찾기

1 화자들은 주로 무엇을 이야기하고 있는가?
(A) 수업 중 토론에 관한 학생의 의견
(B) 최근의 시험 문제들에 대한 일부 답안들
(C) 이전 수업에서 나온 일부 정보
(D) 연구 과제에 대한 학생의 계획

해설 교수가 학생에게 기말 과제의 주제와 관련해 얘기할 준비가 되었는지 물은 뒤로 학생이 생각하는 과제 주제와 관련해 대화하고 있다. 따라서 정답은 (D)다.

세부 내용 찾기

2 교수가 학생에게 권하는 것은 무엇인가?
(A) 연구의 범위 좁히기
(B) 일부 추가 정보 찾기
(C) 그녀의 논문 제안서 수정하기
(D) 대학원에 지원하는 것을 고려하기

어휘 narrow down ~을 좁히다, 줄이다 scope 범위 revise 수정하다 proposal 제안(서) apply to ~에 지원하다 graduate school 대학원

해설 교수는 학생에게 세 개의 수정 조항 모두에 관해 작성하는 대신 하나의 수정 조항에만 초점을 맞추기를 권하고 있다. 따라서 정답은 (A)다.

구조 파악하기

3 학생은 왜 언론 자유의 권리를 언급하는가?
- (A) 교수가 한 말에 반박하기 위해
- (B) 헌법 수정 조항 제1조와 관해 쓰는 것에 대한 그녀의 관심을 표현하기 위해
- (C) 그것과 미국 헌법을 비교하기 위해
- (D) 기말 과제용 자료에 관한 그녀의 우려를 강조하기 위해

어휘 contradict 반박하다   statement 말, 발언   emphasize 강조하다

해설 교수가 학생에게 수정 조항 중 어느 것에 관해 작성하기를 선호하는지 묻자, 학생이 당연히 1조 수정 조항이라고 대답하면서 그 안에 담긴 언론 자유의 권리를 언급하고 있다. 따라서 정답은 (B)다.

추론하기

4 학생은 아마도 다음에 무엇을 할 것인가?
- (A) 그녀는 교수에게 대략적인 초안을 보여줄 것이다.
- (B) 그녀는 기숙사 방에서 가방을 가져올 것이다.
- (C) 그녀는 교수에게 몇몇 제목들을 제공할 것이다.
- (D) 그녀는 교수에게 또 다른 질문을 할 것이다.

어휘 rough 대략적인   draft 초안

해설 교수가 학생에게 내일 수업 중에 자료물의 제목들을 제출하는 것이 가능한지 묻자, 학생이 지금 가방에 가지고 있다고 알리면서 꺼내서 보여 줄 수 있다고 대답하고 있다. 따라서 정답은 (C)다.

의도와 태도 파악하기

5 대화의 일부를 다시 들으시오. 그런 다음 질문에 답하시오. 🎧

> *P 내 생각에는 그 주제와 관련해 조사하면서 많이 배울 것 같군요.*
> *S 그럼 찬성하시는 건가요? 정말 잘됐네요.*
> *P 잠깐만요.*

교수가 다음과 같이 말할 때 암시하는 것은 무엇인가?

> *P 잠깐만요.*

- (A) 그는 자신의 답변에 대해 잠시 생각해 봐야 한다.
- (B) 그는 학생의 주제를 지지하지 않는다.
- (C) 그는 잠시 동안 휴식을 취해야 한다.
- (D) 그는 학생이 부적절한 연구를 했다고 생각한다.

어휘 take a break (잠시) 휴식을 취하다   improper 부적절한

해설 학생이 교수에게 자신의 과제 주제에 대해 찬성하는지 묻자, 교수가 '잠깐만요'라는 말과 함께 얘기가 끝나지 않았다고 밝히면서 그 주제가 대학원생이 논문으로 쓸 만한 것이라고 말하고 있다. 이는 학생의 주제를 전적으로 지지하지 않는 경우에 보일 수 있는 반응이다. 따라서 정답은 (B)다.

CONVERSATION 02

정답 | 1 (A)   **2** (C)   **3** (C)   **4** (D)   **5** (B)

N Narrator   **S** Student   **P** Professor

N Listen to a conversation between a student and a professor.

S Hello, Professor Chamberlain. Would you mind if I talked to you for a few minutes? I want to discuss the topic I've come up with for my midterm paper.

P I've got plenty of time to speak with you, Paul. Why don't you come on in and have a seat?

S Thank you, ma'am. I think I've got a pretty interesting topic, but I'd like to share it with you first to get your approval before I start writing about it.

P Of course. Which aspect of Renaissance literature are you considering writing about?

S I totally loved the classes you taught about Shakespeare, so I thought I could write something about him.

N 학생과 교수 사이의 대화를 들으시오.

S 안녕하세요, 체임벌린 교수님. 잠시 말씀 좀 나눌 수 있을까요? 제가 중간고사 과제로 생각하고 있는 주제에 관해 상의하고 싶습니다.

P 얘기할 시간이 많이 있어요, 폴. 들어와서 앉는 게 어때요?

S 감사합니다, 교수님. 저에게 꽤 흥미로운 주제가 있는 것 같긴 하지만, 주제와 관련해 글을 쓰기 전에 교수님께 먼저 공유해 드리고 동의를 얻고 싶어서요.

P 물론입니다. 르네상스 문학의 어느 측면에 관해 쓰는 것을 고려하고 있죠?

S 저는 교수님이 셰익스피어에 관해 가르치셨던 수업들이 정말 마음에 들어서, 그와 관련된 것을 써 볼 수 있겠다고 생각했습니다.

P Ah, which play of his do you like the most? I'm partial to *A Midsummer Night's Dream* and *Othello*, but I'm sure you have your own personal favorite.

S I really like *Macbeth*, but that's not precisely what I would like to write about.

P Then what are you intending to focus on in your paper?

S Um… I remember you mentioned in class that some academics speculate that Shakespeare didn't actually write the works that have been attributed to him. They believe he simply lacked the education to have done so. Instead, someone else, perhaps Christopher Marlowe, Francis Bacon, or Edward de Vere, wrote them.

P Yes, I did say that to the class, but it was mostly as an aside.

S Anyway, I did some research on a few websites and found out that there's quite a lot of information available regarding this topic. There are some fairly convincing arguments in favor of other authors, particularly Bacon, writing works attributed to Shakespeare. I'd therefore like to write my paper on that.

P Hmm… I'm not quite sure that's going to work, Paul.

S It's not? How come?

P To begin with, it's all just speculation which started, I believe, in the late 1800s. There's no solid evidence that anyone other than Shakespeare wrote his plays and sonnets. It's basically, uh, a conspiracy theory. And…

S And what?

P What you're proposing is more of a historical research project, but remember that this is a literature class. I specifically told the class that everyone is to choose a work by a Renaissance writer and perform an analysis of it. I'm sorry, but I can't approve the topic you chose.

S Oh… That's too bad. Then… what should I do?

P Hmm… Other than Shakespeare, which of the authors that we've examined so far have you enjoyed the most?

S That's easy. I love Edmund Spenser. *The Faerie Queene* is such a fascinating poem.

P Huh, in all of my years teaching, you're the only student ever to say that. Most students find Spenser's writing extremely hard to comprehend. Hmm… As you know, there's plenty of symbolism in *The Faerie Queene*.

S Yes, that's what I like about it.

P Perfect. I want you to focus on a couple of the symbols in the work, point out where they appear in the poem and in what context, and then analyze what they mean. Can you do that?

P 아, 그의 희곡 중 어느 것을 가장 좋아하나요? 나는 <한여름 밤의 꿈>과 <오셀로>를 아주 좋아하지만, 분명 학생도 개인적으로 가장 좋아하는 게 있을 텐데요.

S 저는 <맥베스>를 정말 좋아하지만, 정확히 이것과 관련해 쓰고 싶은 건 아닙니다.

P 그럼 과제에서 무엇에 초점을 맞추려는 생각인 거죠?

S 음… 교수님께서 수업 시간에 일부 학자들이 셰익스피어가 실제로 그의 저작으로 간주되는 작품들을 쓰지 않은 것으로 추측하고 있다고 언급하신 걸 기억합니다. 그들은 그가 그렇게 썼다고 하기엔 그저 교육 수준이 부족했다고 생각합니다. 대신, 다른 누군가, 아마 크리스토퍼 말로우나 프랜시스 베이컨, 에드워드 드 베르가 썼다고 생각하죠.

P 네, 분명 수업 중에 그렇게 말하긴 했지만, 그건 주로 여담이었어요.

S 어쨌든, 제가 몇몇 웹사이트에서 조사를 좀 해 봤는데, 이 주제와 관련해 이용 가능한 정보가 꽤 많이 있다는 걸 알게 되었습니다. 셰익스피어의 저작으로 간주되는 작품들을 쓴 사람으로 다른 작가들, 특히 베이컨을 지지하는 꽤 설득력 있는 몇몇 주장들이 있습니다. 저는 그래서 이것에 관한 과제를 써 보고 싶습니다.

P 음… 그게 잘될지 잘 모르겠네요, 폴.

S 잘 안 된다고요? 어째서 그런가요?

P 우선, 그건 전부 그저, 내 생각에, 1800년대 후반에 시작된 추측일 뿐이에요. 셰익스피어 외의 다른 어떤 사람이 그의 희곡과 소네트를 썼다는 확실한 증거가 없어요. 기본적으로, 어, 음모론이에요. 그리고…

S 그리고 뭐가 있나요?

P 학생이 제안하고 있는 건 좀 더 역사적인 연구 프로젝트에 가깝지만, 이건 문학 수업이라는 점을 기억하세요. 모두가 르네상스 작가의 작품 한 편을 선택해 그 작품을 분석해야 한다고 수업 중에 분명히 말했습니다. 미안하지만, 학생이 선택한 주제에는 찬성할 수 없어요.

S 오… 너무 아쉽네요. 그럼… 전 어떻게 해야 하죠?

P 흠… 셰익스피어 외에, 우리가 지금까지 살펴본 작가들 중에서 누가 가장 흥미로웠나요?

S 그건 간단합니다. 저는 에드먼드 스펜서가 정말 좋아요. <요정 여왕>은 너무 매력적인 시예요.

P 하, 교수 재직 기간을 통틀어서, 그런 말을 한 유일한 학생이에요. 대부분의 학생들은 스펜서의 작품이 이해하기 너무 어렵다고 생각하거든요. 흠… 알다시피, <요정 여왕>에는 상징이 많아요.

S 네, 그래서 제가 그 작품을 좋아합니다.

P 아주 좋아요. 그 작품 속의 몇몇 상징들에 초점을 맞춰서, 그 시의 어디에 그리고 어떤 맥락 속에서 그것들이 나타나는지를 짚어 본 다음, 어떤 의미인지 분석해 보세요. 할 수 있죠?

S Totally. Thanks for clearing things up for me, Professor. I'm really looking forward to writing on this topic.

S 물론이죠. 상황을 깔끔하게 정리해 주셔서 감사합니다, 교수님. 이 주제로 글을 쓰는 게 정말 기대됩니다.

스크립트 어휘

come up with ~을 생각해 내다 totally 전적으로 play 희곡 be partial to ~을 매우 좋아하다 precisely 정확히 academic 학자, 교수 speculate 추측하다 be attributed to ~의 저작물로 간주되다 lack 부족하다 aside 여담 regarding ~에 대하여 fairly 꽤, 상당히 convincing 설득력 있는 in favor of ~에 찬성하여 work 잘되다 How come? 어째서? to begin with 우선 speculation 추측, 짐작 solid 확실한 other than ~외에 sonnet 소네트(14행시) conspiracy theory 음모론 more of a(n) ~에 더 가까운 specifically 분명히, 특별히 perform an analysis 분석을 하다 so far 지금까지 fascinating 매력적인 comprehend 이해하다 symbolism 상징(성) context 맥락 clear ~ up ~을 정리[해결]하다

주제와 목적 찾기

1 학생은 왜 교수를 방문하는가?
(A) 특정 주제에 관해 글을 쓰는 허락을 요청하기 위해
(B) 교수에게 그가 일부 원자료를 찾는 것을 도와 달라고 요청하기 위해
(C) 교수가 그에게 보낸 만남 요청에 응하기 위해
(D) 교수가 수업 중에 다룬 주제를 자세히 논의하기 위해

어휘 source material 원자료

해설 학생은 중간고사 과제물에 쓸 주제에 관해 교수에게 먼저 상의를 하고 시작하고 싶다고 말하고 있다. 따라서 정답은 (A)다.

구조 파악하기

2 학생은 왜 프랜시스 베이컨을 언급하는가?
(A) 학생이 그가 쓴 작품을 얼마나 많이 좋아하는지 말하기 위해
(B) 그의 문체와 스펜서의 것을 대조하기 위해
(C) 셰익스피어의 작품들이 다른 사람의 저작물로 간주될 수 있다고 제안하기 위해
(D) 그가 가장 위대한 르네상스 시대의 작가였음을 주장하기 위해

해설 학생은 셰익스피어가 실제로 작품들을 쓰지 않았다고 추측되는 것과 관련해 다른 누군가가 썼다고 말하면서 그 중 한 사람으로 프랜시스 베이컨을 언급하고 있다. 따라서 정답은 (C)다.

의도와 태도 파악하기

3 학생의 제안에 대한 교수의 태도는 어떠한가?
(A) 그녀는 학생이 셰익스피어에 대해 글을 쓰는 것에 관심을 가지는 것이 괜찮다고 생각한다.
(B) 그녀는 학생이 주제를 좀 더 다듬어야 한다고 생각한다.
(C) 그녀는 학생이 마음에 들어하는 주제에 회의적이다.
(D) 그녀는 학생이 선택한 작품에 찬성하지 않는다.

어휘 approve of ~을 괜찮다고 생각하다, ~에 찬성하다
(↔ disapprove of) refine 다듬다, 개선하다
be skeptical of ~에 회의적이다

해설 학생이 제안하는 주제와 관련해 교수는 잘 될지 잘 모르겠다는 말과 함께 문제점들에 대해 말하며 동의하지 않고 있다. 따라서 정답은 (C)다. 학생의 제안은 특정 작품에 관한 것이 아니므로 (D)는 오답이다.

추론하기

4 교수에 대해 추론할 수 있는 것은 무엇인가?
(A) 그녀는 일부 음모론이 사실이라고 생각한다.
(B) 그녀는 셰익스피어의 작품들 중 많은 것을 좋아하지 않는다.
(C) 그녀는 르네상스 시대 작품들보다 중세 시대 문학을 선호한다.
(D) 학생이 에드먼드 스펜서를 좋아한다는 사실에 놀라워 하고 있다.

어휘 medieval 중세 시대의(서기 약 1000년에서 1450년 사이)

해설 교수는 학생이 에드먼드 스펜서의 시가 매력적이라고 말하자 그렇게 말한 유일한 학생이라는 말로 놀라움을 표현하고 있다. 따라서 정답은 (D)다.

세부 내용 찾기

5 교수는 학생에게 무엇을 하기를 원하는가?
(A) 그녀는 그가 <한여름 밤의 꿈> 속에 담긴 상징을 탐구하기를 원한다.
(B) 그녀는 그가 <요정 여왕>에 대한 분석을 하기를 원한다.
(C) 그녀는 그가 <오셀로>와 <맥베스>를 비교·대조하기를 원한다.
(D) 그녀는 그가 르네상스 시대 소설을 선택해 그 안에 담긴 상징을 설명하기를 원한다.

해설 교수는 학생에게 <요정 여왕>이라는 작품 속의 상징에 초점을 맞춰 분석해 보도록 권하고 있다. 따라서 정답은 (B)다.

정답 | **1** (B)   **2** (A), (C)   **3** (C)   **4** (D)   **5** (C)

N Narrator   **S** Student   **P** Professor

N Listen to a conversation between a student and a professor.

P Luke, your junior year is nearly over, and you're going to be a senior once the fall semester begins. As your academic advisor, it's my job to speak with you before your junior year ends in order to find out what your plans for the future are. Uh, you know, I'd like to find out what you're planning on doing after graduation.

S Sure, Professor Robinson. Several of my friends have also had chats with their advisors, so I was expecting you to bring this up sometime soon.

P Great. Do you have some time now? This shouldn't take too long.

S My part-time job at the library starts in about 30 minutes, but the library isn't too far from here, so I can spare some time to speak with you.

P I'm glad to hear that. So… what are your plans?

S I don't know. Well, I've given it a bit of thought, but I don't have anything solid right now.

P What have you been thinking about?

S As you know, the job market isn't that great now, since the entire country is going through some tough economic times, so I've considered applying to the master's programs at a few graduate schools.

P Hmm… Okay, uh, hold on a minute. It's true that the economy isn't doing well at the moment, but you're a math major, Luke, and math majors are always in high demand.

S We are?

P Of course. Not only that, but math majors who find jobs after graduation have some of the highest average salaries of all students. I'm not sure that graduate work in math is ideal for you. Don't take me wrong. You're a good student, but you wouldn't enjoy studying for a master's degree in this topic.

S To be honest, I have to say I agree with you about grad school. I'm more concerned about being able to find a job following graduation.

P Don't be. Math majors have all kinds of skills that employers are looking for.

S That's good to know. So what kinds of jobs are available to me? I'd really like to get started on my career as soon as I graduate.

N 학생과 교수 사이의 대화를 들으시오.

P 루크, 3학년이 거의 끝나가고 있고, 가을 학기가 시작하면 4학년이 되네요. 지도 교수로서, 학생의 장래 계획이 어떻게 되는지 알아보기 위해 3학년이 끝나기 전에 학생과 이야기를 나누는 것이 내 일입니다. 어, 그러니까, 졸업 후에 무엇을 할 계획을 세우고 있는지 알아보고 싶군요.

S 네, 로빈슨 교수님. 제 친구들 몇 명도 각자 지도 교수님과 대화했기 때문에, 저도 교수님께서 조만간 이 이야기를 꺼내실 것으로 예상하고 있었습니다.

P 좋습니다. 지금 시간이 좀 있나요? 그렇게 오래 걸리진 않을 거예요.

S 도서관 시간제 근무가 약 30분 후에 시작하지만, 도서관이 여기서 아주 멀진 않기 때문에, 교수님과 이야기할 시간을 좀 낼 수 있습니다.

P 그 말을 들으니 다행이네요. 그럼… 어떤 계획이 있나요?

S 모르겠습니다. 그게, 제가 좀 생각해 봤는데, 지금으로선 확실한 게 없습니다.

P 무슨 생각을 하고 있었죠?

S 아시다시피, 나라 전체가 좀 경제적으로 힘든 시기를 겪고 있어서, 구직 시장이 지금 그렇게 좋진 않기 때문에, 몇몇 대학원의 석사 프로그램에 지원하는 걸 고려해 봤습니다.

P 흠… 자, 어, 잠깐만요. 지금 경기가 좋지 않은 건 사실이지만, 루크, 학생은 수학 전공자이고 수학 전공자들은 항상 수요가 높아요.

S 그런가요?

P 물론이죠. 그뿐 아니라, 졸업 후에 일자리를 찾는 수학 전공자들은 모든 학생들 중에서 가장 높은 평균 연봉을 받는 일부입니다. 학생에게 대학원 수학 공부가 이상적인지는 잘 모르겠네요. 오해하진 말아요. 당신이 좋은 학생이긴 하지만, 이 주제로 석사 학위를 위해 공부하는 게 즐겁지 않을 겁니다.

S 솔직히, 대학원과 관련해서 제가 교수님 생각에 동의한다는 말씀을 드려야겠습니다. 저는 졸업 후에 일자리를 찾을 수 있는지가 더 걱정스럽습니다.

P 그러지 말아요. 수학 전공자들은 고용주들이 찾고 있는 모든 종류의 능력을 갖추고 있어요.

S 그렇다는 걸 알게 되어서 다행입니다. 그럼 저에게 어떤 종류의 일자리가 가능할까요? 저는 졸업하자마자 꼭 직장 생활을 시작하고 싶습니다.

P There are a wide variety of jobs available. You could, of course, become a math teacher. Math instructors normally get paid well even if they're at a high school or middle school.

S No offense, but that doesn't have much appeal to me.

P No worries. Working as an accountant or a data analyst is a possibility. You're good with computers, aren't you?

S Sure. I do a lot of programming in my free time.

P Even better. You could get a job as a computer programmer. It's not necessary to major in programming. In fact, plenty of employers prefer to avoid programming majors when hiring.

S Seriously? I would absolutely love to do that. I find programming fun, and I'm fairly good at it. How would I go about getting a programming job?

P I have a few contacts in the industry whom I can introduce you to. The school will also be having a couple of job fairs this fall, and several companies that need programmers attend it every year.

S Wow. I had no idea. I'm so glad that you spoke with me about this.

P 구할 수 있는 일자리가 아주 다양하게 있어요. 당연히, 수학 교사가 될 수도 있고요. 수학 교사들은 설사 고등학교나 중학교에 있다 하더라도 보통 높은 급여를 받습니다.

S 나쁜 뜻은 없지만, 그건 그렇게 저에게 매력적이지 않습니다.

P 괜찮아요. 회계사나 데이터 분석가로 일하는 것도 한 가지 가능성이죠. 학생은 컴퓨터를 잘 하죠, 그렇지 않나요?

S 그럼요. 여유 시간에 프로그래밍을 많이 해요.

P 그럼 훨씬 더 좋네요. 컴퓨터 프로그래머로 일자리를 얻을 수도 있어요. 프로그래밍을 전공하는 게 필수는 아닙니다. 사실, 많은 고용주들이 고용 시에 프로그래밍 전공자를 피하고 싶어 해요.

S 정말인가요? 그 일을 정말 해 보고 싶어요. 제가 프로그래밍을 재미있어하기도 하고, 꽤 잘 하거든요. 프로그래밍 일자리 구하는 걸 어떻게 시작하면 될까요?

P 내가 학생을 소개해 줄 수 있는 업계 지인들이 몇 명 있어요. 우리 학교에서도 올 가을에 몇 번의 취업 박람회를 열 예정인데, 프로그래머를 필요로 하는 여러 회사들이 매년 참가하고 있죠.

S 우와. 그런 줄은 몰랐습니다. 저에게 이런 이야기를 해 주셔서 너무 기쁩니다.

스크립트 어휘

academic advisor (대학의) 지도 교수 have a chat with ~와 이야기를 나누다 bring ~ up (화제 등을) 꺼내다 spare (시간이나 돈 등을) 할애하다 solid 확실한, 탄탄한 go through ~을 겪다 tough 힘든, 어려운 consider -ing ~하는 것을 고려하다 apply to ~에 지원하다 graduate school 대학원(= grad school) major 전공자 in high demand 수요가 높은 Don't take me wrong. 오해하지 마세요. be concerned about ~에 대해 걱정하다 following ~ 후에 get started on one's career ~의 경력을 시작하다 a wide variety of 아주 다양한 get paid well 높은 급여를 받다 No offense. 나쁜 뜻은 없습니다. have appeal to ~에게 매력적이다 accountant 회계사 analyst 분석가 be good with ~을 잘 다루다 go about -ing ~하는 것을 시작하다 contact 지인, 연줄(이 닿는 사람) introduce A to B A를 B에게 소개하다

주제와 목적 찾기

1 교수는 왜 학생에게 만나자고 요청했는가?
 (A) 그에게 곧 일자리 지원을 시작하도록 권하기 위해
 (B) 본인의 미래에 대한 그의 생각을 의논하기 위해
 (C) 그에게 가을에 있을 몇몇 취업 박람회에 관해 알리기 위해
 (D) 그의 4학년 생활에 필요한 계획을 간략히 설명하기 위해

어휘 apply for ~에 지원하다 inform A about B A에게 B에 대해 알리다 outline 간략히 설명하다

해설 교수는 곧 4학년이 되는 학생에게 장래 계획이 어떻게 되는지 알아보려 한다는 말과 함께 졸업 후의 계획에 대해 알아보고 싶다고 말하고 있다. 따라서 정답은 (B)다.

세부 내용 찾기

2 교수는 학생에게 왜 대학원을 피하도록 권하는가?
 두 개의 답을 고르시오.
 (A) 그녀는 학생이 그것을 좋아할 것이라고 생각하지 않는다.
 (B) 대학원에 다니는 비용이 너무 높다.
 (C) 수학 전공자들을 많은 회사에서 찾는다.
 (D) 학생의 학점이 대학원에 갈 정도로 충분히 높지 않다.

어휘 recommend (that) + A(주어) + (should) B(동사원형) A가 B하라고 권하다 seek 찾다, 구하다

해설 교수는 학생에게 고용 시장에서 수학 전공자들은 항상 수요가 높다는 점과 학생이 수학으로 석사 학위를 위해 공부하는 게 즐겁지 않을 거라고 말하고 있다. 따라서 정답은 (A)와 (C)다.

의도와 태도 파악하기

3 대학원에 대한 학생의 의견은 무엇인가?
(A) 그는 그곳이 자신의 지식을 향상시켜 줄 수 있다고 생각한다.
(B) 그는 그곳에서 수학을 깊이 있게 공부하기를 간절히 바란다.
(C) 그는 그곳에 다니고 싶어 하지 않는다.
(D) 그는 석사 학위를 받는 데 관심이 있다.

어휘 be eager to ~하기를 간절히 바라다 in depth 깊이 있게

해설 교수가 학생이 석사 학위를 위해 수학 공부를 하는 게 즐겁지 않을 거라고 말하자, 학생이 교수 생각에 동의한다고 말한다. 따라서 정답은 (C)다.

구조 파악하기

4 교수는 왜 수학을 가르치는 일에 대해 이야기하는가?
(A) 그것이 석사 학위를 필요로 한다고 주장하기 위해
(B) 수학 교사의 평균 연봉을 말하기 위해
(C) 학생이 그 일을 할 자격이 있다고 주장하기 위해
(D) 그것을 가능성 있는 미래의 직업으로 권하기 위해

어휘 state 말하다   be qualified to ~할 자격이 있다

해설 교수는 학생에게 구할 수 있는 일자리가 아주 다양하게 있다고 언급하면서 수학 교사가 될 수도 있다고 말하고 있다. 따라서 정답은 (D)다.

추론하기

5 교수가 다가오는 취업 박람회에 대해 암시하는 것은 무엇인가?
(A) 그것들은 캠퍼스 밖의 장소에서 개최될 것이다.
(B) 그녀는 그곳에 참석할 몇몇 모집 담당자를 알고 있다.
(C) 학생은 그 중 하나에서 일자리를 찾을지도 모른다.
(D) 그것들은 학생에게 아주 유익할 것 같지 않다.

어휘 upcoming 다가오는   take place 개최되다   off campus 캠퍼스 밖의   recruiter 모집 담당자

해설 교수는 학생에게 컴퓨터 프로그래머로 일자리를 얻을 수도 있다고 말하면서 취업 박람회 개최 사실과 프로그래머를 필요로 하는 여러 회사가 참가한다는 점을 말하고 있다. 이는 학생이 프로그래머로 일자리를 찾을 수 있는 가능성을 말하는 것이다. 따라서 정답은 (C)다.

CONVERSATION 04
pp.102-103

정답 | **1** (D)   **2** (A)   **3** (B)   **4** (C)   **5** (B)

N Narrator   **S** Student   **P** Professor

N Listen to a conversation between a student and a professor.

P Thanks for stopping by my office. I was hoping to discuss your final presentation next week. As you know, I require a one-on-one meeting with each student before their presentation. Do you have any particular topic in mind?

S Yes, I do. I've chosen superfoods for my presentation. I will show how they are genuinely super, not just for our health but also for the economy.

P Interesting choice. But it's crucial to note that "superfood" isn't a scientific term. Rather, it's a marketing one. Make sure you don't get confused about that in your presentation.

S Yes, I'm aware of that. Anyway, I intend to focus on Brazil nuts, not only their nutritional value but also their broader economic implications.

P Brazil nuts are a good topic. Be sure to include some basic details, such as the fact that they're nutrient-dense and come from a tree in South America.

N 학생과 교수 사이의 대화를 들으시오.

P 내 연구실에 들러 줘서 고마워요. 다음 주에 있을 기말 발표와 관련해 얘기를 나누고 싶었어요. 알다시피, 발표 전에 각 학생들과 일대일 면담이 필요합니다. 염두에 두고 있는 특정한 주제가 있나요?

S 네, 있습니다. 저는 발표 주제로 슈퍼푸드를 선택했습니다. 그게 우리의 건강뿐 아니라 경제에도 진짜로 얼마나 대단한 것인지 보여 드리려구요.

P 흥미로운 선택이군요. 하지만 '슈퍼푸드'가 과학 용어가 아니라는 점에 주의하는 게 아주 중요합니다. 그보다는, 마케팅 용어죠. 반드시 발표에서 그 부분을 혼동하지 않도록 하세요.

S 네, 알고 있습니다. 어쨌든, 저는 브라질 너트에 초점을 맞출 생각인데, 그것의 영양적 가치뿐 아니라 더 폭넓은 경제적 영향까지도요.

P 브라질 너트는 좋은 주제이죠. 몇몇 기본 세부 정보를 꼭 포함하도록 하세요, 영양이 풍부하고 남아메리카에 있는 나무에서 나온다는 사실 같은 것들이요.

S I will. And I'll also point out how the nuts themselves are about the size of a coconut, with each holding 10 to 25 seeds, and that the trees grow up to 50 meters in height and live for centuries.

P Those are good details. Now, regarding health benefits, I assume you'll do some research into the amount of selenium in Brazil nuts.

S Absolutely. I've already learned that selenium is a mineral with potent antioxidant properties that contributes significantly to our overall health.

P That's correct. Actually, nuts in general are known to have a positive impact on our mood, heart rate, and body temperature. Anyway, are you planning to touch upon the emerging idea that Brazil nuts might fight cancer?

S I'm a bit cautious about that. From what I've read, the nuts do remove mercury from the body, but the direct link between mercury and cancer isn't conclusive. I want to stick to information that's scientifically backed.

P Wise decision. It's crucial to maintain accuracy. Now, you mentioned the economic aspect. Could you elaborate on that?

S Certainly. I will explain that Brazil nut trees are so valuable that cutting them down is illegal. I found out that the demand for the nuts has increased, so people are now planting more trees. This has led to Brazil nut tree farms becoming lucrative ventures. Apart from consuming the seeds, people extract oil from them, which is used in various products, including makeup.

P Yes, they have applications beyond what many might realize. The oil is even used in culinary contexts, like salad dressing, since it has a rich, distinct flavor.

S Yes, it's really versatile. It's this dual utility, for both health and economic purposes, that makes Brazil nuts truly stand out.

P Well, I think your presentation will be insightful, as long as it covers both the health benefits and economic significance of Brazil nuts. Speaking of being insightful, you'll need to back up your presentation with visual aids.

S Actually, I've looked through a lot of material in the library, but superfoods are kind of a fast-changing topic. I'm not sure where to find the latest reliable information.

P How about attending a conference held tomorrow? They'll be talking about healthy eating and superfoods.

S Oh, really? I will make it.

P Great. I look forward to hearing your presentation.

S 그렇게 하겠습니다. 그리고 브라질 너트 자체가 어떻게 대략 코코넛만한 크기가 되고, 각각 10~25개의 씨앗을 품고 있는지, 그 나무가 최대 50미터 높이까지 자라고 수 세기 동안 산다는 점도 짚고 넘어갈 겁니다.

P 좋은 세부 정보들이네요. 자, 건강상의 이점과 관련해서는, 브라질 너트에 들어 있는 셀레늄의 양에 대해 좀 조사할 것으로 추측되네요.

S 물론입니다. 저는 이미 셀레늄이 우리의 전반적인 건강에 상당히 기여하는 강한 항산화 특성을 지닌 무기물이라는 것을 알게 되었습니다.

P 맞아요. 사실, 견과류는 일반적으로 우리의 기분과 심장 박동수, 체온에 긍정적인 영향을 미치는 것으로 알려져 있어요. 어쨌든, 최근 떠오르고 있는 이론인 브라질 너트가 암을 퇴치할 수도 있다는 점에 대해 간단히 다룰 계획인가요?

S 그 부분에 대해서는 좀 조심스럽습니다. 제가 읽어 보니까, 브라질 너트가 분명 몸에서 수은을 제거하지만, 수은과 암 사이의 직접적인 연관성이 결정적이지 않아서요. 과학적으로 입증된 정보에 충실하고 싶습니다.

P 현명한 결정입니다. 정확성을 유지하는 게 아주 중요하죠. 그리고, 경제적인 측면을 언급하던데, 그 부분을 상세히 말해 주겠어요?

S 그럼요. 브라질 너트 나무는 가치가 너무 커서 그걸 베는 것은 불법이라는 점을 설명할 겁니다. 저는 브라질 너트에 대한 수요가 증가해서, 사람들이 현재 더 많은 나무들을 심고 있다는 것도 알게 되었습니다. 이렇게 해서 브라질 너트 나무 농장이 수익성이 좋은 사업으로 이어졌고요. 씨를 먹는 것 외에도, 사람들은 브라질 너트에서 기름을 추출하는데, 그 기름은 화장품을 포함한 다양한 제품에 쓰입니다.

P 네, 브라질 너트는 많은 사람들이 알 만한 것 이상의 용도들을 가지고 있죠. 그 기름은 심지어 샐러드 드레싱처럼 요리의 측면에서도 이용되는데, 풍부하고 독특한 풍미가 있기 때문이에요.

S 네, 정말 용도가 다양해요. 건강과 경제적 목적 둘 다를 위한 이중적인 유용성이 바로 브라질 너트를 진정으로 돋보이게 만드는 것입니다.

P 음, 발표가 통찰력 있는 내용일 것 같군요, 브라질 너트가 지닌 건강상의 이점과 경제적 중요성 둘 모두를 다루기만 한다면 말이죠. 통찰력 얘기가 나와서 말인데, 시각 자료로 발표 내용을 뒷받침해야 할 겁니다.

S 실은, 도서관에서 많은 자료를 훑어보았는데, 슈퍼푸드가 좀 빠르게 변하는 주제라서요. 신뢰할 만한 최신 정보를 어디에서 찾아야 할지 모르겠습니다.

P 내일 개최되는 컨퍼런스에 참석해 보는 건 어때요? 건강에 좋은 식사와 슈퍼푸드에 관해 이야기할 겁니다.

S 아, 정말요? 가 볼게요.

P 좋습니다. 학생의 발표를 듣는 게 무척 기다려지는군요.

스크립트 어휘

stop by (잠시) 들르다   one-on-one 일대일의   have ~ in mind ~을 염두에 두다   genuinely 정말로, 진정으로   crucial 중요한   note ~에 주의하다   get confused about ~에 대해 혼동하다   be aware of ~을 알다   implication 영향   nutrient-dense 영양이 풍부한   up to ~까지   assume 추측하다   selenium 셀레늄(비금속 원소의 하나)   potent 강력한   antioxidant 항산화의   property 특징   contribute to ~에 기여하다   have a positive impact on ~에 긍정적인 영향을 미치다   touch upon ~에 대해 간단히 다루다   emerging 최근   mercury 수은   conclusive 결정적인   stick to ~에 충실하다, ~을 고수하다   back 지지하다   elaborate on ~에 대해 상세히 말하다   lead to ~로 이어지다   lucrative 수익성이 좋은   venture (모험적인) 사업   apart from ~외에도   consume 먹다   extract A from B A를 B에서 추출하다   application 용도, 적용   culinary 요리의   context 측면, 맥락   distinct 독특한   versatile 다용도의   dual 이중의   utility 유용성   stand out 돋보이다   insightful 통찰력 있는   as long as ~하는 한   speaking of ~ 이야기가 나와서 말인데   back up ~을 뒷받침하다   look through ~을 훑어보다   make it (모임 등에) 가다

주제와 목적 찾기

1 교수는 왜 학생과 만나기를 원하는가?
(A) 브라질 너트에 관한 일부 정보를 공유하기 위해
(B) 학생에게 기말 발표 평점을 알려 주기 위해
(C) 슈퍼푸드와 관련된 정보를 찾는 방법에 관한 유용한 팁을 제공하기 위해
(D) 필수적인 발표 전 논의 시간을 갖기 위해

어휘 mandatory 의무(필수)적인

해설 교수가 발표 전에 각 학생과 갖는 일대일 면담 시간이 필요하다고 언급하고 있다. 따라서 정답은 (D)다.

세부 내용 찾기

2 교수는 슈퍼푸드와 관련해 무슨 말을 하는가?
(A) 그 용어 자체는 과학적이지 않으며 제품을 판매하기 위해 사용된다.
(B) 그것들은 셀레늄이라고 부르는 영양소가 풍부한 것으로 알려져 있다.
(C) 그것들은 건강에 가장 좋은 식품으로 여겨진다.
(D) 그것들이 경제적 이점이 있는지는 불분명하다.

어휘 rich in ~이 풍부한

해설 교수는 슈퍼푸드라는 말이 과학 용어가 아니라 마케팅을 위한 것이라고 언급하고 있다. 따라서 정답은 (A)다.

추론하기

3 브라질 너트에 대해 추론할 수 있는 것은 무엇인가?
(A) 그것들은 오직 남아메리카에서만 생산될 수 있다.
(B) 그것들의 항암 능력은 학생의 발표에서 제외될 가능성이 있을 것이다.
(C) 더 많은 브라질 너트 나무를 심으려면 허가가 필요하다.
(D) 사람들이 그 씨에서 기름을 추출하는 다양한 방법을 개발하고 있다.

해설 학생은 수은과 암 사이의 직접적인 연관성이 결정적이지 않다며, 과학적으로 입증된 정보에 충실하고 싶다고 말하고 있으므로 항암 능력에 관한 내용을 발표에서 다루지 않을 것으로 추론할 수 있다. 따라서 정답은 (B)다.

구조 파악하기

4 교수는 왜 샐러드 드레싱을 언급하는가?
(A) 샐러드 맛을 향상시키는 방법을 설명하기 위해
(B) 브라질 너트가 깊은 풍미를 지니고 있다는 생각이 틀렸음을 입증하기 위해
(C) 브라질 너트가 많은 다른 용도를 가지고 있다는 것을 설명하기 위해
(D) 샐러드가 브라질 너트만큼 건강에 좋다고 주장하기 위해

어휘 disprove ~이 틀렸음을 입증하다   illustrate 설명하다

해설 교수는 브라질 너트가 많은 사람들이 알고 있는 것보다 더 많은 용도가 있다고 말하면서 그 예시로 기름이 샐러드 드레싱처럼 요리에 이용된다고 말하고 있다. 따라서 정답은 (C)다.

추론하기

5 학생은 대화 후에 아마도 무엇을 할 것인가?
(A) 그녀는 도서관에서 정보를 찾을 것이다.
(B) 그녀는 컨퍼런스에 참석할 것이다.
(C) 그녀는 발표 주제를 더 많은 정보가 있는 것으로 바꿀 것이다.
(D) 그녀는 또 다른 교수와 일대일 면담을 할 것이다.

해설 교수가 학생에게 내일 개최되는 컨퍼런스에 참석해 보도록 권하자, 학생이 가 보겠다고 대답하고 있다. 따라서 정답은 (B)다.

관련 지식 셀레늄(selenium)은 1817년 스웨덴 화학자에 의해 처음 발견되었다. 셀레늄은 사람과 동물의 건강을 유지하기 위해 반드시 필요한 원소이자 필수 영양소이다. 셀레늄은 생선과 살코기, 곡류, 마늘, 양파에도 많이 들어 있다. 우리 몸에서 항산화 작용을 하고 손상되는 세포를 보호하는 역할도 하며 면역력 강화에도 필수적인 것으로 알려져 있다.

정답 | 1 (B)   **2** (C)   **3** (D)   **4** (A)   **5** (B)

N Narrator   S Student   P Professor

N Listen to a conversation between a student and a professor.	N 학생과 교수 사이의 대화를 들으시오.

P What did you think of the exam, Lisa?

S To be honest, it was pretty challenging.

P Did you spend enough time preparing for it?

S I did. I pulled an all-nighter, reviewing my notes and working through problems.

P Ah, the classic all-nighter. You might want to reconsider that approach. I doubt that cramming so much information into your head all at once is productive. Remember, exams are not just cramming. Speaking of which, a classmate of yours, Peter, shared his study routine with me. He studies a bit each day— not that much, around 30 minutes a day. He reviews all of the material, even if he thinks he knows it. He said it has had a significant impact on his grades. The thing is, he never crams. Rather, he gets a good night's sleep before every exam. Keep in mind that consistently reviewing every day is more effective.

S Really? I've always thought cramming was the best way to prepare for exams.

P Many students have that misconception, but it's great that you're going to change your approach. I'm sure you'll see improvements.

S Well, during the test, I was perplexed by some formulas that seemed like, seemed super easy the night before. But I ended up spending too much time just trying to recall how to use them. Unfortunately, that left me with no time to double-check my answers.

P That's unfortunate. Double-checking is crucial, especially in math. Simple mistakes can cost a lot of points. Time management during exams is vital.

S I'll keep that in mind for the next one.

P Now, how about the content? Did you find the questions straightforward?

S I feel confident about the part on functions. However, the other sections were quite challenging. The last question, in particular, was a struggle. I used trigonometric ratios—sine, cosine, and tangent. Do you think that was the right approach?

P Actually, for that question, the Pythagorean theorem would have been more appropriate.

S Really? I guess I was on the wrong track with that one.

P 시험이 어땠나요, 리사?

S 솔직히, 꽤 힘들었습니다.

P 준비하는 데 충분한 시간을 들였나요?

S 네. 밤샘 공부를 하며, 필기 내용을 복습하고 문제들도 풀었습니다.

P 아, 전형적인 밤샘 공부였군요. 그 방법을 다시 생각해 보면 좋을 거예요. 그렇게 많은 정보를 한꺼번에 모두 벼락치기로 머리에 집어넣는 것이 생산적이라고 생각하지 않아요. 시험은 단순히 벼락치기가 아니라는 걸 기억하세요. 말이 나온 김에, 동급생 중 한 명인 피터가 내게 학습 루틴을 공유해 주었어요. 그는 조금씩 매일 공부를 하는데, 그렇게 많이는 아니고, 하루에 대략 30분 정도만 하는 겁니다. 설사 그가 아는 내용이라고 생각하더라도, 모든 내용을 복습합니다. 그게 학점에 상당한 영향을 주었다고 하더군요. 중요한 건, 그는 절대 벼락치기를 하지 않는다는 것입니다. 반대로, 매 시험 전날에 잠을 푹 잡니다. 매일 꾸준히 복습하는 게 더 효과적이라는 것을 명심하세요.

S 정말인가요? 저는 항상 벼락치기가 시험에 대비하는 최고의 방법이라고 생각했습니다.

P 많은 학생들이 그런 오해를 하지만, 그 방법을 바꾼다면 좋을 겁니다. 분명 개선되는 게 보일 거예요.

S 음, 시험 중에, 제가 몇몇 공식 때문에 당황했는데, 그게 어땠냐 하면, 전날 밤에는 아주 쉬운 것 같았거든요. 하지만 결국 그 공식들을 이용하는 방법을 기억해 내려고 하는 데에만 너무 많은 시간을 썼습니다. 유감스럽게도, 그래서 제 답안을 다시 확인할 시간이 없었어요.

P 안타깝네요. 재확인은 아주 중요한 부분인데, 특히 수학에서는요. 단순한 실수로 많은 점수를 잃을 수 있으니까요. 시험에서 시간 관리는 필수입니다.

S 다음 시험에서는 명심하겠습니다.

P 자, 내용은 어땠나요? 문제들이 쉽다고 생각했나요?

S 함수 관련 부분에 대해서는 자신 있습니다. 하지만, 다른 부분들은 꽤 어려웠습니다. 특히 마지막 문제는 힘겨웠어요. 사인과 코사인, 탄젠트의 삼각비 공식들을 이용했죠. 이게 맞는 방법이라고 생각하세요?

P 사실, 그 문제에 대해서는, 피타고라스의 정리가 더 적절했을 거예요.

S 정말로요? 제가 그 문제에 대해서 잘못하고 있었던 것 같네요.

P Don't dwell too much on this exam. It's only the midterm. You still have unit tests and the final exam to enhance your grade. And don't underestimate the importance of regular attendance, as it accounts for 10% of your final grade. Additionally, consistent studying will prepare you for surprise quizzes, boosting your overall performance.

S You're right. I'll work on improving my approach.

P Good to hear. Remember, it's not just about exams. Continuous improvement is the goal. Reflect on what worked and what didn't, and adjust your study methods accordingly. We're here to support your academic journey.

S Thanks, Professor Keyes. I appreciate your advice. I'll implement these changes moving forward.

P That's the spirit. If you ever need further guidance, my door is always open.

P 이 시험에 너무 크게 얽매이지 말아요. 중간고사일 뿐입니다. 학점을 높일 수 있는 단원별 시험과 기말고사도 아직 있어요. 그리고 정기적인 출석의 중요성을 과소평가하지 마세요. 그것이 최종 학점의 10퍼센트를 차지하니까요. 게다가, 꾸준한 공부로 쪽지 시험에 대비하면, 전체 성적은 오를 겁니다.

S 맞는 말씀입니다. 제 방법을 개선하도록 노력하겠습니다.

P 그 말을 들으니 좋군요. 그게 단순히 시험에 관한 것만은 아니라는 점을 기억하세요. 지속적인 향상이 목표입니다. 무엇이 효과가 있었고 그렇지 않았는지 되돌아보고, 그에 따라 공부 방법을 조정해 보세요. 우린 학생들의 학업 여정을 돕기 위해 이곳에 있는 겁니다.

S 고맙습니다, 키스 교수님. 조언 감사드립니다. 앞으로 이 변화들을 실천해 보겠습니다.

P 바로 그거예요. 언제든 추가 지도가 필요하다면, 내 문은 항상 열려 있습니다.

스크립트 어휘

pull an all-nighter 밤샘 공부를 하다 work through ~을 해결하다 cram A into B A를 B에 집어넣다 all at once 한꺼번에 speaking of which 말이 나온 김에 material 내용, 자료 have a significant impact on ~에 상당한 영향을 미치다 (the) thing is 실은, 중요한 건 keep in mind ~을 명심하다 consistently 꾸준히, 일관되게 misconception 오해 be perplexed by ~로 당황하다 formula 공식 end up -ing 결국 ~하게 되다 recall 기억해 내다 cost 잃게 하다 straightforward 쉬운, 간단한 functions 함수 struggle 힘든 것 trigonometric ratios 삼각비 공식 Pythagorean theorem 피타고라스의 정리 be on the wrong track 잘못된 방향으로 가다 dwell on ~에 얽매이다 underestimate 과소평가하다 attendance 출석 account for ~을 차지하다 additionally 게다가 boost 밀어 올리다 work on ~에 노력을 들이다 reflect on ~을 되돌아보다 work 효과가 있다 adjust 조정하다 accordingly 그에 따라 implement 실행하다 moving forward 앞으로 That's the spirit. 바로 그 정신이야.

주제와 목적 찾기

1 대화는 주로 무엇에 관한 것인가?
(A) 최근의 기말고사가 얼마나 어려웠는지
(B) 적절한 공부 방식의 중요성
(C) 수학 공식을 암기하는 방법
(D) 곧 있을 시험에 대비하는 전략적인 방법

어휘 mathematical 수학의 strategic 전략적인 upcoming 곧 있을, 다가오는

해설 교수는 학생에게 벼락치기가 아닌 규칙적으로 매일 공부하는 방법과 그 중요성에 대해 설명하고 있다. 따라서 정답은 (B)다.

구조 파악하기

2 교수는 왜 피터를 언급하는가?
(A) 학생의 성적과 피터의 성적을 비교하기 위해
(B) 그가 시험을 위해 얼마나 열심히 공부하는지 설명하기 위해
(C) 규칙적으로 공부하는 것의 이점들을 설명하기 위해
(D) 학생에게 다음 시험에 대비하도록 강하게 권유하기 위해

어휘 on a regular basis 규칙적으로 urge A to B A에게 B하도록 강하게 권유하다

해설 교수는 벼락치기가 아닌 평소에 규칙적으로 공부하는 것이 효과적이라는 것을 설명하기 위해 피터의 공부 방법을 예로 들어 이야기하고 있다. 따라서 정답은 (C)다.

정답 및 해설 **81**

세부 내용 찾기

3 학생은 벼락치기와 관련해 무슨 말을 하는가?

(A) 대부분의 학생들은 그것이 규칙적인 공부보다 더 신뢰할 만하다고 생각한다.

(B) 그것은 시험에 대비하는 유일한 방법이다.

(C) 그것은 꾸준한 복습에 대한 대안이 될 수 있다.

(D) 학생은 그것을 시험에 대비하는 가장 효과적인 방법으로 생각했다.

어휘 reliable 신뢰할 만한   alternative to ~에 대한 대안

해설 학생은 항상 벼락치기가 시험에 대비하는 최고의 방법이라고 생각했다는 사실을 밝히고 있다. 따라서 정답은 (D)다.

의도와 태도 파악하기

4 학생의 성적에 대한 교수의 의견은 어떠한가?

(A) 추가적인 노력으로 이번 시험 결과를 만회할 수 있다.

(B) 학생은 반드시 나머지 수업에 완전히 출석해야 한다.

(C) 학생은 정기적인 출석의 중요성을 간과했다.

(D) 학생이 언급한 모든 공부 방법이 효과가 있다.

어휘 make up for ~을 만회하다   overlook 간과하다

해설 교수는 학생에게 성적을 향상시킬 수 있는 단원별 시험과 기말고사, 정기적인 출석, 쪽지 시험 등이 남아 있다고 말하고 있다. 이는 추가적인 노력을 통해 성적을 향상시키는 방법을 언급하는 것이다. 따라서 정답은 (A)다.

추론하기

5 대화의 일부를 다시 들으시오. 그런 다음 질문에 답하시오. ∩

> *P 사실, 그 문제에 대해서는, 피타고라스의 정리가 더 적절했을 거예요.*
>
> *S 정말로요? 제가 그 문제에 대해서 잘못하고 있었던 것 같네요.*
>
> *P 이 시험에 너무 크게 얽매이지 말아요. 중간고사일 뿐입니다. 학점을 높일 수 있는 단원별 시험과 기말고사도 아직 있어요.*

학생이 다음과 같이 말할 때 추론할 수 있는 것은 무엇인가?

> *S 제가 그 문제에 대해서 잘못하고 있었던 것 같네요.*

(A) 그는 피타고라스의 정리를 이용해 문제를 풀었다.

(B) 그는 자신의 방법으로는 정답을 찾지 못했을 가능성이 컸다.

(C) 그는 중간고사에서 좋은 성적을 받을 기회를 놓쳤다.

(D) 그는 피타고라스의 정리에 익숙하지 않았다.

어휘 be unlikely to ~할 가능성이 없다   be familiar with ~에 익숙하다

해설 교수가 학생이 말한 문제에 피타고라스의 정리가 더 적절했을 거라고 말하자, 학생은 자신이 잘못하고 있었던 것 같다고 대답하고 있으므로 잘못된 풀이 방식으로 인해 정답을 찾지 못했을 것으로 볼 수 있다. 따라서 정답은 (B)다.

정답 | **1** (A)   **2** (B)   **3** (A)   **4** (C)   **5** (D)   **6** (C)

N Narrator   **P** Professor   **S** Student

N Listen to part of a lecture in an art history class.

P Pablo Picasso, a renowned painter of the 20th century, left an indelible mark on the art world with his iconic masterpiece *Guernica*. Today, we will focus on Picasso's fascinating journey in creating this powerful painting and unravel the profound ideas it conveys.

In January 1937, members of the Spanish government approached Picasso to have him paint a mural for the Spanish Pavilion at the 1937 International Exhibition in Paris. However, settling on a subject proved challenging for the artist. Meanwhile, Spain was embroiled in a civil war, with General Francisco Franco attempting to overthrow the government. The pivotal moment occurred on April 26, when Nazi Germany, supporting Franco, bombed the serene city of Guernica in northern Spain, which resulted in the death of over 1,600 people and injuring nearly 900. News of this tragic event reached Picasso in Paris through stark black and white photographs in the newspaper. The devastating imagery of the massacre served as the impetus for Picasso to convey the horrors of war through his art.

In July, the completed mural, titled *Guernica*, was unveiled at the Paris International Exhibition. Here it is. Let's take a look at specific elements of the painting, shall we? On the far left, a bull stands over a grieving woman cradling a lifeless child. In the center, a horse writhes in agony, seemingly pierced by a spear or an arrow. Beneath the horse lies a dead soldier with severed arms. To the horse's right, a frightened woman appears to be floating into a room through a window. On the far right, a terrified figure is trapped in flames. Intricately hidden within the horse figure are two additional images of death—a human skull formed by the horse's nose and teeth, and a bull ramming its horns into the horse's front leg.

S1 So… What's the meaning of the images in the painting?

N 미술사 수업의 강의 일부를 들으시오.

P 파블로 피카소는 20세기의 유명 화가로서, 상징적인 걸작 <게르니카>로 미술계에 잊을 수 없는 자취를 남겼습니다. 오늘은 이 강렬한 그림을 만든 피카소의 아주 흥미로운 여정에 초점을 맞춰, 이 작품이 전달하는 심오한 관념을 풀어가도록 하겠습니다.

1937년 1월, 스페인 정부 일원들은 파리에서 열릴 1937 국제 전시회의 스페인 전시관에 걸 벽화를 그리도록 하기 위해 피카소를 방문했습니다. 하지만, 주제를 정하는 게 이 화가에 있어서 까다로운 문제로 드러났습니다. 한편, 스페인은 프란시스코 프랑코 장군이 정부를 타도하려 시도하면서 내전에 휘말려 있었습니다. 4월 26일에 전환점이 된 순간이 나타났는데, 당시 프랑코 장군을 지원하던 나치 독일이 스페인 북부의 평화로운 도시 게르니카를 폭격했고, 이는 1,600명이 넘는 사망자와 거의 900명에 달하는 부상자를 초래했죠. 이 비극적인 사건의 소식이 신문의 뚜렷한 흑백 사진을 통해 파리에 있던 피카소에게 전해졌습니다. 그 학살을 나타내는 충격적인 이미지는, 피카소가 그림을 통해 전쟁의 공포를 전달할 수 있도록 하는 자극제 역할을 했죠.

7월에 <게르니카>라는 제목으로 완성된 벽화가 파리 국제 전시회에서 공개되었습니다. 바로 이 작품입니다. 이 그림의 특정 요소들을 함께 한번 살펴볼까요? 맨 왼쪽 부분에, 죽은 아이를 떠받친 채로 비통해 하는 여성 위로 황소가 한 마리 서 있습니다. 중앙에는, 말 한 마리가 고통스럽게 몸부림치고 있는데, 창 또는 화살에 관통 당한 것으로 보입니다. 이 말 아래쪽에는 팔이 절단된 채로 죽은 병사 한 명이 누워 있습니다. 말 오른쪽에는 겁에 질린 여성이 창문을 통해 방 안으로 흘러 들어가고 있는 것처럼 보입니다. 맨 오른쪽에는, 두려움에 떠는 사람 한 명이 화염에 갇혀 있습니다. 말 형상 속에는 죽음의 두 가지 이미지가 추가로 복잡하게 감춰져 있는데, 이는 말의 코와 치아로 형성된 인간 두개골과 말의 앞다리를 뿔로 들이받고 있는 황소입니다.

S1 그럼… 그림 속 이미지들의 의미는 무엇인가요?

P Well, *Guernica* is full of symbolism with varying—and uniquely personal—interpretations. Picasso refused to be labeled as a political artist. He also categorically believed that it is the responsibility of the public and not the painter to interpret an artwork. When asked to explain the symbolism in *Guernica*, he said, "This bull is a bull and this horse is a horse. I make the painting for the painting. I paint the objects for what they are."

That being said, historians have reached a consensus on a few interpretations. The most prominent involves the shapes and postures of the bodies depicted. These bodies convey themes of pain, anger, and futile heroism against the horrors of war. The monochrome palette conveys the boldness and vividness reminiscent of a newspaper image. This reflects the artist's initial encounter with the original newspaper reports and gives the painting a sense of despondency and dramatic intensity. The jagged interplay of black and white captures the audience's attention and enhances the emotional impact of the work. In essence, *Guernica* stands as a powerful and provocative work of art that defies easy categorization. The various images within the painting, such as the bull and the horse, continue to fuel aesthetic and political discussions to this day.

S2 It must've drawn a polarizing response at the time, too.

P The initial reception of the painting was… well, it was generally dismissive. The exhibition's German guidebook described *Guernica* as "a hodgepodge of body parts that any four-year-old could have painted." An official—Max Aub was his name—was tasked with displaying the painting at the exhibition. Aub found himself defending the artwork against objections from Spanish officials who disapproved of its modernist style and sought to replace it with a more traditional piece. However, in my view—and I think you'll agree with me—*Guernica* is a powerful work with intricate details, which collectively convey themes of death, violence, and suffering. Make no mistake, though—there were people who praised and admired the painting. French poet and artist Jean Cocteau even declared it a cross that General Franco would perpetually carry on his shoulder. But still, it's true that criticism for *Guernica* prevailed. Art critic Clement Greenberg described it in a later essay as "jerky" and "too compressed." He unfavorably compared it to Picasso's later anti-war painting, *The Charnel House*, which he praised as "magnificently lyrical."

P 음, <게르니카>는 다양하면서 독특하게 개인적인 해석이 가능한 상징들로 가득합니다. 피카소는 정치적인 미술가로 낙인 찍히기를 거부했습니다. 미술품을 해석하는 것은 화가가 아니라 일반 대중의 몫이라고 단정적으로 생각하기도 했죠. <게르니카>에 담긴 상징을 설명해 달라는 요청을 받았을 때, 그는 "이 황소는 황소이고, 이 말은 말입니다. 난 그림을 위한 그림을 그립니다. 대상을 있는 그대로 그리죠." 라고 말했습니다.

그렇긴 하지만, 역사가들은 몇 가지 해석에 대해 의견 일치에 이르렀습니다. 그중 가장 중요한 것은 묘사된 신체의 모양 및 자세와 관련되어 있습니다. 이 신체들은 고통과 분노, 전쟁의 공포에 맞선 헛된 영웅 심리라는 주제를 전달합니다. 단색 색조는 신문 이미지를 연상시키는 선명함과 생생함을 전해 줍니다. 이는 화가가 원래의 신문 보도를 처음 접한 상황을 반영하며, 이 그림에서 허탈감과 극적 강렬함을 일으키게 하죠. 흑백의 들쭉날쭉한 상호 작용은 관람자의 관심을 사로잡으며, 작품의 감정적 영향력을 높여 줍니다. 본질적으로, <게르니카>는 단순한 분류가 불가능한 강렬하고 자극적인 미술 작품입니다. 황소와 말과 같이 그림 속의 다양한 이미지는 오늘날까지도 계속해서 미학적, 정치적 논쟁에 부채질을 하고 있죠.

S2 틀림없이 당시에도 양극화된 반응을 이끌어냈겠어요.

P 그림에 대한 초기 반응은… 음, 일반적으로 멸시였습니다. 당시 전시회의 독일어 가이드북은 <게르니카>를 "어느 네 살짜리라도 그릴 수 있을 정도로 뒤죽박죽인 신체 부위"라고 설명했습니다. 이름이 막스 아우브였던 한 관계자가 그 전시회에서 이 그림을 진열하는 일을 맡았습니다. 아우브는 그림의 모더니즘 양식이 못마땅해서 더 전통적인 작품으로 교체하려는 스페인 관계자들의 반대에 맞서 이 작품을 옹호하기도 했습니다. 하지만 내가 볼 때, 그리고 여러분도 내 말에 동의할 거라고 생각하는데, <게르니카>는 전체적으로 죽음과 폭력, 고통이라는 주제를 전달하는 복잡한 세부 요소를 지닌 강렬한 작품입니다. 하지만 이건 분명히 해 두겠는데, 이 그림을 칭송하고 높이 평가한 사람들이 있었습니다. 프랑스의 시인이자 미술가인 장 콕토는 심지어 이 그림을 프랑코 장군이 영구히 어깨에 짊어지고 갈 십자가라고 단언하기까지 했죠. 그래도 <게르니카>에 대한 비판이 우세했던 것은 사실입니다. 미술 평론가 클레멘트 그린버그는 나중에 쓴 에세이에서 '불규칙적'이고 '너무 압축된' 작품이라고 묘사했습니다. 그는 그 작품을 자신이 '훌륭하게 서정적'이라고 칭송한 피카소의 후기 반전(反戰) 그림 <납골당>보다 못하다고 했습니다.

Now, I encourage each of you to ponder Picasso's use of symbolism. What emotions does the painting evoke? What stories does it tell? In our next class, we will have group discussions to explore your interpretations of *Guernica*. Be prepared to share your insights and questions about this powerful and iconic artwork.

자, 여러분이 각자 피카소가 활용한 상징에 대해 곰곰이 생각해 보기를 권합니다. 이 그림이 어떤 감정들을 자아내나요? 어떤 이야기들을 전하는가요? 다음 수업에서는 그룹 토의 시간을 갖고 <게르니카>에 대한 여러분의 해석을 살펴보겠습니다. 이 강렬하고 상징적인 미술품에 관한 여러분의 이해와 질문을 공유할 수 있게 준비하세요.

스크립트 어휘

renowned 유명한 indelible 잊을 수 없는 iconic 상징적인 unravel (비밀 등을) 풀다 profound 심오한, 깊은 mural 벽화 pavilion 전시관, (전시회 등의) 가설 건물 settle on ~을 정하다 be embroiled in ~에 휘말리다 civil war 내전 overthrow 타도하다, 전복시키다 pivotal moment 전환점이 되는 순간, 중요한 시점 bomb 폭격하다 serene 평화로운, 고요한 injure 부상을 입게 하다 stark 뚜렷한, 극명한, 완전한 devastating 충격적인 massacre 학살 serve as ~의 역할을 하다 impetus 자극(제) unveil 공개하다 grieving 비통해 하는 cradle (양손으로) 떠안다, 안듯이 들다 writhe 몸부림치다 agony 고통 pierce 관통하다, 뚫다 sever 절단하다 float 흘러 가다, 떠가다 figure 사람, 형상 be trapped in ~에 갇혀 있다 intricately 복잡하게 skull 두개골 ram 들이받다 varying 다양한 interpretation 해석 be labeled as ~로 낙인 찍히다, ~로 분류되다 categorically 단정적으로, 강력하게 that being said 그렇기는 하지만 consensus 의견 일치, 합의 prominent 중요한 posture 자세 depict 묘사하다 futile 헛된 monochrome 단색적인 palette 색조 boldness 선명함 reminiscent of ~을 연상시키는 encounter 접함, 맞닥뜨림 despondency 허탈함, 낙담 intensity 강렬함 jagged 들쭉날쭉한 interplay 상호 작용 in essence 본질적으로 stand as ~의 지위에 있다 provocative 자극적인, 도발적인 defy 거부하다 fuel (언쟁 등을) 부채질하다, 촉진시키다 aesthetic 미학적인 polarizing 양극화하는, 호불호가 갈리는 dismissive 멸시하는, 무시하는 hodgepodge 뒤죽박죽 be tasked with ~하는 일을 맡다 defend A against B B에 맞서 A를 옹호하다, 방어하다 disapprove of ~을 못마땅해하다 collectively 전체적으로 make no mistake (강조) 분명히 말하는데 perpetually 영구히 prevail 우세하다 critic 평론가 jerky 불규칙적인 compressed 압축된 unfavorably compare A to B A가 B에 비해 뒤진다고 하다 lyrical 서사적인 ponder 곰곰이 생각하다 evoke 자아내다 insight 이해, 통찰력

주제와 목적 찾기

1 강의의 주요 내용은 무엇인가?
(A) 해석의 여지가 많은 상징들이 있는 그림
(B) 상징적인 그림과 관련된 칭찬과 비판
(C) 피카소가 자신의 그림을 통해 전달하려 했던 감정들
(D) 현대 미술 작품들 속에 사용되는 기법

어휘 subject to ~의 대상인 employ 사용하다

해설 교수는 피카소의 <게르니카>가 그려진 배경을 이야기하면서 이 작품이 다양한 해석이 가능한 상징들로 가득하다고 설명하고 있다. 따라서 정답은 (A)다.

세부 내용 찾기

2 피카소가 <게르니카>를 그린 계기는 무엇인가?
(A) 독일 정부가 요청했다.
(B) 스페인의 한 도시가 파멸적인 공격을 겪었다.
(C) 스페인 전시관에 있던 벽화 하나가 복원을 필요로 했다.
(D) 피카소는 폭력과 전쟁이라는 주제에 큰 관심이 있었다.

어휘 prompt A to B A가 B하게 하다, A에게 B하도록 촉발하다 catastrophic 파멸적인 restoration 복원, 복구

해설 교수에 따르면 피카소는 스페인 전시관의 벽화를 그려달라는 스페인 정부의 요청에 주제를 정하지 못하고 있었는데 게르니카 폭격 소식이 자극제가 되었다고 한다. 따라서 정답은 (B)다.

추론하기

3 <게르니카>에 담긴 이미지에 대해 추론할 수 있는 것은 무엇인가?
(A) 피카소는 이미지로 다양한 관점을 이끌어 내기를 원했다.
(B) 피카소는 동물을 통해 자신의 정치적 입장을 전달하려 했다.
(C) 피카소는 자신의 작품에 담긴 특정 대상에 대한 논의를 막고자 했다.
(D) 피카소는 그림의 상징들이 부정적인 감정을 이끌어 낼 것임을 알고 있었다.

어휘 invite 이끌어 내다, 자아내다 stance 입장, 태도 discourage 막다, 단념하게 하다 elicit 이끌어 내다

해설 교수는 <게르니카>가 다양하면서 개인적인 해석이 가능한 상징들로 가득하다는 말과 함께, 피카소가 예술 작품을 해석하는 것은 화가가 아니라 일반 대중의 몫이라고 말한 사실을 언급하고 있다. 이는 피카소가 자신의 작품에 대해 개인마다의 해석을 장려했다는 뜻으로 볼 수 있다. 따라서 정답은 (A)다.

구조 파악하기

4 교수는 왜 <게르니카>에 담긴 신체의 모양과 자세에 대해 이야기하는가?

(A) <게르니카>에 담긴 일부 상징은 명백하지 않다는 뜻을 나타내기 위해

(B) 역사적 맥락을 바탕으로 <게르니카>에 대한 분석을 제공하기 위해

(C) 더 확실한 의미를 지니고 있는 <게르니카>의 측면들을 이야기하기 위해

(D) <게르니카>의 상징에 대한 반대의 관점을 제시하기 위해

어휘 analysis 분석 context 맥락 aspect 측면, 양상 concrete 확실한, 확고한 perspective 관점

해설 교수는 역사가들이 의견 일치에 이른 부분이 신체의 모양 및 자세와 관련되어 있다고 말하고 있다. 따라서 정답은 (C)다.

의도와 태도 파악하기

5 <게르니카>에 대한 교수의 의견은 어떠한가?

(A) 교수는 삶과 죽음의 이미지를 담아내는 피카소의 능력에 깊은 인상을 받았다.

(B) 교수는 피카소의 다른 그림들에 비해 그 그림의 이미지가 대담하다고 생각한다.

(C) 교수는 죽음과 폭력을 묘사하는 것이 피카소의 의도였을지 의심스러워 한다.

(D) 그림의 주제가 복잡한 이미지를 통해 효과적으로 전달된다고 생각한다.

어휘 capture (그림, 글 등으로) 담아내다, 포착하다 intent 의도, 의사 communicate 전달하다

해설 교수는 자신의 생각을 밝히면서 <게르니카>가 복잡한 세부 요소를 지닌 강렬한 작품으로서 전체적으로 죽음과 폭력, 고통이라는 주제를 전달하고 있다고 말하고 있다. 따라서 정답은 (D)다.

의도와 태도 파악하기

6 강의의 일부를 다시 들으시오. 그런 다음 질문에 답하시오. 🎧

> **P** <게르니카>는 전체적으로 죽음과 폭력, 고통이라는 주제를 전달하는 복잡한 세부 요소를 지닌 강렬한 작품입니다. 하지만 이건 분명히 해 두겠는데, 이 그림을 칭송하고 높이 평가한 사람들이 있었습니다. 프랑스의 시인이자 미술가인 장 콕토는 심지어 이 그림을 프랑코 장군이 영구히 어깨에 짊어지고 갈 십자가라고 단언하기까지 했죠.

교수는 왜 다음과 같이 말하는가?

> **P** 하지만 이건 분명히 해 두겠는데…

(A) 일부 사람들은 <게르니카>에 대해 착잡한 심경이었다는 점을 설명하기 위해

(B) <게르니카>에 대한 의견이 시간이 흐름에 따라 어떻게 변화되었는지 이야기하기 위해

(C) <게르니카>가 다양한 반응의 대상이었음을 주장하기 위해

(D) 피카소의 미술 양식에 감탄했던 한 사람을 소개하기 위해

어휘 mixed feelings 착잡한(복잡한) 심정 assert 주장하다

해설 교수는 <게르니카>가 일반적으로 멸시의 대상이었다고 말하고 그 사례를 소개한다. 그 다음 이에 반하는 자신의 의견을 밝힌 뒤, 분명히 해 두고 싶은 것이 있다고 말하고 <게르니카>가 높이 평가된 예를 들고 있다. 이는 그림에 대한 반응이 부정적이기만 했던 것은 아니라는 의미로, 다양한 반응이 있었음을 이야기하는 것이므로 정답은 (C)다. <게르니카>를 긍정적으로 평가한 사람을 소개하고 있지만 피카소의 미술 양식에 대한 그 사람의 의견은 언급되지 않기에 (D)는 답이 아니다.

관련 지식 파블로 피카소(1881-1973)는 20세기 예술에 지대한 영향을 미친 스페인 예술가이자 입체파의 공동 창시자이다. 그는 13,500점이 넘는 그림을 그린 다작의 예술가였다. 피카소의 작품은 소외되거나 불행한 인물들을 푸른 색채로 그린 청색 시대(Blue Period), 즐겁고 유쾌한 분위기를 따뜻한 색조로 표현한 장미 시대(Rose Period), 그리고 전통적인 예술에서 벗어나 형태와 공간을 해체하고 추상적으로 재구성한 입체파 시대(Cubism) 등 여러 시기로 분류된다.

정답 | **1** (C)　　**2** (A)　　**3** C, N, P, C, C　　**4** (C), (D), (E)　　**5** (A)　　**6** (B)

N Narrator　　**P** Professor

N　Listen to part of a lecture in an archaeology class.

P　Okay, let's continue our examination of civilizations that developed in the Western Hemisphere before European contact. The Maya were an ancient Mesoamerican society that flourished in the region encompassing present-day Mexico, Belize, Guatemala, Honduras, and El Salvador. Remnants of their buildings, streets, and iconic pyramids can be found from northern Belize to southern Mexico. However, due to limited sources and the challenges posed by the dense jungle terrain, making precise conclusions about the Maya's origins can be difficult.

The prevailing theory is that the Maya's ancestors migrated from South America, beginning around 7000 BCE. By 4000 BCE, they had adopted maize, now known as corn, as their principal crop. This played a crucial role in propelling their civilization forward, facilitating the formation of a cohesive society and culture. They transitioned from a hunter-gatherer lifestyle to settling in villages and towns near fields suitable for cultivating this staple crop. Later, they would develop successful agricultural techniques for growing other crops such as squash, cassava, and beans.

Now, the Maya culture is believed to have been significantly influenced by the Olmec civilization, which predates the rise of the Maya. Many experts believe that the religious rituals for which the Maya are known were shaped by adopting Olmec religious practices. For instance, the establishment of ceremonial centers, although not an exact replication of Olmec architectural styles, shows indications of being influenced by their practices. The Maya also refined the Olmec's agricultural techniques, particularly in cultivating maize—you remember what that is, yes? This became a fundamental aspect of their culture, playing a significant role in their religious beliefs and social structure.

So, this period in which the Maya built their cities and developed agriculture… This period is known as the Preclassic era of the Maya, spanning approximately from 1500 to 200 BCE. After 200 BCE, and lasting until about 900 CE, is the Classic era. It was during this era that the Maya accomplished remarkable achievements in various disciplines, including architecture, art, agriculture, astronomy, and mathematics. They also devised an

N　고고학 수업의 강의 일부를 들으시오.

P　네, 유럽인들과의 접촉이 있기 전에 서반구에서 발달한 문명 사회를 계속해서 살펴보겠습니다. 마야는 오늘날의 멕시코와 벨리즈, 과테말라, 온두라스, 엘 살바도르를 아우르는 지역에서 번성한 고대 메소아메리카 사회였습니다. 그 건물과 거리, 상징적인 피라미드의 자취를 벨리즈 북부에서부터 멕시코 남부에 이르는 곳에서 찾아볼 수 있습니다. 하지만 제한적인 자료와 빽빽한 정글 지대에 의해 초래되는 어려움으로 인해, 마야의 기원과 관련해 정확한 결론을 내리는 것은 힘들 수 있습니다.

지배적인 이론에 따르면 마야인들의 조상들은 기원전 약 7000년부터 남아메리카에서 이주했습니다. 기원전 4000년경에, 이들은 현재 옥수수로 알려진 메이즈를 주요 작물로 택했습니다. 이는 문명 사회를 발전시켜, 밀착된 사회와 문화의 형성을 용이하게 하는 데 결정적인 역할을 했습니다. 마야인들은 수렵 채집하는 생활 방식에서 이 주요 작물(옥수수) 재배에 적합한 밭 근처의 부락과 마을에 정착하는 방식으로 전환했습니다. 나중에 이들은 호박과 카사바, 콩과 같은 다른 작물을 재배하는 데 필요한 농업 기술도 성공적으로 발전시켰습니다.

자, 마야 문화는 마야의 출현보다 앞서 있었던 올멕 문명에 의해 상당한 영향을 받았던 것으로 여겨지고 있습니다. 많은 전문가들은 마야인들의 잘 알려진 종교 의식이 올멕의 종교 관습을 받아들임으로써 형성되었다고 생각합니다. 예를 들어, 의식을 치르는 여러 사원의 건립은, 비록 정확한 올멕 건축 양식의 모방은 아니었지만 그들의 관습에 영향을 받은 기미가 보입니다. 마야인들은 올멕의 농업 기술을 개선하기도 했는데, 특히 메이즈를, 이것이 무엇인지 기억하고 있죠? 재배하는 데 있어 그랬습니다. 이 기술은 마야 문화의 근본적인 측면이 되어, 종교적 믿음과 사회 구조에 있어 중요한 역할을 했습니다.

자, 마야인들이 도시를 건설하고 농업을 발전시킨 시기… 이 시기는 마야의 전고전기라고도 알려져 있으며, 기원전 약 1500년에서 200년까지의 기간에 이릅니다. 기원전 200년 후에는, 서기 약 900년까지 지속된 것이 고전기입니다. 마야인들이 건축, 예술, 농업, 천문학, 수학을 포함한 다양한 분야에서 주목할 만한 업적을 이룬 것이 이 고전기 시대였습니다. 이들은 또한 천체 현

intricate calendar system that predicted celestial events and guided agricultural practices. And they constructed impressive architectural structures, such as pyramids and temples, which served as focal points for religious and ceremonial activities.

The Maya also possessed a complex social and political structure. They were organized into city-states, each governed by a supreme leader known as the halach uinic. These leaders wielded significant power and were considered intermediaries between the people and the gods. Mayan society exhibited a high degree of stratification, with distinct roles for nobles, priests, warriors, and commoners.

Prominent Maya cities included Palenque, Tikal, Chichén Itzá, Copán, and Calakmul. Now, uh, like the ancient Greek city-states before they were united under Macedonian rule, the Maya shared a societal structure but did not form a centralized empire. Governance alternated between city-states and local rulers, with periods of peaceful coexistence punctuated by localized skirmishes. This dynamic contributed to the gradual decline of the Maya civilization that began around 800 to 1000 CE.

Now, the reasons behind the Maya's decline and eventual collapse in 1500 CE are still debated among scholars, but several factors likely played a role. As I previously mentioned, a significant contributor was internal conflict and warfare. The Mayan city-states often engaged in territorial disputes and power struggles, draining resources, weakening the social fabric, and hindering their ability to respond to external threats.

Another factor was environmental degradation. The Maya gradually depended more and more on agriculture, particularly the cultivation of maize, as their primary food source. Intensive farming practices, deforestation, and soil erosion, coupled with periods of drought, led to declining agricultural productivity, food shortages, and social unrest. The death rate increased, prompting the abandonment of once-prosperous cities. Many Maya, including those from cities like Chichén Itzá, migrated to more fertile valleys in the south, where they abandoned city-building and established small villages.

When the Spanish reached the Americas in the 15th and 16th centuries, the majority of the Maya's significant cities had already been deserted. The introduction of European diseases, such as smallpox, further exacerbated the decline, severely reducing native populations across the Americas. The precise scale and consequences of this catastrophic event remain a

상을 예측하고 농업 활동을 이끌어 준 복잡한 달력 체계도 고안했습니다. 그리고 피라미드와 신전 같은 인상적인 건축 구조물도 지었는데, 이는 종교 및 제례 활동의 구심점 역할을 했습니다.

마야인들은 복잡한 사회적, 정치적 체계도 갖추고 있었습니다. 여러 도시 국가로 조직되어 있었으며, 각각은 '할라츠 우이니크'라고 알려진 최고 지도자가 통치했습니다. 이 지도자들은 상당한 권력을 행사했으며, 사람들과 신들 사이의 매개자로 여겨졌습니다. 마야 사회는 귀족, 사제, 전사, 평민에 대한 역할이 뚜렷이 다른 고도의 계층화를 보였습니다.

마야의 주요 도시에는 팔렝케, 티칼, 치첸 이차, 코판, 칼라크물이 포함되어 있었습니다. 자, 어, 마케도니아의 통치 하에 통일되기 전의 고대 그리스 도시 국가처럼, 마야인들도 사회 구조를 공유하고 있었지만, 중앙 집권적 제국을 형성하진 않았습니다. 도시 국가와 지방 통치자 사이에서 통치가 번갈아 이루어졌으며, 간간이 국지적인 사소한 충돌이 있는 평화적인 공존의 시대였죠. 이 역학 관계는 서기 약 800년에서 1000년에 시작된 마야 문명의 점진적 쇠퇴의 원인이 되었습니다.

자, 마야의 쇠퇴 및 서기 1500년의 최종 붕괴 이면에 존재하는 이유가 여전히 학자들 사이에서 논란이 되고 있긴 하지만, 아마 여러 요인이 있을 겁니다. 앞서 언급했다시피, 중요한 원인은 내부 충돌과 전쟁이었죠. 마야의 도시 국가들은 흔히 영토 분쟁과 권력 투쟁에 관여되어 있었는데, 이는 자원을 고갈시키고 사회 구조를 약화시켰으며, 외세의 위협에 대응하는 능력을 저해했습니다.

또 다른 요인은 환경 악화였습니다. 마야인들은 점차적으로 농업에 점점 더 의존했고, 특히 주요 식량 공급원으로서 메이즈 재배에 대해 그러했습니다. 집약적 농업 활동과 삼림 벌채, 그리고 토양 침식이 가뭄 기간과 어우러져 농업 생산량 감소, 식량 부족, 사회 불안으로 이어졌습니다. 사망률이 증가하면서, 한때 번성했던 도시들을 포기하는 일로 이어졌습니다. 치첸 이차 같은 도시 출신 사람들을 포함해, 많은 마야인들이 남쪽의 더 비옥한 계곡으로 터를 옮겼으며, 그곳에선 도시 건물을 포기하고 작은 마을을 세웠습니다.

스페인 사람들이 15세기와 16세기에 아메리카 대륙에 도달했을 때, 마야의 중요 도시 대부분은 이미 버려진 상태였습니다. 천연두 같은 유럽 질병의 유입은 그 쇠퇴를 더욱 심화시켜, 아메리카 대륙 전역에서 원주민 인구가 극심하게 감소했습니다. 이 파멸적인 현상의 정확한 규모와 결과는 여전히 계속되는 학문적 논의 주제이며, 이에 대

subject of ongoing scholarly debate, which we will be discussing at another time. Anyway, it is evident that the Maya civilization was experiencing a profound decline by the time the Spanish made their arrival.

해서는 다음 기회에 이야기하게 될 것입니다. 어쨌든, 스페인 사람들이 도착했을 무렵에 마야 문명이 심각한 쇠퇴를 겪고 있었던 것은 분명합니다.

스크립트 어휘

Mesoamerican 메소아메리카의(멕시코와 중앙아메리카 일대의 공통 문화를 가진 곳) encompass 아우르다, 포함하다 remnant 자취, 나머지 dense 빽빽한 terrain 지대, 지형 prevailing 지배적인 migrate 이주하다 adopt 채택하다 maize 메이즈(옥수수) principal 주요한 propel ~ forward ~을 앞으로 나아가게 하다 facilitate 용이하게 하다 cohesive 밀착된 transition 전환되다 hunter-gatherer 수렵 채집의 settle in ~에 정착하다 staple crop 주요 작물 predate ~보다 앞서다 replication 모방 indication 표시, 기미, 징후 span (기간이) 이어지다 discipline (학문) 분야 astronomy 천문학 devise 고안하다 intricate 복잡한 celestial 천체와 관련된 focal point 구심점, 중심점 wield (권력 등을) 행사하다 intermediary 매개자 stratification 계층화 warrior 전사 commoner 평민 centralized 중앙 집권화된 alternate between A and B A와 B 사이를 오가다 punctuated by 간간이 ~이 있는 localized 국지적인 skirmish 사소한 충돌 dynamic 역학 관계 engage in ~에 관여하다 territorial dispute 영토 분쟁 power struggle 권력 투쟁 drain 고갈시키다 social fabric 사회 구조 hinder 저해하다 degradation 악화, 저하 deforestation 삼림 벌채 erosion 침식 coupled with ~와 어우러져, ~와 결부되어 unrest 불안 abandonment 포기, 버림 prosperous 번성하는 fertile 비옥한 desert 버리다 smallpox 천연두 exacerbate 심화시키다, 악화시키다 catastrophic 파멸적인

주제와 목적 찾기

1 강의의 주요 내용은 무엇인가?
(A) 주요 메소아메리카 문명들의 발전
(B) 마야의 주목할 만한 업적
(C) 한 고대 문명의 흥망성쇠
(D) 마야 문명 쇠퇴 이면의 이유

어휘 rise and fall 흥망성쇠

해설 교수는 강의 초반부와 중반부에는 고대 마야 문명의 발전과 사회 전반의 모습을, 후반부에는 그 문명의 쇠퇴를 이야기하고 있다. 따라서 정답은 (C)다.

세부 내용 찾기

2 강의 내용에 따르면, 마야인들은 올멕 문명에 어떤 영향을 받았는가?
(A) 종교 활동을 위한 제례 시설이 형성되었다.
(B) 도시 국가들이 각각의 통치자들에 의해 형성되고 통치되었다.
(C) 마야인들이 올멕의 관개 방식을 개선했다.
(D) 천체 의식을 위해 달력 체계가 만들어졌다.

어휘 respective 각각의 improve upon ~에 개선을 가하다 irrigation 관개

해설 교수는 마야인들이 의식을 치르기 위해 여러 사원을 건립한 것이 정확한 올멕 건축 양식의 모방은 아니었지만 그들의 관습에 영향을 받았음을 보여 주는 표시라고 밝히고 있다. 따라서 정답은 (A)다.

전개구조 파악하기

3 교수는 전고전기와 고전기 마야 문명의 업적을 이야기하고 있다. 각 항목을 해당 시대와 일치시키시오. 일부 항목은 어느 시대에도 해당하지 않을 수 있다. 알맞은 상자에 체크하시오.

	전고전기	고전기	해당 없음
피라미드와 신전 건설		✓	
중앙 집권적 사회 구조 형성			✓
수렵 채집 생활 방식으로부터의 전환	✓		
최고 지도자에 의한 통치		✓	
농업 활동을 위한 달력 체계 고안		✓	

해설 교수는 수렵 채집 생활 방식에서 정착 생활 방식으로의 전환과 농업 기술 발전이 마야 문명의 초기부터 이어진 전고전기에 나타난 업적임을 이야기하고 있다. 그 뒤로 서기 약 900년까지 지속된 고전기에 주목할 만한 여러 업적을 이룬 사실을 언급하면서 농업에 도움이 된 달력 체계, 피라미드와 신전 같은 건축 구조물, 그리고 사회 정치적 체계와 관련해 최고 지도자의 통치를 이야기하고 있다. 중앙 집권적 제국을 형성하진 않았다고 밝히고 있으므로 이러한 사회 구조의 형성은 어느 시대에도 해당하지 않는다.

세부 내용 찾기

4 마야 문명 쇠퇴의 요인으로 이야기되는 것은 무엇인가?
세 개의 답을 고르시오.
(A) 올멕 사람들과의 거듭되는 전쟁
(B) 서로 다른 사회 계급 사이의 다툼
(C) 도시 국가들 사이의 권력 투쟁
(D) 파괴적인 농법
(E) 유럽에 의해 유입된 질병

어휘 continual 거듭되는 warfare 전쟁 destructive 파괴적인

해설 교수는 마야 도시 국가들의 영토 분쟁과 권력 투쟁, 환경 악화를 야기한 집약적 농업 활동, 천연두 같은 유럽 질병의 유입을 마야 문명 쇠퇴의 원인으로 언급하고 있다. 마야 사회 내에서 국지적인 충돌이 있었지만, 계급간 다툼은 언급되지 않으므로 (B)는 틀렸다. 따라서 정답은 (C), (D), (E)다.

추론하기

5 아메리카 대륙에 대한 유럽인들과의 접촉에 대해 추론할 수 있는 것은 무엇인가?
(A) 그 영향에 관한 연구가 확정적이지 않다.
(B) 유럽 제국을 확대하고 식민지를 건설하는 것이 목적이었다.
(C) 아메리카 대륙 고유의 문명 쇠퇴에 별 영향을 미치지 않았다.
(D) 마야인들은 그 사건에 대한 상세 문서 기록을 유지했다.

어휘 conclusive 확정적인, 결정적인 colony 식민지 do little to ~하는 데 별 도움이 되지 않다 native to ~ 고유의 occurrence 사건, 발생(한 일)

해설 교수는 유럽 질병의 유입이 초래한 상황을 이야기하면서 정확한 규모와 결과가 여전히 계속되는 학문적 논의 주제라고 밝히고 있으므로, 그 연구가 결론에 이르지 못했음을 알 수 있다. 따라서 정답은 (A)다.

의도와 태도 파악하기

6 강의의 일부를 다시 들으시오. 그런 다음 질문에 답하시오. 🎧

> **P** 마야인들은 올멕의 농업 기술을 개선하기도 했는데, 특히 메이즈를, 이것이 무엇인지 기억하고 있죠? 재배하는 데 있어 그랬습니다.

교수는 왜 다음과 같이 말하는가?
> **P** 이것이 무엇인지 기억하고 있죠?

(A) 학생들에게 한 단어의 정의를 제시하도록 요청하고 있다.
(B) 강의 중에 앞서 이미 한 단어를 설명했다.
(C) 강의에서 중요한 부분을 암시하고 있다.
(D) 질문에 답하기를 학생들에게 원하고 있다.

어휘 hint at ~을 암시하다

해설 '이것'은 바로 앞에 언급된 메이즈를 가리키며, 교수가 앞서 강의 초반부에 이미 설명한 메이즈의 뜻을 기억하는지 묻는 것으로 그 존재를 상기시키고 있다. 따라서 정답은 (B)다.

LECTURE 03

정답 |　**1** (B)　　**2** (A)　　**3** (A), (D), (E)　　**4** (D)　　**5** (C)　　**6** (A)

N Narrator　　**P** Professor　　**S** Student

N Listen to part of a lecture in an art history class.

P Many of you have probably already seen the images of the paintings in the Cave of Altamira in our textbook. Fascinating, aren't they? These paintings provide us with a window into the lives of our very, very distant ancestors. Can anyone tell me when the Altamira cave art was discovered and by whom?

S1 Uh, 1879… and it was some Spanish guy that found it.

P It's right there on the page, under the picture. The cave art, discovered in 1879 by Marcelino Sanz de Sautuola, stands as a testament to the artistic brilliance of early Homo sapiens. The cave complex consists of a series of interconnected chambers adorned with vivid and intricate depictions of animals, human hands, and

N 미술사 수업의 강의 일부를 들으시오.

P 여러분 중 대부분이 아마 우리 교재에 실린 알타미라 동굴 그림 이미지를 이미 봤을 겁니다. 매력적이지 않나요? 이 그림들은 아주, 아주 먼 우리 선조들의 삶을 들여다볼 수 있는 창을 제공해 줍니다. 알타미라 동굴 벽화가 언제 그리고 누구에 의해 발견되었는지 말해 볼 수 있는 사람 있나요?

S1 어, 1879년이었는데… 그걸 발견한 건 어떤 스페인 남성이었어요.

P 바로 그 페이지에 나와 있죠, 사진 밑에 말이에요. 이 동굴 벽화는 1879년에 마르셀리노 산즈 데 사우투올라에 의해 발견된 것으로서, 초기 호모 사피엔스의 예술적 탁월함을 보여 주는 증거입니다. 이 동굴 구조물은 동물, 사람 손, 추상적인 상징들의

90　YBM TOEFL 80+ Listening

abstract symbols. These paintings were created during the Upper Paleolithic period, approximately 22,000 to 11,000 years ago.

One of the most remarkable features of the Altamira cave art is the astonishingly realistic portrayal of animals. While human occupation occurred only at the cave mouth, the painting, drawing, and engraving took place throughout the cave. The Paleolithic artists used ochre and charcoal in their work and also used the… the natural contours of the cave walls to give a three-dimensional effect to their representations. The images are predominantly buffalo, horses, and deer, captured in lifelike poses. They even made reverse images of their hands, by placing a hand against the rock wall and blowing pigment on the surrounding surface. The polychrome ceiling is one of the focal points…

S2 Uh… What would they want a picture of their hands for?

P Well, stencils of their hands, to be more precise. The representation of hands might be indicative of the human desire to be remembered. Or it could suggest a form of early symbolic communication or ritualistic expression. You see, beyond their aesthetic appeal, the cave paintings can offer invaluable insights into the social and spiritual aspects of Paleolithic communities. But for now, let's focus on the aesthetics, shall we? Now, where did I leave off…

S3 Something about a ceiling?

P Ah, yes. The polychrome ceiling of the cave's main chamber, also known as the Polychrome Hall or the Sistine Chapel of Prehistoric Art. The ceiling displays a vibrant composition of bison in motion, creating a sense of movement and energy. As you can see here, the artists skillfully took advantage of the cave's natural contours to enhance the perspective. The dynamic scenes evoke a sense of vitality and rhythm, hinting at a profound connection between the artists and the natural world they sought to portray.

Of course, the creation of these paintings was no simple task. The artists used a variety of techniques to produce the pigments for their paintings. Natural materials such as iron oxide, charcoal, and ground minerals were mixed with binders like animal fat to create a versatile palette. The artists then applied these pigments using brushes made from animal hairs or directly with their hands, blowing or spraying the pigments on the cave walls to achieve different visual effects.

But as awe-inspiring as the Altamira cave art was, its discovery was not without controversy. After being sealed off by debris and collapsed rock, the cave

생생하고 복잡한 묘사로 장식되어 있으면서 서로 연결된 일련의 공간들로 구성되어 있죠. 이 그림들은 약 22,000년에서 11,000년 전인 후기 구석기 시대에 만들어졌습니다.

알타미라 동굴 벽화의 가장 주목할 만한 특징들 중 하나는 놀라울 정도로 사실적인 동물 묘사입니다. 인간의 거주 활동이 오직 동굴 입구에서만 있었던 반면, 색칠과 스케치, 그리고 조각 작업은 동굴 전역에서 이뤄졌습니다. 구석기 시대 미술가들은 작품에 황토와 숯을 사용했을 뿐만 아니라 동굴 벽의 자연 윤곽을 이용해 자신들의 묘사에 3차원적인 효과를 주기도 했죠. 그 이미지들은 주로 실물과 똑같은 자세로 담아낸 들소, 말, 사슴입니다. 이들은 심지어 한 손을 암벽에 대고 그 주변 표면에 안료를 불어 입히는 방식으로 자신들의 손을 반전 이미지로 만들기도 했습니다. 다색 천장은 어느 것의 핵심 부분들 중 하나냐면…

S2 어… 무엇을 위해 자신들의 손 그림을 그렸나요?

P 음, 더 정확히 말하자면 손 모양 스텐실이죠. 손 묘사는 기억되고자 하는 인간의 욕망을 나타내는 것일지도 모릅니다. 또는 초기 기호 언어나 의식 표현의 한 가지 형태임을 암시하는 것일 수도 있습니다. 그러니까 이 동굴 벽화는 심미적 매력을 뛰어넘어 구석기 시대 공동체의 사회적, 종교적 측면들을 들여다볼 수 있는 소중한 통찰력을 제공해 줄 수 있습니다. 하지만 일단은 심미성에 초점을 맞춰 볼까요? 자, 얘기가 어디서 중단되었더라…

S3 천장에 관한 얘기였던 거 같은데요?

P 아, 그렇죠. 이 동굴의 주요 공간에 있는 다색 천장은 다색 장식 홀 또는 선사 미술의 시스티나 성당으로도 알려져 있습니다. 이 천장은 움직이는 들소들의 생생한 구성을 보여 주고 있어, 생동감과 에너지 넘치는 모습을 만들어 냅니다. 여기 보다시피, 이 미술가들은 동굴의 자연 윤곽을 능숙하게 활용해 원근감을 향상시켰습니다. 역동적인 장면들이 활기와 리듬감을 자아내고 있어, 이 미술가들과 그들이 묘사하려 했던 자연 세계 사이의 깊은 연관성을 암시하고 있습니다.

물론, 이 그림들을 만들어 내기란 절대 쉬운 일이 아니었죠. 미술가들은 다양한 기술을 이용해 그림에 필요한 안료를 만들었습니다. 산화철, 숯, 그리고 여러 지상 광물들 같은 천연 재료들을 동물 지방 같은 고착제와 섞어 다양한 색상들을 만들어 냈습니다. 미술가들은 그 후 동물의 털로 만든 붓을 이용하거나 손으로 직접 이 안료들을 바르고, 동굴 벽에 안료들을 불어 입히거나 뿌려서 다른 시각적 효과들을 이뤄 냈습니다.

하지만 알타미라 동굴 벽화가 경외심을 불러일으켰던 것은 사실이나, 그 발견에 논란이 없었던 것은 아닙니다. 잔해와 무너진 암석에 의해 봉쇄되어 있던 끝에, 이 동굴은 1868년에 한 현지 사냥꾼에 의해 재발견되었습니다. 이 발견 소식을 듣자마자, 한

was rediscovered in 1868 by a local hunter. Upon hearing of the discovery, an amateur archaeologist—that's Marcelino Sanz de Sautuola—visited the cave in 1875. He found large numbers of split bones and some black drawings. Four years later, he returned for further study. On a day that his daughter accompanied him, she spotted colored paintings of bison on the ceiling of a cavern. In 1880, Sautuola presented his findings to the scientific community, only to be met with overwhelming skepticism. Many experts doubted that Paleolithic humans possessed the capability for such sophisticated artistic expression and abstract thought—Sautuola was even accused of forging the artworks.

But in the early 20th century, attitudes began to shift in his favor. More advanced dating methods and similar discoveries in caves like Lascaux in France provided strong evidence for the sophistication of Paleolithic art. This change in understanding eventually led to the rehabilitation of Sautuola's reputation, and the Altamira cave paintings were recognized as genuine prehistoric masterpieces. Unfortunately for Sautuola, this validation came 14 years after his death.

Today, the Altamira cave is closed to the public to protect the fragile art within. But for those interested, you can visit its replica, the Neocave, which was built nearby in 2001.

아마추어 고고학자가, 이는 마르셀리노 산즈 데 사우투올라인데요, 1875년에 이 동굴을 방문했습니다. 그는 수많은 분리된 뼈와 몇몇 검은색 그림을 발견했습니다. 4년 후, 그는 추가 연구를 위해 동굴을 다시 찾아갔습니다. 딸이 동행했던 하루, 딸이 한 큰 동굴의 천장에 있는 유색 들소 그림을 발견했죠. 1880년에, 사우투올라는 과학계에 연구 결과를 발표했으나, 그저 압도적인 회의에 직면할 뿐이었습니다. 많은 전문가들은 구석기 시대 사람들이 그렇게 정교한 예술적 표현과 추상적 사고에 필요한 능력을 지니고 있었다는 점에 의구심을 가졌고, 사우투올라는 심지어 그림 위조 혐의를 받기까지 했죠.

하지만 20세기 초에 상황이 그에게 유리하게 바뀌기 시작했습니다. 더욱 발전된 연대 측정법과 프랑스의 라스코 같은 동굴에서 나온 유사 발견물이 구석기 시대 미술의 정교함에 대한 확실한 증거를 제공해 주었습니다. 이러한 이해의 변화는 결국 사우투올라의 명예 회복으로 이어졌고, 알타미라 동굴 벽화는 진정한 선사 시대 걸작으로 인정받았습니다. 사우투올라에게는 안타깝게도, 이러한 검증은 그의 사후 14년 만에 이뤄졌습니다.

현재 알타미라 동굴은 내부의 취약한 벽화를 보호하기 위해 일반인들에게 폐쇄되어 있습니다. 하지만 관심 있는 사람은 2001년에 근처에 지어진 모형 시설인 네오케이브를 방문할 수 있습니다.

스크립트 어휘

testament 증거 brilliance 탁월함 interconnected 서로 연결된 chamber 공간, 방 adorn 장식하다 depiction 묘사 abstract 추상적인 Upper Paleolithic period 후기 구석기 시대 engraving 조각(술) take place 이루어지다, 행해지다 ochre 황토 charcoal 숯 contour 윤곽 three-dimensional effect 3차원 효과 representation 묘사 predominantly 주로 lifelike 실물과 똑같은 reverse 반전된, 반대의 pigment 안료, 색소 polychrome 다색의, 다색 장식의 stencil 스텐실(판에 글자나 그림 등의 모양을 오린 후 물감을 넣어 그림을 찍어 내는 기법) to be (more) precise (보다) 정확히 말하자면 indicative of ~을 나타내는 desire 욕망 symbolic communication 기호 언어 ritualistic 종교 의식의 aesthetic 심미적인, 심미성 appeal 매력 invaluable 소중한 insight 통찰력, 이해 leave off 중단하다 vibrant 생생한, 활기찬 composition 구성 bison 들소 in motion 움직이는 take advantage of ~을 이용하다 perspective 원근감 vitality 생기, 활력 hint at ~을 암시하다 profound 깊이 있는, 심오한 iron oxide 산화철 mineral 광물 binder 고착제 versatile 다용도의 apply 바르다 awe-inspiring 경외심을 불러일으키는 controversy 논란 seal off 봉쇄하다 debris 잔해 archaeologist 고고학자 accompany 동행하다 cavern 큰 동굴 present A to B A를 B에게 발표하다 findings 연구 결과 only to (그 결과) ~할 뿐이다 be met with ~에 직면하다 overwhelming 압도적인 skepticism 회의론 be accused of ~ 혐의를 받다 forge 위조하다 in one's favor ~에게 유리하게 advanced 발전된 dating method 연대 측정법 lead to ~로 이어지다 rehabilitation 회복, 재활 genuine 진정한, 진짜의 prehistoric 선사 시대의 validation 검증, 확인 fragile 취약한 replica 모형, 복제물

주제와 목적 찾기

1 교수가 주로 이야기하고 있는 것은 무엇인가?
  (A) 알타미라 동굴 그림의 동물 묘사
  (B) 구석기 시대의 정교한 동물 벽화
  (C) 알타미라 동굴 벽화 발견을 둘러싼 논란
  (D) 알타미라 동굴 벽화가 어떻게 발견되고 검증되었는가

어휘 validate 검증하다

해설 교수는 알타미라 동굴 벽화에 관해 이야기하면서 구석기
시대에 만들어진 사실과 함께 놀라울 정도로 사실적인 동물
묘사가 특징이라고 밝히고 있다. 따라서 정답은 (B)다.

세부 내용 찾기

2 알타미라 동굴의 주요 공간의 특징은 무엇인가?
  (A) 천장의 이미지들이 생동감을 만들어 낸다.
  (B) 손 이미지를 벽에서 찾아 볼 수 있다.
  (C) 움직이지 않는 들소 그림이 벽에 그려져 있다.
  (D) 동굴 내에서 가장 오래된 예술작을 선보인다.

어휘 stationary 움직이지 않는 showcase 선보이다, 공개하다

해설 교수는 알타미라 동굴의 주요 공간이 다색 장식 홀로도
알려져 있다는 사실과 함께 그 공간의 천장이 움직이는
들소들의 생생한 구성을 통해 생동감과 에너지 넘치는 모습을
만들어 낸다고 설명하고 있다. 따라서 정답은 (A)다.

세부 내용 찾기

3 석기 시대 미술가들은 알타미라 동굴 벽화를 만들기 위해
무엇을 했는가? 세 개의 답을 고르시오.
  (A) 동물 털로 만든 붓을 이용했다.
  (B) 벽에 자신의 손을 반전 이미지로 조각했다.
  (C) 사실적인 묘사를 만들어 내기 위해 들소를 생포했다.
  (D) 3차원적인 효과를 위해 동굴의 자연적 특징을 이용했다.
  (E) 안료를 만들기 위해 천연 재료와 동물 지방을 혼합했다.

어휘 engrave 조각하다 capture 생포하다

해설 교수는 미술가들이 동물 털로 만든 붓으로 안료를 바른 점,
동물의 자연 윤곽을 이용해 3차원적인 효과를 만들어 낸 점,
그리고 천연 재료들을 동물 지방 같은 고착제와 섞어 다양한
색상들을 만든 점을 언급하고 있다. 따라서 정답은 (A), (D),
(E)다.

구조 파악하기

4 교수는 프랑스의 라스코를 왜 언급하는가?
  (A) 여러 동굴 그림에 묘사된 다른 종류의 동물을 비교하기
      위해
  (B) 알타미라와 라스코 동굴 벽화 사이의 유사성을 강조하기
      위해
  (C) 고고학 연구에 있어 발전된 연대 측정법의 이용을
      강조하기 위해
  (D) 알타미라 동굴 벽화가 어떻게 진품으로 받아들여졌는지
      설명하기 위해

어휘 highlight 강조하다(= emphasize) come to ~하게 되다
authentic 진품의, 진짜의

해설 교수는 더욱 발전된 연대 측정법과 프랑스의 라스코 같은
동굴에서 나온 발견물을 언급하며, 구석기 시대 사람들이
정교한 예술적 표현과 추상적 사고를 지니고 있었음을
설명한다. 이는 알타미라 동굴 벽화가 진품이라는 것을
증명하고 사우투올라의 위조 혐의 누명을 벗겨 주었으므로
정답은 (D)다.

추론하기

5 마르셀리노 산즈 데 사우투올라에 대해 추론할 수 있는 것은
무엇인가?
  (A) 그는 때때로 고고학 발굴 현장을 보여 주기 위해 가족을
      데려 갔다.
  (B) 그의 그림 솜씨가 동굴 벽화의 진위 여부에 관한
      회의론을 악화시켰다.
  (C) 그는 생전에 그의 동굴 벽화 발견물이 인정받는 것을
      보지 못했다.
  (D) 그는 동굴 벽화에 대한 조사 결과를 많은 나라에서
      발표했다.

어휘 exacerbate 악화시키다 authenticity 진위 여부, 진품임

해설 교수는 알타미라 동굴 벽화가 진정한 선사 시대 걸작으로
인정받은 사실과 함께 그러한 인정이 사우투올라의 사후
14년 만에 이뤄졌다고 설명하고 있다. 따라서 정답은 (C)다.

의도와 태도 파악하기

6 강의의 일부를 다시 들으시오. 그런 다음 질문에 답하시오. 🎧

  > *P 그러니까 이 동굴 벽화는 심미적 매력을 뛰어넘어
  > 구석기 시대 공동체의 사회적, 종교적 측면들을
  > 들여다볼 수 있는 소중한 통찰력을 제공해 줄 수
  > 있습니다. 하지만 일단은 심미성에 초점을 맞춰 볼까요?*

  교수는 왜 다음과 같이 말하는가?
  > *P 하지만 일단은 심미성에 초점을 맞춰 볼까요?*

  (A) 강의가 주제에서 벗어나지 않기를 원하고 있다.
  (B) 관련 없는 질문을 한 것에 대해 학생을 질책하고 있다.
  (C) 다른 시간에 특정 주제를 다룰 예정이다.
  (D) 새로운 주제를 소개하려고 한다.

어휘 keep A from -ing A가 ~하지 못하게 하다 go off topic
주제에서 벗어나다 reprimand A for B A가 B한 것을
질책하다 irrelevant 관련 없는 address 다루다,
이야기하다

해설 교수는 알타미라 동굴 벽화의 특징을 설명하는 도중 손
스텐실의 의미에 대한 학생의 질문에 답을 제공해준 뒤,
'일단은 심미성에 초점을 맞춰 보자'고 말한다. 이는 강의의
기존 흐름을 유지하기 위함이므로 정답은 (A)다.

정답 | 1 (C)   2 (A)   3 (D)   4 (B)   5 (B)   6 (D)

N Narrator   **P** Professor

N Listen to part of a lecture in an archaeology class.

P I always find it fascinating when two different branches of science join forces to make new discoveries. This is the case with muon detectors, and the distinct realms of physics and archaeology. Muons are fundamental subatomic particles that constitute the foundational elements of the universe. These particles rain down from space and possess the remarkable ability to penetrate solid matter. Muon detectors, which were originally designed for high-energy physics experiments, have found an unexpected home in the field of archaeology.

One significant application of muon detectors is uncovering hidden chambers or voids within ancient structures. By strategically placing these detectors in different areas, archaeologists can measure the flux of muons passing through the structures. Muons, being highly penetrating particles, can traverse solid materials, but their flux is affected by the density of the material they encounter. By analyzing variations in muon flux, we can identify areas of lower density, which signal the presence of hidden chambers or voids. This process has been likened to "taking a massive 3D X-ray of the world around it." Although, of course, muons have greater penetrating power than X-rays.

This non-invasive approach has been employed at various archaeological sites. Let's take a look at the screen. Now, this scene dates back to the 1960s, when physicist Luis Alvarez installed muon detectors outside the Pyramid of Khafre at Giza. The goal was to search for hidden chambers or cavities. But the experiments did not reveal any significant anomalies and the results suggested that the pyramid was solid. However, in later years, a similar study on the nearby Great Pyramid of Giza uncovered a substantial void above the Grand Gallery. Archaeologists have not yet been able to access this space, as it isn't connected to the rest of the pyramid's internal rooms. But they plan to conduct more extensive studies by scanning from additional angles to build a more comprehensive three-dimensional image of the internal structure.

N 고고학 수업의 강의 일부를 들으시오.

P 두 가지 다른 과학 분야가 협력해 새로운 것을 발견한다는 건 언제나 매력적이라고 생각합니다. 이에 해당하는 경우가 뮤온 탐지기, 그리고 뚜렷이 다른 영역인 물리학 및 고고학입니다. 뮤온은 기본 아원자 입자로서 우주의 기초 요소가 되죠. 이 입자는 우주에서 빗발치듯 쏟아지며, 고체 물질을 투과하는 놀라운 능력을 지니고 있습니다. 뮤온 탐지기는 원래 고에너지 물리학 실험을 위해 고안된 것인데, 뜻밖에도 고고학 분야에서 자리잡게 되었습니다.

뮤온 탐지기의 한 가지 중요한 용도는 고대 구조물의 밀실이나 빈 공간을 발견하는 것입니다. 여러 다른 구역에 전략적으로 이 탐지기를 배치함으로써, 고고학자들은 구조물을 통해 지나가는 뮤온의 흐름을 측정할 수 있죠. 뛰어난 투과성 입자인 뮤온은 고체 물질을 통과할 수 있는데, 그 흐름은 마주치는 물질의 밀도에 영향을 받습니다. 뮤온의 흐름 변화를 분석하면, 밀도가 더 낮은 구역을 확인할 수 있는데, 이는 밀실 또는 빈 공간의 존재를 시사합니다. 이 과정은 '3D 엑스레이로 주변 세상을 대규모로 촬영하는 것'에 비유되어 왔습니다. 물론 뮤온이 엑스레이보다 더 뛰어난 투과력을 지니고 있지만요.

이 비침습적 방식은 다양한 고고학 발굴 현장에서 이용되어 왔습니다. 화면을 한번 봅시다. 자, 이 장면은 1960년대로 거슬러 올라가는데, 당시에 물리학자 루이스 알바레즈가 기자에 있는 카프레의 피라미드 바깥쪽에 뮤온 탐지기를 설치했습니다. 그 목적은 밀실 또는 빈 공간을 찾는 것이었죠. 하지만 이 실험에서 어떤 중요한 변칙 현상도 나타나지 않았고, 그 결과에 따르면 이 피라미드에 빈 곳이 없는 것으로 보였습니다. 하지만 몇 년 후에 근처의 기자 대피라미드에서 실시한 유사 연구를 통해, 그랜드 갤러리 위쪽에서 상당한 빈 공간이 발견되었습니다. 고고학자들은 아직까지 이 공간에 접근할 수 없는데, 이 피라미드의 나머지 내부 공간들과 연결되어 있지 않기 때문이죠. 하지만 이들은 여러 각도에서 추가로 정밀 조사하면서 더욱 폭넓은 연구를 실시해 그 내부 구조물에 대해 더 종합적인 3차원 이미지를 만들 계획을 세우고 있습니다.

Building on the success at Giza, research teams are using or planning to use muon detectors to revisit other pyramids around the world. These include El Castillo, a Maya pyramid at Chichén Itzá in Mexico, and other pyramids in Central America. Who knows what hidden chambers or priceless artifacts might be discovered?

Another application of muon detectors in archaeology is in dating archaeological materials. Muons constantly bombard the Earth's surface, engaging with materials and influencing their density and composition. Scientists can indirectly estimate the age of archaeological materials by analyzing material density through muon flux at various depths within a site. The underlying principle is that the longer a material is exposed to muons, the more interactions occur, providing insights into its depth or duration of exposure. However, it's important to note that this is considered a complementary method to traditional dating techniques. While muon technology is a valuable tool in understanding the age and composition of archaeological structures and artifacts, the process requires calibration—this involves comparing muon data with the known ages of materials to establish reliable correlations.

Muon detectors also play a crucial role in safeguarding cultural heritage sites. By monitoring the muon flux at archaeological sites or in historical buildings, scientists can assess the structural integrity and detect potential risks of collapse or deterioration. This information allows for targeted conservation efforts and ensures the long-term preservation of our cultural heritage.

A specific example, involving another pyramid, was when researchers used muon detectors to search for hidden chambers in the Pyramid of the Sun in Mexico. Although none were found, the detectors identified a heap of dry soil on one side, indicating low earth density. This raised concerns that the pyramid might be in danger of collapse. To borrow the words of the lead researcher, it was like using slightly moist sand to make a sandcastle and then leaving it in the sun to dry—it will crumble at your touch.

Furthermore, muon detectors have been employed in the examination of rocks and caves. By measuring the muon flux through rock formations, scientists can create detailed 3D maps of cave interiors. This helps in identifying hidden chambers, understanding the geological processes that shaped the caves, and studying the context in which rock art was created.

기자에서의 성공을 발판 삼아, 여러 연구팀이 전 세계 곳곳에 있는 다른 피라미드를 재방문해 뮤온 탐지기를 이용하고 있거나 이용할 계획을 세우고 있습니다. 여기에는 멕시코 치첸 이차의 마야 피라미드인 엘 카스티요와 중앙 아메리카의 여러 다른 피라미드가 포함됩니다. 어떤 밀실이나 아주 귀중한 인공 유물이 발견될지 누가 알겠어요?

고고학 분야에서 뮤온 탐지기의 또 다른 용도는 고고학적 물체의 연대 측정입니다. 뮤온이 끊임없이 지표면에 쏟아지듯 하면서 물체들과 맞물려 그 밀도와 구성 요소에 영향을 미칩니다. 과학자들은 한 장소 내의 다양한 깊이에서 뮤온의 흐름을 통해 물체 밀도를 분석함으로써 고고학적 물체의 연대를 간접적으로 추정할 수 있습니다. 그 기본 원리는 한 물체가 뮤온에 더 오래 노출될수록 더 많은 상호 작용이 나타나며, 이는 그 깊이 또는 노출 지속 시간에 대한 이해를 제공해 주는 것입니다. 하지만 이는 전통적인 연대 측정 기법을 보완해 주는 방식으로 여겨지고 있다는 점을 유의하는 것이 중요합니다. 뮤온 기술이 고고학적 구조물과 인공 유물의 연대 및 구성 요소를 이해하는 소중한 수단이긴 하지만, 그 과정에서 측·보정 작업이 필요합니다. 즉 이는 뮤온 데이터와 물체의 알려진 연대를 비교해 신뢰할 수 있는 상관 관계들을 확립하는 일이 수반된다는 뜻이죠.

뮤온 탐지기는 문화 유적지를 보호하는 데에도 중대한 역할을 합니다. 고고학 발굴 현장이나 역사적 건물에서 나타나는 뮤온 흐름을 관찰함으로써, 과학자들은 구조 안전성을 평가하고 잠재적 붕괴 또는 악화 위험성을 감지할 수 있습니다. 이 정보는 특정 대상 보존 노력을 가능하게 하고 우리 문화 유산의 장기 보존을 보장해 줍니다.

또 다른 피라미드와 관련된 한 가지 구체적인 예시는, 연구자들이 뮤온 탐지기를 이용해 멕시코에 있는 태양의 피라미드에서 밀실을 찾고 있던 당시입니다. 비록 아무것도 나오진 않았지만, 탐지기가 한쪽에서 건조한 흙 더미를 찾아 냈는데, 이건 낮은 흙 밀도를 나타내는 것이었죠. 이로 인해 그 피라미드가 붕괴 위험에 처해 있을지도 모른다는 우려가 제기되었습니다. 선임 연구원 말을 빌리자면, 약간 습기 있는 모래를 이용해 모래성을 만든 다음 햇빛에 마르도록 놔둔 것과 같은 것이죠. 그러면 손만 대도 허물어지겠죠.

또한, 뮤온 탐지기는 암석 및 동굴 조사에도 사용되어 왔습니다. 과학자들은 암반층을 통한 뮤온 흐름을 측정해 상세 동굴 내부 3D 지도를 만들 수 있습니다. 이는 밀실 확인, 동굴을 형성한 지질학적 과정 이해, 그리고 암면화가 만들어진 맥락 연구에 도움이 됩니다.

Muon technology has opened up new avenues of exploration and have allowed us to uncover the mysteries of our past. As technology continues to advance, we can expect even more exciting uses of muon detectors in archaeology. Before we move on, are there any questions so far?

뮤온 기술은 새로운 탐구의 길을 열어 주었으며, 우리의 과거가 지닌 수수께끼를 밝혀 낼 수 있게 해 주었습니다. 기술이 지속적으로 발전함에 따라, 우리는 뮤온 탐지기의 훨씬 더 흥미로운 용도를 기대할 수 있습니다. 다음으로 넘어가기 전에, 여기까지 질문 있나요?

스크립트 어휘

join forces 협력하다 detector 탐지기 realm 영역 archaeology 고고학 subatomic particle 아원자 입자 constitute ~가 되다, 구성하다 rain down 빗발치듯 쏟아지다 penetrate 투과하다 application 용도, 적용 find an unexpected home in 뜻밖에 ~에 자리잡다 uncover 발견하다, 밝혀 내다 chamber 방, 공간 void 빈 공간 strategically 전략적으로 flux 흐름 traverse 통과하다 density 밀도 encounter ~와 마주치다 variation 변화, 변동 be likened to ~에 비유되다 non-invasive 비침습적인 employ 이용하다 date back to ~로 거슬러 올라가다 install 설치하다 cavity 빈 공간 anomaly 변칙, 이상 substantial 상당한 comprehensive 종합적인 build on ~을 발판 삼다 artifact (인공) 유물 date ~의 연대를 측정하다 bombard ~에 쏟아지다, 퍼붓다 engage with ~와 맞물리다 composition 구성 (요소) underlying 기본을 이루는 insight 이해, 통찰력 duration 지속 시간 complementary 보완하는 calibration 보정, 측정 correlation 상관 관계 safeguard 보호하다 heritage 유산 assess 평가하다 integrity 안전성, 온전함 deterioration 악화 targeted 특정 대상을 목표로 하는 conservation 보존, 보호 preservation 보존, 유지 a heap of ~더미 indicate 나타내다 raise 제기하다 crumble 허물어지다 rock formation 암반층 geological 지질학적인 context 맥락 rock art 암면화, 암각화

주제와 목적 찾기

1 강의의 주요 내용은 무엇인가?
(A) 고고학 연구에 쓰이는 기기와 도구
(B) 고대 피라미드 조사에 있어 뮤온 탐지기가 하는 역할
(C) 고고학 분야에 쓰이는 뮤온 기술의 용도
(D) 물리학과 고고학의 비관습적 통합

어휘 unconventional 비관습적인 integration 통합

해설 교수는 뮤온 탐지기를 소개하면서 그 방식과 고고학 분야에서의 용도를 실례와 함께 설명하고 있다. 따라서 정답은 (C)다.

추론하기

2 교수가 뮤온 탐지기에 대해 암시하는 것은 무엇인가?
(A) 원래 고고학적 용도로 고안된 것이 아니었다.
(B) 액체보다 고체 물질을 더 쉽게 투과할 수 있다.
(C) 고고학 발굴 현장에서 쓰이는 최신 기술이다.
(D) 조사하는 구조물의 안전성에 위협을 가할 수 있다.

어휘 pose a threat to ~에 위협을 가하다

해설 교수는 원래 고에너지 물리학 실험을 위해 고안된 뮤온 탐지기가 뜻밖에도 고고학 분야에서 자리잡았다는 사실을 밝히고 있다. 따라서 정답은 (A)다.

구조 파악하기

3 교수는 왜 3D 엑스레이를 언급하는가?
(A) 엑스레이에 비해 더 뛰어난 뮤온 탐지기의 능력을 강조하기 위해
(B) 그 투과 능력을 뮤온 기술의 것과 비교하기 위해
(C) 고고학에서 쓰이는 또 다른 종류의 기술을 소개하기 위해
(D) 뮤온 탐지의 개념을 설명하기 위해

어휘 illustrate 설명하다 detection 탐지, 감지

해설 교수는 뮤온의 흐름 변화 분석을 통해 밀도가 더 낮은 구역을 확인할 수 있는데, 이는 밀실 또는 빈 공간의 존재를 알려 주는 것이라고 설명하며 그 과정이 3D 엑스레이로 촬영하는 것에 비유되었다고 알리고 있다. 이는 뮤온 탐지 작업의 원리를 설명하는 내용이므로 정답은 (D)다. 이후 뮤온과 엑스레이의 투과력을 비교하지만, 이것이 3D 엑스레이를 언급하는 이유는 아니므로 (B)는 답이 아니다.

세부 내용 찾기

4 교수는 기자에서 실시된 실험과 관련해 무슨 말을 하는가?

(A) 피라미드 내의 빈 공간에 진입해 실시했다.

(B) 그 결과로 한 피라미드 내의 빈 공간이 발견되었다.

(C) 시간의 흐름에 따른 기술적 진보로 인해 실험은 최종적인 성공으로 이어졌다.

(D) 전 세계 곳곳의 성공적인 연구 프로젝트로 이어졌다.

어휘 carry out ~을 실시하다(= conduct) eventual 최종적인

해설 교수는 기자 대피라미드에서 실시한 연구를 통해 그랜드 갤러리 위쪽에서 상당한 빈 공간을 발견했다는 사실을 알리고 있다. 따라서 정답은 (B)다.

세부 내용 찾기

5 강의 내용에 따르면, 연대 측정에 있어 뮤온 기술의 이용에 대해 옳은 것은 무엇인가?

(A) 뮤온 입자의 속도를 평가하는 것과 관련이 있다.

(B) 전통적인 연대 측정 방식과 더불어 이용된다.

(C) 고대 인공 유물의 연대를 측정하는 가장 정확한 방식이다.

(D) 그 절차가 보정 작업보다 더 단순하다.

어휘 in tandem with ~와 더불어, ~와 협력해

해설 교수는 연대 측정과 관련된 뮤온 기술을 설명하면서 전통적인 연대 측정 기법을 보완해 주는 방식으로 여겨지고 있다고 말하고 있다. 따라서 정답은 (B)다.

의도와 태도 파악하기

6 강의의 일부를 다시 들으시오. 그런 다음 질문에 답하시오. 🎧

> **P** 탐지기가 한쪽에서 건조한 흙 더미를 찾아 냈는데, 이건 낮은 흙 밀도를 나타내는 것이었죠. 이로 인해 그 피라미드가 붕괴 위험에 처해 있을지도 모른다는 우려가 제기되었습니다. 선임 연구원의 말을 빌리자면, 약간 습기 있는 모래를 이용해 모래성을 만든 다음 햇빛에 마르도록 놔둔 것과 같은 것이죠. 그러면 손만 대도 허물어지겠죠.

교수는 왜 다음과 같이 말하는가?

> **P** 약간 습기 있는 모래를 이용해 모래성을 만든 다음 햇빛에 마르도록 놔둔 것과 같은 것이죠.

(A) 풍화 작용이 고고학 발굴 현장에 미치는 영향을 설명하기 위해

(B) 한 피라미드의 건축 방식이 고도로 발달되지 않았음을 암시하기 위해

(C) 문화 유적지가 붕괴되지 않도록 보호되어야 한다고 강조하기 위해

(D) 한 구조물의 잠재적 붕괴에 대한 가능성 있는 설명을 제공하기 위해

어휘 demonstrate 설명하다 weathering 풍화 (작용)

해설 교수는 태양의 피라미드가 붕괴 위험에 처해 있을지도 모른다는 우려가 제기되었다고 알리면서, 그 상태를 손만 대도 허물어질 바짝 마른 모래성에 비유한다. 이는 태양의 피라미드의 붕괴 가능성에 대한 이유 및 원리를 설명하기 위한 비유이므로 정답은 (D)다.

관련 지식 마야와 아즈텍을 비롯한 문명이 건설한 메소아메리카의 피라미드는 예술적, 종교적, 문화적 가치를 지닌다. 메소아메리카의 피라미드는 주로 평평한 꼭대기와 옆면을 따라 올라가는 계단으로 특징지어지며, 계단과 벽에는 신과 영웅의 이야기, 제물을 바치는 의식, 날짜와 천체 등을 상징하는 문자와 그림이 발견되었다. 이는 고대 사회와 문명을 이해하는 데 중요한 단서를 제공한다.

LECTURE 01 pp.118-119

정답 | **1** (B)　　**2** (D)　　**3** No, Yes, Yes, No　　**4** (C)　　**5** (A)　　**6** (D)

N Narrator　**P** Professor　**S** Student

N Listen to part of a lecture in a business class.

P Every business has an organizational structure. The particular structure it possesses helps it determine how tasks are allocated, how employees work together, and how employees are supervised. There are numerous ways to organize a business. For the most part, a company organizes itself based upon its specific objectives. After all, what may work for a consulting firm might not be effective for a textile manufacturer.

S What kind of structure do you prefer, Professor Horner?

P Well, it depends. As I just stated, the type of company frequently determines its organizational structure. Why don't I tell you about some organizational structures, and then we can figure out what kind of companies they would be effective—or ineffective—for? So, uh, let me tell you about the functional organizational structure, the divisional organizational structure, and the matrix organizational structure.

I'll begin with the functional organizational structure, which is a traditional business structure. Businesses using this structure divide their employees into various departments, such as human resources, marketing, sales, and accounting. This structure also focuses on developing specialists and having them work closely together.

S Do you mean, for example, that accountants specialize in accounting and work in the accounting department?

P Yes, that's precisely what I mean. Ah, another feature is that it has senior management that operates above every department and basically guides the company as it strives to achieve its mission. Now, the functional organizational structure offers some clear advantages to businesses employing it. For one, each employee knows who his or her supervisor is, so the chain of command is clearly outlined. This makes it easy to know who to speak with or who to submit requests to. The fact that specialists work together enables them to share information easily and makes their departments run

N 경영학 수업 강의의 일부를 들으시오.

P 모든 사업체에는 조직 구조가 있습니다. 사업체가 가진 특정한 구조는 업무가 어떻게 할당되는지와 직원들이 어떻게 함께 일하는지, 직원들이 어떻게 관리되는지를 사업체가 결정하는 데 도움을 줍니다. 사업체를 조직하는 방법은 셀 수 없이 많습니다. 대부분의 경우, 회사는 그 자신의 특정한 목표를 바탕으로 조직되죠. 어쨌든, 컨설팅 회사에 적합할 수 있는 것이 섬유 제조사에는 효과적이지 못할지도 모릅니다.

S 어떤 종류의 구조를 선호하세요, 호너 교수님?

P 음, 경우에 따라 달라요. 방금 말을 했다시피, 회사의 종류가 흔히 조직 구조를 결정하죠. 몇몇 조직 구조에 관해 이야기해 보면 어떨까요, 그럼 그것들이 어떤 종류의 회사에 효과적일지, 아니면 효과적이지 않을지 파악할 수 있겠죠? 그래서, 어, 기능적 조직 구조와 사업부 조직 구조, 매트릭스 조직 구조에 관해 이야기해 보겠습니다.

기능적 조직 구조부터 시작해 볼 텐데, 이는 전통적인 사업 구조입니다. 이 구조를 사용하는 사업체는 인사부, 마케팅부, 영업부, 회계부와 같은 다양한 부서들로 직원들을 나눕니다. 이 구조는 또한 전문 인력을 양성하고 그들이 함께 긴밀하게 협력하게 하는 데에 초점을 맞춥니다.

S 그 말씀은, 예를 들어서, 회계 담당자들이 회계를 전문으로 하면서 회계부에서 일한다는 뜻인가요?

P 네, 정확히 그런 의미입니다. 아, 또 다른 특징은 회사가 목표를 이루기 위해 노력하면서 모든 부서보다 상부에서 운영되고 기본적으로 회사를 이끌어 가는 고위 경영진이 존재한다는 점입니다. 자, 기능적 조직 구조는 그것을 이용하는 사업체에 몇몇 확실한 장점들을 제공합니다. 우선은, 각 직원이 누가 그들의 상사인지 알기 때문에, 지휘 체계의 윤곽이 명확합니다. 이로 인해 누구와 이야기해야 하는지 또는 누구에게 요청해야 하는지 알기 쉽습니다. 전문 인력들이 협업한다는 사실은 직원들이 쉽게 정보를 공유할 수 있도록 하고 부서들이 효율적으로 운영되도록 합니다. 개인적

efficiently. Personally, I'm rather partial to this structure because employees can clearly see their paths when it comes to getting a promotion.

On the other hand, the functional organizational structure has some drawbacks. First and foremost there tends to be a lack of communication between different departments. Employees may have difficulty collaborating with individuals in different departments and may forget that their actions can affect people in other departments. Finally, this type of structure tends to inhibit creativity in employees, which can have a dramatic effect on innovation. Despite these drawbacks, the functional organizational structure is favored by companies in a number of industries.

Let's proceed to the divisional organizational structure. In this type of organization, employees are organized into groups based upon the projects they're working on. Consider an electronics company that makes a variety of products. There will be some employees in the computer desktop division, others in the smartphone division, still others in the microwave oven division, and so on. People with different skills are grouped together in each division, so you don't see extreme specialization like in the functional organizational structure. This structure works well since every person in the division is focused on making it a success. Conversely, the people in the division have no interest in the other divisions, so they tend to compete with their own coworkers when requesting more funding or supplies. After all, the workers believe that their division is the most important one, so it deserves a bigger budget. Ah, there's another benefit I should mention. Each division is fairly autonomous, having its own director or even vice president. As a result, there's a clear path for workers who want to request money, equipment, or anything else. By that, uh, I mean they know exactly with whom to speak.

Now, what about the matrix organizational structure? It's an alternative structure that essentially combines aspects of both the functional and divisional organizational structures. You see, a company is organized into different departments, but then those departments themselves are divided according to individual projects or products. This one can get complicated and be hard to implement at times, yet companies using it may see increases in worker productivity. Employees also work closely with people with different skillsets, and team members can make their own decisions regarding projects. However, it can be expensive, since two types of structures are needed, which necessitates having more employees, uh,

으로, 이 구조를 상당히 좋아하는데, 직원들이 승진이라는 측면에 있어 그 길을 명확히 알 수 있기 때문입니다.

반면에, 기능적 조직 구조에는 몇몇 단점들도 있습니다. 무엇보다 가장 중요한 것으로는 다른 부서들 사이에서 의사소통이 부족한 경향이 있다는 것입니다. 직원들이 다른 부서의 사람들과 협업하는 데 어려움을 겪을 수 있고, 자신들의 행동이 다른 부서의 사람들에게 영향을 미칠 수 있다는 사실을 잊을 수 있습니다. 결국, 이 유형의 구조는 혁신에 극적인 영향을 미칠 수 있는 직원들의 창의성을 억제하는 경향이 있습니다. 이러한 단점들에도 불구하고, 기능적 조직 구조는 많은 업계의 회사들이 선호하고 있습니다.

계속해서 사업부 조직 구조로 넘어가겠습니다. 이 유형의 조직에서는, 직원들은 각자 하고 있는 프로젝트를 기반으로 하는 그룹에 편성됩니다. 다양한 제품들을 제조하는 전자회사를 생각해 보세요. 어떤 직원들은 탁상용 컴퓨터 사업부에 있고, 다른 직원들은 스마트폰 사업부에, 또 다른 직원들은 전자레인지 사업부 등등에 있는 것이죠. 서로 다른 능력을 가진 사람들이 각 사업부에 함께 모여 있기 때문에, 기능적 조직 구조에서처럼 극도의 전문화는 보이지 않습니다. 이 구조는 사업부 내의 모든 사람들이 그 사업부를 성공하게 만드는 데 초점을 맞추기 때문에 잘 운영됩니다. 반대로, 사업부에 있는 사람들은 다른 사업부에는 관심이 없기 때문에, 더 많은 자금이나 물품을 요청할 때 그들의 동료 직원들과 경쟁하는 경향이 있습니다. 어쨌든, 직원들은 그들의 사업부가 가장 중요한 곳이기 때문에, 더 많은 예산을 받을 자격이 있다고 생각하죠. 아, 언급해야 할 이점이 하나 더 있네요. 각 사업부는 꽤 자율적이라서, 그곳 자체의 이사나 심지어 부사장이 있습니다. 그 결과, 돈이나 장비, 그 외의 어떤 것이든 요청하고 싶어하는 직원들에게는 명확한 길이 있습니다. 이 말은, 어, 직원들이 정확히 누구에게 이야기해야 하는지 알고 있다는 뜻입니다.

자, 매트릭스 조직 구조는 어떨까요? 이것은 기본적으로 기능적 조직 구조와 사업부 조직 구조 둘 모두의 여러 측면들을 합친 대체 구조입니다. 그러니까, 회사가 서로 다른 부서로 조직되어 있지만, 그 후엔 그 부서들 자체가 개별 프로젝트나 제품에 따라 나뉘는 것이죠. 이 구조가 때로는 복잡해지거나 시행하기 어려울 수 있지만, 이를 활용하는 회사들은 직원의 생산성 향상을 볼 수 있습니다. 직원들은 또한 다른 역량을 지닌 사람들과 긴밀히 협력하고, 팀원들은 프로젝트와 관련해 자체적으로 결정을 내릴 수 있습니다. 하지만, 이 구조는 비용이 많이 들어갈 수 있는데, 두 가지 유형의 구조가 필요하기 때문에, 필수적으로 더 많

particularly managers, on the payroll. Employees may also be unsure about who their direct supervisors are, so they may not know who to talk to about problems or requests. Okay, now that we've discussed those, let's discuss which kinds of companies should use each structure. Who'd like to start?

은 직원들, 어, 특히 관리자들을 고용해야 합니다. 또한 직원들은 누가 직속 상관인지 확신하지 못할 수 있기 때문에, 문제나 요청과 관련해 누구에게 이야기해야 하는지 알지 못할 수 있습니다. 자, 이제 구조들을 이야기했으니, 어떤 종류의 회사가 각각의 구조를 활용해야 하는지 이야기해 봅시다. 누가 먼저 해 볼까요?

스크립트 어휘

organizational structure 조직 구조 allocate 할당하다 supervise 관리하다, 감독하다 for the most part 대부분의 경우 based upon ~을 바탕으로 work 잘 맞다, 적합하다 textile 섬유, 직물 it depends 경우에 따라 다르다 figure out ~을 파악하다, 알아내다 divide A into B A를 B로 나누다 human resources (회사의) 인사부 accounting 회계 accountant 회계 담당자, 회계사 specialize in ~을 전문으로 하다 operate 운영되다, 관리되다 strive to ~하려고 노력하다, 애쓰다 employ 이용하다 for one (thing) 우선 한 가지 이유는 chain of command 지휘 체계 outlined 윤곽이 드러난 run 운영되다 be partial to ~을 아주 좋아하다 when it comes to ~에 있어서, ~와 관련해서 get a promotion 승진하다 drawback 단점, 문제점 first and foremost 다른 무엇보다도 더 collaborate with ~와 협업하다 inhibit 억제하다 be favored by ~가 선호하다 proceed to ~로 넘어가다 a variety of 다양한 specialization 전문화 conversely 반대로 compete with ~와 경쟁하다 funding 자금 (제공) supplies 물품 budget 예산 autonomous 자율적인 alternative 대체의, 대안의 combine 겸비하다, 조합하다 implement 시행하다 skillset 역량 necessitate 필요로 하다 on the payroll 고용 상태인

주제와 목적 찾기

1 강의의 주제는 무엇인가?
(A) 직원을 조직하는 일의 장점과 단점
(B) 기업들이 사업을 운영하는 구체적인 몇 가지 방법들
(C) 회사가 직원들을 관리하는 방식의 최근의 변화들
(D) 가장 효과적인 세 가지 사업체 조직 구조들

해설 교수는 모든 사업체에는 조직 구조가 있고 조직 구조는 셀 수 없이 많지만, 기능적 조직 구조와 사업부 구조, 매트릭스 구조에 관해 이야기하겠다고 말하고 있다. 따라서 정답은 (B)다.

의도와 태도 파악하기

2 기능적 조직 구조에 대한 교수의 의견은 무엇인가?
(A) 그는 그것을 시대에 뒤진 종류의 구조로 생각한다.
(B) 그는 더 나은 사업체 구조를 생각할 수 없다.
(C) 그는 그것이 직원들을 다른 어떤 조직 구조 보다 생산적이게 만든다고 생각한다.
(D) 그는 승진에 관하여 그것이 직원들에게 영향을 미치는 방식을 좋아한다.

어휘 outdated 시대에 뒤진, 구식의 regarding ~에 관하여

해설 교수는 기능적 조직 구조를 설명하면서 "Personally, I'm rather partial to this structure(개인적으로, 마음에 드는 구조)"라는 말과 함께 직원들이 승진과 관련해 그 길을 명확히 알 수 있기 때문이라고 이유를 말하고 있다. 따라서 정답은 (D)다.

전개구조 파악하기

3 아래의 각 특징들이 기능적 조직 구조를 설명하는지 표시하시오. 알맞은 상자에 체크하시오.

	예	아니오
직원들은 다른 프로젝트를 담당하는 직원들에게 관심이 없다.		✓
직원들은 그들의 능력에 따라 각각의 부서로 나뉜다.	✓	
직원들은 누가 그들의 직속 상사인지 안다.	✓	
그것은 창의성을 증가시키지만 효율성을 증가시키지는 않는다.		✓

해설 교수가 기능적 조직 구조를 설명하면서 부서마다 해당 업무를 처리하는 전문 인력이 있다는 점과 지휘 체계의 윤곽이 명확하다는 점을 말하고 있다.

세부 내용 찾기

4 교수의 말에 따르면, 사업부 조직 구조의 단점은 무엇인가?
(A) 모든 프로젝트를 위한 자금이 충분하지 않다.
(B) 직원들이 창의적으로 일하는 데 어려움을 겪는다.
(C) 그것은 다양한 그룹 사이에서 경쟁을 유발한다.
(D) 직원들은 누구에게 보고해야 하는지 알지 못할 수 있다.

해설 교수가 사업부 조직 구조를 설명하면서 한 사업부에 속한 사람들이 다른 사업부에는 관심이 없어서 더 많은 자금이나 물품을 요청할 때 동료 직원들과 경쟁하는 경향이 있다고 알리고 있다. 따라서 정답은 (C)다.

구조 파악하기

5 교수는 왜 전자회사를 언급하는가?
(A) 사업부 조직 구조의 예를 들기 위해
(B) 매트릭스 조직 구조의 활용을 장려하기 위해
(C) 전통적인 사업체 구조 활용에 반대하기 위해
(D) 기능적 조직 구조의 장점들을 언급하기 위해

어휘 promote 장려하다, 촉진하다   argue against ~에 반대하다
note 언급하다

해설 교수는 사업부 조직 구조 이야기를 하면서 다양한 제품들을
제조하는 전자회사를 예로 들고 있다. 따라서 정답은 (A)다.

추론하기

6 교수가 매트릭스 조직 구조에 대해 암시하는 것은 무엇인가?
(A) 이 구조의 직원들은 누구와 이야기해야 하는지
즉각적으로 안다.
(B) 그것은 IT 업계의 회사들에 의해 가장 흔히 사용된다.
(C) 그것은 회사를 조직하는 꽤 저렴한 방법이다.
(D) 그것은 운영하기 어려울 수 있는 복잡한 구조이다.

해설 교수는 매트릭스 조직 구조를 설명하면서 때로는
복잡해지거나 시행하기 어려울 수 있다는 점을 언급하고
있다. 따라서 정답은 (D)다.

관련 지식 조직 구조(organizational structure)란 조직을
구성하고 있는 구성원들간의 책임과 권한 및 계층 등을
기준으로 상호간의 관계를 표시하는 도식화된 양식을 말한다.
전통적으로 구성되는 일반적인 조직 구조는 상하 구조로 된
형식을 가장 많이 사용해 왔지만, 현대적 기업 업무의 변화에
따라 최근에는 수직과 수평적인 모양의 구조들을 병행하여
사용하는 추세이다.

LECTURE 02

정답 | **1** (D)   **2** (C)   **3** (B)   **4** (C)   **5** (D)   **6** (A)

N Narrator   **P** Professor   **S** Student

N Listen to part of a lecture in an education class.

P There are several teaching methods used in classrooms these days. Arguably the most polarizing is the Montessori method. How many of you have experience learning with this method? Hmm... I see a few hands up. Tell me... How was your classroom experience? Cindy, you raised your hand.

S1 I'd have to say my time at a Montessori school was not well spent. The learning style it emphasized was not for me. As a result, my parents took me out of the school after around two weeks and enrolled me in a more traditional place.

P Martin, do you have something to add?

S2 My experience was the exact opposite of Cindy's. I attended a Montessori school for all six years of elementary school, and I have fond memories of my time there.

P Those are the responses I was hoping for, class. You see, some people love the Montessori method, while others can't stand it. There's often little middle ground when it comes to this learning style. Now, uh, the Montessori method was created by Maria Montessori,

N 교육학 수업의 강의 일부를 들으시오.

P 오늘날 교실에서는 여러 교수법들이 활용되고 있습니다. 거의 틀림없이 가장 호불호가 엇갈리는 것은 몬테소리 교수법일 겁니다. 여러분 중 얼마나 많은 사람이 이 교수법으로 학습한 경험이 있나요? 흠… 손을 든 사람이 몇 명 보이네요. 그러니까… 교실에서의 경험이 어땠죠? 신디, 손을 들었군요.

S1 저는 몬테소리 학교에서 보냈던 시간이 좋지는 않았다고 말씀드려야 할 것 같아요. 그곳에서 강조했던 학습 방식이 저에게 맞지 않았거든요. 그래서, 부모님께서 약 2주 후에 저를 그 학교에서 중퇴시키시고 더 전통적인 곳에 등록해 주셨습니다.

P 마틴, 뭔가 덧붙일 말이 있나요?

S2 제 경험은 신디의 경험과 정확히 반대였어요. 전 초등학교 6년 동안 전부 몬테소리 학교에 다녔는데, 거기서 보낸 시간이 좋은 기억으로 남아 있거든요.

P 내가 바라던 대답들이네요, 여러분. 그러니까, 어떤 사람들은 몬테소리 교수법을 좋아하는 반면, 다른 사람들은 견디지 못합니다. 이 학습 방식과 관련해서는 흔히 중간 입장이 거의 없습니다. 자, 어, 몬테소리 교수법은 1900년대 초반에 이탈리아의 의사였던 마리아 몬테소리에 의해 만들어졌습니다. 몬테

정답 및 해설 **101**

an Italian physician, in the early 1900s. Montessori didn't like the traditional manner in which most students were taught, so she came up with her own teaching style.

Let me describe some of the most important parts of her method. First, it's mostly for children, especially young children. The primary feature is that children work independently by directing their own studies. So you could have ten children in a classroom, each of whom is learning something different simultaneously. Obviously, teachers don't stand up at the front of the class and lecture like in a traditional classroom. Instead, teachers are more like guides who move from one student or group of students to another, answering their questions or instructing them how to do something. Because students direct their own learning, they can spend as much or as little time on tasks as they want. The classroom is also vital in a Montessori education because it must be filled with various kinds of equipment and learning tools which can pique students' interests. This style of learning is intended to develop not only children's intellectual skills but also their emotional, social, and physical ones. Students in these classes are given an inordinate amount of freedom, and those who respond successfully to it often become passionate, knowledgeable learners who are confident and enthusiastic about improving themselves.

That should give you something of an idea of how Montessori schools operate; however, you really have to see or experience them to understand how children learn in them. Montessori schools have a tremendous number of advantages. For instance, classrooms are designed to be as accessible as possible and to emphasize hands-on learning. Teachers also encourage students to work at their own pace because, after all, students learn at different rates. The schools are typically mixed age and stress peer-to-peer learning, so children have the opportunity to teach other children about what they're interested in. This helps develop children's social skills, since they communicate with their peers more than they would in traditional classrooms. Students also become independent and learn how to teach themselves. Finally, children who enjoy these schools often develop a lifelong love of learning.

An educational experience like that sounds really great, doesn't it? Nevertheless, there are still many who have unpleasant or unhappy experiences with the Montessori method. Clearly, it's not for everyone. For one thing, Montessori schools tend to be expensive.

소리는 대부분의 학생들이 배웠던 전통적인 방식이 마음에 들지 않아서, 자신만의 교육 방식을 고안해 냈죠.

이 교수법에서 가장 중요한 부분 중 몇 개를 설명해 보겠습니다. 우선, 몬테소리 교습법은 주로 아이들, 특히 어린 아이들을 대상으로 합니다. 주된 특징은 아이들이 스스로 공부 방향을 정하면서 독립적으로 학습한다는 점입니다. 그러니까 교실에 10명의 아이들이 있을 수 있고, 각자 동시에 서로 다른 것을 학습합니다. 당연히, 교사는 학생들 앞에 서서 전통적인 교실에서 하는 것처럼 수업하지 않습니다. 대신, 교사는 한 명이나 한 무리의 학생들에게서 다른 학생에게로 옮겨 다니면서 질문에 답하거나 뭔가를 하는 방법을 알려주는 안내자에 좀더 가깝습니다. 학생들이 스스로 학습 방향을 정하기 때문에, 할 일을 하는 데 원하는 만큼 많게 또는 적게 시간을 보낼 수 있습니다. 몬테소리 교육에서는 교실도 중요한데, 학생들의 관심을 자극할 수 있는 다양한 종류의 장비와 학습 도구로 반드시 채워져 있어야 하기 때문입니다. 이 학습 방식은 아이들의 지적 능력뿐만 아니라 감성적, 사회적, 신체적 능력까지 발달시키기 위한 것입니다. 이러한 교실에 있는 학생들에게는 과도할 정도의 자유가 주어지며, 여기에 성공적으로 대응하는 학생들은 흔히 열정적이고 지식이 많은 학습자가 되어 스스로를 향상시키는 데 있어 자신감 있고 열정적입니다.

이 정도면 몬테소리 학교가 어떻게 운영되는지 감을 좀 잡았겠지만, 아이들이 그곳에서 어떻게 학습하는지 이해하려면 꼭 직접 보거나 경험해 봐야 합니다. 몬테소리 학교는 엄청날 정도로 많은 장점들을 가지고 있습니다. 예를 들어, 교실은 가능한 한 접근하기 쉽고, 체험 학습을 강조하도록 고안됩니다. 또한 교사들은 학생들에게 각자의 속도대로 공부하도록 장려하는데, 결국, 학생들은 다른 속도로 학습합니다. 이 학교는 보통 연령이 혼합되어 있고 동기 간 학습을 강조하고 있어서, 아이들은 자신이 관심 있어 하는 것과 관련해 다른 아이들에게 가르쳐 줄 기회를 가집니다. 이는 아이들의 사회성 기술을 발달시키는 데 도움이 되는데, 전통적인 교실에서보다 동기들과 더 많이 의사소통하기 때문입니다. 학생들은 또한 자립심을 키우고 스스로 학습하는 법을 터득합니다. 마지막으로, 이 학교를 즐거워하는 아이들은 흔히 평생 동안 이어지는 학습 의욕을 키우게 됩니다.

이러한 교육 경험은 정말 대단한 것 같지요, 그렇지 않나요? 그럼에도 불구하고, 몬테소리 교습법에 대해 불쾌하거나 불만족스러운 경험을 한 사람들도 많습니다. 분명, 몬테소리 학교가 모든 사람들을 위한 것은 아니죠. 우선 한 가지 이유는, 몬테소리 학교는 비싼 경향이 있습니다. 그 이유는 이곳에선 학생들을 계속 즐겁게 하고 교육받도록 하기 위해 아주 많은 학습 도구들, 흔히 비싼 것들을 필요로 하기 때문입니다. 많은 아이들이 이 학교를 경험해 볼 기회를

The reason is that they require so many learning tools—often costly ones—to keep students entertained and educated. Lots of children never get the opportunity to experience these schools because their parents cannot afford them. In addition, many students aren't what we would consider self-starters, so those who prefer to be lectured to and who don't have a sense of curiosity will often be underserved by Montessori schools. Finally, teachers who lack enthusiasm for the program can harm students, since they are not helping facilitate students' learning.

Another drawback is that many students prefer group work rather than the individual learning emphasized at Montessori schools. Therefore, those who enjoy collaborating with others may have difficulty learning. The curriculum may be too unstructured for some as well. Lastly, students typically don't receive grades like A's, B's, or C's. Instead, teachers set goals for students and then evaluate them based on how they do with regard to those goals.

전혀 얻지 못하는데, 학부모들이 금전적 여유가 없기 때문입니다. 게다가, 많은 학생들은 우리가 자발적인 학습자라고 여길 만한 존재가 아니어서, 수업을 듣는 것을 선호하고 호기심이 없는 학생들은 흔히 몬테소리 학교에서 부당한 대우를 받을 것입니다. 마지막으로, 프로그램에 대한 열의가 부족한 교사는 학생들에게 해가 될 수 있는데, 그들이 학생들의 학습을 용이하게 하는 데 도움을 주지 못하기 때문이죠.

또 다른 단점은 많은 학생들이 몬테소리 학교에서 강조하는 개인 학습보다 그룹 활동을 선호한다는 점입니다. 따라서, 다른 학생들과 함께 하는 것을 즐기는 학생들은 학습에 어려움을 겪을 수도 있습니다. 교육 과정도 어떤 학생들에겐 너무 체계가 없는 것일 수도 있습니다. 마지막으로, 학생들은 보통 A나 B, C 같은 점수를 받지 않습니다. 대신, 교사가 학생들에게 목표를 정해 준 다음, 그 목표와 관련해 어떻게 하는지를 바탕으로 평가합니다.

스크립트 어휘

arguably 거의 틀림없이 polarizing 호불호가 엇갈리는, 양극화된 emphasize 강조하다(= stress) take A out of B B에서 A를 꺼내다 enroll A in B A를 B에 등록시키다 stand 견디다, 참다 middle ground 중간 입장 when it comes to ~와 관련해서는 physician 의사 come up with ~을 생각해 내다 primary 주된 independently 자립적으로 direct ~의 방향을 정하다 simultaneously 동시에 instruct 가르치다, 알려주다, 지시하다 pique one's interest ~의 관심을 자극하다 inordinate 과도한, 지나친 knowledgeable 아는 것이 많은 enthusiastic about ~에 열성적인, 열의가 있는 tremendous 엄청난 accessible 접근 가능한, 이용 가능한 hands-on 직접 체험하는 pace 속도(= rate) typically 보통, 일반적으로 peer-to-peer 동기 간의, 개인 당사자 간의 lifelong 평생 동안의 nevertheless 그럼에도 불구하고 for one thing 우선 한 가지 이유는 costly 많은 돈이 드는 entertained 즐거운 afford ~을 할(살) 금전적인 여유가 있다 in addition 게다가 self-starter 자발적으로 하는 사람 underserved 부당한 대우를 받는, 서비스를 충분히 받지 못하는 enthusiasm for ~에 대한 열정, 열의 facilitate 용이하게 하다 drawback 단점 rather than ~보다는 collaborate with ~와 협동하다 unstructured 체계가 없는 as well 또한 evaluate 평가하다 with regard to ~와 관련해

주제와 목적 찾기

1 강의는 주로 무엇에 관한 것인가?
(A) 몬테소리 학교의 간단한 역사
(B) 최근 몇 년 사이에 몬테소리 학교에 나타난 변화의 종류들
(C) 대부분의 학생들이 즐거워하는 몬테소리 학교가 활용하는 방식
(D) 몬테소리 학교에 다니는 것의 장점과 단점

해설 교수가 몬테소리 교수법에서 가장 중요한 부분을 이야기하겠다고 언급한 뒤로 몬테소리 학교의 장점과 단점을 차례로 설명하고 있다. 따라서 정답은 (D)다.

구조 파악하기

2 여학생은 왜 자신의 몬테소리 학교 경험을 언급하는가?
(A) 교수에게 문의하기 위해
(B) 남학생의 주장에 동의하기 위해
(C) 그녀가 몬테소리 교육을 잘 받아들이지 못했음을 설명하기 위해
(D) 몬테소리 학교의 일부 문제를 지적하기 위해

어휘 make an inquiry of ~에게 문의하다 argument 주장 be receptive to ~을 잘 받아들이다

해설 여학생은 몬테소리 학교에서 알찬 시간을 보내진 못했다고 말하면서 그곳의 학습 방식이 자신과는 맞지 않았다고 말하고 있다. 따라서 정답은 (C)다.

세부 내용 찾기

3 몬테소리 학교는 어떠한 유형의 학습에 초점을 맞추는가?
(A) 교사의 수업에 의해 향상되는 암기 학습
(B) 학생들이 스스로 이끌어 가는 체험 학습
(C) 특정 프로젝트를 바탕으로 하는 자립적인 공부 프로그램
(D) 사회 과학보다는 과학과 수학 학습

어휘 rote learning 암기 학습   enhance 향상시키다

해설 교수는 몬테소리 학교의 학생은 스스로 공부 방향을 정한다는 점과 체험 학습을 한다는 점을 말하고 있다. 따라서 정답은 (B)다.

추론하기

4 전통적인 교실에서 배우는 학생들에 대해 추론할 수 있는 것은 무엇인가?
(A) 그들은 수월한 학습을 위해 컴퓨터를 이용한다.
(B) 요즘 그들의 수가 줄어들고 있다.
(C) 그들은 동기들에게 배울 가능성이 더 적다.
(D) 그들은 훨씬 더 열정적인 교사들과 함께 하는 경향이 있다.

어휘 be less likely to ~할 가능성이 적다

해설 교수가 몬테소리 학교는 동기 간 학습을 강조한다고 언급하면서 전통적인 교실에서보다 더 많이 동기들과 의사소통한다고 밝히고 있다. 이를 통해 전통적인 교실에서 배우는 학생들은 동기들을 통해 배울 기회가 더 적다는 것을 알 수 있다. 따라서 정답은 (C)다.

세부 내용 찾기

5 교수는 일부 학생들이 몬테소리 학교에 전혀 다니지 못하는 이유와 관련해 무슨 말을 하는가?
(A) 지능이 높은 학생들만 다닐 수 있다.
(B) 시골 지역에는 몬테소리 학교가 거의 없다.
(C) 대부분의 몬테소리 학교는 학생 수를 제한한다.
(D) 그들의 학부모들은 학비를 낼 수 없다.

어휘 rural 시골의

해설 교수는 몬테소리 학교는 많은 학습 도구를 필요로 하고, 그로 인해 학비가 비싸기 때문에 어떤 학부모들은 경제적으로 감당할 여유가 없다고 말하고 있다. 따라서 정답은 (D)다.

의도와 태도 파악하기

6 강의의 일부를 다시 들으시오. 그런 다음 질문에 답하시오. ∩

> **S1** 그래서, 부모님께서 약 2주 후에 저를 그 학교에서 중퇴시키시고 더 전통적인 곳에 등록해 주셨습니다.
> **P** 마틴, 뭔가 덧붙일 말이 있나요?
> **S2** 제 경험은 신디의 경험과 정확히 반대였어요.

학생이 다음과 같이 말할 때 무엇을 의미하는가?

> **S2** 제 경험은 신디의 경험과 정확히 반대였어요.

(A) 그는 몬테소리 학교에서 보낸 시간이 즐거웠다.
(B) 그는 몬테소리 학교에서 고등학교 시절을 보냈다.
(C) 그는 몬테소리 교육을 받는 게 기쁘지 않았다.
(D) 그는 몬테소리 교수법에 전혀 노출되지 않았다.

어휘 be exposed to ~에 노출되다

해설 여학생이 2주 만에 몬테소리 학교를 그만 두었다고 말한 것에 대해 남학생이 자신의 경험은 정확히 반대였다고 말하고 있으므로 몬테소리 학교에서 보낸 시간이 즐거웠음을 알 수 있다. 따라서 정답은 (A)다.

관련 지식 마리아 몬테소리(Maria Montessori)는 이탈리아의 아동교육학자이자 아동정신과 의사이다. 교사들의 권위 주의적 교육에 강력히 반대하고 어린이의 권리존중을 주장

하며 어린이의 신체 및 정신 발달을 위한 자유로운 교육과 각 어린이의 활동 리듬에 맞는 개성발전 교육을 역설하며 몬테소리 교육법을 창시했다. 이 공로를 인정받아, 1922년에 이탈리아의 교육부 장관이 되었다.

정답 | 1 (C) **2** (B), (D), (A), (E), (C) **3** (D) **4** (B) **5** (D) **6** (A)

N Narrator **P** Professor **S** Student

N Listen to part of a lecture in a business class.

P Let's say you own a company and want to advertise your products. You don't just come up with a commercial describing your business and the items you want to sell and then pay a TV station to air it. Oh, no, it's much more complicated than that. In fact, a business must go through several steps in the advertising production process to create a successful advertisement. Please be advised that this is true for all kinds of advertisements, including printed ones in newspapers, magazines, and journals, TV commercials, and online ads.

I suppose I should begin by defining what an advertisement is. In its most basic form, it's an attempt to promote a product or service through the use of persuasion. It utilizes language in some form of media to encourage consumers to purchase a product or service. Successful ads help businesses improve their sales, whereas unsuccessful ones may actually cause sales to decline.

As I said before, there are multiple steps in the advertising production process. Each is of varying importance, but they're all crucial to the success of an advertising campaign. The first step is briefing, which is a discussion with the ad agency that describes the product or service to be advertised. This allows the agency... uh, by that, I mean the firm that's going to create the advertisement... to learn more about the business and whatever it's selling. The next step is to identify the objective. Personally, I think this is one of the most vital steps, as it forms the basis of the advertisements. Simply put, in order to be able to craft the proper type of ad, the ad agency must know what the purpose of the advertisement is and what message the company wants to deliver. Once those steps have been taken, it's necessary to conduct research.

S What kind of research?

P The agency must research who the company's competitors are, what the market conditions are, what type of ad is likely to be the most successful, how consumers are expected to respond... uh, those sorts of things. Following that, the target audience must be identified. This is another important step for the basic

N 경영학 수업 강의의 일부를 들으시오.

P 여러분이 회사를 소유하고 있고 제품을 광고하기를 원한다고 가정해 봅시다. 여러분은 그저 여러분의 회사와 판매하고자 하는 제품을 설명하는 광고 방송을 생각해 낸 다음, TV 방송국에 그것을 방송하기 위해 비용을 지불하지는 않죠. 아, 네, 광고는 그보다 훨씬 더 복잡한 일입니다. 사실, 회사가 성공적인 광고를 만들기 위해서는 반드시 광고 제작 과정의 여러 단계들을 거쳐야 합니다. 이는 신문, 잡지, 저널의 인쇄 광고와 TV 광고 방송, 온라인 광고를 포함한 모든 종류의 광고에 해당한다는 점에 유의하기 바랍니다.

내 생각에는 광고가 무엇인지 정의하는 것으로 시작해야 할 것 같군요. 가장 기본적인 형태로, 광고는 설득을 통해 제품이나 서비스를 홍보하려는 시도입니다. 광고는 어떤 형태의 매체에서 언어를 활용하여 소비자들에게 제품이나 서비스를 구매하도록 권합니다. 성공적인 광고는 회사가 판매량을 늘리는 데 도움을 주는 반면, 성공적이지 못한 광고는 실제로 판매량이 줄어들게 할 수도 있습니다.

조금 전에 말했다시피, 광고 제작 과정에는 여러 단계들이 있습니다. 각 단계는 다양한 중요성을 가지고 있지만, 그것들 모두 광고 캠페인의 성공에 중요합니다. 첫 번째 단계는 브리핑으로, 광고에서 제품 혹은 서비스를 설명할 광고 대행사와의 논의를 말합니다. 이를 통해 대행사, 그러니까 광고를 만들게 될 업체가… 해당 회사와 그 회사가 판매하는 것에 대해 더 많이 알게 됩니다. 다음 단계는 목적 확인입니다. 개인적으로, 이것이 가장 중요한 단계들 중 하나라고 생각하는데, 광고의 토대를 만들기 때문입니다. 간단히 말해서, 적절한 종류의 광고를 제작할 수 있으려면, 광고 대행사는 광고의 목적이 무엇인지와 그 회사가 어떤 메시지를 전달하고자 하는지를 반드시 알아야 하죠. 일단 이러한 단계들을 거치고 나면, 조사를 실시하는 것이 필수적입니다.

S 어떤 종류의 조사인가요?

P 광고 대행사는 반드시 그 회사의 경쟁사가 누구인지와 시장 상황은 어떤지, 어떤 종류의 광고가 가장 성공적일지, 소비자들이 어떻게 반응할 것으로 예상되는지… 어, 이런 종류의 것들을 조사해야 합니다. 그 후에는, 광고 대상자를 반드시 확인해야 합니다. 이것은 광고를 잘못된 대상자를 목표로 하면 그것이 결국 성공하지 못할 것이라는 기본적인 이유로 또 다른 중요한 단계입니다. 예를 들어, 달콤

reason that targeting the wrong audience with an ad will end up with it being unsuccessful. For instance, an ad for a sugary breakfast cereal should be made for children because they'll be the ones who will attempt to convince their parents to buy it. Likewise, a car company selling sports cars would target young people rather than the elderly.

Once that is determined, the type of media to be used must be decided. Much of this is connected to the target audience. For instance, a company selling luxury watches isn't going to put a print advertisement in a sports magazine. Instead, it might purchase ad space in a business newspaper or journal. Likewise, an advertisement for children's toys would work much better as a TV commercial that airs during a cartoon instead of an ad that appears on a news website. The company that wants the ad and the agency must then determine the budget. Knowing how much money is available for the project can help determine many things. For instance, a big budget could permit a celebrity spokesperson to be hired, whereas a small budget might mean the ad will run only in a small-town newspaper.

Finally, the process of creating the ad itself begins. The ad is designed by copywriters, and after it's approved, various art directors and other individuals at the agency work to craft it. This can take quite a while, depending upon how complicated it is. The ad may undergo various revisions, especially after it is shown to focus groups. These are typically comprised of regular people who provide their opinions on what they like and dislike about the ad. When the ad is completed and everyone is satisfied, when and where to place the ad must be determined. This is normally influenced by the target audience so that the ad will receive the most exposure.

Once the ad is printed, aired on television, or uploaded onto the Internet, its performance must be evaluated to determine how successful the ad is. Did it result in increased sales? Did it bring positive attention to the company? Or did people ignore the ad or, even worse, dislike it for some reason? Both the company and the ad agency will analyze everything to see what they did right or how things went wrong.

한 아침식사용 시리얼 광고는 아이들을 대상으로 만들어져야 하는데, 아이들이 바로 부모를 설득해 그것을 구입하도록 하는 사람일 것이기 때문입니다. 마찬가지로, 스포츠카를 판매하는 자동차 회사는 어르신들이 아니라 젊은이들을 목표로 삼을 겁니다.

일단 여기까지 결정되고 나면, 활용될 매체의 종류가 반드시 결정되어야 합니다. 이것의 대부분이 광고 대상자와 연관되어 있습니다. 예를 들어, 고급 시계를 판매하는 회사는 스포츠 잡지에 인쇄 광고를 내진 않을 겁니다. 대신, 경제 신문이나 저널의 광고란을 구입할지도 모르죠. 마찬가지로, 아동용 장난감 광고는 뉴스 웹사이트에 보이는 광고 대신 만화 영화 중간에 방송되는 TV 광고 방송으로 훨씬 더 좋은 효과를 낼 겁니다. 광고를 원하는 회사와 대행사는 그 후 반드시 예산을 정해야 합니다. 얼마나 많은 돈이 프로젝트에 투입 가능한지를 아는 것은 많은 것을 결정하는 데 도움이 될 수 있습니다. 예를 들어, 많은 예산은 유명 인사를 대변인으로 고용하게 해 줄 수 있지만, 적은 예산은 광고가 겨우 소도시 신문에 실릴 것이라는 것을 의미할지도 모릅니다.

마지막으로, 광고 자체를 만드는 과정이 시작됩니다. 광고는 카피라이터에 의해 고안되며, 그것이 승인된 후에, 대행사의 여러 예술 감독들과 다른 개인들이 광고를 만들기 위해 작업합니다. 이것은 광고가 얼마나 복잡한지에 따라, 꽤 시간이 소요될 수 있습니다. 광고는 여러 수정 과정을 거칠 수 있는데, 특히 포커스 그룹에게 보여진 후에 그럴 수 있습니다. 이 그룹은 일반적으로 광고에 대해 무엇이 좋고 싫은지에 대해 의견을 제시하는 일반인들로 구성됩니다. 광고가 완성되고 모든 사람이 만족하면, 언제 어디에 그 광고를 게재할 것인지 반드시 결정해야 합니다. 이는 보통 광고 대상자의 영향을 받는데, 그래야 광고가 가장 많은 노출 효과를 얻습니다.

일단 광고가 인쇄되거나 텔레비전에서 방송되거나, 인터넷에 업로드되고 나면, 광고가 얼마나 성공적인지 밝히기 위해 반드시 성과가 평가되어야 합니다. 판매량 증가로 이어졌는가? 회사에 긍정적인 관심을 불러일으켰는가? 또는 사람들이 광고를 무시했는가, 아니면 설상가상으로, 어떤 이유로 그것을 싫어했는가? 회사와 광고 대행사 둘 다 모든 것을 분석해 무엇을 잘했는지 또는 어떻게 잘못되었는지를 분석할 것입니다.

주제와 목적 찾기

1 강의는 주로 무엇에 관한 것인가?
(A) 사람들을 설득하기 위해 광고가 이용되는 방법들
(B) 회사들이 광고를 활용하는 이유들
(C) 광고 제작에 수반되는 단계들
(D) 현대에 이용되는 다른 종류의 광고들

해설 교수는 광고가 무엇인지 간단히 언급한 뒤, 광고 제작 과정에 수반되는 여러 단계들이 있다고 말하면서 그 단계들을 차례로 설명하고 있다. 따라서 정답은 (C)다.

전개구조 파악하기

2 교수가 광고 제작 과정의 단계들을 설명하고 있다. 그 단계를 아래에 올바른 순서대로 넣으시오. 각 선택지를 해당하는 칸으로 드래그하시오.

1단계	(B)
2단계	(D)
3단계	(A)
4단계	(E)
5단계	(C)

(A) 다양한 요소들에 대해 조사하기
(B) 광고될 제품이나 서비스를 설명하기
(C) 광고 만들기
(D) 광고의 목적 이해하기
(E) 어느 종류의 매체에 광고할지 결정하기

어휘 do research on ~에 대해 조사하다   a variety of 다양한 factor 요소

해설 교수는 「광고 대행사에게 브리핑 → 광고 목적 확인 → 경쟁사, 시장 상황, 광고 종류, 소비자 반응 조사 → 광고 매체 결정 → 광고 제작」의 순서로 광고 제작 단계들을 설명하고 있다. 따라서 정답은 (B), (D), (A), (E), (C)다.

의도와 태도 파악하기

3 광고의 목적을 아는 것에 대한 교수의 의견은 무엇인가?
(A) 그것은 광고 대행사가 고객사에 관해 더 많이 알 수 있게 해 준다.
(B) 그것은 반드시 광고 대행사가 결정하는 첫 번째 일이어야 한다.
(C) 그것은 중요하지 않은 광고에 대해 생략될 수 있는 단계이다.
(D) 그것은 광고 제작 과정에 있어 아주 중요하다.

어휘 omit 생략하다   minor 중요하지 않은 be of great importance 아주 중요하다

해설 교수가 광고 제작의 두 번째 단계로 목적 확인을 언급하면서 가장 중요한 단계들 중 하나라고 생각한다는 말과 함께 광고의 토대를 형성하기 때문이라고 밝히고 있다. 따라서 정답은 (D)다.

세부 내용 찾기

4 광고 대상자를 아는 것의 중요성은 무엇인가?
(A) 회사가 인쇄 광고와 시각 광고 중에서 결정할 수 있다.
(B) 광고가 잘못된 곳에서 보여지는 것을 방지해 준다.
(C) 회사가 얼마나 많은 돈을 반드시 예산으로 세워야 하는지 알 수 있다.
(D) 대행사가 어떤 유명 인사를 대변인으로 고용해야 하는지 결정할 수 있다.

어휘 budget 예산을 세우다

해설 교수는 잘못된 광고 대상자를 목표로 삼으면 광고가 성공하지 못한다고 말하면서 특정 제품에 맞는 대상자들의 예를 들고 있다. 따라서 정답은 (B)다.

5 교수는 왜 스포츠카를 언급하는가?
(A) 성공적인 광고의 효율성을 보여 주기 위해
(B) 일부 광고들이 일반적으로 텔레비전에서 왜 방송되는지 설명하기 위해
(C) 스포츠카 광고와 아침식사용 시리얼 광고를 비교하기 위해
(D) 광고에서 광고 대상자가 가지는 중요성을 설명하기 위해

어휘 demonstrate 설명하다, 입증하다

해설 교수가 스포츠카를 판매하는 자동차 회사는 어르신들이 아니라 젊은이들을 목표로 삼을 것이라고 말하고 있는데, 이는 광고의 특성에 따른 광고 대상자를 잘 확인하는 것이 중요하다는 것을 보여준다. 따라서 정답은 (D)다.

6 교수는 포커스 그룹과 관련해 무슨 말을 하는가?
(A) 그들은 특정 광고에 관한 그들의 생각을 전한다.
(B) 그들은 광고 방송에 출연하는 배우들에 대해 의견을 말한다.
(C) 그들은 광고 대행사가 광고 대상자를 정하는 데 도움을 준다.
(D) 그들은 광고가 공개되는 대로 그것을 홍보한다.

어휘 comment on ~에 대해 의견을 말하다 cast 출연하다 release 공개하다, 발표하다

해설 교수가 포커스 그룹을 언급하면서 광고와 관련해 무엇이 마음에 들고 그렇지 않은지 의견을 제공해 주는 사람들로 구성된다고 말하고 있다. 따라서 정답은 (A)다.

LECTURE 04

pp.124-125

정답 | **1** (C)　　**2** (A)　　**3** (B)　　**4** (A)　　**5** (B)　　**6** (D)

N Narrator　　**P** Professor　　**S** Student

N Listen to a lecture in a business class.

P Surprisingly, many companies don't pay as much attention to customer service as they should. It's almost as if they have never heard the expression "the customer is king." Businesses that mistreat their customers and offer poor service often suffer negative consequences. This is especially true in modern times, since people can go online, post negative reviews or photographs on social media, and let the world know how a business failed them with regard to customer service. In many cases, businesses, particularly those in the service industry such as restaurants and hotels, have had to close their doors on account of issues with their service.

Let me give you some accounts of service failures, and you try to tell me what actions the businesses should have taken. Here's one I'm sure many of you can sympathize with. There was one customer who used a major telecom company as his mobile phone service provider. This individual frequently experienced instances where he received a "no service" message on his phone despite being in places, such as his home, where he should have been able to use it. Well, the customer complained to the company, and its first response was to claim that he wasn't telling the truth. Later, he finally managed to convince the company to

N 경영학 수업의 강의를 들으시오.

P 놀랍게도, 많은 회사들은 원래 해야 하는 것만큼 고객 서비스에 많은 관심을 기울이지 않습니다. 거의 마치 "고객은 왕이다."라는 표현을 한 번도 들어 본 적이 없다는 듯이 말이죠. 고객을 함부로 대하고 형편없는 서비스를 제공하는 업체들은 흔히 부정적인 결과를 겪게 됩니다. 이는 특히 요즘 시대에 해당되는데, 사람들이 온라인에 접속해서 소셜 미디어에 부정적인 후기나 사진을 올리고, 업체가 고객 서비스와 관련해 어떻게 그들을 실망시켰는지 세상에 알릴 수 있기 때문입니다. 많은 경우에 있어, 업체들, 특히 레스토랑과 호텔 같은 서비스 업계에 속한 곳들이 서비스 관련 문제 때문에 문을 닫아야 했습니다.

서비스 실패에 관한 몇 개의 이야기를 해 볼 테니, 그 업체들이 어떤 조치를 취했어야 했는지 말해 보세요. 여기 분명 여러분 중 다수가 공감할 수 있다고 확신하는 이야기가 하나 있습니다. 주요 통신회사를 휴대전화 서비스 공급업체로 이용했던 고객이 한 명 있었습니다. 이 사람은 자신의 집처럼 전화를 이용할 수 있어야 했던 곳에 있었음에도 불구하고 전화로 '서비스 불가' 메시지를 받은 일이 자주 발생했습니다. 자, 그 고객은 회사에 불만을 제기했고, 그곳의 첫 번째 대응은 그가 사실을 말하지 않고 있다고 주장하는 것이었습니다. 나중에, 그 고객은 결국 이 회사를 겨우 설득해서 기술자에게 전화기를

have a technician examine his phone. The technician blamed the customer for the problem by saying that the phone itself had been damaged and demanded payment to fix it. The customer, who was tech savvy, refused and had an engineer look at it. That person reported no problems with the hardware. Later, the problem was determined to be the fault of the telecom company, so the issue was finally resolved. However, it took a couple of months, so the customer had to continue dealing with "no service" messages. The company never apologized or provided any compensation. Your thoughts?

S The company appears to have ignored the fact that a tech-savvy person would know there are no issues with his equipment. It should have treated him better, instead of accusing him of damaging the equipment, and dealt with his problem more quickly.

P Sadly, nothing of the sort occurred. The company therefore took a public relations hit. I'm sure many of you have had your own problems with phones, so you can understand the level of frustration he must have experienced.

Here's another customer service failure... This one happened at one of the biggest energy providers in the country. What occurred is that a customer was overcharged by a significant amount, and the company also made several unauthorized direct debit payments from the customer's bank account. When the woman complained to a customer service agent, the agent lied and said that nothing of the sort had happened. The woman proceeded to show proof in the form of bills and bank withdrawal statements, but the staff at the customer service office refused to acknowledge them. She refused to back down, was eventually proven to be correct, and got her money back, but that required a process which took several weeks. Obviously, the company shouldn't have lied to her, and when faced with proof, it should have instantly refunded her money. But that didn't happen, so the woman wound up changing energy providers in favor of another company.

I've got one more example... Last week, my friend went to a restaurant and placed an order. However, the food not only took fifty minutes to arrive, but it was also cold and tasted terrible. When she complained to the waiter, he didn't seem interested at all in what she was saying. Now tell me... How would you react in that situation?

S I guess I'd ask to speak with the manager. I'd complain both about the condition of the food and about the waiter's attitude.

점검 받도록 했습니다. 그 기술자는 전화기 자체가 손상되었다고 말하면서 이 문제에 대해 고객을 탓했고 수리 비용을 요구했죠. 기술 관련 지식이 풍부했던 이 고객은 거절하고 기사에게 그것을 살펴보게 했습니다. 그 사람은 전화기에 어떤 문제도 없다고 말했습니다. 나중에, 이 문제가 통신회사의 잘못으로 밝혀지면서, 문제는 결국 해결되었습니다. 하지만, 이 일에 몇 개월이 소요되었기 때문에, 그 고객은 계속 '서비스 불가' 메시지에 대처해야 했습니다. 그 회사는 절대 사과하거나 어떤 보상도 제공하지 않았죠. 어떻게 생각하나요?

S 그 회사는 기술 관련 지식이 풍부한 사람이라면 그의 장비에 문제가 없다는 점을 알 거라는 사실을 무시했던 것 같아요. 그 고객을 더 잘 대했어야 했죠, 장비를 손상시켰다고 비난하는 대신에요. 그리고 그 문제를 좀 더 신속히 처리했어야 했어요.

P 안타깝게도, 그런 일은 일어나지 않았어요. 그 회사는 그로 인해 홍보 활동에 타격을 입었습니다. 분명 여러분 중 다수도 전화기와 관련해 문제가 있었던 적이 있을 것이기 때문에, 그 고객이 틀림없이 느꼈을 좌절감의 정도를 이해할 수 있을 겁니다.

여기 또 다른 고객 서비스 실패 사례가 있습니다… 이 일은 국내 최대 규모의 에너지 공급업체들 중 한 곳에서 발생했습니다. 무슨 일이 있었는가 하면, 한 고객이 상당한 액수의 요금을 과다 청구 받았고, 그 회사는 또한 그 고객의 은행 계좌에서 여러 차례 승인되지 않은 자동 이체 납부금을 인출했습니다. 그 여성이 고객 서비스 직원에게 불만을 제기하자, 그 직원은 거짓말을 하며 결코 그런 일은 일어나지 않았다고 말했죠. 그 여성이 곧이어 고지서와 은행 인출 내역서의 형태로 증거를 제시했지만, 고객 서비스부의 직원들은 인정하기를 거부했습니다. 그 여성도 물러서기를 거부했고, 결국 옳았다는 것이 증명되어, 돈은 돌려받았지만, 그 과정은 몇 주나 걸렸습니다. 분명, 그 회사는 그녀에게 거짓말을 하지 말았어야 했고, 증거와 맞닥뜨렸을 때, 즉시 돈을 환불해 주었어야 했죠. 하지만 그런 일은 일어나지 않았고, 그 여성은 다른 회사쪽으로 에너지 공급업체를 바꾸었습니다.

예시가 하나 더 있습니다… 지난 주에, 내 친구가 레스토랑에 가서 주문을 했습니다. 하지만, 음식이 나오는 데 50분이나 걸렸을 뿐만 아니라, 식어서 맛도 끔찍했습니다. 그녀가 종업원에게 불만을 제기했을 때, 그는 그녀가 하는 말에 전혀 관심이 없는 듯했습니다. 자, 그럼… 여러분은 이런 경우에 어떻게 대응할 건가요?

S 저는 매니저와 이야기하겠다고 요청할 것 같아요. 저라면 음식의 상태와 종업원의 태도 둘 다와 관련해 불만을 제기할 것 같습니다.

P Yes, that's what most people would do. It's also what my friend did. In most cases, people would be satisfied by a sincere apology, a replacement dinner, or perhaps a free dessert or appetizer, which is what my friend expected. Incidents like this happen at restaurants from time to time. Restaurants tend to provide quality customer service, especially after they experience some kind of a failure. All right, class. Over the weekend, I want you to think of another example of poor customer service and write a short report on it.

P 네, 대부분의 사람들이 그렇게 하겠죠. 내 친구도 그렇게 했고요. 대부분의 경우에, 사람들은 진심 어린 사과나 대체 식사, 아마도 무료 디저트나 애피타이저 정도면 만족할 것이고, 내 친구도 그런 걸 기대했죠. 이런 일들은 때때로 레스토랑에서 일어납니다. 레스토랑은 양질의 고객 서비스를 제공하는 경향이 있는데, 특히 일종의 실패를 경험한 후에 그렇습니다. 좋습니다, 여러분. 주말 동안, 다른 형편없는 고객 서비스의 예시를 생각해 보고 그에 관해 간단한 보고서를 작성하기 바랍니다.

스크립트 어휘

mistreat 함부로 대하다 post 게시하다 social media 소셜 미디어(= SNS) fail 실망시키다 with regard to ~와 관련해 on account of ~ 때문에 account 이야기 take actions ~에 대해 조치를 취하다 sympathize with ~에 공감하다 convince A to B A를 B하라고 설득하다 blame A for B B에 대해 A를 탓하다 savvy 지식이 풍부한, 능통한 deal with ~에 대처하다 compensation 보상 equipment 장비 accuse A of B A가 B하다고 비난하다 take a hit 타격을 입다 public relations 홍보 frustration 좌절(감) overcharge ~에게 과다 청구하다 unauthorized 승인되지 않은 direct debit 자동 이체 proceed to 이어서 ~하다 withdrawal statement 인출 내역서 back down 물러서다 faced with ~에 직면한 instantly 즉시 wind up -ing 결국 ~하게 되다 in favor of ~의 이익이 되도록 place an order 주문을 하다 react 반응하다 sincere 진심의 replacement 대체(하는 것)

주제와 목적 찾기

1 강의의 주제는 무엇인가?
(A) 업체들이 서비스를 개선하기 위해 사용하는 방법들
(B) 고객들이 레스토랑에서 맞닥뜨리는 문제들
(C) 업체들이 고객들을 실망시킨 방법들
(D) 기술 업계의 형편없는 고객 서비스

어휘 encounter 맞닥뜨리다

해설 교수는 몇 개의 고객 서비스 실패 사례들에 대해 이야기하겠다고 말하며 실제 업체들이 어떻게 서비스와 관련해 고객들을 실망시켰는지 예를 들어 설명하고 있다. 따라서 정답은 (C)다.

구조 파악하기

2 교수는 주제를 어떻게 전개하는가?
(A) 과거의 사건들을 이야기하고 그 사건들이 어떻게 해결될 수 있었을지를 설명함으로써
(B) 학생들에게 동영상을 보여주고 무슨 일이 있었는지 이야기함으로써
(C) 형편없는 고객 서비스 사건들을 긍정적인 사건들과 대조함으로써
(D) 고객과 업체를 포함한 가상의 상황을 만들어 냄으로써

어휘 contrast A with B A와 B를 대조하다
hypothetical 가상의, 가설의

해설 교수는 몇몇 고객 서비스 실패 사례들을 나열하며 업체가 고객을 대상으로 어떻게 대처했어야 했는지를 이야기하고 있다. 따라서 정답은 (A)다.

세부 내용 찾기

3 교수의 말에 따르면, 고객의 휴대전화기에 어떤 문제가 있었는가?
(A) 그것의 마이크가 특정 시간에 작동하지 않았다.
(B) 그것은 어떤 곳에서는 서비스를 제공할 수 없었다.
(C) 그것은 대부분의 시간 동안 인터넷에 접속할 수 없었다.
(D) 그것의 배터리가 아주 빨리 떨어지는 경향이 있었다.

어휘 microphone 마이크 work 작동하다 run down 다 떨어지다, 다 되다

해설 교수는 휴대전화 서비스 공급업체와 관련된 고객의 예를 들며 그가 자신의 집처럼 전화를 이용할 수 있어야 했던 곳에서도 전화로 '서비스 불가' 메시지를 받은 경우가 잦았다고 말하고 있다. 따라서 정답은 (B)다.

세부 내용 찾기

4 에너지 공급업체에 있었던 문제에 따른 결과는 무엇이었나?
(A) 고객은 회사와의 계약을 취소했다.
(B) 고객은 돈을 전혀 돌려받을 수 없었다.
(C) 고객은 회사로부터 진심 어린 사과를 받았다.
(D) 고객은 회사의 서비스를 계속 이용했다.

어휘 get one's money back ~의 돈을 돌려받다

해설 교수는 에너지 공급업체와 문제를 겪은 한 여성이 결국 다른 회사로 에너지 공급업체를 바꾸었다고 말하고 있다. 따라서 정답은 (A)다.

5 교수는 학생들이 무엇을 하기를 원하는가?

    (A) 다른 학생들에게 그들이 겪은 문제에 관해 말하도록 요청하기

    (B) 강의 주제를 바탕으로 간결한 보고서 작성하기

    (C) 전체 학생들 앞에서 개인적인 경험 발표하기

    (D) 회사의 서비스 실패에 관한 몇몇 기사 읽기

어휘 concise 간략한, 간결한　present 발표하다

해설 교수는 학생들에게 주말 동안 다른 형편없는 고객 서비스의 예시를 생각해 보고 그에 관해 간단한 보고서를 작성하기를 바란다고 말하고 있다. 따라서 정답은 (B)다.

6 강의의 일부를 다시 들으시오. 그런 다음 질문에 답하시오. 🎧

> *S 그 회사는 기술 관련 지식이 풍부한 사람이라면 그의 장비에 문제가 없다는 점을 알 거라는 사실을 무시했던 것 같아요. 그 고객을 더 잘 대했어야 했죠, 장비를 손상시켰다고 비난하는 대신에요. 그리고 그 문제를 더 신속히 처리했어야 했어요.*
> *P 안타깝게도, 그런 일은 일어나지 않았어요.*

교수가 다음과 같이 말할 때 무엇을 의미하는가?

> *P 안타깝게도, 그런 일은 일어나지 않았어요.*

    (A) 그 고객은 더 나은 방법으로 그 일을 처리했어야 했다.

    (B) 그 회사는 특정 문제에 대처하는 데 익숙하지 않았다.

    (C) 그 고객은 회사의 조치에 대한 이유를 이해했다.

    (D) 그 회사는 고객에게 적절하게 행동하지 않았다.

어휘 be used to -ing ~하는 데 익숙하다
appropriately 적절하게

해설 학생이 회사가 고객을 대상으로 더 잘 대처했어야 했다고 말한 뒤에, 교수가 "안타깝게도, 그런 일은 일어나지 않았어요."라고 말하는 것은 그 회사가 고객의 문제에 적절히 대처하지 않았다는 것을 의미한다. 따라서 정답은 (D)다.

LECTURE 01

pp.126-127

정답 | **1** (D)　　**2** (C)　　**3** I, E, E, I, E　　**4** (D)　　**5** (B)　　**6** (B)

N Narrator　　**P** Professor

N Listen to part of a lecture on cognitive psychology.

P Right. As we covered in last week's lecture, memory is a fundamental cognitive process that allows us to encode, store, and retrieve information. This week, we're looking at two distinct types of memory that operate in different ways and serve different functions: implicit and explicit memory.

But before we delve into the details, it's important to understand the precise definition of the terms used. Implicit memory, also known as procedural memory, refers to the unconscious or automatic retrieval of information without conscious awareness. Explicit memory, or declarative memory, involves consciously recollecting information and can be divided into two subtypes: episodic memory and semantic memory.

Episodic memory enables the recall of specific events or experiences that have occurred in our lives. It involves remembering contextual details surrounding those events, like the time and place in which they occurred. Remembering your last birthday party or a recent family trip would be considered episodic memory. Semantic memory involves retaining general knowledge and facts that are unrelated to specific events. We know the meaning of words like "gravity" or "photosynthesis" without having to recall anything specific, don't we? And, of course, we know that Rome is the capital of Italy without linking this knowledge to a personal experience.

Now, let's delve into the processes of implicit and explicit memory. Implicit memory is often shaped through repeated exposure to stimuli or associations between stimuli. For example, if you have ever learned to ride a bicycle, you may not remember the exact steps you took, but your body remembers the necessary movements. We're usually unaware of it, but we use implicit memory all the time in daily activities, from getting dressed in the morning to navigating our way home at night.

N 인지 심리학에 관한 강의 일부를 들으시오.

P 좋습니다. 지난 주 강의에서 다룬 바와 같이, 기억은 하나의 근본적인 인지 과정으로서, 우리가 정보를 암호로 바꿔 저장하고 검색할 수 있게 해 줍니다. 이번 주에는, 서로 다른 방식으로 작동하면서 다른 기능을 제공하는 두 가지 뚜렷이 다른 유형의 기억을 살펴볼 텐데, 바로 암묵적 기억과 명시적 기억입니다.

하지만 세부 내용으로 들어가기에 앞서, 사용되고 있는 이 용어들의 정확한 정의를 이해하는 것이 중요합니다. 암묵적 기억은 절차 기억이라고도 알려져 있으며, 의식적 자각 없이 이뤄지는 정보에 대한 무의식적 또는 자동적 검색을 일컫습니다. 명시적 기억, 즉 서술 기억은, 의식적으로 정보를 기억해 내는 일을 수반하며, 두 가지 하위 유형인 일화 기억과 의미 기억으로 나눌 수 있어요.

일화 기억은 우리 삶에서 일어났던 특정 사건이나 경험에 대한 기억 능력을 가능하게 합니다. 이는 발생한 시간과 장소처럼, 그런 사건들을 둘러싼 맥락과 관련된 세부 요소를 기억하는 일을 수반하죠. 가장 최근 생일 파티나 최근 가족 여행을 기억하는 것이 일화 기억으로 여겨질 겁니다. 의미 기억은 일반적인 지식 및 특정 사건과 관련 없는 사실을 유지하는 일을 수반합니다. 우리는 특정한 것을 전혀 기억해 낼 필요 없이 '중력', '광합성'과 같은 단어의 의미를 알고 있죠, 그렇죠? 그리고 당연히, 우리는 로마가 이탈리아의 수도라는 지식을 개인 경험과 관련 짓지 않아도 알고 있습니다.

자, 암묵적 기억과 명시적 기억의 과정을 다뤄 봅시다. 암묵적 기억은 흔히 자극에의 반복적인 노출 또는 자극 사이의 연관을 통해 형성됩니다. 예를 들어, 자전거 타는 법을 배워 본 적이 있다면, 여러분이 했던 정확한 단계들을 기억하고 있지 않아도 몸이 필수 동작들을 기억하고 있죠. 우리가 보통 인식하진 못하지만, 아침에 옷을 입는 것에서부터 밤에 집으로 가는 길을 찾는 것에 이르기까지 일상 생활 속에서 항상 암묵적 기억을 이용하고 있어요.

Explicit memory, on the other hand, demands conscious effort and awareness. It involves the encoding, storage, and retrieval of information through deliberate processes. For instance, if you're studying for an exam and remembering or trying to remember specific facts or concepts, you are engaging your explicit memory.

You're probably wondering, how are these memories activated? Well, implicit memory can be generated through processes like priming and conditioning. Priming occurs when exposure to one stimulus influences responses to subsequent stimuli. For instance, if you encounter a word or an image, it can prepare your brain to recognize or react more swiftly to related words or images. When you see a commercial featuring a refreshing drink with vivid images, you're more likely to choose that drink later because it stands out in your mind. The second activation method is conditioning. Classical conditioning is a form of associative learning where an initially neutral stimulus becomes linked to a reflexive response. You're all aware of Pavlov's classic experiment, where a dog learned to associate the sound of a bell with the arrival of food, resulting in salivation at the mere sound of the bell.

As for explicit memory, it's often provoked by external cues. Seeing a photograph, hearing a familiar song, or smelling a scent linked to a memory can trigger the recollection of explicit memories. And, of course, it also works when you're visiting a location tied to a memorable experience. Other methods include active rehearsal and mental imagery. Going over the details of a presentation or mentally replaying the steps involved in a specific task can aid in recalling memories related to those activities.

Now, let's briefly turn our attention to the brain regions associated with these memory types. There are two major areas involved in implicit memory. The first is the basal ganglia. This structure, located deep within the brain, is involved in motor learning and habit formation. It allows us to subconsciously perform routine activities, maintain balance, and move about in general. The second is the cerebellum, located at the rear of the brain, which is in charge of motor control and classical conditioning.

The brain regions used for explicit memory can be divided into two parts: the parts used for short-term memory and long-term memory. The prefrontal cortex is activated when recalling short-term memories, while the hippocampus and adjacent structures are engaged in forming and storing long-term memories.

반대로 명시적 기억은 의식적인 노력과 자각을 필요로 하는데, 의도적인 과정을 통한 정보의 암호화, 저장, 검색을 수반합니다. 예를 들어, 여러분이 시험 공부를 하면서 특정 사실 또는 개념을 기억하고 있거나 기억하려 한다면, 명시적 기억을 끌어들이는 겁니다.

어떻게 이런 기억들이 활성화되는 것인지 궁금해 할 겁니다. 음, 암묵적 기억은 점화 작용 및 조건화 같은 과정을 통해 만들어질 수 있습니다. 점화 작용은 한 가지 자극에 대한 노출이 그 다음 자극에 대한 반응에 영향을 미칠 때 나타납니다. 예를 들어, 한 가지 단어나 이미지와 맞닥뜨릴 때, 그와 관련된 단어나 이미지에 더욱 신속히 반응하거나 인식하도록 뇌를 준비시킬 수 있죠. 생생한 이미지를 지닌 청량 음료 광고를 볼 경우 이후 그 음료를 선택할 가능성이 더 높은데, 머리 속에서 그것이 부각되기 때문이죠. 두 번째 활성화 방식은 조건화입니다. 고전적 조건화는 연상 학습의 한 가지 형태로서, 처음에는 중립적이었던 자극이 반사 반응과 관련지어지게 되는 것입니다. 여러분 모두 파블로프의 대표적인 실험을 알고 있을 겁니다. 개가 종소리를 들으면 먹이의 도착을 연상하는 법을 학습하게 되어, 결과적으로 단순히 종 소리만 들려도 타액 분비를 일으켰죠.

명시적 기억의 경우는 흔히 외적 단서에 의해 유발됩니다. 사진을 보거나 익숙한 곡을 듣는 것, 또는 어느 기억과 연관된 향기를 맡는 것이 명시적 기억의 회상을 촉발할 수 있습니다. 그리고 당연히, 기억에 남는 경험과 관련 있는 곳을 방문할 때도 적용됩니다. 다른 방법으로는 능동적 시연과 심상을 포함합니다. 발표 내용을 살펴보거나 하나의 특정한 일에 수반된 단계를 마음 속으로 되새겨 보는 것이, 그러한 활동과 관련된 기억을 떠올리는 데 도움을 줄 수 있습니다.

이제, 이러한 기억 유형들과 연관된 뇌 영역으로 잠깐 주의를 돌려 보죠. 암묵적 기억과 관련된 주 영역이 두 곳이 있는데, 첫 번째는 기저핵입니다. 이 구조물은 뇌 속 깊은 곳에 위치해 있으며, 운동 학습 및 습관 형성과 관련되어 있습니다. 우리가 무의식적으로 일상 활동을 하고, 균형을 유지하고, 일반적으로 여기저기 다닐 수 있게 해 주는 것이죠. 두 번째는 소뇌로서, 뇌 뒷부분에 위치해 있고 운동 제어와 고전적 조건화를 책임지고 있습니다.

명시적 기억에 이용되는 뇌 영역은 두 부분으로 나눌 수 있는데, 단기 기억에 이용되는 부분과 장기 기억에 이용되는 부분입니다. 전전두엽 피질은 단기 기억을 떠올릴 때 활성화되는 반면, 해마와 인접 구조물들은 장기 기억 형성 및 저장에 관여합니다. 해마는 뇌의 측두엽에 자리잡고 있으며, 정보를 단기 기억에서 장기 기억으로 굳히는 데 중추적

The hippocampus, situated in the brain's temporal lobe, plays a pivotal role in consolidating information from short-term to long-term memory. In 1952, Henry Molaison underwent surgery to remove his hippocampus as part of epilepsy treatment. After the procedure, he experienced difficulty acquiring new words and facts and was unable to recall people he had spoken to once they had left the conversation.

인 역할을 하죠. 1952년에, 헨리 몰레이슨이 간질 치료의 일환으로 자신의 해마를 제거하는 수술을 받았습니다. 수술 절차 후 그는 새로운 단어와 사실을 습득하는 데 어려움을 겪었고, 사람들과의 대화가 끝난 후엔 그들을 떠올릴 수 없었습니다.

스크립트 어휘

cognitive 인지의 encode 암호로 바꾸다 retrieve 검색하다, 되찾아 오다 distinct 뚜렷이 다른 implicit 암묵적인, 암시의 explicit 명시적인, 명백한 procedural 절차의 declarative 서술적인 recollect 기억해 내다 subtype 하위 유형 episodic 일화적인 semantic 의미론적인 recall 회상 contextual 맥락과 관련된 retain 유지하다 gravity 중력 photosynthesis 광합성 stimuli 자극(stimulus의 복수형) navigate one's way 길을 찾다 deliberate 의도적인 engage ~을 끌어들이다, 사용하다 activate 활성화하다 generate 생성하다 priming 점화 conditioning 조건화 subsequent 그 다음의 encounter ~와 맞닥뜨리다 swiftly 신속히 featuring ~을 지닌, 특징으로 하는 refreshing drink 청량 음료 stand out 부각되다, 돋보이다 associative 연상의 neutral 중립적인 reflexive 반사적인 salivation 타액의 분비 provoke 유발하다 external cue 외적 단서 trigger 촉발하다 active rehearsal 능동적 시연(단기 기억들을 체제화해 장기 기억으로의 전이 효과를 냄) mental imagery 심상(감각 기관에의 자극 없이 마음 속에서 재생됨) go over ~을 점검하다, 거듭 살피다 aid 돕다 turn one's attention to ~로 주의를 돌리다 basal ganglia (대뇌) 기저핵 motor learning 운동 학습 subconsciously 무의식적으로, 잠재 의식 속에 move about 이리저리 움직이다 cerebellum 소뇌 in charge of ~을 책임진 short-term 단기의(↔ long-term) prefrontal cortex 전전두엽 피질 hippocampus 해마 adjacent 인접한 be engaged in ~에 관여하다 temporal lobe 측두엽 consolidate 굳히다, 강화하다 epilepsy 간질

주제와 목적 찾기

1 강의의 주제는 무엇인가?
(A) 다양한 종류의 기억에 대한 가능성 있는 설명
(B) 다양한 유형의 기억이 어떻게 실제 상황에 이용되는가
(C) 일화 기억과 의미 기억 사이의 차이점
(D) 뇌가 어떻게 다양한 기억 유형을 저장하고 검색하는가

어휘 potential 가능성 있는 real-life 실제의

해설 교수는 강의 중반부까지 몇몇 다른 기억 유형을 소개한 후, 후반부에는 그 기억 유형들과 연관된 뇌 영역을 설명하고 있다. 따라서 정답은 (D)다.

세부 내용 찾기

2 강의 내용에 따르면, 암묵적 기억을 활성화할 수 있는 자극은 무엇인가?
(A) 기억에 남은 장소에 다시 가 보는 것
(B) 주어진 일의 단계를 마음 속으로 그려 보는 것
(C) 이미지를 본 후 관련된 선택을 하는 것
(D) 기억과 연관된 향기를 맡는 것

어휘 mentally 마음 속으로 visualize 그려 보다, 상상하다

해설 교수는 암묵적 기억을 활성화하는 점화 작용을 설명하면서 청량 음료 광고를 보고 나면 나중에 그 음료를 선택할 가능성이 더 높다고 설명하고 있다. 따라서 정답은 (C)다.

전개구조 파악하기

3 교수는 암묵적 기억 및 명시적 기억과 연관된 예시를 제공하고 있다. 각 항목을 기억 유형과 짝지으시오.
알맞은 상자에 체크하시오.

	암묵적	명시적
자전거 타는 법을 아는 것	✓	
졸업 파티를 기억하는 것		✓
영국의 수도를 아는 것		✓
집으로 가는 옳은 길을 찾는 것	✓	
익숙한 향기를 통해 과거의 사건을 떠올리는 것		✓

어휘 graduation 졸업

해설 교수는 암묵적 기억을 설명하면서 자전거 타는 법과 밤에 집으로 가는 길을 찾는 것을 언급하고 있으므로, 첫 번째와 네 번째 항목은 암묵적 기억에 해당한다. 명시적 기억과 관련해서는, 최근 생일 파티를 기억하는 것과 로마가 이탈리아의 수도라는 사실을 아는 것, 그리고 어느 기억과 연관된 향기를 맡는 것을 언급하고 있으므로 두 번째, 세 번째, 다섯 번째 항목은 명시적 기억에 해당한다.

4 교수는 명시적 기억과 연관된 뇌 영역을 어떻게 설명하는가?
(A) 암묵적 기억과 관련된 뇌 영역과 비교함으로써
(B) 진행 중인 연구의 결과물을 제시함으로써
(C) 어떻게 실제로 활성화되는지에 대한 예시를 제공함으로써
(D) 그 기능을 바탕으로 하위 그룹으로 분류함으로써

어휘 ongoing 진행중인, 계속되는 categorize 분류하다
subgroup 하위 그룹

해설 교수는 명시적 기억에 이용되는 뇌 영역은 두 부분, 즉 단기 기억에 이용되는 부분과 장기 기억에 이용되는 부분으로 나눌 수 있다고 언급하며 두 기억에 관여하는 전전두엽 피질과 해마를 설명하고 있다. 따라서 정답은 (D)다. 교수는 암묵적 기억과 관련된 뇌 영역 및 그 기능을 설명할 뿐, 명시적 기억과 관련된 뇌 영역과 비교하는 말은 하지 않으므로 (A)는 틀렸다.

추론하기

5 해마 손상을 겪은 사람들에 대해 추론할 수 있는 것은 무엇인가?
(A) 균형과 적절한 자세를 유지하는 것을 힘겨워할 수 있다.
(B) 새로운 언어를 배우는 데 있어 어려움에 직면할 수 있다.
(C) 일상적인 일을 수행하는 데 어려움이 있을 수 있다.
(D) 한 가지 일을 하는 도중에 쉽게 집중력을 잃을 수 있다.

어휘 struggle to ~하는 데 힘겨워하다 posture 자세
lose focus 집중력을 잃다

해설 교수는 해마가 정보를 단기 기억에서 장기 기억으로 굳히는 역할을 한다고 설명한 후, 해마 제거 수술을 받은 헨리 몰레이슨이 수술 후에 새로운 단어와 사실을 습득하는 데 어려움을 겪었다고 밝히고 있다. 따라서 정답은 (B)다.

의도와 태도 파악하기

6 강의의 일부를 다시 들으시오. 그런 다음 질문에 답하시오. 🎧

> **P** 의미 기억은 일반적인 지식 및 특정 사건과 관련 없는 사실을 유지하는 일을 수반합니다. 우리는 특정한 것을 전혀 기억해 낼 필요 없이 '중력', '광합성'과 같은 단어의 의미를 알고 있죠, 그렇죠?

교수는 왜 다음과 같이 말하는가?

> **P** 우리는 특정한 것을 전혀 기억해 낼 필요 없이 '중력', '광합성'과 같은 단어의 의미를 알고 있죠, 그렇죠?

(A) 학생들에게 대답을 유도하기 위해
(B) 한 기억 유형이 어떻게 작용하는지 설명하기 위해
(C) 일부 자극이 왜 기억을 일깨우지 않는지 설명하기 위해
(D) 학생들에게 해당 단어들의 의미를 알고 있어야 함을 시사하기 위해

어휘 prompt 유도하다 evoke 일깨우다, 자아내다

해설 교수는 의미 기억이 일반적인 지식 및 특정 사건과 관련 없는 사실을 유지하는 일을 수반한다고 말하며, 사람들은 특정한 것을 기억해 낼 필요 없이 '중력', '광합성'과 같은 단어의 사전적 의미를 알고 있다고 말한다. 이는 예시를 통해 의미 기억의 작용 방식을 설명하는 것이므로 정답은 (B)다.

LECTURE 02

pp.128-129

정답 | **1** (A)　　**2** (D)　　**3** (B), (C)　　**4** (B)　　**5** (C)　　**6** (D)

N Narrator　　**P** Professor　　**S** Student

N Listen to part of a lecture about permafrost.

P Morning, everyone. I'd like to begin by reviewing what we covered on Tuesday about permafrost. Let's start with an easy question: What is permafrost?

S1 It's a layer of permanently frozen soil.

P Well, yes and no. Permafrost is defined as soil or rock that remains at or below 0 degrees Celsius for at least two consecutive years. The oldest permafrost has remained frozen for around 700,000 years. Permafrost covers approximately 24% of the Earth's land surface, primarily in high-latitude regions such as Siberia,

N 영구 동토층에 관한 강의 일부를 들으시오.

P 안녕하세요, 여러분. 영구 동토층과 관련해 화요일에 다룬 내용을 살펴보는 것으로 시작해보겠습니다. 쉬운 질문으로 시작하죠. 영구 동토층이란 무엇인가요?

S1 영구적으로 얼어붙은 땅으로 이뤄진 층입니다.

P 음, 그렇기도 하고 아니기도 합니다. 영구 동토층은 최소 2년 동안 연속으로 섭씨 0도 이하 상태로 유지되는 토양 또는 암석으로 정의됩니다. 가장 오래된 영구 동토층은 약 70만년 동안 얼어붙은 상태로 유지되어 왔습니다. 영구 동토층은 지구 지표면의 약 24%를 뒤덮고 있으며, 주로 시베리아와 그린란드,

Greenland, and the Arctic. Does anyone remember how deep the permafrost layer is?

S2 Doesn't it range from 1 to 5 meters in depth? No, wait, that can't be right…

P I believe what you're thinking of is the active layer—the soil above the permafrost that experiences seasonal freezing and thawing. The thickness of the permafrost can range from less than a meter to more than 1,000 meters. For example, on the Alaskan Arctic Plain, it can be up to 650 meters thick. The deepest layer is found in northern Siberia, extending down to 1,500 meters. Permafrost plays a crucial role in maintaining the stability of ecosystems in cold regions. It acts as a natural freezer, maintaining the integrity of organic matter, trapping greenhouse gases, and providing stability to the landscape by serving as a natural binder. Yes, in the back?

S3 I think you mentioned on Tuesday that permafrost is melting… And that's causing a runaway greenhouse effect?

P Yes, good. With rising global temperatures, permafrost is thawing at an alarming rate, leading to a cascade of environmental consequences. But first, what is the primary driver of permafrost thawing?

S2 Uh… I think you used the phrase, "human-induced climate change." Our activities are responsible for warming up the atmosphere.

P Exactly. Human activities are inadvertently causing global temperatures to rise. And as the atmosphere warms, we can see changes in snow cover, vegetation, and surface water dynamics. These changes contribute to permafrost degradation, which can occur through various mechanisms, including thermal erosion, talik formation— which is unfrozen patches within permafrost—and the intrusion of warm water from rivers or lakes.

S4 Are all of these changes caused by human activity? I mean, aren't some of them just part of the Earth's natural cycles throughout geological history, like the active layer's seasonal freezing and thawing?

P That's a very good point. Critics of the theory of human-induced global warming usually point to the fact that long before humans entered onto the world stage, the Earth experienced significant temperature swings. However, that will be the subject of future lectures. Data collected from all over the world from the past few decades lead to the conclusion that human activities, particularly the burning of fossil fuels and deforestation, are accelerating a warming trend. And today, our focus is on how this affects permafrost thawing, as well as the subsequent consequences.

북극 같은 고위도 지역에 있습니다. 영구 동토층의 지층이 얼마나 깊은지 기억하는 사람 있나요?

S2 깊이가 1~5미터의 범위에 이르지 않나요? 아니 잠깐, 그게 맞을 리가 없는데…

P 활동층, 즉 영구 동토층 위에서 계절에 따른 결빙과 해동을 겪는 토양을 생각하고 있는 것 같군요. 영구 동토층의 두께는 1미터 미만에서부터 1,000미터가 넘어가는 범위에 이를 수 있습니다. 예를 들어, 알래스카 북극 평원에서는 최대 650미터까지 두꺼워질 수 있습니다. 가장 깊은 층은 시베리아 북부에 위치하는데, 이것은 깊이가 1,500미터에 달하죠. 영구 동토층은 한대 지방의 생태계 안정을 유지하는 데 있어 중대한 역할을 합니다. 천연 냉동고의 역할을 하기 때문에 유기물질의 보전을 유지하고, 온실 가스를 가둬 놓으며, 천연 고착제로서의 역할을 함으로써 풍경에 안정성을 제공해 줍니다. 네, 뒤쪽 학생?

S3 화요일에 영구 동토층이 녹아서… 탈주 온실 효과를 초래하고 있다고 언급하셨던 것 같은데요?

P 네, 맞아요. 지구의 기온이 상승하면서 영구 동토층은 놀라운 속도로 녹고 있고, 이는 억수같이 쏟아지는 환경적 결과로 이어지고 있습니다. 하지만 우선, 영구 동토층 해빙의 주된 요인은 무엇일까요?

S2 어… 교수님께서 '인간이 유발하는 기후 변화'라는 표현을 사용하셨던 것 같아요. 우리의 활동이 대기를 온난화하는 원인인 거죠.

P 바로 그렇습니다. 인간의 활동이 무심코 지구의 기온이 상승하도록 초래하고 있습니다. 그리고 대기의 온도가 오르며 적설량과 초목, 지표수 역학 관계의 변화를 확인할 수 있습니다. 이러한 변화들로 인해 영구 동토층 분해가 일어나며, 이는 융해 침식, 영구 동토층 내의 얼지 않은 지층인 탈릭의 형성, 그리고 강 또는 호수의 온수 유입을 포함해 다양한 작용을 통해 일어날 수 있습니다.

S4 그 모든 변화가 인간의 활동에 의해 초래되는 건가요? 그러니까, 그 중 몇 가지는 그저 활동층의 계절적 결빙과 해동처럼, 지질학적 역사에 걸친 지구의 자연적 주기 중 일부 아닌가요?

P 아주 좋은 지적입니다. 인간이 유발하는 지구 온난화 이론을 비판하는 사람들은, 일반적으로 인간이 세계 무대에 등장하기 오래 전부터 지구가 상당한 규칙적 기온 변화를 겪었다는 사실을 지적합니다. 하지만 이 부분은 앞으로 있을 강의의 주제가 될 겁니다. 지난 수십 년 동안 세계 각지에서 수집한 데이터를 통해 인간의 활동, 특히 화석 연료의 연소와 삼림 벌채가 온난화 추세를 가속화하고 있다는 결론이 도출됩니다. 그리고 현재 우리의 초점은 이것이 영구 동토층에 어떤 영향을 미치는지와 더불어 그 후속적인 결과에 맞춰져 있죠.

One of you mentioned the runaway greenhouse effect earlier. A runaway effect is when a change in one thing sets off a series of changes that intensify the original change, creating a self-reinforcing cycle.

The thawing of permafrost can trigger feedback loops that expedite climate change. I pointed out that there are large amounts of biomass in permafrost—this has accumulated over thousands of years. Due to cold temperatures, the organic material did not decompose and release its carbon. But now, with temperatures on the rise, this biomass has the chance to decompose, and as it does, it releases large amounts of greenhouse gases, primarily carbon dioxide and methane, into the atmosphere. These gases, of course, contribute to the greenhouse effect, amplifying global warming, which, in turn, accelerates permafrost melting.

Furthermore, the consequences extend beyond greenhouse gas emissions, as thawing permafrost brings about changes in the hydrological cycle, affecting water availability and river discharge patterns, while also giving rise to the formation of thermokarst landscapes. Can anyone tell me what thermokarst landscapes look like?

S1 Aren't they a type of land with eroded areas that look like sinkholes?

P Right. These landscapes exhibit irregular depressions, exposed sediments, and, sometimes, thermokarst lakes, which are bodies of water that occupy the depressions in the ground. The Batagaika crater in Siberia is a good example of this type of terrain. Now, can you imagine what would happen to human infrastructure built on formerly frozen ground if it started to thaw? The thought alone sends a chill down the spine, doesn't it?

조금 전에 여러분 중 한 명이 탈주 온실 효과를 언급했죠. 탈주 효과는 어떤 한 가지 속의 변화가 일련의 변화들을 유발해 원래의 변화를 심화시키면서, 자체 강화적 주기를 만들어 내는 경우입니다.

영구 동토층의 해빙은 기후 변화를 빠르게 진척시키는 순환 고리를 촉발할 수 있죠. 내가 영구 동토층에 많은 양의 생물군이 존재한다는 것을 지적해 주었는데, 이는 수천 년에 걸쳐 축적되어 온 것입니다. 추운 기온으로 인해 그 유기 물질은 분해되지 않아 탄소를 배출하지 않았습니다. 하지만 이제 기온의 상승세에 따라 이 생물군이 분해되는 것이 가능해졌고, 그런 관계로 많은 양의 온실 가스, 주로 이산화탄소와 메탄을 대기 중으로 배출하고 있습니다. 이 가스는 당연히 온실 효과의 원인이 되어 지구 온난화를 증폭시키고 있고, 그 결과 영구 동토층의 해빙을 가속화하고 있죠.

더욱이, 온실 가스 배출 외의 결과도 있는데, 영구 동토층 해빙이 물 순환의 변화를 불러일으킴에 따라, 물 이용 가능성과 하천 수량에 영향을 미침과 동시에 열카르스트 풍경의 형성까지 야기하는 것입니다. 열카르스트 풍경이 어떤 모습인지 말해 볼 수 있는 사람 있나요?

S1 싱크홀처럼 보이는 침식 지역이 있는 지대 종류 아닌가요?

P 맞습니다. 이 풍경은 불규칙적인 함몰 부분, 노출된 침전물, 그리고 때때로, 지면의 함몰 부분에 자리잡는 수역인 열카르스트 호수가 나타나는 모습을 보입니다. 시베리아의 바타가이카 분화구가 이런 종류의 지형의 좋은 예시이죠. 자, 기존에 얼어 있던 땅이 녹기 시작한다면 그곳에 지은 인간 기반 시설이 어떻게 될지 상상이 되나요? 그 생각 자체만으로도 등골이 오싹해지지 않나요?

스크립트 어휘

permafrost 영구 동토층   permanently 영구적으로   consecutive 연속적인   high-latitude 고위도의   range from A to B A에서 B 범위에 이르다   in depth 깊이가   thawing 해동(= melting)   ecosystem 생태계   act as ~의 역할을 하다(= serve as)   integrity 보전, 온전함   organic matter 유기 물질   trap 가두다   binder 고착제, 바인더   runaway greenhouse effect 탈주 온실 효과(온실 효과가 가속화되는 현상)   at an alarming rate 놀라운 속도로   a cascade of 억수같이 쏟아지는   driver 요인   human-induced 인간이 유발하는   snow cover 적설량, 적설 지역   vegetation 초목   dynamics 역학 관계   degradation 저하, 악화   thermal erosion 융해 침식   talik 탈릭(동결이 일어나지 않는 지층)   intrusion 유입, 침입   geological 지질학의   long before ~보다 훨씬 이전에   swing 변화, 변동   fossil fuels 화석 연료   deforestation 삼림 벌채   accelerate 가속화하다   set off 유발하다(= bring about, give rise to)   intensify 심화시키다   self-reinforcing 자체 강화적인   trigger 촉발하다   feedback loop 순환 고리(하나의 변화가 또 다른 변화를 일으키는 연쇄 반응)   expedite 빠르게 진척시키다   biomass 생물군, 생물량   accumulate 축적되다   decompose 분해되다   carbon 탄소   on the rise 상승세인   primarily 주로   carbon dioxide 이산화탄소   amplify 증폭시키다   in turn 그 결과   emission 배출(물)   hydrological cycle 물 순환   river discharge 하천 수량   thermokarst 열카르스트(영구 동토층이 녹음에 따라 지반이 붕괴하여 지표에 호수, 싱크홀, 습지 등이 형성되는 것)   eroded 침식된   depression 함몰(된 땅)   sediment 침전물   body of water 수역   occupy 자리잡다, 차지하다   terrain 지형   infrastructure (사회) 기반 시설   alone (앞서 언급된 것) 자체만으로   send a chill down the(one's) spine ~로 등골이 오싹해지다

주제와 목적 찾기

1 강의의 주요 내용은 무엇인가?
(A) 영구 동토층의 특징과 그 해동의 영향
(B) 영구 동토층 지층의 깊이와 분포
(C) 영구 동토층 해동이 기후 변화에 미치는 영향
(D) 인간이 유발하는 기후 변화가 영구 동토층에 발생시키는 결과

어휘 distribution 분포

해설 교수는 영구 동토층의 정의와 특징, 역할을 먼저 이야기한 후 해동에 따른 여러 부정적인 영향을 설명하고 있다. 따라서 정답은 (A)다.

구조 파악하기

2 교수는 왜 알래스카 북극 평원과 시베리아 북부를 언급하는가?
(A) 가장 오래된 영구 동토층 지층의 나이를 설명하기 위해
(B) 활동층의 존재를 설명하기 위해
(C) 생태계를 안정시키는 데 있어 영구 동토층의 역할을 설명하기 위해
(D) 학생들이 영구 동토층 지층의 두께를 이해하도록 돕기 위해

어휘 stabilize 안정시키다

해설 교수는 영구 동토층의 두께를 가늠해 볼 수 있는 예시로 알래스카 북극 평원에서는 최대 650미터까지, 시베리아 북부에서는 1,500미터의 깊이까지 층의 두께가 달함을 밝히고 있다. 따라서 정답은 (D)다.

세부 내용 찾기

3 영구 동토층의 기능으로 언급된 것은 무엇인가? 두 개의 답을 고르시오.
(A) 탈릭을 만들어 내는 것
(B) 생물군 보전을 지키는 것
(C) 풍경을 온전한 상태로 유지하는 것
(D) 강과 호수의 흐름을 막는 것

어휘 intact 온전한 obstruct 막다, 방해하다

해설 교수는 영구 동토층의 역할을 언급하면서 유기 물질의 보전을 유지한다는 점, 온실 가스를 가둬 놓는다는 점, 그리고 천연 고착제로서 풍경에 안정성을 제공해 준다는 점을 이야기하고 있다. 따라서 정답은 (B), (C)다.

세부 내용 찾기

4 온실 가스가 영구 동토층에 가두어지는 원인은 무엇인가?
(A) 두꺼운 영구 동토층의 지층들
(B) 장기화된 동결 상태
(C) 인간이 유발하는 기후 변화
(D) 영구 동토층 생물군의 분해

어휘 account for ~의 원인이 되다 prolonged 장기화된 decomposition 분해

해설 교수는 영구 동토층에 서식하는 많은 생물군이 수천 년에 걸쳐 축적되는 동안 추운 기온으로 인해 유기 물질이 분해되지 않아 탄소를 배출하지 않았다고 알리고 있다. 이는 오랫동안 지속된 추운 기온으로 인해 탄소 같은 온실 가스가 배출되지 않았다는 의미이므로 정답은 (B)다.

추론하기

5 열카르스트 풍경에 대해 추론할 수 있는 것은 무엇인가?
(A) 주로 북반구에 위치해 있다.
(B) 생물군 분해를 둔화시킬 수 있다.
(C) 인간의 거주에 위험한 지역이다.
(D) 동식물의 서식지 역할을 할 수 있다.

어휘 hemisphere 반구 slow down ~을 둔화시키다 habitation 거주(지) habitat 서식지

해설 교수는 열카르스트 풍경을 이야기하면서 얼어 있던 땅이 녹기 시작한다면 그곳에 지은 인간 기반 시설이 어떻게 될지 그 생각 자체만으로도 등골이 오싹해진다고 말하고 있다. 따라서 정답은 (C)다.

의도와 태도 파악하기

6 강의의 일부를 다시 들으시오. 그런 다음 질문에 답하시오. 🎧

> P 쉬운 질문으로 시작하죠. 영구 동토층이란 무엇인가요?
> S1 영구적으로 얼어붙은 땅으로 이뤄진 층입니다.
> P 음, 그렇기도 하고 아니기도 합니다. 영구 동토층은 최소 2년 동안 연속으로 섭씨 0도 이하 상태로 유지되는 토양 또는 암석으로 정의됩니다.

교수가 다음과 같이 말할 때 무엇을 의미하는가?

> P 음, 그렇기도 하고 아니기도 합니다.

(A) 교수는 더 자세한 대답을 요구하고 있었다.
(B) 교수는 한 단어의 과학적 정의를 말하기를 학생들에게 원했다.
(C) 교수는 배운 것을 더 철저히 복습하도록 학생들에게 권하고 있다.
(D) 학생의 대답이 일부분만 맞다.

어휘 elaborate 자세한, 정교한 thoroughly 철저히 partially 부분적으로

해설 학생이 영구 동토층을 영구적으로 얼어붙은 땅이라고 정의하자, 교수는 '그렇기도 하고 아니기도 하다'는 반응과 함께 최소 2년간 동결이 유지된 땅이라는 설명을 덧붙이고 있다. 이는 학생의 대답에서 '영구적'이라는 말을 수정해 주는 것이므로 정답은 (D)다.

정답 | **1** (B)   **2** (C)   **3** (A)   **4** (C)   **5** C, T, D, D, C   **6** (A)

N Narrator   **P** Professor

N   Listen to part of a lecture in an earth science class.

P   All right, people, let's get started. Last week, we covered the interesting story of how plate tectonics became the dominant theory that explains the natural geological phenomena we witness today. In today's lecture, let's start with a brief overview of this theory and then we'll take a look at the three types of plate boundaries: divergent, convergent, and transform.

So, to briefly recap the basic principles of plate tectonics… You'll recall from last week's lecture Alfred Wegener's theory of continental drift, in which he hypothesized that all contemporary continents were initially united but gradually drifted apart over millions of years. The study of plate tectonics builds on this theory, and it helped dispel the skepticism and ridicule Wegener widely received. According to the study of plate tectonics, the Earth's lithosphere is divided into plates that float on the semi-fluid asthenosphere beneath them. There are seven large and rigid plates, namely the North American, African, Eurasian, Antarctic, Pacific, South American, and Australian plates. Several other minor plates such as the Nazca and Philippines plates have also been identified. These plates are in perpetual motion, propelled by the convective currents in the underlying mantle. The boundaries between the plates serve as the primary location for geological activity—the formation of volcanoes, the occurrences of earthquakes, and so on.

The first type of boundary we'll be looking at is the divergent boundary. Divergent boundaries occur where two plates, well, diverge. As the plates pull away from each other, this movement creates a gap or rift. This allows magma from the mantle to rise up to the ocean floor. As the magma cools and solidifies, it forms fresh oceanic crust, resulting in the formation of underwater mountain ranges and rift valleys. One prominent example of a divergent boundary is the Mid-Atlantic Ridge, where the Eurasian Plate and the North American Plate are moving away from each other.

The second boundary type is the convergent boundary, in which two plates—you guessed it, converge. This concept, of course, is the exact opposite of that of a divergent boundary. You've all heard of the famous Ring of Fire in the Pacific Ocean—this is a group of multiple

N   지구 과학 수업의 강의 일부를 들으시오.

P   좋습니다, 여러분, 시작해보겠습니다. 지난주에는, 판 구조론이 어떻게 오늘날 우리가 보는 자연 지질학적 현상을 설명해 주는 지배적인 이론이 되었는지 그 흥미로운 이야기를 다뤘죠. 오늘 강의에서는 이 이론의 간략한 개요로 시작한 다음, 세 가지 유형의 판 경계, 즉 발산형, 수렴형, 보존형 경계를 살펴보겠습니다.

그럼, 판 구조론의 기본 원리부터 간략히 개요를 설명하자면… 지난주 강의에서 이야기한 알프레드 베게너의 대륙 이동설이 떠오를 텐데, 이 이론에서 그는 현대의 모든 대륙이 처음에는 하나였다가 수백만 년에 걸쳐 점차적으로 떨어져 멀어졌다는 가설을 제시했죠. 판 구조론 연구는 이 이론을 기반으로 하고 있으며, 베게너가 널리 받았던 회의와 조롱을 불식시키는 데 도움을 주었습니다. 판 구조론 연구에 따르면, 지구의 암석권은 여러 판으로 나뉘어 있고 그 아래에 있는 반유체 상태의 연약권 위에 떠 있습니다. 일곱 개의 크고 단단한 판이 있는데, 이는 북아메리카, 아프리카, 유라시아, 남극, 태평양, 남아메리카, 그리고 오스트레일리아 판입니다. 나즈카와 필리핀 판 같은 여러 다른 작은 판도 확인되었습니다. 이 판들은 영구적인 이동 상태이며, 그 아래에 있는 맨틀 속의 대류 흐름에 의해 추진력을 얻습니다. 판들 사이의 경계는 지질학적 활동, 그러니까 화산 형성과 지진 발생 등의 주요 위치에 해당합니다.

우리가 살펴볼 첫 번째 경계 유형은 발산형 경계입니다. 발산형 경계는 두 개의 판이, 말하자면, 분기하는 곳에서 나타납니다. 판들이 서로 떨어져 나가는 과정에서, 이러한 움직임이 틈 또는 균열 부분을 만들죠. 이로 인해 맨틀에 있는 마그마가 대양저까지 솟아오를 수 있게 됩니다. 마그마가 냉각되어 굳어지면, 새로운 해양 지각을 형성하면서 해저 산맥과 열곡의 형성이라는 결과를 낳습니다. 발산형 경계의 한 주요 예시는 대서양 중앙 해령인데, 이곳에서 유라시아 판과 북아메리카 판이 서로 멀어지고 있답니다.

두 번째 경계 유형은 수렴형 경계로서, 두 개의 판이, 맞습니다, 수렴하는 곳입니다. 이 개념은 당연하게도 발산형 경계의 개념과 정확히 반대입니다. 여러분 모두 태평양에 있는 유명한 불의 고리라는 곳을 들어 봤을 텐데, 이는 다수의 섬

subduction zones where oceanic plates converge with either continental plates or other oceanic plates. In these convergent zones, oceanic crust is frequently pushed down into the mantle, where it begins to melt. Magma ascends through the other plate, solidifying into granite, the foundational rock that makes up continents. Thus, at convergent boundaries, continental crust is created while oceanic crust is destroyed.

Now, convergent boundaries can be categorized into three subtypes: oceanic against oceanic, oceanic against continental, and continental against continental. In oceanic against oceanic convergence, the denser plate subducts—or sinks—beneath the less dense plate, forming a deep oceanic trench, like the Mariana Trench in the north Pacific Ocean.

In oceanic against continental convergence, the denser oceanic plate subducts beneath the less dense continental plate. This subduction results in the creation of a continental volcanic arc, marked by volcanic activity and the formation of mountains. The Andes in South America are a prime example of this type of boundary.

Lastly, in continental against continental convergence, neither plate undergoes subduction due to their similar densities. Instead, the collision of two continental plates leads to extensive crumpling of the Earth's surface and the emergence of massive mountain ranges. The Himalayas, the tallest mountain range ever created, originated from the collision between the Indian Plate and the Eurasian Plate.

Right, moving on to the third type of plate boundary—the transform boundary. At this type of boundary, two plates slide past each other horizontally. Transform boundaries are characterized by frequent earthquakes, as the plates get locked and then suddenly release the stress accumulated over decades, centuries, or millennia. Has anyone gone to see the San Andreas Fault in California? It's not exactly a mainstream tourist spot, but you can observe the surface rupture where the Pacific Plate and the North American Plate have moved horizontally past each other. In this type of boundary, the Earth's crust is simply cracked or broken, without any destruction or creation of crust.

So, I'm going to help you guys out here and summarize the main points that you should remember, just in case there is a pop quiz or a midterm exam coming up in your near future—yes, that is a very big hint.

입 수역이 모여 있는 곳이며, 여기서 해양 판이 대륙 판 또는 다른 해양 판과 수렴합니다. 이러한 수렴 지대에서는 해양 지각이 흔히 맨틀 속으로 밀려 들어가 녹기 시작하죠. 마그마가 나머지 판을 통해 상승하면서 대륙을 구성하는 기본 암석인 화강암으로 굳어지게 됩니다. 따라서, 수렴형 경계에서는 대륙 지각이 만들어짐과 동시에 해양 지각이 파괴됩니다.

자, 수렴형 경계는 세 가지 하위 유형, 즉 해양 대 해양, 해양 대 대륙, 그리고 대륙 대 대륙으로 분류할 수 있습니다. 해양 대 해양 수렴에서는 밀도가 더 높은 판이 밀도가 더 낮은 판 아래로 섭입하면서, 즉 가라앉으면서, 북태평양에 있는 마리아나 해구와 같은 깊은 해구를 형성합니다.

해양 대 대륙 수렴에서는 밀도가 더 높은 해양 판이 밀도가 더 낮은 대륙 판 아래로 섭입합니다. 이 섭입은 화산 활동과 산맥 형성으로 특징지어지는 대륙성 화산호의 생성을 초래하죠. 남아메리카의 안데스 산맥이 이 경계 유형의 주요 예시입니다.

마지막으로, 대륙 대 대륙 수렴에서는 유사한 밀도로 인해 어느 판도 섭입 과정을 거치지 않습니다. 대신 두 대륙 판의 충돌이 지표면의 광범위한 구김 현상 및 광범위한 산맥 출현으로 이어집니다. 지금까지 형성된 가장 높은 산맥인 히말라야가 인도 판과 유라시아 판 사이의 충돌에 의해 비롯된 것입니다.

좋습니다, 세 번째 판 경계 유형인 보존형 경계로 넘어가 보죠. 이 유형의 경계에서는 두 개의 판이 서로를 수평으로 미끄러지면서 지나갑니다. 보존형 경계는 빈번한 지진으로 특징지어지는데, 판들이 고착된 상태에 있다가 수십 년, 수백 년, 또는 수천 년에 걸쳐 축적된 힘을 갑자기 풀어 버리는 것입니다. 캘리포니아에 있는 샌 안드레아스 단층을 가서 본 사람이 있나요? 이곳이 주요 관광지라고 말할 수는 없지만, 태평양 판과 북아메리카 판이 서로를 수평으로 지나쳐 가면서 움직였던 파열 표면을 관찰할 수 있습니다. 이 유형의 경계에서는 지각이 단순히 갈라지거나 깨지게 되며, 지각의 파괴나 생성은 나타나지 않습니다.

자, 이쯤에서 여러분을 도와서 기억해 둬야 하는 요점들을 요약해 보겠습니다, 조만간 쪽지 시험이나 중간고사가 있을 경우에 대비해서 말이죠. 네, 이건 아주 중요한 힌트입니다.

스크립트 어휘

get started 시작하다 plate tectonics 판 구조론 dominant 지배적인 geological 지질학적인 phenomena 현상들(phenomenon의 복수형) witness 보다, 목격하다 overview 개요 boundary 경계 divergent 발산형(의) convergent 수렴형(의) recap (= recapitulate) (이미 말한 사항의) 개요를 말하다 hypothesize ~라는 가설을 세우다 drift apart 떨어져 멀어지다 build on ~을 기반으로 하다 dispel 불식시키다, 없애다 skepticism 회의 ridicule 조롱 lithosphere 암석권(암석으로 구성된 지각 표층부) semi-fluid 반유체의 asthenosphere 연약권(암석권 아래에 있는 약한 층) rigid 단단한 perpetual 영구적인 propel 추진하다 convective currents 대류 흐름 underlying (다른 것의) 밑에 있는 occurrence 발생 diverge 분기하다, 나뉘다 pull away from ~에서 떨어지다 rift 균열 solidify 굳어지다 crust 지각 mountain range 산맥 rift valley 열곡(장력에 의해 지각이 갈라지면서 생기는 골짜기) converge 수렴하다 Ring of Fire 불의 고리(환태평양 조산대를 일컬음) subduction zone 섭입 수역(두 개의 판이 수렴하면서 하나의 판이 다른 판 밑으로 들어가는 지역) ascend 상승하다 granite 화강암 foundational 기본의 make up ~을 구성하다 subtype 하위 유형 subduct 섭입하다 dense 밀도가 높은 oceanic trench 해구(움푹 들어간 좁고 긴 해저 지형) volcanic arc 화산호(활 모양으로 배열된 화산대) undergo ~을 겪다 collision 충돌 crumpling 구김, 주름 emergence 출현 originate from ~에서 비롯되다 transform boundary 보존형 경계 horizontally 수평으로 accumulate 축적하다 millennia 수천 년(millennium의 복수형) fault 단층 mainstream 주요한, 주류의 tourist spot 관광지 rupture 파열 crack 갈라지게 하다 pop quiz 쪽지 시험

주제와 목적 찾기

1 강의의 주제는 무엇인가?
   (A) 판 구조론이 어떻게 받아들여지게 되었는가
   (B) 지구 지각의 다양한 경계 유형
   (C) 판 경계 연구의 역사적 발전
   (D) 판 구조 경계의 형성 과정

어휘 come to ~하게 되다

해설 교수는 판 구조론의 간략한 개요와 함께 세 가지 유형의 판 경계(발산형, 수렴형, 보존형)를 설명하겠다고 밝히고 있다. 따라서 정답은 (B)다.

추론하기

2 판 구조론 연구에 대해 추론할 수 있는 것은 무엇인가?
   (A) 널리 수용된 이론으로부터 발전했다.
   (B) 전 세계적으로 지질학적 연구 노력을 촉발했다.
   (C) 최초로 지구 대륙의 이동을 제안한 것이 아니었다.
   (D) 알프레드 베게너의 사망 후에 과학계에서 받아들여졌다.

어휘 prompt 촉발하다 landmass 대륙, 땅덩어리

해설 교수는 판 구조론 연구가 베게너의 대륙 이동설을 기반으로 한다고 알리고 있다. 따라서 정답은 (C)다.

세부 내용 찾기

3 강의 내용에 따르면, 깊은 해구는 언제 형성되는가?
   (A) 밀도가 더 높은 판이 다른 판 아래로 가라앉을 때
   (B) 두 대륙 판이 서로 충돌할 때
   (C) 두 해양 판이 서로 멀어질 때
   (D) 해양 판이 대륙 판 아래로 가라앉을 때

해설 교수는 밀도가 더 높은 판이 밀도가 더 낮은 판 아래로 가라앉으면서 북태평양에 있는 마리아나 해구 같은 깊은 해구를 형성한다고 설명하고 있다. 따라서 정답은 (A)다.

구조 파악하기

4 교수는 왜 캘리포니아의 샌 안드레아스 단층을 언급하는가?
   (A) 두 개의 미끄러지는 판이 어떻게 지진을 초래하는지 설명하기 위해
   (B) 덜 알려진 여행지를 추천하기 위해
   (C) 보존형 경계가 어떻게 형성되는지 예증하기 위해
   (D) 해양 판과 대륙 판이 어떻게 만나는지 예시를 제공하기 위해

어휘 lesser-known 덜 알려진 destination 목적지

해설 교수는 보존형 경계가 형성되는 과정을 설명하면서 캘리포니아에 있는 샌 앤드레어스 단층과 그곳에서 볼 수 있는 표면 형태를 언급하고 있다. 따라서 정답은 (C)다.

전개구조 파악하기

5 교수는 판 경계의 세 가지 유형을 이야기하고 있다. 각 항목을 그 원인이 되는 경계 유형에 상응하는 것과 일치시키시오. 알맞은 상자에 체크하시오.

	발산형	수렴형	보존형
새로운 대륙 지각		✓	
빈번한 지진			✓
대서양 중앙 해령	✓		
해저 열곡	✓		
대륙성 화산호		✓	

해설 교수는 발산형 경계를 설명하면서 해저 열곡과 대서양 중앙 해령을 언급하고, 수렴형 경계를 이야기하면서 대륙 지각의 형성과 대륙성 화산호를 설명한다. 보존형 경계는 빈번한 지진이 특징이라고 밝히고 있다.

6 강의의 일부를 다시 들으시오. 그런 다음 질문에 답하시오.

> *P* 두 번째 경계 유형은 수렴형 경계로서, 두 개의 판이, 맞습니다, 수렴하는 곳입니다. 이 개념은 당연하게도 발산형 경계의 개념과 정확히 반대입니다.

교수는 왜 다음과 같이 말하는가?

> *P* 맞습니다…

(A) 두 번째 경계 유형의 명칭 자체가 그 의미와 동일하다.
(B) 학생들은 이미 두 번째 경계 유형에 대해 배웠다.
(C) 교수는 두 번째 경계 유형을 설명하는 데 시간을 너무 오래 끌기 원하지 않는다.
(D) 교수는 학생들이 두 가지 경계 유형을 비교하기를 원한다.

어휘 self-explanatory 의미에 대한 설명이 따로 필요 없는 dwell on ~하는 데 질질 끌다   draw a comparison 비교하다

해설 교수가 두 번째 경계 유형의 명칭이 수렴형 경계라고 알린 뒤 그 의미를 설명하며 "맞습니다"라고 덧붙이는 것은, 그 명칭을 통해 의미를 알 수 있다는 뜻이다. 따라서 정답은 (A)다.

관련 지식 판게아(Pangaea)는 한때 지구상의 거의 모든 지형의 집합체였던 초대륙으로, 알프레드 베게너가 대륙 이동설의 일부로 제안한 개념이다. '판게아'라는 이름은 '지구 전체'를 의미하는 그리스어에서 유래했다. 이 초대륙은 판탈라사(Panthalassa)라는 거대한 해양으로 둘러싸여 있었으며, 약 2억 년 전 초기 쥐라기 시대에 분열하기 시작하여 현재의 대륙들과 대서양 및 인도양을 형성하게 되었다.

LECTURE 04

pp.132-133

정답 | **1** (B)   **2** (D)   **3** (C)   **4** (D)   **5** (A), (B)   **6** (A)

N Narrator   **P** Professor   **S** Student

N Listen to part of a talk in an ecology class.

P I'd like to draw your attention to the screen here, where you can see a very colorful and exotic-looking sea creature. Does anyone know what this is?

S1 Is it some sort of sea anemone?

P No, it is a lionfish. I'm showing it to you because it is a prime—and current—example of an invasive species. Lionfish are native to the Pacific Ocean, particularly around Southeast Asia. Unfortunately, they are now spreading along the East Coast of the United States. These fish have a huge appetite, and they pose a threat to many smaller fish, potentially leading to the decline of larger fish like groupers that rely on those smaller species for sustenance.

S2 Uh… Don't lionfish have natural enemies?

P Do you see the colorful spines that give the lionfish its name? They are poisonous barbs that the fish uses for self-defense. There are fish species, like sharks and the mutton snapper, that have been trained to eat lionfish, and moray eels have been found to be a possible natural predator, but so far, nothing has proven sufficient to

N 생태학 수업의 강의 일부를 들으시오.

P 여기 화면에 모두 주목해 주었으면 하는데요, 아주 화려하고 이국적으로 보이는 해양 생물을 볼 수 있습니다. 이것이 무엇인지 아는 사람 있나요?

S1 일종의 말미잘인가요?

P 아뇨, 쏠배감펭입니다. 이걸 보여 주는 이유는 침입종의 아주 좋은, 그리고 현재 존재하는 예시이기 때문입니다. 쏠배감펭은 태평양, 특히 동남아시아 주변 태생입니다. 안타깝게도 이들은 현재 미국 동부 해안을 따라 확산되고 있죠. 이 물고기는 식욕이 엄청나서 많은 작은 물고기에게 위협을 가하고 있는데, 이는 어쩌면 크기가 더 작은 종에 의존하여 생명을 유지하는 그루퍼 같은 큰 물고기의 감소로 이어질 수 있습니다.

S2 어… 쏠배감펭은 천적이 없는 건가요?

P 쏠배감펭에게 그 이름을 지어 준 화려한 지느러미 가시가 보이나요? 이는 이 물고기가 자기 방어를 위해 이용하는 독성 촉수입니다. 상어와 물퉁돔 같이 쏠배감펭을 먹는 데 숙달된 물고기 종이 존재하며, 곰치가 자연 포식자일 가능성이 있는 것으로 밝혀지긴 했어요. 하지만 지금까지는 인

curb the invasive species' population growth apart from human intervention.

Invasive species are, as you can guess, organisms that are not native to the region they inhabit. Of course, there are non-native species that aren't invasive. Many of the food crops grown in the United States, including wheat, rice, and tomatoes are not native to the region. So what defines an invasive species? The distinguishing factor lies in certain traits that empower invasive species to outcompete native counterparts and swiftly establish themselves in new environments. These traits include high reproductive rates, a lack of natural predators, adaptability to diverse environmental conditions, and efficient resource utilization. For an organism to be deemed invasive, it must cause harm to property, the economy, or the native flora and fauna by disrupting food chains, altering nutrient cycling, diminishing biodiversity, and potentially leading to the extinction of native species.

Let's take a look at how invasive plants can overpower native vegetation. One example is this lovely flower— the water hyacinth. Native to South America, this plant was intentionally introduced by humans for ornamental purposes. However, the water hyacinth spreads very quickly, and in Lake Victoria, Uganda, it grew so thick that it obstructed boats from passing through and many ports had to be closed. Also, as the water hyacinth spread across the surface of the water, it created a dense canopy that blocked sunlight from reaching underwater plants and algae that were the food sources for many fish. The native plants and fish died out, striking a permanent blow to the region's fishing industry.

This scenario offers a glimpse into the potential ecological and economic repercussions of invasive species. There are also species that can directly affect human health by transmitting diseases or causing allergic reactions. So, what can be done to prevent the spread of these species? Any thoughts?

S1 Well, I mean… There are already restrictions on carrying certain food products across borders.

P That's right. Governments have implemented strict regulations and quarantine measures to prevent the introduction of invasive species through trade and travel. You've probably seen those signs at international airports warning against carrying raw fruit, vegetables, or meat products. What else?

S2 Introducing natural predators of the species? Like bringing in cats to deal with a mouse problem.

간의 개입을 제외하면 무엇도 이 침입종의 개체 수 증가를 억제하기에 충분하지 못한 것으로 드러났습니다.

침입종은, 추측할 수 있겠지만, 서식하는 지역의 토종이 아닌 생물체입니다. 물론, 토종이 아니면서 침입하지 않는 종도 있죠. 밀과 쌀, 토마토를 포함해 미국에서 재배되는 식용 작물의 대부분은 그 지역 토종이 아닙니다. 그럼 침입종을 어떻게 정의할까요? 그 구별 요소는 침입종에게 토종인 상대를 능가하고 새로운 환경에 신속히 자리잡을 수 있게 해 주는 일정한 특징에 있습니다. 이 특징에는 높은 번식률, 자연 포식자의 부족, 다양한 환경 조건에 대한 적응성, 그리고 효율적인 자원 활용이 포함됩니다. 한 생물체가 침입종인 것으로 여겨지려면, 먹이 사슬에 지장을 주고, 영양소 순환을 변경하고, 생물 다양성을 약화시키고, 잠재적으로 토종의 멸종으로 이어짐으로써 반드시 자산, 경제, 또는 토종 동식물상에 폐해를 초래해야 합니다.

침입종 식물이 어떻게 토종 초목을 압도할 수 있는지 한번 살펴보겠습니다. 한 가지 예시가 이 사랑스러운 꽃, 부레옥잠입니다. 남아메리카가 원산지인 이 식물은 장식 목적으로 인간에 의해 의도적으로 도입되었습니다. 하지만 부레옥잠은 매우 빠르게 확산되어, 우간다의 빅토리아 호수에서는 너무 빽빽하게 자라는 바람에 보트들이 지나가는 것을 막아버려 많은 항구들이 폐쇄되어야 했습니다. 또한, 부레옥잠이 수면 전체에 걸쳐 확산되면서, 많은 물고기의 먹이 공급원이었던 수중 식물과 조류에게 이르는 햇빛을 차단하는 밀집된 지붕 구조를 만들었죠. 토종 식물들과 물고기들이 자취를 감추면서, 그 지역 어업에 영구적인 타격을 주었습니다.

이 사태는 침입종이 일으키는 잠재적인 생태학적, 경제적 반향을 엿보게 해 줍니다. 질병을 전염시키거나 알레르기 반응을 초래함으로써 인간의 건강에 직접적으로 영향을 미칠 수 있는 종도 있습니다. 그럼, 이 종의 확산을 막기 위해 무엇을 할 수 있을까요? 생각나는 게 있나요?

S1 음, 그러니까… 국경을 가로질러 특정 식품을 가지고 다니는 것에 대한 규제가 이미 존재합니다.

P 그렇습니다. 정부마다 무역과 여행을 통한 침입종 도입을 방지하기 위해 엄격한 규제 및 검역 조치를 시행해 왔죠. 아마 국제 공항에서 생과일이나 생야채, 생고기 제품을 갖고 다니지 못하게 경고하는 표지판을 본 적이 있을 겁니다. 또 뭐가 있을까요?

S2 침입종의 자연 포식자를 들여오는 거요? 쥐 문제를 처리하기 위해 고양이를 들여놓는 것처럼요.

P Excellent. Introducing natural enemies, such as predators or parasites, is known as biological control. It's probably the most natural method of eliminating or controlling invasive species. However, it must be done carefully to avoid unintended consequences. On one occasion, five cats were brought onto a South African island to control mice. And in less than 30 years, the island had around 3,400 cats, which put the local bird population at risk. The prospect of similar scenarios is cause for concern among many bioecologists, myself included.

Another measure we can take is to raise public awareness. It is essential to educate people about the risks associated with invasive species and promote responsible behavior to prevent their spread. You might want to check to make sure the plants you're buying for your garden are not invasive. And fishermen should thoroughly clean their boats after fishing, especially outside local waters, to make sure no invasive mussels are stuck to the bottom. And remember the example of the water hyacinth? People need to understand that pretty flowers and cute animals can cause significant damage if they are transported to new areas or released into the wild.

P 아주 좋습니다. 포식자나 기생충 같은 천적을 도입하는 것은 생물학적 방제라고 알려져 있습니다. 아마 침입종을 없애거나 통제할 수 있는 가장 자연적인 방법일 겁니다. 하지만, 의도치 않은 결과를 피할 수 있도록 반드시 신중히 이뤄져야 합니다. 한 가지 경우를 살펴보자면, 쥐를 통제하기 위해 남아프리카의 한 섬에 고양이 다섯 마리를 들였습니다. 그리고 30년도 채 되지 않아, 이 섬에는 약 3,400마리의 고양이가 생겨나면서 지역 조류 개체군을 위험에 처하게 했죠. 유사한 사태에 대한 가능성이나 자신을 포함한 많은 생물 생태학자들 사이에서 나타나는 우려의 이유입니다.

취할 수 있는 또 다른 조치는 대중의 인식을 드높이는 겁니다. 침입종과 연관된 위험에 관해 사람들을 교육하고 그 확산을 방지하도록 책임감 있는 행동을 홍보하는 것이 필수적입니다. 여러분이 정원을 위해 구입하는 식물이 침입종이 아님을 확인해 보는 게 좋을 겁니다. 그리고 어민들은, 특히 현지 수역 밖에서 고기잡이를 한 후에, 배를 철저히 세척해서 침입종 홍합이 배 밑부분에 들러붙어 있지 않도록 해야겠죠. 그리고 부레옥잠의 예를 기억하지요? 사람들은 예쁜 꽃과 귀여운 동물이 새로운 지역으로 옮겨지거나 야생으로 방출되는 경우에 상당한 폐해를 초래할 수 있다는 사실을 이해해야 합니다.

스크립트 어휘

exotic-looking 이국적으로 보이는 sea anemone 말미잘 lionfish 쏠배감펭 prime 뛰어난, 주된 invasive species 침입종
be native to ~ 태생이다 pose a threat to ~에 위협을 가하다 potentially 잠재적으로, 어쩌면 grouper 그루퍼
for sustenance 생명 유지를 위해 natural enemy 천적 spine (지느러미 등에 있는) 가시 barb 촉수 mutton snapper
물퉁돔 moray eel 곰치 curb 억제하다 apart from ~을 제외하고 intervention 개입 distinguishing factor 구별 요소
trait 특징, 특색 empower A to B A에게 B할 수 있게 해 주다 outcompete 능가하다 counterpart (동등한 입장인) 상대
reproductive rate 번식률 adaptability 적응성 deem ~라고 여기다 flora and fauna 동식물상 disrupt ~에 지장을 주다
diminish 약화시키다 biodiversity 생물 다양성 extinction 멸종 overpower 압도하다 water hyacinth 부레옥잠
ornamental 장식의 obstruct A from B A가 B하는 것을 막다 dense 빽빽한 canopy 지붕 구조(물) algae (물 속의) 조류
die out 자취를 감추다, 멸종되다 strike a blow to ~에 타격을 가하다 offer a glimpse into ~을 엿보게 해 주다
ecological 생태학적인 repercussion 반향 transmit 전염시키다 implement 시행하다 quarantine 검역
measure 조치 bring in ~을 도입하다 parasite 기생충 biological control 생물학적 방제 unintended 의도치 않은
put ~ at risk ~을 위험에 처하게 하다 prospect 가능성, 가망성 bioecologist 생물 생태학자 raise awareness 인식을
드높이다 promote 홍보하다 mussel 홍합 be stuck to ~에 붙어 있다 transport 옮기다

주제와 목적 찾기

1 강의의 주요 내용은 무엇인가?
(A) 침입종이 생태계에 미치는 부정적인 영향
(B) 침입종의 확산과 예방 조치
(C) 토종 야생 동물에게 영향을 미치는 침입종 통제의 어려움
(D) 침입종의 아주 좋은 표본과 억제할 수 있는 방법

어휘 adverse impact 악영향 preventive measure
예방 조치 specimen 표본 contain 억제하다

해설 교수는 강의 중반부까지는 침입종의 확산과 영향에 관해,
그리고 중반부 이후로는 그에 대한 예방 조치와 관련해
이야기하고 있다. 따라서 정답은 (B)다.

추론하기

2 교수가 쏠배감펭에 대해 암시하는 것은 무엇인가?
(A) 그 일부는 미국 동부 해안 태생이다.
(B) 다양한 목적으로 독성이 있는 지느러미 가시를 이용한다.
(C) 쏠배감펭 사냥을 위해 다른 물고기를 훈련시키려던
시도가 실패했다.
(D) 그 개체수를 통제하는 데 인간에 의해 실시된 조치가
필수적이다.

어휘 indigenous to ~ 태생의, 토종의(= native to)

해설 교수는 쏠배감펭과 관련해 인간의 개입을 제외하면 무엇도 그
개체수 증가를 억제하기에 충분하지 못한 것으로 드러났다고
밝히고 있어, 인간의 조치가 필수적인 것으로 볼 수 있다.
따라서 정답은 (D)다.

구조 파악하기

3 교수는 왜 밀과 쌀, 토마토를 언급하는가?
(A) 토종이 아닌 종이 어떻게 주요 작물이 되었는지 설명하기
위해
(B) 침입종이 아닌 종이 어떻게 침입종과 혼동될 수 있는지
알려 주기 위해
(C) 토종이 아닌 종이 반드시 침입종은 아니라는 점을
예증하기 위해
(D) 토종이 아닌 종이 어떻게 경제적 이점을 가져올 수
있는지 보여 주기 위해

어휘 staple crop 주요 작물

해설 교수는 토종이 아니면서 침입하지 않는 종도 있다고 말하면서
그에 대한 예시로 미국의 밀과 쌀, 토마토를 들고 있다.
따라서 정답은 (C)다.

세부 내용 찾기

4 교수는 빅토리아 호수의 부레옥잠과 관련해 무슨 말을
하는가?
(A) 그 뿌리가 호수 바닥을 완전히 뒤덮었다.
(B) 부레옥잠을 맨 처음 도입한 이유는 불분명하다.
(C) 멸종 위기에 처한 물고기 종의 멸종으로 이어졌다.
(D) 그것이 야기한 문제들은 생태학적 문제를 넘어선다.

어휘 initial 맨 처음의, 초기의 go beyond ~을 넘어서다

해설 교수는 빅토리아 호수의 부레옥잠으로 인해 토종 식물들과
물고기들이 자취를 감추면서 그 지역 어업에 영구적인 타격을
주었다고 설명하고 있다. 이는 부레옥잠의 도입이 생태학적
문제 이상의 영향을 끼쳤다는 것을 알 수 있으므로 정답은
(D)다. 도입 이후 토종 물고기가 자취를 감추었다고 말하지만,
이가 멸종 위기종이라는 언급은 없기에 (C)는 답이 아니다.

세부 내용 찾기

5 강의 내용에 따르면, 침입종의 확산을 막기 위해 무엇을 할 수
있는가? 두 개의 답을 고르시오.
(A) 국가들이 외래종의 도입을 규제할 수 있다.
(B) 침입종을 먹이로 삼는 동물들을 도입할 수 있다.
(C) 외국 과일 구입에 반대하는 공공 인식 증진 캠페인을
시작할 수 있다.
(D) 현지 수역 밖의 어업 활동을 통제하는 금지 조치를
시행할 수 있다.

어휘 launch 시작하다 enforce 시행하다, 집행하다

해설 교수는 침입종 확산 방지를 위한 방법으로 정부의 엄격한
규제, 검역 조치, 그리고 포식자나 기생충 같은 천적 도입을
언급하고 있다. 따라서 정답은 (A), (B)다.

의도와 태도 파악하기

6 침입종의 생물학적 통제에 대한 교수의 태도는 어떠한가?
(A) 예기치 못한 문제를 촉발할지도 몰라서 걱정하고 있다.
(B) 과거의 실패한 시도로부터 사람들이 배웠기를 바라고
있다.
(C) 통제가 시행되기 전에 테스트 과정을 거쳐야 한다고
생각한다.
(D) 침입종을 통제하는 최고의 방법이라고 생각한다.

어휘 trigger 촉발하다 unexpected 예기치 못한 undergo
거치다, 겪다

해설 교수는 천적을 도입하는 생물학적 방제가 가장 자연적인
방법이긴 하지만, 의도치 않은 결과를 피할 수 있도록 반드시
신중히 이뤄져야 한다고 언급하고 있다. 이로 교수가 예기치
못한 문제의 발생을 걱정하고 있다는 것을 알 수 있으므로
정답은 (A)다.

정답 | **1** (B)   **2** (A)   **3** (B)   **4** (D)   **5** (D)   **6** (C)

N Narrator   P Professor

N Listen to part of a lecture about swarm behavior.

P Swarm behavior, or swarming, is a collective phenomenon observed in a wide range of creatures, including birds, fish, ants, and bees. It involves individual creatures gathering to perform tasks that would be challenging or impossible to undertake alone. This collective behavior typically involves some form of communication.

Let's first focus on honeybees. Now, when a hive becomes overcrowded, the queen leaves for a temporary location a short distance away before she can find a new abode. She often settles for a tree branch, and here, she releases pheromones to attract other bees, up to 10,000 of them, to gather around her and assist in her search. The bees swarm underneath the tree branch, supporting each other in a cascading pattern, forming a large inverted cone. The swarm stays together to conserve energy, protect the queen, and protect the group from the elements.

Twenty to fifty of the most experienced foragers leave the swarm to find a permanent spot for a hive. When a scout discovers a suitable location, she returns and conveys the information by dancing. The more excited the scout is about the quality of the new location, the more energy she puts into the dance. Now, the process in which the bees make their decision is quite intriguing. Imagine, if you will, an audition or a courtroom with people making their case. If one scout's dance is more energetic than that of other scouts, the other scouts take off to investigate. If they also like the location, they return and perform a similar dance. The decision-making process for the swarm can extend over several hours, or even days.

This is where swarm behavior becomes particularly interesting. In the absence of a hive, bees are vulnerable to heat exposure and hypothermia. Any abrupt and extreme changes in temperature, or a storm that breaks up the swarm and scatters them, can spell doom for these insects. Their survival depends on their ability to act collectively as a superorganism.

To maintain a consistent internal temperature within the swarm, bees adjust their arrangement based on environmental conditions. In warmer temperatures, they disperse, while in colder conditions, they gather closely.

N 군집 행동에 관한 강의의 일부를 들으시오.

P 군집 행동, 즉 군집성은 새, 물고기, 개미, 벌을 포함해 아주 다양한 생물들에게서 관찰되는 집단적 현상입니다. 이는 개별 생물들이 혼자라면 맡기 힘들거나 불가능한 일들을 수행하기 위해 모이는 과정을 수반하죠. 이 집단적인 행동은 일반적으로 일종의 의사 소통을 포함합니다.

먼저 꿀벌에 초점을 맞춰 보겠습니다. 자, 벌집이 너무 붐비게 되면, 여왕벌은 새로운 거처를 찾기 전에 조금 떨어져 있는 임시 장소로 떠납니다. 여왕벌은 흔히 나뭇가지 하나에 정착하고, 여기서 페로몬을 분비해 최대 1만 마리에 달하는 다른 벌들을 끌어들여 자신의 주위에 모이게 해서 거처를 찾는 작업을 돕게 하죠. 이 벌들은 나뭇가지 밑에 무리를 지어서 폭포 같은 패턴으로 서로를 지탱해, 거꾸로 된 큰 원뿔 모양을 형성합니다. 이 무리는 함께 뭉쳐 에너지를 유지하고, 여왕벌을 보호하며, 집단을 비바람으로부터 보호합니다.

20~50마리의 가장 경험 많은 수색벌들이 이 무리를 떠나 벌집을 지을 영구적인 장소를 찾습니다. 정찰벌 한 마리가 적합한 위치를 발견하면, 무리로 복귀해서 춤을 통해 정보를 전달합니다. 정찰벌은 새로운 장소의 수준에 대해 더 많이 흥분해 있을수록 춤에 더 많은 에너지를 쏟아 붓습니다. 자, 벌들이 결정을 내리는 과정이 꽤 흥미로운데요. 말하자면, 오디션 또는 의견을 진술하는 사람들이 있는 법정을 상상해 보세요. 정찰벌 한 마리의 춤이 다른 정찰벌들보다 더 힘이 넘칠 경우, 나머지 정찰벌들이 조사를 하기 위해 출발합니다. 이들도 그 장소가 마음에 들면 복귀하여 유사한 춤을 춥니다. 무리를 위한 이 의사 결정 과정은 여러 시간, 심지어 며칠 동안에 걸쳐 이어질 수 있습니다.

이제 군집 행동이 특히 흥미로워지는 부분인데요, 벌집이 없는 상황에서 벌들은 열에 대한 노출과 저체온증에 취약합니다. 갑작스럽거나 극단적인 기온 변화, 또는 그 무리를 해체시키고 흩어지게 만드는 폭풍은 곤충들에게 파멸을 가져올 수 있습니다. 이들의 생존은 초유기체로서 집단적으로 행동하는 능력에 달려 있습니다.

무리 내의 한결같은 내부 온도를 유지하기 위해, 벌들은 환경적 조건을 바탕으로 배치를 조정합니다. 기온이 더 따뜻한 경우에는 흩어져 있는 반면, 더 추운 조건에서는 밀착해 모이죠. 지나친 더위

When facing excessive heat, bees have been observed creating tunnels for improved air circulation. During rainfall, bees on the outside use their bodies and wings as shingles so that the water runs off and does not reach the interior.

In the face of a storm, bees demonstrate collaborative efforts to minimize the impact. You'd be amazed at a swarm's ability to stay cohesive in high winds or any other conditions when the branch is violently shaken. A team of Harvard University researchers conducted experiments to investigate these behaviors. After having honeybees swarm beneath a flat board that could move horizontally and vertically, they discovered that, under challenging conditions, the swarm spread out so that more bees were holding onto the board directly, making the cone flatter. This means more bees were sharing the burden of holding on, with the flattening of the swarm reducing its susceptibility to breaking apart.

Now you're probably wondering: How does each bee know to act in the best interest of the group? Researchers discovered that bees sense the level of strain around them and strategically position themselves in areas of higher stress to secure the tree branch or support other bees. This means some bees end up taking on a greater burden than their initial share. This behavior ultimately benefits the entire swarm, making it stronger than before when only a few bees were bearing the majority of the stress. This altruistic instinct is the driving force behind bees functioning harmoniously as a superorganism.

Like this, honeybees are able to perform tasks based on the swarm's changing needs. When the workload increases, every individual bee adjusts their responsibilities to serve a collective purpose. This swarm behavior provides valuable lessons for humans across a wide variety of fields. For instance, in manufacturing, we've implemented the principles of work allocation inspired by bees. An effective application of this is observed in paint booths at an automated truck manufacturer. While normally each booth is responsible for a specific paint color, in cases of urgent demand for a particular color, other booths shift from their specialty colors to assist in clearing the workload. And when one paint booth breaks down, other stations promptly redistribute the additional workload. This system enables the booths to autonomously determine their workload instead of having a central system assigning tasks for each demand, making the process much more efficient.

에 직면하는 경우 벌들은 공기 순환 개선을 위해 터널을 만드는 것으로 관찰되었습니다. 강우 중에는 물이 내부에 이르지 못하도록 바깥쪽에 있는 벌들이 신체와 날개를 지붕널처럼 활용해 물이 흘러내리도록 합니다.

폭풍이 닥친 경우에 벌들은 그 영향을 최소화하기 위해 집단적인 노력을 펼칩니다. 강풍 또는 다른 어떤 기상 조건에서든 가지가 격렬하게 흔들릴 때 무리가 응집력을 유지하는 능력에 놀라워할 겁니다. 하버드 대학의 연구원들로 구성된 한 팀이 이러한 행동을 조사하기 위해 실험을 실시했습니다. 꿀벌들에게 수평과 수직으로 움직일 수 있는 평평한 판자 밑에 무리를 짓게 했습니다. 그 후 연구원들은 까다로운 조건 하에서는 무리가 넓게 펼쳐지며, 더 많은 벌들이 판자에 직접적으로 매달리면서 원추 모양을 더 평평하게 만든다는 것을 발견했습니다. 이는 더 많은 벌들이 매달리는 부담을 서로 나누면서, 무리의 평평한 모양으로 분열에 대한 취약성을 낮춘다는 것을 의미하죠.

자, 각 벌이 어떻게 알고 집단의 이익을 위해 행동하는지 궁금증이 생길 겁니다. 연구자들은 벌들이 주변의 압박감 수준을 감지하면 전략적으로 압박이 더 높은 곳으로 스스로 배치해 나뭇가지를 단단히 잡거나 다른 벌들을 도와준다는 사실을 발견했습니다. 이는 일부 벌들이 결국에는 처음의 몫보다 더 큰 부담을 짊어지게 된다는 것을 의미합니다. 이러한 행동은 궁극적으로 무리 전체에 유익하기 때문에, 오직 몇몇 벌들이 대부분의 압박감을 견디고 있었던 이전보다 더 강하게 만들어 줍니다. 이러한 이타적인 본능은 초유기체로서 조화롭게 기능하는 벌들의 이면에 존재하는 원동력입니다.

이와 같이, 꿀벌들은 무리 내의 변화하는 요구를 바탕으로 임무를 수행할 수 있습니다. 할 일이 늘어나면 각 벌이 책임을 조절해 집단적인 목적에 기여하죠. 이 군집 행동은 아주 다양한 분야에 걸쳐 인간에게 소중한 교훈을 제공합니다. 예를 들어, 제조 분야에서 우리는 벌들에게 영감을 얻은 업무 할당 원칙을 시행해 왔습니다. 이것의 한 가지 효과적인 응용이 자동화된 트럭 제조사의 도색 부스에서 보여집니다. 일반적으로 각 부스가 특정 페인트 색상을 책임지고 있지만, 특정 색상에 대한 긴급한 요구가 발생하는 경우 다른 부스들이 그 작업량을 처리하는 데 도움을 주기 위해 각자의 전문 색상에서 전환합니다. 그리고 도색 부스 한 곳이 고장 나는 경우에는 다른 작업장들이 즉시 추가 작업량을 재분배하죠. 이 시스템은 각 요구 사항에 대해 작업을 배정하는 중앙 시스템을 보유하는 대신 그 부스들에게 각각의 작업량을 자체적으로 결정할 수 있게 해 주기 때문에, 처리 과정이 훨씬 더 효율적입니다.

주제와 목적 찾기

1　강의의 주요 내용은 무엇인가?
　　(A) 곤충 군집 지능의 다양한 용도
　　(B) 벌들의 집단 행동 및 그 응용
　　(C) 꿀벌들이 집단으로 이동하고 의사 소통하는 방법
　　(D) 업무 수행에 있어 집단 행동의 효율성

해설 교수는 강의 대부분을 꿀벌들의 집단 행동에 관해 이야기
　　하면서 후반부에 가서 그러한 행동 양식에 영감을 받은 응용
　　방법을 알리고 있다. 따라서 정답은 (B)다.

세부 내용 찾기

2　여왕벌은 왜 다른 꿀벌들을 소집해 무리를 만드는가?
　　(A) 벌집용 대체 장소를 찾기 위해
　　(B) 잠재 위협 요소를 피할 대피 장소를 만들기 위해
　　(C) 인근의 벌 군락들과 의사 소통하기 위해
　　(D) 임시 거주를 위한 나뭇가지를 찾는 데 도움을 받기 위해

어휘 summon 소집하다　alternative 대체의　shelter
　　대피 장소, 쉼터　neighboring 인근의　colony 군락, 군생

해설 교수는 기존의 벌집이 너무 붐비면 여왕벌이 임시 거처에서
　　페로몬을 분비해 새로운 거처를 찾는 것을 도와 줄 다른
　　벌들을 끌어들인다고 설명하고 있다. 따라서 정답은 (A)다.

세부 내용 찾기

3　정찰벌들은 벌집용으로 유망한 장소를 발견하는 경우에
　　무엇을 하는가?
　　(A) 가능한 한 오래 춤을 춘다.
　　(B) 엄청난 열정을 가지고 춤을 춘다.
　　(C) 그 장소가 있는 방향으로 움직인다.
　　(D) 다른 정찰벌들에게 신호를 보내 춤을 따라하게 한다.

어휘 promising 유망한　enthusiasm 열정　imitate 따라 하다,
　　모방하다

해설 교수는 정찰벌들이 새로운 장소에 대해 더 많이 흥분해
　　있을수록 자신의 춤에 더 많은 에너지를 쏟아 붓는다고
　　언급하고 있다. 따라서 정답은 (B)다.

추론하기

4　꿀벌들의 군집 행동에 대한 하버드의 실험을 통해 어떤
　　결론을 내릴 수 있는가?
　　(A) 무리는 강풍 시에 모이고 해체하기를 번갈아 가면서 한다.
　　(B) 무리 내의 각 벌은 특정한 역할을 맡는다.
　　(C) 벌들은 열기에 대한 노출을 피하기 위해 서로 꼭 붙어
　　　　있는다.
　　(D) 힘든 조건에서는 무리의 부담이 더욱 고르게 배분된다.

어휘 alternately 번갈아 가면서　assemble 모이다
　　harsh conditions 힘든 조건　distribute 배분하다

해설 교수는 하버드의 실험을 설명하면서 힘든 조건 하에서는
　　무리가 모양을 넓게 펼쳐 벌들이 매달려 있는 자세의 부담을
　　서로 나눈다고 설명하고 있다. 따라서 정답은 (D)다.

구조 파악하기

5　교수는 왜 트럭 제조사의 도색 부스에 대해 이야기하는가?
　　(A) 군집 행동의 한 형태로서 분업을 소개하기 위해
　　(B) 공장 운영의 효율성을 개선할 방법을 설명하기 위해
　　(C) 인간이 어떻게 일반적으로 군집 행동을 보이는지
　　　　설명하기 위해
　　(D) 벌들로부터 영감을 받은 원리의 적용을 보여 주기 위해

어휘 division of labor 분업　exhibit (특징 등을) 보이다,
　　드러내다

해설 교수는 제조 분야에서 인간이 벌에게 영감을 얻은 업무 할당
　　원리를 언급하며 그 예시로 트럭 제조사의 경우를 이야기하고
　　있다. 따라서 정답은 (D)다.

6 강의의 일부를 다시 들으시오. 그런 다음 질문에 답하시오. 🎧

> P 자, 벌들이 결정을 내리는 과정이 꽤 흥미로운데요.
> 말하자면, 오디션 또는 의견을 진술하는 사람들이 있는
> 법정을 상상해 보세요.

교수는 왜 다음과 같이 말하는가?

> P 말하자면, 오디션 또는 의견을 진술하는 사람들이 있는
> 법정을 상상해 보세요.

(A) 벌과 인간 사이의 유사성을 소개하기 위해
(B) 인간이 어떻게 벌의 행동을 차용했는지 예증하기 위해
(C) 벌의 행동에 대한 이해를 용이하게 하기 위해
(D) 분위기를 띄워 학생들의 주목을 끌기 위해

어휘 adopt 차용하다, 채택하다 facilitate 용이하게 하다
lighten the mood 분위기를 띄우다

해설 교수가 오디션 또는 의견을 진술하는 사람들이 있는 법정을
상상해 보라고 말하는 것은 벌들이 결정을 내리는 과정에
대한 학생들의 이해를 돕기 위함이다. 따라서 정답은 (C)다.

LECTURE 06
pp.136-137

정답 | 1 (D) **2** (C) **3** (B) **4** (C) **5** (A) **6** (C)

N Narrator **P** Professor **S** Student

N Listen to part of a lecture on DNA research.

P Welcome to a fascinating journey into the historical experiments that unraveled the mystery of DNA as the carrier of genetic information. Today, DNA is a household term, with applications ranging from paternity testing to genetic screening. However, less than a century ago, the scientific community was oblivious to the fact that DNA held the key to hereditary material. Our exploration begins in 1928 with the groundbreaking experiments of a British bacteriologist...

S1 Frederick Griffith?

P Frederick Griffith. Now, Griffith's original intent was not to unveil the nature of genetic material but to develop a vaccine against pneumonia. After the deadly flu epidemic broke out in 1918, governments began developing vaccines that could prevent the spread of infectious diseases.

Now, uh, about how Griffith's experiment was carried out… His experiments involved two strains of bacteria, labeled R and S. The R bacteria had a rough appearance, hence the abbreviation "R." These bacteria formed clumps and were non-virulent, which means they didn't harm the mice used in the experiment. On the other hand, the S bacteria had a smooth appearance due to their protective sugar-based coat. This type of bacteria was virulent and it caused the mice to die of pneumonia. In one set of experiments, Griffith exposed the S bacteria to high temperatures and killed them. He injected the heat-killed bacteria into a mouse, and as expected, the mouse did not contract pneumonia.

N DNA 연구에 관한 강의 일부를 들으시오.

P 유전 정보의 전달자로서 DNA가 지닌 미스터리를 풀어 준 역사적인 실험으로 떠나는 신비한 여정에 온 것을 환영합니다. DNA라는 말이 요즘은 누구나 아는 용어로서, 그 적용 범위가 친부 확인 테스트에서부터 유전자 검사에까지 이르고 있죠. 하지만 지금으로부터 불과 1세기도 되지 않는 과거에, 과학계는 DNA가 유전 물질의 열쇠를 쥐고 있다는 사실을 인식하지 못했습니다. 우리의 탐구는 영국의 한 미생물학자가 1928년에 했던 획기적인 실험으로 시작됩니다…

S1 프레드릭 그리피스인가요?

P 프레드릭 그리피스 맞습니다. 자, 그리피스의 원래 의도는 유전 물질의 특징을 밝혀내는 것이 아니라, 폐렴 백신을 개발하는 것이었습니다. 치명적인 유행성 독감이 1918년에 발생한 후, 여러 정부에서 전염병의 확산을 방지할 수 있는 백신을 개발하기 시작했습니다.

자, 어, 그리피스의 실험이 실시된 방식과 관련해서… 그의 실험은 두 가지 형균의 박테리아를 포함했는데, 그 이름은 R과 S입니다. R 박테리아는 거친 모습을 지니고 있었기 때문에 'R'을 약자로 썼습니다. 이 박테리아는 덩어리를 형성했으며 악성이 아니라 실험에 쓰인 쥐에게 해롭지 않았습니다. 반면에 S 박테리아는 당분을 기반으로 하는 피막으로 인해 매끄러운 모습을 지니고 있었습니다. 이 유형의 박테리아는 악성이라 쥐를 폐렴으로 죽게 만들었습니다. 한 차례 일련의 실험에서 그리피스는 S 박테리아를 고온에 노출시켜 죽였습니다. 그는 열에 의해 죽은 박테리아를 쥐 한 마리에게 주입했고, 예상대로 그 쥐는 폐렴에 걸리지 않았죠.

The pivotal moment arose when Griffith injected a mouse with a combination of R bacteria and heat-killed S bacteria. Astonishingly, the mouse injected with this combination developed pneumonia and died. Analysis of the mouse's blood revealed living S bacteria. Griffith coined the term "transforming principle" to describe the mysterious process wherein harmless R bacteria seemed to transform into the virulent S bacteria. He speculated that a chemical component from the S cells had somehow turned the R cells into the S form. This unexpected outcome set the stage for further investigation into the nature of this transforming principle.

Fast forward to the 1930s, where Oswald Avery, a prominent pneumococcal researcher in the United States, initiated experiments to identify Griffith's enigmatic transforming principle. Speculating that Griffith may have overlooked certain controls, Avery and his team used… uh… Well, they experimented by leaving out one type of macromolecule each time, such as proteins, RNA, and DNA from S bacteria. Avery hypothesized that if R bacteria failed to transform into S bacteria, the absent substance would be the "transforming principle" that held genetic information.

S2 So… they used a process of elimination?

P Ah yes, that's the phrase I was looking for—it was on the tip of my tongue. Avery's research team removed proteins from the heat-killed S bacteria and mixed them with live R bacteria, but the result wasn't any different. Their attempt with degraded RNA fared no better. When they eliminated DNA from S bacteria, however, the R bacteria did not undergo a transformation into S bacteria. This indicated that the transforming principle was DNA, and that DNA served as the carrier of genetic information in cells. However, Avery remained cautious in declaring his experiment definitive. He thought that, although he had purified the material, some contaminating substance might have been present and that could have been the actual transforming principle instead of DNA.

S2 So, in Griffith's experiment, the mouse died because the R bacteria sucked up the DNA from the S bacteria?

P Precisely. The R bacteria integrated the DNA from S bacteria into their chromosomes and started replicating it to produce proteins from the newly acquired genetic sequence. After Avery's experiment, subsequent studies by other researchers like Hershey and Chase provided conclusive evidence, firmly establishing DNA as the genetic material. But this is not the end of the story. There still remained questions about how such a seemingly simple molecule could encode the complex

중대한 순간은 그리피스가 쥐 한 마리에게 R 박테리아와 열에 의해 죽은 S 박테리아의 조합을 주입했을 때 나타났습니다. 놀랍게도, 이 조합이 주입된 쥐는 폐렴이 생겨 죽었습니다. 이 쥐의 혈액을 분석한 결과 살아 있는 S 박테리아가 발견되었습니다. 그리피스는 해롭지 않은 R 박테리아가 악성 S 박테리아로 전환된 것으로 보인 이 불가사의한 과정을 설명하기 위해 '형질 전환 물질'이라는 용어를 만들어 냈습니다. 그는 S 세포의 화학 성분이 어떤 방법으로 R 세포를 S 유형으로 탈바꿈시킨 것으로 추측했습니다. 이 예기치 못한 결과는 형질 전환 물질의 특징에 대한 추가 조사의 장을 마련해 주었습니다.

1930년대로 넘어가서, 미국의 중요한 폐렴구균 연구가였던 오즈월드 에이버리는 그리피스의 수수께끼 같은 형질 전환 물질을 확인하기 위한 실험을 시작했습니다. 그리피스가 특정 통제 요소들을 간과했을 수도 있다고 추측한 에이버리와 그의 팀이 이용한 것은… 어… 그러니까, S 박테리아의 단백질, RNA, DNA와 같이 매번 한 가지 종류의 고분자를 배제하는 것으로 실험했습니다. 에이버리는 R 박테리아가 S 박테리아로 전환하지 못하는 경우, 이때 결여된 물질이 유전 정보를 담고 있는 '형질 전환 물질'일 것이라는 가설을 세웠죠.

S2 그럼… 제거 과정을 이용한 건가요?

P 아, 네, 그 말을 생각하고 있었는데, 혀 끝에 뱅뱅 맴돌고 있었네요. 에이버리의 연구팀은 열에 의해 죽은 S 박테리아에서 단백질을 제거해 살아 있는 R 박테리아와 혼합했지만, 결과는 별반 다르지 않았습니다. 분해된 RNA를 이용한 시도도 그보다 낫지 않았습니다. 그러나 S 박테리아에서 DNA를 제거했을 때는, R 박테리아가 S 박테리아로의 전환을 거치지 않았습니다. 이는 형질 전환 물질이 DNA라는 점, 그리고 DNA가 세포 속의 유전 정보 전달자 역할을 한다는 점을 나타냈습니다. 하지만 에이버리는 자신의 실험을 최종적인 것으로 공표하는 데 있어 여전히 신중했습니다. 실험 재료를 정화하긴 했지만, 어떤 오염 물질이 존재하고 있었을지도 모르고 DNA가 아니라 그 물질이 실제로 형질 전환 물질이었을 수도 있다고 생각했죠.

S2 그럼, 그리피스의 실험에서 쥐가 죽은 이유가 R 박테리아가 S 박테리아에서 DNA를 빨아들였기 때문인가요?

P 바로 그렇습니다. R 박테리아가 S 박테리아의 DNA를 염색체에 통합해 복제하기 시작하면서 새롭게 얻은 유전자 서열을 통해 단백질을 생산했습니다. 에이버리의 실험 이후로 허쉬나 체이스 같은 다른 연구자들의 후속 연구가 결정적인 증거를 제공하면서, DNA가 유전자 물질로 확고하게 자리잡게 되었습니다. 하지만 이것이 끝이 아닙니다. 그렇게 단순해 보이는 분자가 어떻게 생물체에게 필수적인 복잡한 유전 정보를 암호화할 수 있을까에 관

genetic information required for organisms. Later research was conducted on DNA's structure, ultimately leading to the revelation of its double-helix structure in 1953. This breakthrough clarified how DNA could store and transmit large amounts of genetic information.

It's crucial to recognize that this monumental discovery was not the result of a single scientist's work but rather a sequence of studies prompted by earlier experiments. The journey from Griffith's unexpected findings to the identification of DNA as the central player in heredity represents the collaborative and cumulative nature of scientific inquiry.

한 의문이 여전히 남아 있었죠. 이후 DNA 구조에 대한 연구가 실시되면서, 결국 1953년에 이중 나선 구조의 공개로 이어졌습니다. 이 획기적인 발견으로 인해 DNA가 어떻게 많은 양의 유전 정보를 저장하고 전달할 수 있는지가 명확하게 밝혀졌습니다.

이 기념비적인 발견이 단 한 명의 과학자가 노력한 것이 아니라 앞선 실험들에 의해 촉발된 일련의 연구에 따른 결과라는 점을 인식하는 것이 중요합니다. 그리피스의 예기치 못한 결과물에서부터 유전의 주인공인 DNA의 확인에 이르는 여정은 과학적 탐구의 협력적이고 점증적인 특징을 보여줍니다.

스크립트 어휘

unravel (비밀 등을) 풀다 genetic 유전의 household term 누구나 아는 용어 range from A to B 범위가 A에서 B에 이르다 paternity testing 친부 확인 테스트 genetic screening 유전자 검사 oblivious to(of) ~을 인식하지 못하는 hereditary 유전적인 groundbreaking 획기적인 bacteriologist 세균학자, 미생물학자 unveil 밝혀 내다, 공개하다 pneumonia 폐렴 flu epidemic 유행성 독감 break out 발생하다 infectious 전염되는 carry out ~을 실시하다 strain 형균 abbreviation 약자, 축약 clump (세균) 덩어리 virulent 악성의 sugar-based 당분을 기반으로 하는 coat 막, 겹 contract (병에) 걸리다 pivotal 중대한 die of ~로 죽다 inject 주입하다 astonishingly 놀랍게도 coin (용어를) 만들다 transforming principle 형질 전환 물질 speculate 추측하다 chemical component 화학 성분 outcome 결과 set the stage for ~의 장을 마련하다 fast forward to (이후 특정 시기)로 넘어가다 pneumococcal 폐렴구균의 initiate 시작하다 enigmatic 수수께끼 같은 overlook 간과하다 leave out 배제하다 macromolecule 고분자 hypothesize ~라는 가설을 세우다 on the tip of one's tongue 기억날 듯 말 듯하는 degrade 분해하다 fare no better 별로 나을 게 없다 definitive 최종적인, 결정적인 purify 정화하다 contaminate 오염시키다 suck up ~을 빨아들이다 precisely (무엇이 사실임을 강조) 바로 그러하다 integrate 통합하다 chromosome 염색체 replicate 복제하다 genetic sequence 유전자 서열 molecule 분자 encode 암호화하다 double-helix 이중 나선의 breakthrough 획기적인 발견, 돌파구 clarify 분명히 말하다 transmit 전달하다 monumental 기념비적인 a sequence of 일련의 collaborative 협력적인, 공동의 cumulative 점증적인, 누적의

주제와 목적 찾기

1 강의의 주제는 무엇인가?
(A) 유전자 연구 분야에서의 업적과 시련
(B) 유전 물질로서의 DNA 재발견
(C) 박테리아의 전환과 그가 시사하는 바
(D) 유전에서 DNA가 하는 역할을 밝혀낸 역사적 여정

어휘 setback 시련, 좌절, 차질 implication 시사하는 것 uncover 밝혀내다

해설 교수는 형질 전환 물질과 DNA의 유전적 역할을 밝혀낸 역사적인 실험들을 차례로 소개하고 있다. 따라서 정답은 (D)다.

세부 내용 찾기

2 그리피스는 왜 쥐에게 실험을 실시했는가?
(A) 박테리아와 동물 폐렴 사이의 관계를 확인하기 위해
(B) 두 종류의 박테리아가 조합될 때 어떻게 되는지 알아내기 위해
(C) 전염병을 방지할 수 있는 물질을 연구하기 위해
(D) 생물학적 체계 내에서 DNA가 하는 기능을 조사하기 위해

어휘 conduct an experiment on ~을 대상으로 실험하다

해설 교수는 그리피스의 실험의 원래 목적이 폐렴 백신 개발이었음을 밝히고, 전염병의 확산을 방지하기 위해 백신을 개발해야 했던 당시 상황을 설명하고 있다. 따라서 정답은 (C)다.

추론하기

3 그리피스의 실험에 대해 추론할 수 있는 것은 무엇인가?
(A) 죽은 S 박테리아가 형질 전환 물질일 수도 있음을 시사했다.
(B) S 박테리아의 DNA가 가열 처리 과정에서 생존했다.
(C) DNA가 유전 물질임을 효과적으로 확인해 주었다.
(D) 에이버리가 더 자세히 설명하기 전까지 그 결과가 널리 받아들여지지 않았다.

어휘 treatment 처리 (과정) expand on ~을 더 자세히 설명하다

해설 교수는 그리피스가 쥐에게 R 박테리아와 열에 의해 죽은 S 박테리아의 조합을 주입하자 쥐의 혈액에 살아 있는 S 박테리아가 발견되었다고 설명하고 있다. 이가 가능했던 것은 형질 전환 물질 때문이었고, 이후 에이버리의 실험에서 DNA가 형질 전환 물질임이 밝혀졌다. 따라서 그리피스의 실험에서 S 박테리아의 DNA가 열에 의해 죽지 않고 유전 활동을 한 것으로 볼 수 있으므로 정답은 (B)다.

의도와 태도 파악하기

4 DNA 역할의 발견에 대한 교수의 태도는 어떠한가?
(A) 에이버리를 가장 중요한 기여자로 여기고 있다.
(B) 확실한 증거의 부족으로 인해 여전히 불확실한 것으로 여기고 있다.
(C) 공동의 노력을 통해 이뤄진 것으로 생각한다.
(D) 연구자들이 대단한 기여를 하도록 영감을 줄 것으로 생각한다.

어휘 contributor 기여자 solid 확실한 inspire A to B
A에게 B하도록 영감을 주다

해설 교수는 DNA 역할의 기념비적인 발견이 단 한 명의 과학자가 아닌, 여러 연구에 따른 결과라는 점을 인식하는 것이 중요하다고 밝히고 있다. 따라서 정답은 (C)다.

구조 파악하기

5 교수는 어떻게 강의를 구성하는가?
(A) 시간 순서대로 실험들을 이야기하고 있다.
(B) 논란이 많은 한 연구의 반대되는 두 측면을 알려 주고 있다.
(C) 여러 중요한 연구자들을 연속적으로 제시하고 있다.
(D) 한 가지 특정 주제와 관련된 이론들을 간략히 설명하고 있다.

어휘 in a chronological sequence 시간 순서대로
controversial 논란이 많은 in a row 연속적으로

해설 교수는 강의 초반부에 1928년 그리피스의 실험을, 중반부에 1930년대 에이버리의 실험을, 그리고 후반부에 1953년의 이중 나선 구조의 공개로 연구 결과를 차례로 이야기하고 있다. 따라서 정답은 (A)다.

의도와 태도 파악하기

6 강의의 일부를 다시 들으시오. 그런 다음 질문에 답하시오. 🎧

> P 그리피스가 특정 통제 요소들을 간과했을 수도 있다고 추측한 에이버리와 그의 팀이 이용한 것은… 어… 그러니까, S 박테리아의 단백질, RNA, DNA와 같이 매번 한 가지 종류의 고분자를 배제하는 것으로 실험했습니다. 에이버리는 R 박테리아가 S 박테리아로 전환하지 못하는 경우, 이때 결여된 물질이 유전 정보를 담고 있는 '형질 전환 물질'일 것이라는 가설을 세웠죠.
> S2 그럼… 제거 과정을 이용한 건가요?
> P 아, 네, 그 말을 생각하고 있었는데, 혀 끝에 뱅뱅 맴돌고 있었네요.

교수가 다음과 같이 말할 때 무엇을 의미하는가?

> P 그 말을 생각하고 있었는데…

(A) 교수는 자신의 설명에 적합한 말을 제안해 주기를 학생들에게 원했다.
(B) 교수는 자신의 설명을 효과적으로 요약한 것에 대해 학생을 칭찬하고 있다.
(C) 교수는 한 개념에 대한 정확한 용어를 기억해 내려고 애쓰고 있었다.
(D) 교수는 의도적으로 특정한 말을 사용하는 것을 자제했다.

어휘 struggle to ~하려고 애쓰다 recall 기억해 내다
intentionally 의도적으로 refrain from -ing ~하는 것을 자제하다

해설 학생이 교수의 설명을 듣고 제거 과정을 이용한 것이냐고 묻자, 교수가 그 용어가 혀 끝에서 뱅뱅 맴돌았다고 밝히고 있으므로 정확한 말을 떠올리려 했다는 것을 알 수 있다. 따라서 정답은 (C)다.

LECTURE 07
pp.138-139

정답 | 1 (C) **2** (A) **3** (A), (B) **4** (B) **5** (D) **6** (D)

N Narrator **P** Professor **S** Student

N Listen to part of a lecture on nanotechnology.

P In our last discussion, we touched upon the imminent depletion of conventional energy sources. Experts predict the world will run out of oil in 50 years, natural gas in 53 years, and coal in just over 100 years. It's evident that at some point in the near future, we will have to convert entirely to alternative energy sources. The question of the day is, how is nanotechnology used to enhance our use of energy sources? Nanotechnology, as you know, involves manipulating matter on the atomic and molecular scale. At this size, materials

N 나노 기술에 관한 강의 일부를 들으시오.

P 지난 시간의 이야기에서, 고갈이 임박한 전통적인 에너지원을 잠깐 다뤘습니다. 전문가들은 전 세계가 50년 후에는 석유를, 53년 후에는 천연 가스를, 100년이 막 지난 후에는 석탄을 다 써 버릴 것으로 예측하고 있습니다. 분명히 가까운 미래의 어느 지점에 우리는 대체 에너지원으로 완전히 전환해야 할 것입니다. 오늘의 질문은 바로, '우리의 에너지원 이용을 향상시키는 데 있어 나노 기술이 어떻게 이용되고 있는가?'입니다. 나노 기술은, 알다시피, 원자 및 분자 규모로 물질을 조작하는 것을 수반하죠.

exhibit unique properties and behaviors that differ from their bulk counterparts. By harnessing these properties, scientists and engineers can develop novel materials and devices with heightened details.

One crucial area where nanotechnology stands to make a substantial impact is in advancing alternative energy sources for greater efficiency. One of the biggest impediments to adopting renewable energy technologies is their associated costs. To put it simply, these technologies aren't cost-effective enough to appeal to the open market. So many governments use subsidies to encourage their development and use. For instance, in 2016, the International Energy Agency calculated that the United States paid around $160 billion in various subsidies to foster the growth of renewable energy technologies. Nanotechnology holds promise in tackling these challenges by facilitating the development of more efficient and sustainable energy technologies.

One application of nanotechnology in alternative energy is seen in the advancement of solar cells, which are pivotal in harnessing solar energy, one of the most abundant and environmentally friendly renewable resources available. Nanotechnology has transformed solar cell technology, facilitating the creation of highly efficient and economical solar panels. Utilizing nanomaterials like quantum dots and nanowires, solar panel designs have been enhanced to maximize light absorption and overall energy conversion efficiency. Furthermore, nanotechnology enables the production of flexible and lightweight solar panels, expanding their potential for integration into diverse surfaces and structures.

Another significant area of focus lies in wind energy. Wind energy is rapidly emerging as a prominent renewable energy source. But it does have its downside—inherent intermittency, which poses challenges for grid stability and reliability. Nanocomposite materials play a crucial role in this domain by reinforcing turbine blades, enhancing their strength and durability. This not only augments energy capture but also reduces maintenance costs. Moreover, nanoscale coatings applied to turbine surfaces offer solutions to issues such as icing and fouling— that's the buildup of unwanted substances. This can greatly improve wind turbine performance in harsh environmental conditions.

S1 So basically, nanotechnology is used for improving the quality of renewable energy devices?

이 정도 크기에서는 물질이 큰 규모일 때와는 다른 독특한 특성 및 반응을 보입니다. 과학자들과 엔지니어들은 이러한 특성을 이용해 기능을 강화한 새로운 소재와 장치를 개발할 수 있습니다.

나노 기술이 상당한 영향을 미칠 것으로 보이는 한 가지 중대한 영역은 더 뛰어난 효율성을 위해 대체 에너지원을 발전시키는 데 있습니다. 재생 가능 에너지 기술을 채택하는 데 있어 가장 큰 걸림돌 중의 하나는 그와 연관된 비용입니다. 간단히 말해, 이 기술은 공개 시장을 사로잡을 정도로 충분히 비용 효율이 높지 않습니다. 따라서 많은 정부에서 보조금을 활용해 그 개발 및 이용을 장려하고 있죠. 예를 들어, 2016년에 국제 에너지 기구는 미국이 재생 가능 에너지 기술의 성장을 촉진하기 위해 다양한 보조금으로 약 1천 6백억 달러를 지출한 것으로 추정했습니다. 나노 기술은 더욱 효율적이고 지속 가능한 에너지 기술의 개발을 용이하게 함으로써 이러한 어려움을 해결하는 데 있어 가능성을 지니고 있습니다.

대체 에너지 분야에서 나노 기술의 한 가지 용도는 태양광 전지의 발전에 있습니다. 이는 이용 가능한 가장 풍부하면서 환경 친화적인 재생 가능 자원 중 하나인 태양열 에너지를 이용하는 데 있어 중심을 이루고 있습니다. 나노 기술이 태양광 전지 기술을 변모시키면서 대단히 효율적이고 경제적인 태양열 전지판의 제작을 용이하게 해 주었습니다. 양자점과 나노 와이어 같은 나노 소재를 활용해, 태양열 전지판 디자인이 빛 흡수 및 전반적인 에너지 변환 효율을 극대화하도록 향상되어 왔습니다. 더욱이, 나노 기술이 신축성 있는 경량의 태양열 전지판 생산을 가능하게 해 주기 때문에, 다양한 표면과 구조에 통합될 가능성을 확장해 줍니다.

주목해야 할 또 다른 중요한 영역은 풍력 에너지에 있습니다. 풍력 에너지는 중요한 재생 가능 에너지원으로 빠르게 떠오르고 있습니다. 하지만 고유적으로 간헐적이라는 단점이 있는데, 이는 전력 공급망 안정성과 신뢰성에 문제를 제기합니다. 나노 복합 소재는 터빈 날개를 강화해 강도와 내구성을 향상시킴으로써 이 영역에서 중대한 역할을 합니다. 이는 에너지 수집량을 증대시킬 뿐만 아니라 유지 관리 비용도 줄여 줍니다. 더욱이, 터빈 표면에 적용되는 나노 규모의 코팅 작업이 결빙 및 부착물, 즉 원치 않는 물질의 축적 같은 문제에 대한 해결책을 제공해 줍니다. 이는 가혹한 환경 조건 속에 있는 풍력 터빈의 성능을 크게 향상시켜 줄 수 있습니다.

S1 다시 말해, 나노 기술은 재생 가능 에너지 장치의 수준을 향상시키는 데 이용되는 건가요?

P Yes, but nanotechnology also holds immense promise in revolutionizing energy storage systems. As renewable energy sources like solar and wind become increasingly widespread, the demand for efficient energy storage solutions will rise significantly. Nanomaterials like graphene or carbon nanotubes are at the forefront of this revolution, as they offer high surface area. This helps batteries to rapidly charge and discharge by providing numerous active sites for chemical reactions to take place.

In addition to this, nanotechnology can also greatly enhance energy efficiency in buildings. Buildings account for a significant portion of global energy consumption, and integrating nanophosphors into lighting systems can enable the production of energy-efficient and long-lasting lighting solutions. Furthermore, nanosensors and smart nanodevices can be used to monitor and control energy usage for heating, ventilation, air conditioning, and lighting. By continuously collecting data on occupancy, temperature, and energy consumption patterns, these technologies can improve efficiency and reduce environmental impact. But here, the issue of expenses rears its ugly head.

S2 Aren't there buildings with, like, energy-efficient windows and AC systems already? Why would you use nanotech stuff when it's likely to be more expensive?

P Exactly. That's one of the concerns we need to address to fully utilize nanotechnology. Let's swing back to that one later. What are some other challenges you can think of, off the top of your head?

S3 I'm not really sure, but perhaps the fact that we're dealing with such tiny materials could be a problem.

P How so?

S3 Um, I don't know, they'd be a lot harder to manage compared to... I'm still not sure how nanoparticles work.

P You've got the right idea. Nanoparticles pose potential challenges due to their ability to infiltrate biological barriers, accumulate in tissues, or interact unpredictably with cellular components. Moreover, inadequate disposal of nanomaterials could result in environmental contamination or lasting ecological repercussions. Of course, there are other barriers to achieving widespread adoption of nanotechnology, such as high manufacturing costs and uncertainties regarding its long-term performance and reliability. Much effort has been made to work on these issues. Whether or not it'll pay off... well, we'll see how it goes.

P 그렇죠, 하지만 나노 기술은 에너지 저장 시스템에 혁신을 일으키는 데 있어 어마어마한 가능성도 지니고 있습니다. 태양열과 풍력 같은 재생 가능 에너지 지원이 점점 더 보편화됨에 따라, 효율적인 에너지 저장 해결책에 대한 요구가 상당히 높아질 것입니다. 그래핀 또는 탄소 나노 튜브 같은 나노 소재가 이러한 혁신의 선두에 서 있는데, 이들이 높은 표면적을 제공해 주기 때문입니다. 이는 화학적 반응이 일어나는 수많은 활성 부위를 제공함으로써 배터리가 빠르게 충전하고 방출시키도록 해 줍니다.

이뿐만 아니라, 나노 기술은 건물 내에서 에너지 효율성을 크게 향상시켜 줄 수 있습니다. 건물은 전 세계 에너지 소비의 상당 부분을 차지하고 있는데, 나노 인광 물질을 조명 시스템에 포함하면 에너지 효율이 높고 오래 지속되는 조명 제품 생산을 가능하게 해 줄 수 있습니다. 더욱이, 나노 센서와 스마트 나노 장치는 난방과 환기, 냉방, 그리고 조명에 필요한 에너지 사용을 관찰 및 제어하는 데 이용될 수 있습니다. 공간 점유와 온도, 그리고 에너지 소비 패턴에 대한 데이터를 지속적으로 수집함으로써 이 기술들이 효율성은 향상시키고 환경적 영향은 감소시킬 수 있습니다. 하지만 여기서 비용 문제가 고개를 들게 되죠.

S2 이미, 음, 에너지 효율이 높은 창문과 에어컨 시스템이 갖춰진 건물들이 있지 않나요? 나노 기술 소재가 더 비쌀 가능성이 있는데 왜 그걸 사용하겠어요?

P 바로 그렇습니다. 그게 바로 우리가 나노 기술을 전적으로 활용하기 위해 해결해야 하는 우려 사항들 중 하나입니다. 그 부분은 나중에 다시 되짚어 보겠습니다. 당장 머리 속에서 떠오르는 대로, 여러분이 생각할 수 있는 몇몇 다른 어려움은 무엇일까요?

S3 확실하진 않지만, 아마 그렇게 작은 물질을 다루고 있다는 점이 문제가 될 수 있을 것 같아요.

P 어째서 그렇죠?

S3 음, 글쎄요, 비교적으로 감당하기 훨씬 더 어려울 텐데… 나노 입자가 어떻게 작용하는지 아직 잘 모르겠어요.

P 학생 생각이 맞아요. 나노 입자는 생물학적 장벽에 침투하거나, 생체 조직 속에 축적되거나, 세포 성분과 예측 불가능하게 상호 작용하는 능력으로 인해 잠재적 문제를 제기합니다. 또한 나노 소재의 부적합한 처분은 환경 오염이나 지속적인 생태적 영향을 초래할 수 있습니다. 물론, 높은 제조 비용을 비롯해 장기적인 기능성 및 신뢰성과 관련된 불확실성 같이, 나노 기술의 폭넓은 채택이 이뤄지는 데에는 다른 장벽들도 존재합니다. 이 문제들을 다루기 위해 많은 노력을 기울여 왔죠. 그것이 결실을 맺을지는… 음, 어떻게 될지 지켜봐야 할 겁니다.

주제와 목적 찾기

1 강의의 주제는 무엇인가?
(A) 나노 기술을 활용하는 재생 가능 에너지원
(B) 나노 기술로 만든 오래 지속되는 에너지원
(C) 지속 가능 에너지 해결책에 대한 나노 기술의 적용
(D) 나노 기술을 에너지 생산에 적용하는 어려움

어휘 apply A to B A를 B에 적용하다

해설 교수는 나노 기술을 간단히 소개한 후, 그 기술이 더욱 효율적이고 지속 가능한 에너지 기술을 개발하는 데 어떻게 적용되고 있는지 전반적으로 설명하고 있다. 따라서 정답은 (C)다.

구조 파악하기

2 교수는 왜 미국 정부가 2016년에 지출한 보조금을 언급하는가?
(A) 대체 에너지 해결책을 시행하는 것의 단점을 설명하기 위해
(B) 에너지 발전과 관련해 선진국들이 지니는 이점을 알려 주기 위해
(C) 세계 시장에서 대체 에너지 기술이 지니는 중요성을 강조하기 위해
(D) 에너지원의 발전에 있어 정부 지원의 필요성을 강조하기 위해

어휘 drawback 단점 developed country 선진국

해설 교수는 대체 에너지원 개발의 걸림돌인 비용 문제 해결을 위해 많은 정부가 보조금을 활용하고 있다고 알리면서 2016년에 미국 정부가 그 보조금으로 지출한 액수를 밝히고 있다. 이는 비용과 관련된 단점을 설명하기 위한 예시에 해당하므로 정답은 (A)다.

세부 내용 찾기

3 강의 내용에 따르면, 나노 기술이 에너지 생산에 있어 어떤 역할을 하는가? 두 개의 답을 고르시오.
(A) 태양열 전지판 이용을 용이하게 할 수 있다.
(B) 풍력 에너지 기능의 일관성을 향상시킬 수 있다.
(C) 전통적인 에너지원의 고갈을 둔화시킬 수 있다.
(D) 대체 에너지원의 예산과 관련된 문제들에 맞설 수 있다.

어휘 consistency 일관성 slow down ~을 둔화시키다 budget 예산

해설 교수는 나노 기술이 태양광 전지 기술을 변모시켜 대단히 효율적이고 경제적인 태양열 전지판의 제작을 용이하게 해 주었다는 점과, 간헐성이라는 단점으로 인한 전력 공급망 안정성 및 신뢰성 관련 문제를 향상시킴으로써 풍력 에너지를 발전시키는 데 중대한 역할을 한다는 점을 언급하고 있다. 따라서 정답은 (A), (B)다.

세부 내용 찾기

4 강의 내용에 따르면, 효율적인 에너지 저장 해결책에 대한 요구 증가의 이유는 무엇인가?
(A) 나노 소재에 의해 제공되는 광범위한 표면적
(B) 재생 가능 에너지원의 폭넓은 채택
(C) 나노 기술 이용과 관련되어 인지된 안전성
(D) 건물 내에서의 향상된 에너지 효율성에 대한 요구 증가

어휘 extensive 광범위한 perceived 인지된

해설 교수는 태양열과 풍력 같은 재생 가능 에너지원이 점점 더 보편화되면서 효율적인 에너지 저장 해결책에 대한 요구가 상당히 높아질 것이라고 설명하고 있다. 따라서 정답은 (B)다.

추론하기

5 나노 기술과 관련된 우려 사항과 관련해 추론할 수 있는 것은 무엇인가?

(A) 많은 어려움이 가까운 미래에 해결될 수 있다.

(B) 나노 소재의 이용이 불가피하게 환경적 위험을 제기할 것이다.

(C) 나노 기술의 시행이 대체 에너지 개발보다 더 많은 비용이 들 수 있다.

(D) 나노 기술이 한동안 일반인들에 의해 이용되지 못할 수 있다.

어휘 inevitably 불가피하게 hazard 위험

해설 교수는 나노 기술의 단점 및 그 기술의 이용과 관련된 현실적인 장벽을 언급하면서 이를 해결하기 위한 노력이 어떻게 될지 지켜 봐야 한다고 알리고 있다. 이는 일반인들이 이용할 수 있을 정도로 보편화되기까지 시간이 걸릴 수 있음을 암시하는 말이므로 정답은 (D)다.

의도와 태도 파악하기

6 강의의 일부를 다시 들으시오. 그런 다음 질문에 답하시오. 🎧

> P 당장 머리 속에서 떠오르는 대로, 여러분이 생각할 수 있는 몇몇 다른 어려움은 무엇일까요?
>
> S3 확실하진 않지만, 아마 그렇게 작은 물질을 다루고 있다는 점이 문제가 될 수 있을 것 같아요.
>
> P 어째서 그렇죠?
>
> S3 음, 글쎄요, 비교적으로 감당하기 훨씬 더 어려울 텐데… 나노 입자가 어떻게 작용하는지 아직 잘 모르겠어요.

학생은 왜 다음과 같이 말하는가?

> S3 나노 입자가 어떻게 작용하는지 아직 잘 모르겠어요.

(A) 자신의 관찰 내용이 부정확할지도 모른다는 점을 암시하기 위해

(B) 교수에게 나노 입자에 대한 설명을 요청하기 위해

(C) 자신이 교수의 질문을 온전히 이해하지 못하고 있음을 암시하기 위해

(D) 자신의 생각을 더 상세히 설명할 수 없다는 뜻을 나타내기 위해

어휘 elaborate on ~을 더 상세히 설명하다

해설 학생의 답변에 대해 교수가 부가 설명을 요구하자, 학생은 나노 입자가 어떻게 작용하는지 잘 모르겠다는 말과 함께 대답을 멈춘다. 이는 자신이 잘 알지 못해서 더 설명할 수 없다는 뜻을 나타내는 것이므로 정답은 (D)다.

관련 지식 대체 에너지는 화석 연료 의존도를 줄이기 위한 것으로, 태양광과 풍력 발전 외에도 수력, 조력, 지열, 바이오매스 에너지가 포함된다. 이처럼 물, 지하수 및 지열, 유기 물질 등을 이용하는 재생 에너지는 일정한 에너지 공급 등 여러 장점을 제공하지만, 각기 다른 환경적, 경제적 문제를 동반할 수 있다.

LECTURE 08

pp.140-141

정답 | **1** (C)　　**2** (B)　　**3** (D)　　**4** (A)　　**5** (A)　　**6** (D)

| | N Narrator | P Professor | S Student |

N Listen to part of a lecture on desert plants.

P Good morning, everyone. Today, we will continue our exploration of desert plants, focusing first on their root systems and next on the leaves that enable the plants' survival in harsh environments.

　　When we look out over a typical desert landscape, be it the Mohave in California, or the Gobi in China, we see vegetation that exists nowhere else on Earth.

N 사막 식물에 관한 강의 일부를 들으시오.

P 안녕하세요, 여러분. 오늘은 사막 식물에 대한 탐구를 계속할 것입니다. 먼저 뿌리 체계와 그 다음으로 잎에 초점을 맞춰 볼 텐데요, 이들은 가혹한 환경에서 식물의 생존을 가능케 하죠.

　　우리가 캘리포니아의 모하비 사막이든, 아니면 중국의 고비 사막이든, 전형적인 사막 풍경을 전체에 걸쳐 바라볼 때, 지구상의 다른 곳 어디에도 존재하

Over millions of years, desert plants have developed unique shapes and appearances to endure extreme temperatures, limited water availability, and nutrient-poor soils. Their ability to thrive in such challenging conditions is largely attributed to their distinctive root adaptations.

A key adaptation of desert plants lies in their ability to maximize water absorption. Their root systems are designed to explore large volumes of soil in search of water sources. These sources may be close to the surface, such as runoff from seasonal rainfall, or hidden deep underground. The arrangement and structure of desert plant roots vary depending on the specific conditions of different regions, allowing them to adapt and thrive in diverse environmental contexts.

Some plant species possess taproots, which are long, thick roots that penetrate deep into the soil. These plants are classified as phreatophytes. They have extensive roots that reach profound depths in search of water. Taproots enable plants to obtain most of the water they need from the phreatic zone—the saturated area—or the capillary fringe just above the phreatic zone. This adaptation is particularly advantageous during periods of drought when surface water is scarce. Take the saguaro cactus, for example. This colossal plant features an impressive taproot system that extends well beneath the surface, reaching up to three times its own height. This allows the saguaro to access concealed water reserves beyond the reach of other plant species during prolonged dry spells. This strategy has contributed to its long lifespan, which can exceed 150 years.

Now, some species maximize water absorption through a different root system. Many desert plants possess intricate networks of fine, fibrous roots near the soil's surface—a characteristic observed in many shrubs found in the Chihuahuan Desert. These roots spread out horizontally, reaching shallow depths of two to three meters, with only a few roots extending beyond five meters underground. Before you go, "Well, two or three meters isn't so bad," it might interest you to know that the shepherd's tree native to the Kalahari Desert has roots stretching more than 70 meters into the ground. Anyway, the shallow roots allow plants to swiftly capture rainwater or dew before evaporation occurs, with some roots even growing upwards, probably in response to light rains that deposit water near the surface. This strategy is crucial in arid environments where water availability is sporadic and unpredictable. An example of this adaptation is the creosote bush, which can be

지 않는 초목을 볼 수 있습니다. 수백만 년에 걸쳐 사막 식물들은 독특한 형태와 외관을 발달시켜 극한의 기온, 제한된 물 공급, 영양분이 부족한 토양을 견뎌 왔죠. 그렇게 까다로운 환경 속에서 번성할 수 있는 능력은 주로 그 독특한 뿌리 적응 방식 덕분입니다.

사막 식물의 핵심적인 적응 방식은 수분 흡수를 극대화하는 능력에 있습니다. 이들의 뿌리 체계는 수분 공급원을 찾는 과정에서 아주 넓은 토양을 탐사하도록 만들어졌습니다. 이 공급원은 계절 강우로 인한 유거수처럼 지표면, 혹은 깊이 숨어 있는 지하 공간과 가까울 수 있습니다. 사막 식물 뿌리의 배치와 구조는 여러 다른 지역의 특정한 환경에 따라 다르기 때문에, 다양한 환경적 맥락 속에서 적응하고 번성할 수 있죠.

일부 식물 종은 곧은 뿌리를 지니고 있는데, 이는 토양 속 깊이 뚫고 들어가는 길고 두꺼운 뿌리입니다. 이 식물들은 심근 식물로 분류됩니다. 이들은 물을 찾기 위해 엄청난 깊이에 이르는 광범위한 뿌리를 지니고 있습니다. 곧은 뿌리로 인해 식물이 침윤층 지대, 즉 포화된 지역이나 침윤층 지대 바로 위쪽의 모세관 수대로부터 필요한 물 대부분을 얻을 수 있습니다. 이러한 적응 방식은 특히 지표수가 부족한 가뭄 기간 중에 유익합니다. 사와로 선인장을 예로 들어 보죠. 이 거대한 식물은 지표면에서 한참 아래로 이어지면서, 그 키보다 최대 세 배에 이르는 거대한 곧은 뿌리 체계를 특징으로 합니다. 이로 인해 사와로 선인장은 장기적인 건조기 중에 다른 식물 종의 도달 범위를 넘어선 곳에 숨겨져 있는 저수 지역까지 닿을 수 있습니다. 이 전략은 150년을 초과할 수 있는 선인장의 긴 수명의 원인입니다.

자, 일부 종은 다른 뿌리 체계를 통해 수분 흡수를 극대화합니다. 많은 사막 식물은 토양 표면 근처에 복잡한 그물망 같은 미세한 섬유 모양의 뿌리를 지니고 있는데, 이는 치와와 사막에서 발견되는 많은 관목에서 관찰되는 특징입니다. 이 뿌리는 수평적으로 퍼져 나가면서, 2~3미터의 얕은 깊이에 도달하며, 오직 몇몇 뿌리만 지하로 5미터 넘게 이어집니다. 여기서 '음, 2~3미터면 그렇게 나쁘진 않네'라고 생각할 수 있겠지만, 칼라하리 사막이 원산지인 목자나무는 땅속으로 70미터 넘게 뻗는 뿌리를 지니고 있다는 사실을 알고 있는 게 좋을 겁니다. 어쨌든, 그 얕은 뿌리로 인해 식물들은 증발이 일어나기 전에 신속히 빗물이나 이슬을 붙잡아 놓을 수 있으며, 어떤 뿌리는 심지어 위쪽으로도 자라는데, 이는 아마 지표면 근처에 물을 남기는 가벼운 비에 대한 대응일 겁니다. 이 전략은 수분 공급이 산발적이고 예측할 수 없는 건조 환경에서 중요합니다. 이 적응 방식의 한 가지 예시가 모하비 사막에서 찾아볼 수 있는 크레오소트 관목입니다. 이

found in the Mojave Desert. With shallow roots that efficiently capture and utilize rainwater, it flourishes in areas with less than 150 millimeters of annual rainfall.

S Um, this might be a dumb question, but is it possible for a plant to have both types of roots—taproots and fibrous roots?

P I was hoping you'd be curious about that—I know I certainly was when I was your age. It is indeed possible for plants to exhibit both types of roots. There are species that have developed dual root systems, incorporating both shallow and deep roots. Notably, phreatophyte bushes in the deserts of Northern China have been known to draw water from both shallow and deep sources. Quite fascinating, isn't it?

Now, another remarkable adaptation of desert plants is their ability to store water in their roots. Some species have succulent roots capable of storing large amounts of water during periods of rainfall or high humidity. These stored water reserves can sustain plants through prolonged droughts when external water sources are in short supply.

Apart from water absorption and storage, the root systems of desert plants also play a vital role in obtaining nutrients. Desert soils frequently lack essential elements necessary for plant growth. In response to this challenge, some plants have established symbiotic relationships with beneficial soil microorganisms. These microorganisms, such as mycorrhizal fungi, stretch thin, thread-like structures into the soil beyond the plants' root zone. They enhance nutrient uptake by releasing enzymes that break down complex organic nutrients into simpler, more soluble forms that plants can easily absorb. In return, the fungi benefit from the sugars provided by the plants. Take a look at these Joshua trees in the Mojave Desert and mesquite trees native to dry areas in the Americas. Both engage in partnerships with arbuscular mycorrhizal fungi.

관목은 효율적으로 빗물을 붙잡아 활용하는 얕은 뿌리로 인해, 연간 강수량이 150밀리미터도 채 되지 않는 지역에서도 잘 자란답니다.

S 음, 바보 같은 질문일지는 모르겠지만, 식물이 두 종류의 뿌리를 모두, 그러니까 곧은 뿌리와 섬유 모양의 뿌리를 지니고 있는 게 가능한가요?

P 그 부분과 관련해 궁금해하길 바라고 있었어요, 나도 학생과 같은 나이였을 때 분명 그랬던 것 같아요. 사실 식물이 두 가지 뿌리를 모두 보이는 게 가능합니다. 얕은 뿌리와 깊은 뿌리 둘 모두를 포함한, 이중 뿌리 체계를 발달시킨 종이 있습니다. 특히 중국 북부 지역의 사막에 있는 심근 관목은 얕은 곳과 깊은 곳에 있는 공급원 모두를 통해 수분을 얻는 것으로 알려져 왔습니다. 꽤 흥미롭지요?

자, 사막 식물의 또 다른 주목할 만한 적응 방식은 뿌리에 수분을 저장하는 능력입니다. 일부 종은 강우 기간 또는 습도가 높은 기간 중에 다량의 수분을 저장할 수 있는 다육성 뿌리를 지니고 있습니다. 이렇게 저장되어 비축된 수분은, 외부 수분 공급원의 공급량이 부족해지는 장기화된 가뭄 기간에 걸쳐 식물을 지탱해 줄 수 있습니다.

수분 흡수 및 저장 외에도, 사막 식물의 뿌리 체계는 영양분을 얻는 데 있어서도 필수적입니다. 사막의 토양은 흔히 식물 성장에 필요한 필수 요소가 부족합니다. 이러한 어려움에 대응해 일부 식물은 유익한 토양 미생물과 공생 관계를 확립했습니다. 예로 균근균처럼, 이 미생물은 식물의 뿌리 구역을 넘어선 토양 속으로 얇고 실 같은 구조물을 내뻗칩니다. 이것은 복잡한 유기물 영양분을 식물이 쉽게 흡수할 수 있는 더 단순하고 잘 녹는 형태로 분해해 주는 효소를 방출함으로써 영양분 흡수를 향상시킵니다. 그 대가로, 균류는 식물이 제공하는 당분으로부터 혜택을 얻습니다. 모하비 사막에 있는 조슈아 나무와 아메리카 대륙의 건조 지역이 원산지인 메스키트 나무를 한 번 보세요. 둘 모두 수지상 균근균과 동반 관계를 이루고 있습니다.

스크립트 어휘

harsh 가혹한 be it A or B A든 B든 (상관없이) nutrient-poor 영양분이 부족한 be attributed to ~ 덕분이다, ~이 원인이다
distinctive 독특한 runoff 유거수(지표면을 따라 흐르는 물) context 맥락 taproot 곧은 뿌리 penetrate 뚫고 들어가다
phreatophyte (뿌리가 땅 속 깊이 뻗는) 심근 식물 phreatic zone 침윤층 지대(물이 솟아나오는 지층) saturated 포화된
capillary fringe 모세관 수대(지하수면 위에서 모세관이 포화된 수분 영역) drought 가뭄 scarce 부족한 colossal 거대한
reserve ~ 보유지 prolonged 장기적인 dry spell 건조기 contribute to ~의 원인이 되다, ~에 기여하다 lifespan 수명
intricate 복잡한 fibrous 섬유 모양의 shrub 관목 before you go ~라고 말하기[치부하기] 전에 evaporation 증발
deposit 놓다, 두다 arid 건조한(= dry) sporadic 산발적인 unpredictable 예측할 수 없는 flourish 잘 자라다, 번성하다
succulent 다육성의(잎이나 줄기 등이 두껍고 수분이 많은) humidity 습도 sustain 지탱하다 apart from ~ 외에
symbiotic 공생의 microorganism 미생물 mycorrhizal fungi 균근균(식물과 협력해 공생 관계를 이루는 균) uptake 흡수
enzyme 효소 break down 분해하다 soluble 녹는, 용해성의 in return 그 대가로 engage in ~에 참여하다, 관여하다
arbuscular mycorrhizal fungi 수지상 균근균(나뭇가지처럼 많은 가닥으로 뻗은 균사체 구조를 이루는 균근 곰팡이)

주제와 목적 찾기

1 강의의 주요 내용은 무엇인가?
(A) 생존을 위한 사막 식물의 뿌리 및 잎 활용
(B) 여러 다른 사막 풍경 전체에 걸친 뿌리 체계의 다양성
(C) 건조한 환경 속에서 생존하기 위한 식물의 적응 방식
(D) 식물이 뿌리를 이용해 수분을 얻고 저장하는 방법

해설 교수는 식물이 사막에 적응하는 데 필요한 여러 뿌리 체계 및 수분 흡수 방식과 관련해 이야기하고 있다. 따라서 정답은 (C)다.

세부 내용 찾기

2 교수는 사막 식물과 관련해 무슨 말을 하는가?
(A) 식물 뿌리가 수평적이지 않고 수직적으로 자라는 경향이 있다.
(B) 식물의 다양한 모양은 환경으로 인한 것이다.
(C) 계절 강수량이 풍부하기만 하면 잘 자랄 수 있다.
(D) 식물의 뿌리 구조는 많은 종에 걸쳐 유사하다.

어휘 vertically 수직적으로 on account of ~로 인해
abundant 풍부한

해설 교수는 사막 식물 뿌리의 배치와 구조가 지역의 특정한 환경에 따라 다르기 때문에, 다양한 환경적 맥락 속에서 적응하고 번성할 수 있다고 알리고 있다. 따라서 정답은 (B)다.

세부 내용 찾기

3 곧은 뿌리를 지닌 식물의 구별되는 특징은 무엇인가?
(A) 그 뿌리는 수분을 저장하는 데 유용하다.
(B) 그 뿌리가 자라면 길이가 식물 키의 두 배가 된다.
(C) 강우 중에 수분 흡수를 극대화한다.
(D) 지하 깊은 곳에 저장된 물을 이용할 수 있다.

어휘 distinguishing 구별되는, 특징적인
access 이용하다, ~에 접근하다

해설 교수는 곧은 뿌리가 토양 속 깊이 뚫고 들어가는 길고 두꺼운 뿌리라는 점과 다른 식물 종의 도달 범위를 넘어선 곳에 숨겨져 있는 저수 지역에 닿을 수 있다는 점을 언급하고 있다. 따라서 정답은 (D)다.

의도와 태도 파악하기

4 이중 뿌리 체계를 지닌 사막 식물에 관한 교수의 의견은 무엇인가?
(A) 흥미로운 대상이라고 생각한다.
(B) 오직 몇몇 식물만 이런 종류의 뿌리를 지니고 있어서 유감스럽게 생각한다.
(C) 이러한 개념을 온전히 이해하는 것이 어려울 수 있다는 점에 동의한다.
(D) 가혹한 환경에서 생존하는 데 가장 적합하다고 주장한다.

어휘 grasp 이해하다 suited to ~에 적합한

해설 교수는 얕은 뿌리와 깊은 뿌리 둘 모두를 포함한 이중 뿌리 체계를 발달시킨 종이 있다는 점과 그 예시로 중국 북부 지역의 사막에 있는 식물을 언급하면서 꽤 아주 흥미롭지 않은지 학생들에게 묻고 있다. 따라서 정답은 (A)다.

구조 파악하기

5 교수는 왜 미생물을 언급하는가?
(A) 일부 사막 식물이 어떻게 영양분이 공급된 상태로 유지되는지 설명하기 위해
(B) 일부 사막 식물이 어떻게 공생 관계를 형성하는지 알려 주기 위해
(C) 사막 식물의 뿌리 내에서 나타내는 화학적 반응을 예를 들어 설명하기 위해
(D) 사막의 물 부족 문제를 해결할 수 있는 좋은 방법을 제안하기 위해

어휘 nourished 영양분이 공급된
chemical reaction 화학적 반응

해설 교수는 특정 미생물이 영양분을 분해해 주는 효소를 방출해 식물의 영양분 흡수를 향상시킨다고 설명하고 있다. 이는 일부 사막 식물이 영양분을 유지하는 방법에 해당하므로 정답은 (A)다. 일부 사막 식물이 균류와 공생 관계를 맺지만, 이는 강의에서 미생물을 언급하는 이유는 아니므로 (B)는 답이 아니다.

추론하기

6 강의의 일부를 다시 들으시오. 그런 다음 질문에 답하시오. 🎧

> P 이 뿌리는 수평적으로 퍼져 나가면서, 2~3미터의 얕은 깊이에 도달하며, 오직 몇몇 뿌리만 지하로 5미터 넘게 이어집니다. 여기서 '음, 2~3미터면 그렇게 나쁘지 않네'라고 생각할 수 있겠지만, 칼라하리 사막이 원산지인 목자나무는 땅속으로 70미터 넘게 뻗는 뿌리를 지니고 있다는 사실을 알고 있는 게 좋을 겁니다.

교수는 왜 다음과 같이 말하는가?

> P 칼라하리 사막이 원산지인 목자나무는 땅속으로 70미터 넘게 뻗는 뿌리를 지니고 있다는 사실을 알고 있는 게 좋을 겁니다.

(A) 한 식물의 뿌리 체계에 관한 놀라운 정보를 제시하기 위해
(B) 모든 사막 식물이 얕은 뿌리를 지닌 것은 아니라는 점을 학생들에게 상기시키기 위해
(C) 학생들에게 사막 식물의 뿌리 체계와 관련해 깊이 공부하도록 동기를 부여하기 위해
(D) 2~3미터의 뿌리 깊이는 얕은 것으로 여겨진다는 점을 지적하기 위해

어휘 motivate 동기를 부여하다 study up on ~을 깊이 공부하다
make a point that ~라는 점을 지적하다

해설 교수는 뿌리 길이로 2~3미터가 그렇게 나쁘지 않다고 생각할 수 있다고 말한 뒤에 목자나무의 뿌리는 70미터가 넘는다는 사실을 밝히고 있다. 이는 2~3미터의 뿌리 깊이가 얕은 편에 속한다는 점을 강조하는 것이므로 정답은 (D)다.

ACTUAL TEST ①

정답 |
1. (A)	2. (A)	3. (B)	4. (C)	5. (D)	6. (A)
7. (B)	8. (B)	9. (A)	10. (D)	11. (C)	12. (B)
13. (C)	14. (C)	15. (A)	16. (D)	17. (D)	18. (C)
19. (A)	20. (C), (D)	21. (B)	22. (D)	23. (D)	24. (A)
25. (B)	26. (A), (C)	27. P, I, I-P, I-P	28. (C)		

Questions 1-5   pp.144-146

N Narrator   **S** Student   **P** Professor

N Listen to a conversation between a student and a professor.

S Professor Samuels? Can I talk to you for a moment?

P Of course, Shelley. Come on in.

S You remember my name?

P Yes. You're in my Differential Geometry course. There aren't many students in that class, as you know, so it's easy for me to remember everyone's names. And I'm always available to students during my office hours. Do you have a question about this week's assignment?

S Actually, I really hate to say this, but I was thinking I should drop your course.

P Drop the course? Excuse me for asking, but I hope there aren't any personal issues interfering with your studies?

S Oh, no, it's nothing like that. It's just… I'm having a real hard time understanding some of the concepts in the course material. Like this week, you started chapter 3 with a lecture about the Levi-Civita connection as it relates to vector fields along curves.

P Ah yes, that is an essential tool in the study of Riemannian manifolds.

S But I'd never heard about that connection or Riemannian manifolds before. And instead of explaining them, you made it seem like we should already know what they are. On top of that, the other students seemed to know what you were talking about, and that made me really wonder what I was missing.

P Well, didn't you take Professor Hackman's course in advanced geometry concepts last semester? It's a prerequisite for my course. The syllabus clearly states this.

S Oh, I transferred from UBC at the end of last semester. My guidance counselor saw on my transcript that I had taken a course in advanced geometry and recommended that I enroll in your class.

P Oh, Shelley, I'm afraid there's been a mix-up. Professor Hackman and I worked closely together to develop this curriculum across four semesters, starting with the first

N 학생과 교수 사이의 대화를 들으시오.

S 새뮤얼스 교수님? 잠시 이야기하실 수 있으세요?

P 물론이죠, 셸리. 들어와요.

S 제 이름을 기억하세요?

P 그럼요. 내 미분기하학 수업을 듣고 있잖아요. 알다시피 그 수업에 학생들이 많지 않기 때문에, 모든 학생의 이름을 기억하기 쉽죠. 그리고 연구실에 있는 시간 중에는 항상 학생들에게 내줄 시간이 있어요. 이번 주 과제에 관한 질문이 있는 건가요?

S 실은, 이런 말씀을 드리기 정말 싫지만, 교수님 수업을 철회해야 하는 건지 생각하고 있었습니다.

P 수업을 철회한다고요? 물어보는 게 실례가 아니라면, 학업을 방해하는 어떤 개인적인 문제라도 있는 건 아니겠죠?

S 아, 아뇨, 그런 건 아니에요. 그냥… 수업 내용에 나오는 일부 개념들을 이해하기가 정말 힘들어서요. 이번 주만 해도, 곡선에 따른 벡터장과 관련된 레비치비타 접속에 관한 강의로 제3장을 시작하셨잖아요.

P 아, 맞아요, 리만 다양체를 공부하는 데 있어 필수적인 수단이죠.

S 하지만 저는 한 번도 그 접속이나 리만 다양체에 관해서 들어 본 적이 없어요. 그리고 그것들을 설명하시는 대신, 저희가 이미 그것들이 무엇인지 알고 있어야 하는 것처럼 수업하셨어요. 그뿐만 아니라, 나머지 학생들은 교수님께서 무슨 말씀을 하시는지 아는 것 같았는데, 그래서 제가 뭘 놓치고 있는 건지 정말 궁금했어요.

P 음, 지난 학기에 해크먼 교수님의 고급 기하학 개념 강의를 듣지 않았나요? 내 강의의 선수 과목입니다. 강의 계획서에 이 내용이 명확히 쓰여 있어요.

S 아, 저는 지난 학기말에 UBC에서 편입했어요. 학생 지도 상담사님이 제 성적 증명서에서 고급 기하학 수업 하나를 수강한 것을 확인하시고, 교수님 수업에 등록하도록 추천해 주셨어요.

P 아, 셸리, 착오가 있었던 것 같군요. 해크먼 교수님과 내가 함께 긴밀히 협력해서 네 학기에 걸친 이 교과 과정을 개발했고, 기하학의 개념을 첫 강의로 시작

course, Concepts in Geometry. If you didn't start
with the first course, and then work your way through
Professor Hackman's course before enrolling in my
course, it's no wonder you're lost.

S Oh, I see. So the advanced geometry course I took at
UBC is nothing like Professor Hackman's course?

P Probably not. I'm guessing that it is a much more
basic course. Do you still have the textbook for that
class?

S Yes, I do. I've been reviewing it to try to keep up with
your course, but it hasn't been much help.

P Well, bring it by my office tomorrow so I can have a
look at it. That way, I can better advise you on which
course you should be taking. Although I have a hunch
that you should be in the first course, Concepts
in Geometry. In any case, you will have to switch
classes.

S I can do that? We're already three weeks into the
semester.

P Yes, I'll have a word with Professor Burset, who
also worked with Professor Hackman and me in
developing these courses. In fact, Burset's course
might be a little easy for you in the beginning. But it
will prepare you well for the next two courses. After
you're done with those, I hope to see you again.

S Yeah. Thanks for helping me figure this out, Professor
Samuels. I was really beginning to doubt myself.

합니다. 이 첫 번째 강의로 시작해서, 해크먼 교수님
의 강의를 끝까지 들은 후에 내 강의에 등록한 게 아
니었다면, 이해하지 못하는 게 당연해요.

S 아, 그렇군요. 그럼 제가 UBC에서 들었던 고급 기하
학 강의가 해크먼 교수님 강의와 많이 다르다는 말씀
이시죠?

P 아마 그럴 겁니다. 내 생각에는 훨씬 더 기본적인 강
의인 것 같아요. 여전히 그 수업 교재를 갖고 있나요?

S 네, 갖고 있습니다. 교수님 강의를 따라 잡으려고 노
력하느라 계속 복습하고 있었는데, 크게 도움이 되진
않았어요.

P 그럼, 내가 한번 살펴볼 수 있게 내일 내 연구실로 가
져와보세요. 그렇게 하면 학생이 어느 강의를 들어야
하는지 더 잘 조언해 줄 수 있어요. 내 직감으로는 첫
번째 강의인 기하학의 개념을 들어야겠지만요. 어찌
됐든 수업을 바꿔야 할 거예요.

S 그럴 수 있나요? 이미 학기에 접어든지 3주나 됐는데
요.

P 네, 해크먼 교수님과 나와 함께 이 강의들을 개발하는
데 마찬가지로 힘써 주신 버셋 교수님과 이야기해 볼
게요. 사실 버셋 교수님의 강의는 처음엔 조금 쉬울지
도 몰라요. 하지만 이후의 두 강의에 잘 대비하게 해
줄 겁니다. 그 강의들을 마친 후에 다시 볼 수 있기를
바랍니다.

S 네. 이렇게 파악할 수 있게 도와주셔서 감사합니다,
새뮤얼스 교수님. 정말 제 자신에게 회의를 느끼기 시
작했거든요.

스크립트 어휘

differential geometry 미분기하학   available 시간이 나는   office hours (상담이나 질의응답을 위해) 연구실에 있는 시간
interfere with ~을 방해하다   vector field 벡터장(벡터 함수로 나타낸 공간)   on top of ~뿐만 아니라, ~ 외에도
prerequisite for ~의 선수 과목   syllabus 강의 계획서   state 쓰여 있다, 명시하다   transfer 편입하다   guidance counselor
지도 상담사   transcript 성적 증명서   enroll in ~에 등록하다   mix-up 착오, 혼동   work one's way through ~을 끝까지 다 하다
it's no wonder (that) ~이 당연하다   be lost 이해하지 못하다, 헤매다   keep up with (진도 등) ~을 따라 잡다   bring A by B
(다른 데로 가는 길에 잠시 들러서) A를 B로 가져오다   hunch 직감, 예감   A(기간) into B B로 접어든지 A가 되는   have a word with
~와 이야기하다   be done with ~을 마치다   figure ~ out ~을 파악하다, 알아내다   doubt oneself 스스로를 의심하다

주제와 목적 찾기

1 학생은 왜 교수를 방문하는가?
(A) 강의를 따라 잡는 데 어려움이 있다.
(B) 학업 이야기를 하기 위해 교수가 불렀다.
(C) 다른 강의를 듣기 위해 교수의 수업을 철회하고 싶어
한다.
(D) 다른 학교로 편입하기 때문에 교수의 수업을 철회해야
한다.

어휘 call in ~을 불러들이다   withdraw from ~을 철회[취소]하다

해설 학생은 교수의 수업 내용에 나오는 개념들을 이해하기가 정말
힘이 든다고 말하고 있다. 따라서 정답은 (A)다.

구조 파악하기

2 교수는 왜 학생에게 해크먼 교수의 강의를 들었는지 묻는가?
(A) 학생이 왜 힘겨워하는지 이해할 수 없음을 나타내기 위해
(B) 학생이 해크먼 교수의 강의로 바꾸도록 권하기 위해
(C) 학생이 강의 계획서를 더 꼼꼼히 읽었어야 했다고 말하기
위해
(D) 해크먼 교수의 강의가 교과 과정의 첫 강의임을 알리기
위해

어휘 struggle 힘겨워하다   thoroughly 꼼꼼히, 철저히

해설 교수는 학생에게 지난 학기에 해크먼 교수의 고급 기하학
개념 강의를 듣지 않았는지 물으면서 그것이 선수 과목이라고
알리고 있다. 이는 학생이 자신의 수업을 힘겨워하는 이유를
파악하려는 것이므로 정답은 (A)다.

세부 내용 찾기

3 학생은 왜 새뮤얼스 교수의 수업에 등록했는가?
(A) 기하학에 대한 자신의 능력을 과신했다.
(B) 학생 지도 상담사가 학생이 수강했던 강의를 오해했다.
(C) 수업에 등록하기 전에 강의 계획서를 읽지 않았다.
(D) 다른 학교에서 비슷한 강의를 들었다.

어휘 overconfident about ~에 대해 과신하는

해설 학생은 지도 상담사가 자신의 성적 증명서에서 고급 기하학 수업을 수강한 것을 확인한 후에 교수의 수업에 등록하도록 추천해 주었다고 알리고 있다. 따라서 정답은 (B)다.

추론하기

4 학생이 UBC에서 들었던 고급 기하학 강의와 관련해 추론할 수 있는 것은 무엇인가?
(A) 새뮤얼스 교수가 그 강의 내용을 잘 알고 있다.
(B) 새뮤얼스 교수의 강의에 등록하기 전에 들으면 유익한 강의이다.
(C) 학생이 현재 다니는 학교의 교과 과정과 밀접하게 맞춰져 있지 않다.
(D) 버셋 교수의 강의보다 덜 힘들지도 모른다.

어휘 aligned with ~에 맞춰진 challenging 힘든, 어려운

해설 학생이 교수에게 UBC에서 들었던 고급 기하학 강의가 해크먼 교수의 강의와 많이 다르냐고 묻자, 교수는 그럴 것이라고 답하고 있다. 따라서 정답은 (C)다.

의도와 태도 파악하기

5 대화의 일부를 다시 들으시오. 그런 다음 질문에 답하시오. 🎧

> **P** 내 직감으로는 첫 번째 강의인 기하학의 개념을 들어야겠지만요. 어찌 됐든 수업을 바꿔야 할 거예요.
> **S** 그럴 수 있나요? 이미 학기에 접어든지 3주나 됐는데요.

학생이 다음과 같이 말할 때 무엇을 의미하는가?

> **S** 이미 학기에 접어든지 3주나 됐는데요.

(A) 학생은 다음 학기에 기하학의 개념을 들을 의향이 있다.
(B) 학생은 새로운 수업을 따라 가지 못할까 우려하고 있다.
(C) 학생은 학기 중에 수업을 옮기기를 주저하고 있다.
(D) 학생은 다른 수업으로 옮길 수 있을지 확신하지 못한다.

어휘 concerned 우려하는 be reluctant to ~하기를 주저하다 transfer to ~로 옮기다

해설 교수가 수업을 바꿔야 한다고 언급하자, 그럴 수 있는지 되물으면서 학기가 시작한지 3주가 됐다고 말하는 것은 수업을 바꿀 수 있는지 잘 알지 못하는 상황에서 할 수 있는 말이다. 따라서 정답은 (D)다.

Questions 6-11

pp.147-149

N Narrator **P** Professor

N Listen to part of a lecture in a biology class.

P As part of our ongoing studies of evolution, today I would like to focus on one aspect that shows how interconnected life is on our planet. In simple terms, we can think of the 17th-century English poet John Donne, who famously wrote that "no man is an island." For our purposes, we can say that no species is an island. Every species is influenced by at least one other species, and in many cases, by many other species.

This is extremely evident when we examine what biologists term "mutualism." This term describes how different species interact to the net benefit of each. It was first coined by Belgian zoologist Pierre-Joseph van Beneden in his book *Animal Parasites and Messmates* published in 1876. Beneden intended the term "mutualism" to mean "mutual aid among species."

N 생물학 수업의 강의 일부를 들으시오.

P 진화에 대해 계속되는 우리 수업의 일환으로, 오늘은 우리 지구의 생명체가 어떻게 상호 연관되어 있는지 보여 주는 한 가지 측면에 초점을 맞추고자 합니다. 간단히 말해서, "인간은 섬이 아니다"라는 유명한 말을 쓴 17세기 영국 시인 존 던을 생각해 보면 됩니다. 우리의 학습 목적에 맞게, 어느 종도 섬이 아니라고 말할 수 있습니다. 모든 종은 최소 한 가지 다른 종의 영향을 받으며, 많은 경우에 있어 다양한 종의 영향을 받습니다.

이는 생물학자들이 '상리 공생'이라고 일컫는 것을 살펴볼 때 매우 명백해집니다. 이 용어는 서로 다른 종이 어떻게 각자의 순이익을 위해 상호 작용하는지 설명해 줍니다. 이 용어는 벨기에의 동물학자 피에르-조제프 판 베네덴이 1876년에 펴낸 자신의 책 <동물 기생충과 동료들>에서 처음 만들어졌습니다. 베네덴의 의도는 '상리 공생'이라는 용어가 '종 사이의 상부상조'를 의미하는 것이었습니다.

We're all aware of this concept, even if we might not be familiar with the term itself. For example, we all know that bees pollinate many types of plants, which benefits not only the plants—so that they can reproduce—but also the bees—so that they can make honey. Of course, the mutual aid does not stop there. Because a lot of the plants that depend on bees are fruit-bearing, other animals, including humans, benefit from the plants as well. Therefore, we have a responsibility not only to nurture plants, but also to protect the bee population.

Biologists have identified three types of mutualistic relationships. They are resource for resource relationships, service for resource relationships, and service for service relationships.

In resource for resource relationships, different species provide one another with critical resources needed for survival. We can see this type of relationship between plants and fungi. Plants provide the carbohydrates fungi need for sustenance, while fungi provide mainly phosphate, but also nitrogenous compounds that plants need for their growth.

I already explained how service for resource relationships work in the example of bees and plants. Bees provide the service of pollination in exchange for nectar and pollen. Unsurprisingly, this type of relationship is the most common in the natural world— we can see examples all around us. In Africa, the red-billed oxpecker eats ticks on the impala. In this way, the bird gets food, while the antelope gets rid of the parasite. Another interesting example is how many plants rely on animals to disperse their seeds over a wide area. Consider the *Cucumis humifructus*. This plant is commonly known as the aardvark cucumber. This is because the fruit of this plant grows so deep underground that only the aardvark, with its keen sense of smell, can detect it. Aardvarks dig the fruit up, eat it and then disperse the seeds through their subsequent bowel movements. This relationship is so exclusive that *Cucumis humifructus* grows only in regions where there are aardvarks. However, this type of relationship is common between many plant and animal species, where animals disperse seeds over wide areas.

The rarest of relationships is the service for service type, although why it is rare is a question biologists do not yet have an answer for. If you've ever been scuba diving in a tropical region, or seen videos of such underwater activity, you may have noticed how clownfish—that's Nemo to many of you—hang out in clumps of sea anemones on the ocean floor. This is for mutual protection—the species protect each other from potential predators. You see, many larger fish

이 용어에 익숙하지 않을 수 있다 하더라도, 우리 모두 이 개념을 알고 있죠. 예를 들어, 우리는 모두 벌이 많은 종류의 식물에 수분하면서, 식물들이 이득을 보고 번식할 수 있을 뿐만 아니라 벌들도 이득을 얻어 꿀을 만들 수 있게 된다는 사실을 알고 있습니다. 물론, 상부상조는 여기서 끝나지 않습니다. 벌에게 의존하는 많은 식물이 열매를 맺기 때문에, 인간을 포함한 다른 동물도 식물을 통해 혜택을 얻죠. 따라서, 우리는 식물을 보살피는 것뿐만 아니라 벌 개체군을 보호할 책임을 지고 있습니다.

생물학자들은 세 가지 유형의 상리 공생 관계를 발견했습니다. 자원 대 자원 관계, 서비스 대 자원 관계, 그리고 서비스 대 서비스 관계입니다.

자원 대 자원 관계에서는, 서로 다른 종들이 서로에게 생존에 필요한 중대 자원을 제공합니다. 우리는 이러한 유형의 관계를 식물과 균류 사이에서 확인할 수 있습니다. 식물은 균류가 필요로 하는 탄수화물을 자양물로 제공하고, 균류는 주로 인산염뿐만 아니라 식물이 성장에 필요로 하는 질소 혼합물도 제공합니다.

서비스 대 자원 관계는 벌과 식물의 예시에서 어떻게 작용하는지 이미 설명했습니다. 벌은 꿀과 꽃가루에 대한 대가로 수분이라는 서비스를 제공하죠. 이러한 유형의 관계는 자연 세계에서 당연하게도 가장 흔하며, 우리 주변 어디에서나 예시를 확인할 수 있습니다. 아프리카에서는 붉은 부리 찌르레기가 임팔라에 붙어 있는 진드기를 먹습니다. 이런 방식으로 새는 먹이를 얻고 영양은 기생충을 없애죠. 또 다른 흥미로운 예시로, 다양한 식물들이 동물에 의존해 넓은 지역에 걸쳐 씨앗을 확산시키는 것이 있습니다. '쿠쿠미스 휴미프룩투스'를 생각해보세요. 이 식물은 흔히 땅돼지 오이라고 알려져 있습니다. 그 이유는 이 식물의 열매가 땅속 아주 깊은 곳에서 자라면서 오직 예민한 후각을 지닌 땅돼지만 그것을 탐지할 수 있기 때문입니다. 땅돼지가 땅을 파서 이 열매를 꺼내 먹은 다음, 그 이후의 배변 운동을 통해 씨앗을 확산시킵니다. 이 관계는 아주 한정적이어서 '쿠쿠미스 휴미프룩투스'는 오직 땅돼지가 있는 지역에서만 자랍니다. 하지만 동물이 넓은 지역에 걸쳐 씨앗을 확산시키는 이러한 유형의 관계는 많은 동식물 종 사이에서 흔하게 나타납니다.

가장 드문 관계는 서비스 대 서비스 유형인데, 이것이 드문 이유는 생물학자들이 아직 답을 얻지 못한 의문점입니다. 열대 지역에서 스쿠버 다이빙을 해봤거나 그런 수중 활동 영상을 본 적이 있다면, 여러분 대부분이 니모로 알고 있는 흰동가리가 어떻게 해저의 말미잘 무리 속에서 시간을 보내는지 알아차렸을 수도 있습니다. 이는 상호 보호를 위한 것으로서, 그 종들이 잠재 포식자로부터 서로를 보호합니다. 그러니까, 흰동가리를 먹고 사는 더 큰 많은 물고기는 말미잘의 촉수에 쏘이는 데 민감합니

that prey on clownfish are sensitive to the stings of the anemone's tentacles. There is one kind of fish, however, that is not bothered by these stings and actually eats anemones. They are called butterfly fish. But guess what fish eats them? That's right—the clownfish. So these two species have evolved a robust defense system against predators. But that's only one facet of this relationship. You see, when the clownfish defecates, it releases ammonia. This ammonia feeds the algae that are found in the anemone's tentacles. So there's also a service for resource factor in this relationship as well.

As this last example illustrates, mutualistic relationships usually are not simple transactions where one species provides X and another species provides Y. Many different species may be involved in trading everything from A to Z in the web of life that encompasses our globe. Biologists are tasked with uncovering these relationships, and their work is tremendously important in helping us understand and devise ways to protect the intricate network of life.

다. 하지만 이렇게 쏘이는 데 신경 쓰지 않고 실제로 말미잘을 먹는 물고기 종류도 하나 있는데, 버터플라이 피쉬입니다. 하지만 어떤 물고기가 버터플라이 피쉬를 잡아 먹는지 알고 있나요? 그렇습니다, 바로 흰동가리입니다. 이 두 종은 포식자에 대비해 탄탄한 방어 시스템을 발전시켜 왔습니다. 하지만 이는 이 관계의 한 가지 측면일 뿐입니다. 그러니까, 흰동가리가 배설할 때 암모니아를 배출하는데, 이 암모니아는 말미잘의 촉수에서 발견되는 해조류의 먹이가 됩니다. 따라서 이 관계에는 서비스 대 자원의 요소도 존재하는 것이죠.

이 마지막 예시가 잘 보여 주듯이, 상리 공생 관계는 일반적으로 한 종이 X를 제공하고 또 다른 종이 Y를 제공하는 단순한 거래가 아닙니다. 다양한 종이 우리 지구를 에워싼 생명의 그물 속에서 하나부터 열까지 모든 것을 거래하는 데 관련되어 있을 수 있습니다. 생물학자들은 이러한 관계들을 밝혀내는 임무를 맡고 있으며, 이들의 연구는 생명체의 복잡한 조직망을 보호할 수 있는 방법을 이해하고 고안하도록 도와주는 데 굉장히 중요합니다.

스크립트 어휘

ongoing 계속되는 interconnected 상호 연관된 mutualism 상리 공생 net benefit 순이익 coin (말을) 만들어 내다 pollinate ~에 수분하다 reproduce 번식하다 nurture 보살피다, 기르다 population 개체군 mutualistic 상리 공생의 fungi 균류 carbohydrate 탄수화물 sustenance 자양물 phosphate 인산염 nitrogenous 질산의 compound 혼합물, 화합물 work 작용하다 in exchange for ~에 대한 대가로 nectar (꽃의) 꿀 pollen 꽃가루 tick 진드기 antelope 영양 parasite 기생충 disperse 확산시키다 aardvark 땅돼지 keen 예민한 dig ~ up ~을 파내다 subsequent 그 후의 bowel movement 배변 운동 exclusive 한정적인, 독점적인 clownfish 흰동가리 hang out 시간을 보내다 clump 무리 sea anemone 말미잘 predator 포식자 prey on ~을 잡아 먹다 sting 쏘임 tentacle 촉수 be bothered by ~ 때문에 신경 쓰이다 evolve 발전시키다, 진화시키다 robust 탄탄한, 튼튼한 defecate 배설하다 algae 해조류(alga의 복수형) illustrate 분명히 보여 주다 transaction 거래 trade 거래하다 encompass 에워싸다 be tasked with ~ 임무를 맡다 uncover 밝혀 내다 tremendously 굉장히, 어마어마하게 devise 고안하다

주제와 목적 찾기

6 강의의 주요 내용은 무엇인가?
(A) 복잡한 생물체 조직망 속에 나타나는 여러 유형의 관계
(B) 서로 다른 종들이 서로의 생존을 돕는 이유
(C) 자연 속의 지속적인 경쟁이 어떻게 진화에 영향을 미치는가
(D) 다양한 종에 이득이 되는 유익한 진화 경로

어휘 constant 지속적인 advantageous 이득이 되는 (= beneficial) pathway 경로

해설 교수는 생물들에게서 나타나는 상리 공생의 개념을 언급한 다음, 세 가지 유형의 상리 공생 관계를 설명하고 있다. 따라서 정답은 (A)다.

구조 파악하기

7 교수는 왜 존 던의 말을 인용하는가?
(A) 한 단어의 유래를 설명하기 위해
(B) 강의의 주요 개념을 소개하기 위해
(C) 강의의 중심이 되는 영향력 있는 인물을 강조하기 위해
(D) 상리 공생을 던의 인용문의 섬에 비유하기 위해

어휘 quote 인용하다; 인용문 origin 유래, 기원 highlight 강조하다 influential 영향력 있는 pivotal 중심이 되는, 중추적인

해설 교수는 지구의 생명체가 어떤 방식으로 상호 연관되어 있는지 보여 주는 측면에 강의의 초점을 맞추겠다고 말하면서, 존 던의 말을 가져와 강의의 주제를 설명하는 데 이용하고 있다. 이는 강의 주제를 쉽게 소개하는 방법이므로 정답은 (B)다.

추론하기

8 교수가 벌과 식물 사이의 관계를 설명할 때 암시하는 것은 무엇인가?
(A) 상부상조의 특성이 종에 따라 바뀔 수 있다.
(B) 상리 공생은 두 종 사이의 교류로 국한되지 않는다.
(C) 인간이 꿀을 얻기 위해 벌 개체군을 보호하는 것이 중요하다.
(D) 이 관계는 서비스 대 서비스 관계로 정의될 수 있다.

어휘 confine 국한하다, 제한하다 acquire 얻다

해설 교수는 서비스 대 자원 관계인 식물과 벌 사이의 상부상조가 그들 사이에서만 주고받는 이득으로 끝나는 것이 아니라 인간과 다른 동물들도 혜택을 얻는다고 알리고 있다. 이는 그러한 상리 공생 관계가 두 종 사이에서 나타나는 교류에만 국한되지 않는다는 점을 의미하므로 정답은 (B)다.

세부 내용 찾기

9 땅돼지와 땅돼지 오이 사이의 관계에 관해 옳은 것은 무엇인가?
(A) 땅돼지는 그 열매의 향을 탐지할 수 있는 유일한 동물이다.
(B) 땅돼지는 오이의 씨앗 주변에 사는 유해 기생충을 먹는다.
(C) 땅돼지는 그 열매가 자라는 구역으로 서식지를 한정한다.
(D) 이러한 유형의 관계는 그 두 종만 해당된다.

어휘 restrict 제한하다 habitat 서식지
unique to ~만의, ~ 특유의

해설 교수는 땅돼지 오이라는 식물의 열매를 오직 예민한 후각을 지닌 땅돼지만 탐지할 수 있다고 언급하고 있다. 따라서 정답은 (A)다.

추론하기

10 교수의 말에 따르면, 서비스 대 서비스 관계에 대해 추론할 수 있는 것은 무엇인가?
(A) 주로 열대 지역에 집중되어 있다.
(B) 일반적으로 서비스 대 자원 관계와 공존한다.
(C) 그에 관한 관찰 및 결론이 흔히 모순된다.
(D) 이 유형의 관계를 이해하는 데 추가 연구가 필요하다.

어휘 be concentrated in ~에 집중되다 coexist 공존하다
observation 관찰 contradictory 모순되는

해설 교수는 서비스 대 서비스 유형이 가장 드문 관계라는 말과 함께, 그렇게 드문 이유가 생물학자들이 아직 답을 얻지 못한 의문점이라고 언급하고 있다. 이는 해당 유형에 대한 더 많은 연구가 필요한 것으로 볼 수 있으므로 정답은 (D)다.

의도와 태도 파악하기

11 강의의 일부를 다시 들으시오. 그런 다음 질문에 답하시오. 🎧

> P 그러니까, 흰동가리를 먹고 사는 더 큰 많은 물고기는 말미잘의 촉수에 쏘이는 데 민감합니다. 하지만 이렇게 쏘이는 데 신경 쓰지 않고 실제로 말미잘을 먹는 물고기 종류도 하나 있는데, 버터플라이 피쉬입니다. 하지만 어떤 물고기가 버터플라이 피쉬를 잡아 먹는지 알고 있나요? 그렇습니다, 바로 흰동가리입니다.

교수는 왜 다음과 같이 말하는가?

> P 하지만 어떤 물고기가 버터플라이 피쉬를 잡아 먹는지 알고 있나요?

(A) 학생들이 정답을 알아맞힐 수 없을 것이라고 생각한다.
(B) 질문에 대한 대답을 제안하도록 학생들에게 원하고 있다.
(C) 질문에 대한 대답이 명백하다고 생각한다.
(D) 새로운 개념을 소개하고 싶어 한다.

해설 교수는 서비스 대 서비스 유형의 한 예로 흰동가리와 말미잘을 이야기하고, 이 둘의 관계를 설명하기 위해 버터플라이 피쉬를 소개한다. 그 다음 어떤 물고기가 버터플라이 피쉬를 잡아 먹는지 학생들에게 질문한다. 이러한 흐름을 통해 교수는 이전 언급한 흰동가리를 학생들이 대답으로 떠올릴 것이라고 생각하면서 질문한 것으로 볼 수 있다. 따라서 정답은 (C)다.

관련 지식 '생명의 그물(the web of life)'은 지구 상의 모든 생명체와 그들의 환경 사이의 복잡한 상호 관계를 보여주는 개념이다. 각 유기체는 생태계 내에서 특정한 기능을 수행하며, 이러한 균형의 변화는 생물 다양성과 생태계에 광범위한 영향을 미칠 수 있다.

Questions 12-16

pp.150-152

N Narrator **S** Student **P** Professor

N Listen to a conversation between a student and a professor.

S Professor Dobbs? Is that you?
P Yes. Can I help you?
S Oh, I'm taking your, um, Psychology 101 course. My name's Henry. Henry Mills.
P Oh yes, that's a big class. Sorry, I didn't recognize you right away.

N 학생과 교수 사이의 대화를 들으시오.

S 돕스 교수님? 교수님 맞으세요?
P 네. 무슨 일이죠?
S 아, 전 교수님의, 음, 심리학 101 강의를 듣고 있습니다. 제 이름은 헨리입니다. 헨리 밀즈죠.
P 아, 네, 그 수업이 규모가 크죠. 미안해요, 바로 알아보지 못했네요.

S Like you said, there are a lot of students in that class. Around a hundred?

P Ninety-eight at the last count. I suppose that will change over the next couple of weeks before the deadline passes for changing courses.

S I don't know about that. Everyone thinks you're an awesome professor. But I almost didn't recognize you. I'm used to seeing you in a suit.

P Oh, I'm on my way to the rec center. I play on a basketball team there.

S Oh wow, I didn't know you played. Are you part of a league?

P Not really. Um, are you going this way? I don't want to be late. You can walk with me.

S Sure, I'm headed the same way. I need to go to the library to study up for a quiz tomorrow.

P A quiz already? I can guess whose class you're taking, and you didn't hear this from me, but I admire your bravery.

S Well, I'm always up for a bit of challenge. So, what's this about a basketball team?

P Well, I just signed up to work out a bit and keep my cardio up. Lots of people at the center are regulars like me—I go there twice a week. And there are people that just come and go as they please. We meet late afternoons and divide into two to four teams. When there are newcomers, we try to split them up evenly among the teams.

S Sounds like a nice way to blow off steam.

P There is a more serious group, too. Those guys divide up into four teams, and the players don't switch around like we do. And they play a full season for a trophy at the end. So they're a lot more committed than we are.

S You know, I used to play basketball when I was in high school. I was pretty good, but not good enough to play in college. And I didn't know if I'd have time with a full course load, so I didn't think about playing.

P Are you thinking of taking it up again?

S Yeah, I mean, I could use the workout. And I kinda miss playing, too. I think I'd like to sign up for the more serious group if I do decide to join.

P Well, they practice three evenings a week: Monday, Wednesday, and Friday. Then they have games on weekends—I think they're on Saturday afternoons. If you join one of the serious teams, it's gonna be a big commitment in terms of your time. With the workload you've already got… Are you sure you can handle both things on your plate?

S I think I could. I feel like I haven't been putting a lot of pressure on myself lately, sports-wise. But I would like to know more about the group first.

S 말씀하신 것처럼 그 수업에 학생들이 워낙 많죠. 대략 100명쯤 되겠죠?

P 지난 번에 세어 보니 98명이었어요. 수강 변경 기한이 지나기 전까지 앞으로 몇 주 동안은 바뀌겠죠.

S 그건 잘 모르겠네요. 모두 교수님이 아주 멋진 분이라고 생각해요. 하지만 거의 알아뵙지 못했어요. 정장 차림이신 걸 보는 데 익숙해서요.

P 아, 레크리에이션 센터로 가는 길이에요. 거기 농구팀에서 경기를 하거든요.

S 우와, 선수로 뛰시는지 몰랐어요. 리그에 속해 계신 건가요?

P 그런 건 아니에요. 음, 이쪽 방향으로 가나요? 늦고 싶지 않아서요. 같이 걸어가도 됩니다.

S 네, 저도 같은 방향입니다. 도서관에 가서 내일 있을 쪽지 시험 공부를 해야 하거든요.

P 벌써 쪽지 시험이 있나요? 어느 분의 수업을 듣고 있는지 짐작은 가는데, 이 얘긴 못 들은 걸로 해 줘요, 학생의 용기가 대단하네요.

S 뭐, 제가 항상 도전 의식이 좀 꿈틀거리는 편이라서요. 암튼 농구팀에 대해 듣고 싶은데요?

P 음, 난 그저 운동도 좀 하고 심근 기능을 강화하려고 등록한 거예요. 그 센터의 많은 사람들이 나처럼 고정 참가자인데, 난 거기 일주일에 두 번 가고 있어요. 그리고 그냥 원할 때 오고 가는 사람들도 있고요. 우린 늦은 오후에 모여서 2~4개 팀으로 나눕니다. 신입 참가자가 있으면 팀들 사이에서 고르게 나눠 배치하려 합니다.

S 스트레스를 날려 버리기 좋은 방법 같네요.

P 더 진지하게 임하는 모임도 있어요. 이 사람들은 4개 팀으로 나뉘는데, 우리처럼 선수들이 돌아가면서 하지 않아요. 그리고 마지막에 트로피를 따는 정규 시즌으로 경기합니다. 우리 모임보다 훨씬 더 열성적이죠.

S 있잖아요, 제가 고등학생이었을 때 농구를 한 적이 있어요. 꽤 잘하긴 했지만 대학교에서 경기할 정도로 잘하는 건 아니었어요. 그리고 수업이 가득 있는 채로 시간이 있을지 모르겠어서, 경기해 볼 생각은 하지 못했죠.

P 다시 시작해 볼 생각이 있는 건가요?

S 네, 그러니까, 운동이 필요하긴 하거든요. 그리고 경기하는 게 좀 그립기도 하고요. 가입하기로 분명 결정하게 되면 그 더 진지한 모임에 등록하고 싶을 것 같아요.

P 음, 그 모임은 월요일, 수요일, 금요일 일주일 세 번 저녁마다 연습해요. 그리고 주말마다 경기가 있는데, 토요일 오후마다 하는 것 같아요. 진지한 팀들 중 하나에 가입하면 시간 측면에서 볼 때 부담이 큰 약속이 될 거예요. 이미 학업량도 꽤 있는데… 두 가지 일을 감당할 수 있겠나요?

S 할 수 있을 것 같아요. 제가 최근엔 스포츠에 있어 제 자신에게 많은 압박을 가하고 있지 않은 느낌이라서요. 하지만 그 모임에 관해서 먼저 더 알아보고 싶습니다.

P Well, you might want to try out the easier group before moving on to the other one. When you have the time, stop by the rec center and look for Coach Biers. He handles both groups, so he can help you.

S I'll do that as soon as I'm done with my quiz tomorrow. Thanks a lot!

P 음, 더 쉬운 모임에서 시험 삼아 해 본 다음에 다른 모임으로 옮기는 게 좋을 거예요. 시간 날 때 레크리에이션 센터에 들러서 비어스 코치를 찾아요. 두 모임을 모두 관리하시는 분이니까 도와 주실 수 있을 거예요.

S 내일 쪽지 시험을 마치는 대로 그렇게 할게요. 정말 감사합니다!

스크립트 어휘

right away 바로, 즉각 be used to -ing ~하는 데 익숙하다 on one's way to ~로 가는 길인 be headed ~로 향하다, 가다 study up for ~대비 공부를 하다 be up for 기꺼이 ~하려고 하다, ~하고 싶어 하다 sign up (for) (~에) 등록하다 work out 운동하다 cardio 유산소 운동 regular 고정 참가자, 단골 divide into ~로 나뉘다 newcomer 신입 split ~ up ~을 나누다 blow off steam 스트레스를 날려 버리다 switch around 돌아 가면서 하다 committed 열성적인 load (일 등의) 양 take ~ up ~을 시작하다, 배우기 시작하다 could use ~가 필요하다, ~을 하고 싶다 workout 운동 commitment 약속, 헌신, (노력 등의) 투입 in terms of ~의 측면에서, ~과 관련해서 workload 학업량, 업무량 on one's plate 해야 할 의무가 있는 put pressure on ~에 압박을 가하다 -wise ~의 측면에서 try out 시험 삼아 해 보다 stop by ~에 들르다

주제와 목적 찾기

12 화자들은 주로 무엇에 대해 이야기하고 있는가?
(A) 일과 놀이를 혼합하는 최고의 방법
(B) 레크리에이션 센터에서 농구 경기를 하는 팀들의 종류
(C) 학생이 참여할 수 있는 방과 후 활동
(D) 학생이 가입할 수 있는 최적의 농구팀

어휘 extracurricular 방과 후의, 정규 교과 외의 optimal 최적의

해설 교수가 대화 초반부에 레크리에이션 센터에서 농구팀에 속해 경기한다고 언급한 뒤로, 그곳에 어떤 농구팀이 있는지, 그리고 어떻게 활동하는지 등을 주로 이야기하고 있다. 따라서 정답은 (B)다.

추론하기

13 교수가 농구 모임에 대해 암시하는 것은 무엇인가?
(A) 교수는 과거에 진지한 모임에서 경기했다.
(B) 신입 회원들은 진지하게 경기하는 모임과 그렇지 않은 모임 사이에서 나뉜다.
(C) 교수가 경기하는 모임은 트로피를 따는 데 초점을 맞추지 않는다.
(D) 오직 학생 및 교수진만 모임에 가입하도록 허용된다.

어휘 faculty 교수진

해설 교수는 더 진지하게 경기하는 모임도 있다는 말과 함께 그 모임은 마지막에 트로피를 따는 정규 시즌 경기를 한다고 알리면서 자신이 속한 모임보다 훨씬 더 열성적이라고 밝히고 있다. 이를 통해 교수가 속한 모임은 트로피를 목적으로 하지 않는 것을 알 수 있다. 따라서 정답은 (C)다.

구조 파악하기

14 학생은 왜 자신이 고등학교 시절에 농구를 했다는 사실을 언급하는가?
(A) 농구를 하는 것을 중단한 이유를 설명하기 위해
(B) 농구를 하는 데 얼마나 능숙한지 자랑하기 위해
(C) 다시 농구팀에 가입하고자 하는 의지를 나타내기 위해
(D) 언젠가 함께 농구를 하자고 제안하기 위해

어휘 show off 자랑하다, 과시하다 proficient 능숙한 propose -ing ~하자고 제안하다

해설 학생은 고등학교 시절에 농구를 했다는 사실과 대학생이 되면서 수업 때문에 경기를 할 생각은 하지 못한 사실을 밝힌다. 이에 대해 교수가 다시 시작할 생각이 있는지 학생에게 묻자, 학생은 그렇다고 대답하고 있다. 따라서 정답은 (C)다.

세부 내용 찾기

15 교수가 학생에게 하도록 권하는 것은 무엇인가?
(A) 진지한 농구 모임에 나중에 가입할 것
(B) 쪽지 시험을 준비하는 데 먼저 집중할 것
(C) 규칙적으로 운동할 것
(D) 자신과 동행해 비어스 코치를 만날 것

어휘 engage in ~을 하다, ~에 관여하다 accompany ~와 동행하다, 동반하다

해설 교수는 학생에게 더 쉬운 모임에서 시험 삼아 해 본 다음에 다른 모임으로 옮기는 것이 좋겠다고 조언하고 있다. 이는 진지한 모임에 나중에 가입하도록 권하는 것이므로 정답은 (A)다.

의도와 태도 파악하기

16 대화의 일부를 다시 들으시오. 그런 다음 질문에 답하시오. 🎧

> P 진지한 팀들 중 하나에 가입하면 시간 측면에서 볼 때 부담이 큰 약속이 될 거예요. 이미 학업량도 꽤 있는데… 두 가지 일을 감당할 수 있겠나요?

교수는 왜 다음과 같이 말하는가?

> P 두 가지 일을 감당할 수 있겠나요?

(A) 학생이 농구팀에 가입하지 못하게 설득하기 위해
(B) 학생의 학업이 스포츠보다 더 중요하다는 점을 분명히 해 두기 위해

(C) 학생이 수업 공부를 감당할 수 있을지에 대해 의문을 표하기 위해
(D) 학생이 자신의 시간 관리를 힘겨워할지도 모른다는 우려를 표하기 위해

어휘 dissuade A from -ing A가 ~하지 않도록 설득하다
clarify 분명히 해 두다   struggle with ~에 대해 힘겨워하다

해설 교수는 시간 측면에서 볼 때 모임에 가입하는 것이 부담이 큰 약속이 될 거라고 알리면서 이미 학업량도 꽤 있다고 말한 뒤에 두 가지 일을 감당할 수 있는지 묻고 있다. 이는 시간 관리의 어려움에 대한 우려를 나타내는 말로 볼 수 있으므로 정답은 (D)다.

Questions 17-22

pp.153-155

N Narrator   **P** Professor

N Listen to part of a lecture in an archaeology class.

P Good afternoon, everyone. Let's continue today with our survey of ancient art, specifically by taking a look into the world of Greek pottery. Greek pottery holds immense historical and artistic significance, providing us with valuable insights into the lives, beliefs, and culture of ancient Greece. It also gives us clues about the influence other civilizations had on the ancient Greek world. Today's lecture will have a specific focus on two prominent techniques: black-figure pottery and red-figure pottery.

But first, where did Greek pottery originate? It can be traced back to 10th-century BCE Mycenae, a prehistoric Greek city on the island of Argos. Greek pottery production flourished from the 9th to the 4th century BCE, and it played a crucial role in various aspects of Greek society, including religious rituals, daily life, and funerary practices. Pottery was not only functional but also served as a means of artistic expression, showcasing the skill and creativity of Greek artisans.

As trading activities with the empires to the East increased, Greek artisans were influenced by Asian art. Curvilinear patterns replaced the old rectilinear ones. Also, around this time, in 700 BCE, artists from the Greek city-state of Corinth created a technique that made the figures on pottery appear as silhouettes. This was the beginning of the black-figure pottery style, characterized by its distinctive black-figures on a reddish-orange background. Starting around 630 BCE, Athenian artisans adopted the Corinthian black-figure pottery technique. Actually, Athenian artists were able to overtake those from Corinth because of the superior

N 고고학 수업의 강의 일부를 들으시오.

P 안녕하세요, 여러분. 오늘은 고대 미술에 대한 조망, 특히 그리스 도자기의 세계를 살펴보는 것으로 계속 이야기해 보겠습니다. 그리스 도자기는 엄청난 역사적, 예술적 중요성을 지니고 있기 때문에 우리에게 고대 그리스의 삶과 신념, 문화에 대한 소중한 통찰력을 제공해 줍니다. 또한 다른 문명 사회들이 고대 그리스 세계에 미친 영향에 관한 단서도 전해 줍니다. 오늘 강의는 두 가지 중요한 기법, 즉 검은 형상 도기와 붉은 형상 도기에 특히 초점을 맞출 것입니다.

하지만 일단, 그리스 도자기는 어디서 유래했을까요? 아르고스 섬에 위치한 선사 시대 그리스 도시였던, 기원전 10세기의 미케네로 거슬러 올라갈 수 있습니다. 그리스의 도자기 생산은 기원전 9세기에서 4세기까지 번성했으며, 종교 의식, 일상, 장례 관행을 포함해 그리스 사회의 다양한 측면에 있어 아주 중요한 역할을 했습니다. 도자기는 실용적이었을 뿐만 아니라 그리스 장인들의 기술과 창의성을 선보이는 예술 표현 수단의 역할까지 했습니다.

동방의 제국들과 함께 하는 교역 활동이 늘어남에 따라 그리스 장인들은 아시아 예술의 영향을 받았습니다. 곡선으로 이뤄진 패턴은 과거의 직선 패턴을 대체했죠. 또한, 이 시기 즈음인 기원전 700년에, 그리스 도시 국가 코린트 출신의 예술가들이 도자기의 형상을 실루엣처럼 보이게 만드는 기법을 만들어 냈습니다. 이는 주황색 바탕에 독특한 검은 형상으로 특징지어지는 검은 형상 도기 양식의 시작이었습니다. 기원전 약 630년부터, 아테네 장인들은 코린트의 검은 형상 도기 기법을 채택했습니다. 사실, 아테네 장인들은 우수한 점토 질과 안료, 장식 요소로 인해 코린트의 것들을 능가할 수 있었

quality of their clay, pigment, and decoration. Thus, from about 600 BCE on, Athens became the dominant producer and exporter of Greek pottery. Athenian pottery was traded throughout the Mediterranean.

Now, the process used to create this pottery was quite sophisticated for the times. Potters painted subjects using a clay slurry, which would turn black and glossy after firing. The figures were first painted with a brush, and internal outlines and structural details were incised into the clay slip. Additional details, such as ornaments and clothing, were added using pigments such as red and white. The three-stage firing process first turned the entire vessel red. Then the air vents would close, filling the kiln with carbon and turning both the clay and slip black. Finally, the vents opened once more, turning the clay red while the slip depicting figures retained its black hue.

Black-figure pottery allowed for the representation of narrative scenes, capturing moments from mythology, epic tales, and everyday life. These vessels were not only visually appealing but also served as educational tools, conveying stories and cultural values to viewers.

Now then, let us turn our attention to red-figure pottery. This technique was possibly invented in 530 BCE by Andokides, who managed a pottery workshop in Athens. Artisans recognized the advantage of drawing forms onto the pottery, which allowed for a more naturalistic representation of anatomy, garments, and emotions. And it goes without saying that artists could do without the labor of making incisions in the clay. As a result, red-figure pottery gradually replaced black-figure pottery as the dominant technique. Red-figure pottery is characterized by its red figures on a black background. This reversal of colors was achieved by painting the background black and leaving the figures in the natural reddish-orange color of the clay. Artists painted the figures' outlines directly onto the clay, painting the background black and leaving everything inside of the lines untouched.

One of the most renowned red-figure pottery styles was again from Athens. This style reached its peak during the 5th century BCE. Artists like Euphronios and Exekias were celebrated for their mastery of this technique. As with black-figure pottery, red-figure pottery depicted a wide range of subjects, including mythological scenes, everyday life, and even humorous anecdotes. Red-figure pottery also allowed for the exploration of new artistic concepts like foreshortening, which involves creating the illusion of objects appearing closer or farther. Artists began to experiment with different poses and compositions, creating dynamic

습니다. 따라서 기원전 약 600년 이후로 아테네는 그리스 도자기의 생산 및 수출에 있어 지배적인 지역이 되었죠. 아테네 도자기는 지중해 지역 전체에 걸쳐 거래되었습니다.

자, 이 도자기를 제작하는 과정은 당시치고 상당히 정교했습니다. 도공들은 점토 슬러리를 이용해 대상물을 칠했는데, 이는 굽고 나면 검고 광택이 나는 상태로 변했습니다. 그 형상은 붓으로 먼저 칠해졌으며, 내부 윤곽 및 구조상의 세부 요소들은 점토 이장에 새겨졌습니다. 장신구와 의류 같은 추가 세부 요소는 붉은색과 흰색 같은 안료를 이용해 추가했습니다. 세 단계의 굽기 과정 중 첫 번째 단계는 그릇 전체를 붉게 만들어주었습니다. 그 후 통풍구를 막아 가마가 탄소로 가득해지면서 점토와 이장 둘 모두를 검게 탈바꿈시켰습니다. 마지막으로, 통풍구가 한 번 더 개방되어 점토는 붉게 변하고 형상을 묘사하는 이장은 검은 색조를 유지했습니다.

검은 형상 도기는 신화와 서사시적 이야기, 일상 생활 속의 순간들을 담아 내어 서사적인 장면의 표현을 가능하게 했습니다. 이 그릇들은 시각적으로 매력적이었을 뿐만 아니라, 보는 사람들에게 이야기와 문화적 가치를 전달하는 교육 수단의 역할까지 했습니다.

자, 그럼, 붉은 형상 도기로 눈길을 돌려 보겠습니다. 이 기법은 기원전 530년에, 아테네에서 도기 공방을 관리했던 안도키데스에 의해 발명되었을 가능성이 있습니다. 장인들은 도자기 표면에 형태를 그리는 것의 장점을 인식했는데, 이는 해부학, 의복, 감정에 대해 더욱 자연주의적인 표현을 가능하게 해 주었습니다. 그리고 예술가들이 점토에 절개 작업을 하는 수고를 들일 필요가 없었다는 점은 말할 필요도 없죠. 결과적으로, 붉은 형상 도기가 지배적인 기법으로서 점차적으로 검은 형상 도기를 대체했습니다. 붉은 형상 도기는 검은색 바탕의 붉은 형상이 특징입니다. 이러한 색 반전은 배경을 검은색으로 칠하고 자연적인 주황색 점토에 형상을 남김으로써 이뤄졌습니다. 예술가들은 형상의 윤곽을 점토 표면에 직접 그리면서, 배경을 검은색으로 칠하고 그 선들 안쪽의 모든 것은 손 대지 않은 채로 남겨 두었습니다.

가장 유명한 붉은 형상 도기 양식들 중 하나도 아테네에서 비롯되었습니다. 이 양식은 기원전 5세기에 절정에 이르렀습니다. 유프로니오스와 엑세키아스 같은 예술가들이 이 기법을 통달한 것으로 유명했습니다. 검은 형상 도기의 경우와 마찬가지로, 붉은 형상 도기도 신화적 장면, 일상 생활, 그리고 심지어 유머 넘치는 일화를 포함해 아주 다양한 주제를 묘사했습니다. 또한 붉은 형상 도기는 물체가 더 가깝게 또는 더 멀리 보이는 착시 효과를 만들어 내는 단축법 같은 새로운 예술적 개념에 대한 탐구도 가능하게 해 주었습니다. 예술가들이 여러 다른 자세와 구성 요소에 대해 실험하면서, 역동적이면서

and visually engaging scenes. This innovation in technique and style contributed to the enduring legacy of Greek pottery.

Black-figure pottery and red-figure pottery provide us with a window into the rich cultural heritage of ancient Greece. There are lots of artifacts that serve as reflections of a society, of course. But the skills of Greek artisans—the intricate details, narrative scenes, and artistic innovations found in the pottery—continue to inspire us today.

시각적으로 매력적인 장면을 만들어내기 시작했죠. 이러한 기법 및 양식상의 혁신은 오래 지속되는 그리스 도자기의 유산에 기여했습니다.

검은 형상 도기와 붉은 형상 도기는 우리에게 고대 그리스의 풍부한 문화 유산을 엿보게 해 주는 창을 제공합니다. 물론, 한 사회를 반영하는 역할을 하는 인공 유물은 많습니다. 하지만 그리스 장인들의 기술, 즉 도자기 속에 발견되는 복잡한 세부 요소, 서사적인 장면, 예술적 혁신은 오늘날에도 계속 우리에게 영감을 불어 넣어 줍니다.

스크립트 어휘

survey (전체적인) 조망, 살핌, 조사 specifically 특히 originate 유래하다 be traced back to ~로 거슬러 올라가다 prehistoric 선사 시대의 flourish 번성하다 ritual 의식 funerary 장례의 practice 관행, 관례 functional 실용적인, 기능적인 serve as ~의 역할을 하다 showcase 선보이다 artisan 장인 curvilinear 곡선적인 rectilinear 직선적인 distinctive 독특한 overtake 능가하다, 앞지르다 pigment 안료 dominant 지배적인 sophisticated 정교한, 복잡한 slurry 슬러리(고농도의 현탁 물질을 포함한 걸쭉한 액체) glossy 광택이 나는 firing (도자기의) 굽기 incise 새기다 clay slip 점토 이장(도자기 표면에 칠하는 흙물로서 표면을 매끄럽게 하고 다른 색의 바탕을 만들어 줌) ornament 장신구, 장식물 vessel 그릇 vent 통풍구 kiln 가마 carbon 탄소 hue 색조 allow for ~을 가능하게 하다 narrative 서사적인 mythology 신화 epic tale 서사시적 이야기 appealing 매력적인(= engaging) anatomy 해부학 garment 의복 It goes without saying that ~라는 점은 말할 것도 없다 incision 절개 reversal 반전, 전환 renowned 유명한(= celebrated) peak 절정 be celebrated for ~로 유명하다 mastery 통달, 숙달 a wide range of 아주 다양한 anecdote 일화 foreshortening 단축법(원근법의 일종으로 대상을 정면이 아니라 위나 아래에서 혹은 비스듬히 바라봄으로써 대상의 길이가 실제보다 짧아 보이게 하는 기법) illusion 착시, 착각 composition 구성 (요소) legacy 유산(= heritage) artifact 인공 유물 reflection 반영(하는 것) inspire ~에게 영감을 주다

주제와 목적 찾기

17 강의의 주요 내용은 무엇인가?
(A) 고대 그리스 도자기의 유형 및 용도
(B) 고대 그리스 도자기의 그림 도구의 발달
(C) 아테네 도공들이 어떻게 코린트의 경쟁자들을 능가할 수 있었는가
(D) 고대 그리스 도자기의 두 가지 중요한 양식

어휘 potter 도공 surpass 능가하다

해설 교수는 고대 그리스 도자기의 두 가지 중요한 기법인 검은 형상 도기와 붉은 형상 도기에 특히 초점을 맞출 것이라고 언급한 뒤로 이 두 가지 양식을 차례로 설명하고 있다. 따라서 정답은 (D)다.

추론하기

18 그리스의 도자기 제조 전통과 관련해 추론할 수 있는 것은 무엇인가?
(A) 기원전 10세기 이전에 아르고스 섬에서 발전했을 수도 있다.
(B) 다른 문화권의 전통으로부터 거의 영향을 받지 않았다.
(C) 예술 분야 외의 목적을 위해서도 사용되었다.
(D) 신기술의 채택이 더 폭넓은 교역망으로 이어졌다.

해설 교수는 그리스의 도자기 생산이 종교 의식, 일상, 장례 관행을 포함해 그리스 사회의 다양한 측면에 있어 아주 중요한 역할을 했다고 설명하고 있다. 이는 도자기의 기능이 예술 분야로만 국한되지 않았음을 의미하므로 정답은 (C)다.

세부 내용 찾기

19 아테네 도자기가 코린트 도자기보다 우수했던 것은 무엇 때문인가?
(A) 재료의 질과 공예 솜씨
(B) 검은색 배경의 독특한 활용
(C) 복잡한 제조 과정
(D) 실루엣을 만들어 내는 기법

어휘 craftsmanship 공예 솜씨, 장인 정신 manufacturing 제조

해설 교수는 아테네 장인들이 우수한 점토 질과 안료, 장식 요소로 인해 코린트의 것들을 능가할 수 있었다고 설명하고 있다. 따라서 정답은 (A)다.

세부 내용 찾기

20 붉은 형상 도기가 검은 형상 도기를 대체한 이유는 무엇인가? 두 개의 답을 고르시오.
(A) 붉은 형상 도기가 더 짧은 굽기 과정을 필요로 했다.
(B) 붉은 형상 도기가 미학적으로 더 보기 좋다고 여겨졌다.
(C) 붉은 형상 도기가 주제를 더 자연스럽게 묘사했다.
(D) 붉은 형상 도기를 제작하는 데 더 효율적인 방법이 사용되었다.

어휘 aesthetically 미학적으로 pleasing 좋은, 만족스러운 craft 제작하다

해설 교수는 붉은 형상 도기가 더 자연주의적인 표현을 가능하게 해 주었다는 점과, 예술가들이 점토에 절개 작업을 하는 수고를 들이지 않고도 도기를 만들 수 있었다는 점을 언급하면서 붉은 형상 도기가 점차적으로 검은 형상 도기를 대체했다고 밝히고 있다. 따라서 정답은 (C), (D)다.

구조 파악하기

21 교수는 어떤 순서로 강의를 구성하는가?
(A) 코린트의 양식에서 아테네의 양식까지
(B) 가장 초기의 도기 유형에서 가장 최근의 유형까지
(C) 아시아의 기술에서 지중해 지역의 기술까지
(D) 도기 제작에 이용된 기술에서 그 표면에 묘사된 예술까지

해설 교수는 그리스 도기가 유래한 기원전 10세기에서부터 이야기를 시작해, 기원전 700년과 600년 당시, 그리고 기원전 5세기까지 이어지는 순서로 강의를 진행하고 있다. 따라서 정답은 (B)다.

의도와 태도 파악하기

22 강의의 일부를 다시 들으시오. 그런 다음 질문에 답하시오. ∩

> **P** 검은 형상 도기와 붉은 형상 도기는 우리에게 고대 그리스의 풍부한 문화 유산을 엿보게 해 주는 창을 제공합니다. 물론, 한 사회를 반영하는 역할을 하는 인공 유물은 많습니다. 하지만 그리스 장인들의 기술, 즉 도자기 속에 나타나는 복잡한 세부 요소, 서사적인 장면, 예술적 혁신은 오늘날에도 계속 우리에게 영감을 불어 넣어 줍니다.

교수는 왜 다음과 같이 말하는가?

> **P** 물론, 한 사회를 반영하는 역할을 하는 인공 유물은 많습니다.

(A) 도자기 외에 다양한 그리스 유물을 강조하기 위해
(B) 학생들에게 일부 인공 유물이 아름다움보다 실용성을 우선시하고 있음을 상기시키기 위해
(C) 사람들이 왜 여러 고대 사회의 물품에 매료되는지 설명하기 위해
(D) 고대 유물 중 그리스 도자기가 돋보임을 강조하기 위해

어휘 prioritize A over B B보다 A를 우선시하다

해설 교수는 한 사회를 반영하는 역할을 하는 유물이 많다는 점을 언급한 뒤 그중 그리스 도자기를 집어내어 그 예술성을 강조하고 있다. 그리스 도자기에 대한 설명을 강조하기 위해 다른 유물을 언급하고 있는 것이므로, 정답은 (D)다.

관련 지식 고대 그리스 예술가 유프로니오스는 우아하고 정교한 붉은 형상 도기로 잘 알려져 있다. 그의 대표작에는 그리스 신화의 장면들이 등장하는데, 사르페돈의 죽음, 새벽의 여신 에오스와 인간 케팔로스, 헤라클레스가 거인 안타이오스와 싸우는 모습 등이 있다. 이 작품들의 역동적인 움직임과 해부학적 정확성을 통해 유프로니오스의 기술을 엿볼 수 있다.

Questions 23-28

pp.156-159

N Narrator **P** Professor **S** Student

N Listen to part of a lecture in an art history class.

P As most of you have personally experienced with social media such as Facebook and Instagram, photography has had, and continues to have, a profound impact on the way we view the world. We have all grown quite used to having our pictures taken and enhanced through computer applications like Photoshop.

But did you ever wonder what it was like when photography was first invented? Before the invention

N 미술사 수업의 강의 일부를 들으시오.

P 여러분 대부분이 개인적으로 페이스북과 인스타그램 같은 소셜 미디어를 경험해 봤겠지만, 사진은 우리가 세상을 바라보는 방식에 깊은 영향을 미쳐 왔고, 지금도 그렇습니다. 우리는 모두 사진을 찍어서 포토샵 같은 컴퓨터 애플리케이션을 통해 화질을 향상시키는 데 꽤 익숙해져 왔죠.

하지만 사진술이 처음 발명되었을 때는 어땠는지 궁금해 본 적이 있나요? 사진술의 발명 이전, 사람들은 주변 세상을 묘사하는 데 화가들에게 의존했습니다.

of photography, people relied on painters to depict the world around them. Some of these painters, like Albrecht Durer, spent years perfecting their skills to create incredibly realistic drawings and paintings.

However, after the invention of photography in the early 19th century, people were presented with a new medium that could capture reality with unprecedented accuracy and speed. This caused some artists to lose money, as people preferred having their pictures taken over having their portraits painted, for obvious reasons. However, other artists found inspiration in the new technology. For them, photography opened up new opportunities to study composition and experimental techniques.

It is interesting that the artistic movement known as Impressionism emerged not long after the development of photography, in the late 1800s. Impressionist artists sought to capture the fleeting moments of everyday life, emphasizing the play of light and color. They aimed to depict the immediate visual impression of a scene rather than focusing on intricate details. Impressionism is characterized by loose brushwork, vibrant colors, and an emphasis on capturing the essence of a moment. This is exactly what a photograph does—it captures a moment in time. This new technology did what seemed impossible before—it stopped time and preserved it forever. It provided artists with a new way of seeing the world.

The camera's ability to freeze a moment in time allowed people to study the effects of light and shadow more closely. They could now observe how light interacts with objects and how it changes throughout the day. This newfound understanding of light greatly influenced the way Impressionist artists approached their subjects, leading to the vibrant and dynamic compositions we associate with this movement.

Furthermore, photography challenged artists to redefine their role in society. With the rise of photography, the traditional notion of art as a means of accurate representation was called into question. Photography, of course, could capture reality more objectively than artists could with their own interpretations. So artists began to explore new avenues of artistic expression, moving away from strict realism and embracing more abstract and subjective approaches.

Take cropping as an example of these new approaches. We can easily appreciate this technique in this painting on the screen. The artist is… Edgar Degas, yes. You can see how Degas cropped the horse and rider. The subjects aren't centered and only parts of them are painted on the canvas. We get a sense of a larger

알브레히트 뒤러 등 몇몇 화가들은 믿을 수 없을 정도로 사실적인 소묘와 회화를 만들어 내기 위해 각자의 능력을 완벽하게 다듬는 데 수년의 시간을 보냈습니다.

하지만 19세기 초의 사진술 발명 이후, 사람들에게 전례 없는 정확성과 속도로 현실을 담아 낼 수 있는 새로운 수단이 제공되었습니다. 이로 인해 일부 미술가들은 손해를 보게 되었는데, 사람들이 초상화를 그리는 것보다 사진을 찍는 것을 선호했기 때문이었고, 그 이유는 예상 가능하죠. 하지만 다른 미술가들은 이 새로운 기술 속에서 영감을 찾았습니다. 그들에게 사진술은 구도와 실험적 기법을 연구할 수 있는 새로운 기회를 열어 주었습니다.

인상주의라고 알려진 미술 운동이 사진술의 발달 이후에 얼마 지나지 않은 1800년대 말에 나타났다는 점은 흥미롭습니다. 인상주의 화가들은 일상 속에서 아주 잠깐의 순간들을 담아 내려 하면서, 빛과 색의 역할을 강조했습니다. 이들은 복잡한 세부 요소에 초점을 맞추는 것이 아니라 한 장면의 즉각적인 시각적 인상을 묘사하는 것을 목표로 했습니다. 인상주의는 세밀하지 않은 붓질, 생동감 있는 색조, 순간의 본질을 담아 내는 것에 대한 강조 등을 특징으로 하고 있습니다. 이는 정확히 사진이 하는 것, 즉 시간 속의 순간을 담아 내는 것이죠. 과거에는 불가능해 보였던 것을 이 새로운 기술이 해 냈는데, 바로 시간을 멈춰 영원히 보존한 것입니다. 이는 미술가들에게 세상을 바라보는 새로운 방식을 제공해 주었습니다.

시간 속의 순간을 정지시키는 카메라의 능력으로 인해 사람들은 명암의 효과를 더욱 면밀히 살펴볼 수 있게 되었습니다. 이제 빛이 사물과 어떻게 상호작용하는지, 그리고 하루 중에 걸쳐 어떻게 변하는지 관찰할 수 있었죠. 이렇게 새로 발견한 빛에 대한 이해가 인상주의 화가들이 대상에 접근하는 방식에 크게 영향을 미치면서, 우리가 이 미술 운동과 연관 짓는 생동감 있고 역동적인 구조로 이어졌습니다.

더욱이, 사진술은 미술가들에게 사회에서 자신들이 하는 역할을 재정의하도록 도전 의식을 불어넣었습니다. 사진술의 출현으로 인해, 정확한 표현의 수단으로서 미술에 대한 전통적인 개념에 의문이 제기되었습니다. 사진술은 당연히 미술가들이 각자의 해석으로 할 수 있는 것보다 더 객관적으로 현실을 담아 낼 수 있었습니다. 따라서 미술가들은 미술 표현의 새로운 길을 모색하기 시작하면서, 엄격한 사실주의에서 벗어나 더욱 추상적이고 주관적인 접근법을 받아들였습니다.

이 새로운 접근법의 한 가지 예로 크로핑을 들어보겠습니다. 화면상의 이 그림에서 이 기법을 쉽게 알아볼 수 있습니다. 이 미술가는… 네, 에드가 드가입니다. 드가가 어떻게 말과 기수를 잘라 냈는지 보일 겁니다. 대상들이 중심에 있지 않고 오직 그 일부만 캔버스에 그려져 있죠. 우리의 시야 바로 바깥쪽에

picture, just outside of our vision. But because the picture is cropped to show parts of the horse and rider in our, shall we say, line of vision, we're allowed a more realistic, more intimate connection with the subject. Cropping became an important compositional technique that was used by many artists. Yes, do you have a question?

S So, would it be fair to say that the main effect of photography was making painters change the way they painted? In other words, if photography hadn't been invented, painters would still be trying to paint pictures as realistically as possible?

P That's a good question, and perhaps true to an extent. But keep in mind, photography didn't just change how painters painted; it also had a huge impact on what they painted.

Photography provided Impressionist artists with a source of inspiration. The candid and spontaneous nature of photographs influenced their choice of subject matter. They began to depict scenes from everyday life, such as bustling city streets, leisurely strolls in the park, or intimate family moments. Photography's ability to capture these fleeting moments encouraged Impressionist artists to focus on the transitory aspects of life, resulting in artworks that conveyed a sense of immediacy and movement.

Another important impact was the accessibility of art. Photography played a crucial role in the dissemination of Impressionist art. Prior to photography, people could see paintings only by visiting exhibitions or private collections. However, cameras could mass produce reproductions of artworks, so they became more accessible to the general public. This allowed the Impressionist movement to reach a wider audience, sparking interest and debate among art enthusiasts and critics alike.

서, 더 큰 그림에 대한 감이 잡힙니다. 하지만 그림이, 이를테면, 우리의 시선에서 말과 기수의 일부분만 보이도록 잘려 있기 때문에, 우리는 이 대상과 더욱 현실적이면서 더욱 친근한 교감이 가능해지죠. 크로핑은 많은 미술가들이 이용한 중요한 구도적 기법이 되었습니다. 네, 질문 있나요?

S 그럼, 사진술의 주된 영향은 화가들이 그림을 그리는 방식을 바꿔 놓은 거라고 말해도 괜찮을까요? 다시 말해서, 사진술이 발명되지 않았다면 미술가들이 여전히 가능한 한 사실적으로 그림을 그리려 했을까요?

P 좋은 질문이네요. 그리고 아마 어느 정도는 맞는 말일 겁니다. 하지만 명심해야 하는 것은, 사진술은 미술가들이 '어떻게' 그리는지를 바꿨을 뿐만 아니라, '무엇을' 그리는지에 대해서도 엄청난 영향을 미쳤다는 점입니다.

사진술은 인상주의 미술가들에게 영감의 원천을 제공해 주었습니다. 사진의 솔직하고 즉흥적인 특성이 주제의 선택에 영향을 미쳤죠. 이들은 북적대는 도시 거리나 공원에서의 여유로운 산책, 가족의 친근한 순간 같은 일상 속의 장면을 묘사하기 시작했습니다. 이렇게 찰나의 순간을 담아 내는 사진술의 능력이 인상주의 미술가들에게 삶의 일시적인 측면에 초점을 맞추도록 부추기면서, 즉시성과 움직임에 대한 느낌을 전달하는 미술 작품이라는 결과를 낳았습니다.

또 다른 중요한 영향은 예술에 대한 접근 용이성이었습니다. 사진술은 인상주의 미술의 전파에 있어 중대한 역할을 했습니다. 사진술 이전에는, 사람들이 오직 전시회나 개인 소장 공간을 방문하는 것으로 그림을 볼 수 있었습니다. 하지만 카메라가 미술 작품의 복제품을 대량 생산할 수 있었기 때문에, 일반 대중이 미술 작품에 더욱 접근하기 쉬워졌죠. 이로 인해 인상주의 운동이 더 폭넓은 관람객에게 다가갈 수 있게 되면서, 미술 애호가들과 비평가들 사이에서 관심과 논쟁을 촉발시켰습니다.

스크립트 어휘

profound 깊은, 심오한 perfect 완벽하게 하다 be presented with ~이 제공되다 medium 수단, 매체 capture (사진, 그림 등으로) 담아 내다, 포착하다 unprecedented 전례 없는 prefer A over B B보다 A를 선호하다 composition 구조, 구성 Impressionism 인상주의 emerge 나타나다, 떠오르다 fleeting 찰나의, 순식간의 A rather than B B가 아니라 A brushwork 붓놀림, 화법 vibrant 생동감 있는 freeze 정지시키다 interact with ~와 상호 작용하다 associate A with B A를 B와 연관 짓다 furthermore 더욱이 challenge ~에게 도전 의식을 불어 넣다 redefine 재정의하다 notion 개념, 관념 be called into question ~에 의문이 제기되다 objectively 객관적으로 interpretation 해석, 이해 embrace 받아들이다 cropping 크로핑(그림이나 사진에서 불필요한 부분을 잘라 내거나 주제를 강조하기 위해 주변을 잘라내는 것) appreciate 알아보다, 감상하다 line of vision 시선 intimate 친근한 to an extent 어느 정도는 candid 있는 그대로의, 자연스러운 spontaneous 즉흥적인 subject matter 주제, 대상 물체 bustling 북적대는, 부산한 stroll 산책 transitory 일시적인 immediacy 즉시성 accessibility 접근 용이성 dissemination 전파, 보급 mass produce 대량 생산하다 reproduction 복제(품) spark 촉발시키다 enthusiast 애호가, 열광적인 팬 critic 비평가 A and B alike A와 B 둘 다

주제와 목적 찾기

23 강의의 주제는 무엇인가?
(A) 인상주의 운동의 사회적 영향
(B) 사진술의 역사와 발전
(C) 독특한 현대 예술 형식으로서의 사진술
(D) 사진술이 미술계에 미친 영향

어휘 distinct 독특한, 뚜렷한

해설 교수는 강의 전반적으로 19세기 초에 발명된 사진술이 미술가들의 표현 방식에 어떤 변화를 일으켰는지 설명하고 있다. 따라서 정답은 (D)다.

세부 내용 찾기

24 교수는 19세기 초의 미술계에 대해 무슨 말을 하는가?
(A) 사진술은 미술가들의 생계 유지 능력에 영향을 미쳤다.
(B) 초상화를 그리는 일은 많은 사람들에게 무의미해졌다.
(C) 미술가들은 더 뛰어난 정확성과 속도로 그릴 수 있었다.
(D) 사진술은 인상주의에 대한 대응으로 발명되었다.

어휘 make a living 생계를 꾸리다

해설 19세기 초의 사진술 발명 이후에 일부 미술가들이 손해를 보게 된 사실과 사람들이 초상화를 그리는 것보다 사진을 찍는 것을 선호했다는 것을 통해, 사진술이 미술가들의 생계에 영향을 미친 것으로 볼 수 있다. 따라서 정답은 (A)다.

구조 파악하기

25 교수는 왜 크로핑 기법에 대해 이야기하는가?
(A) 일부 인상주의자들이 사진술 개념을 잘못 사용한 것을 비판하기 위해
(B) 사진술이 미술 표현에 어떤 영향을 미쳤는지 보여 주기 위해
(C) 인상주의에 한정된 한 가지 중요한 기법을 설명하기 위해
(D) 미술이 어떻게 관람객과의 친근한 교감을 만들어 낼 수 있는지 설명하기 위해

어휘 misuse 오용하다   exclusive to ~에 한정된, 독점적인

해설 교수는 사진술로 인해 미술가들이 미술 표현의 새로운 길을 모색하기 시작했다는 말과 함께 한 예시로 크로핑을 이야기하고 있다. 따라서 정답은 (B)다.

세부 내용 찾기

26 교수의 말에 따르면, 사진술은 인상주의에 어떤 영향을 미쳤는가? 두 개의 답을 고르시오.
(A) 화가들이 일상 속 장면을 묘사하기 시작했다.
(B) 일부 미술가들이 자연 풍경으로 관심을 돌렸다.
(C) 미술가들이 자신들의 미술 작품 속에서 일시적인 순간을 담아 내려 시도했다.
(D) 미술가들이 자신들의 작품 속에 더 많은 상상적 요소를 포함하기 시작했다.

어휘 shift one's attention to ~로 관심을 돌리다   transient

154 YBM TOEFL 80+ Listening

일시적인(= transitory)   incorporate A into B A를 B에 포함하다   imaginative 상상적인, 창의적인

해설 교수는 사진술이 인상주의에 미친 영향을 설명하며, 미술가들이 일상 속의 장면을 묘사하기 시작한 점과 찰나의 순간을 담아 내는 사진처럼 삶의 일시적인 측면에 초점을 맞추게 된 점을 이야기하고 있다. 따라서 정답은 (A), (C)다.

전개구조 파악하기

27 교수는 인상주의 미술과 사진술을 대조하고 있다. 어떤 특징이 각각에 해당하는지 표기하시오.
각 항목에 대해 해당하는 칸에 체크하시오. 특징이 두 범주에 모두 해당하는 경우, 두 칸에 모두 체크하시오.

	인상주의 미술	사진술
19세기 초에 처음 행해짐		✓
주관적이고 추상적인 이미지를 포함함	✓	
일시적인 장면을 묘사함	✓	✓
빛과 대상 물체 사이의 상호 작용을 나타냄	✓	✓

해설 교수는 사진술이 19세기 초에 발명된 사실을 밝히고 있다. 또한, 주관적이고 추상적인 표현 방식은 사진술의 영향으로 인상주의 미술에 나타난 변화라고 알리고 있다. 일시적인 장면 묘사 및 빛과 대상 물체 사이의 상호 작용은 사진술의 특징이자, 이에 영향을 받은 인상주의 미술의 표현 방식으로 언급되고 있다.

의도와 태도 파악하기

28 강의의 일부를 다시 들으시오. 그런 다음 질문에 답하시오. 🎧

> **S** 사진술이 발명되지 않았다면 미술가들이 여전히 가능한 한 사실적으로 그림을 그리려 했을까요?
> **P** 좋은 질문이네요. 그리고 아마 어느 정도는 맞는 말일 겁니다. 하지만 명심해야 하는 것은, 사진술은 미술가들이 '어떻게' 그리는지를 바꿨을 뿐만 아니라, '무엇을' 그리는지에 대해서도 엄청난 영향을 미쳤다는 점입니다.

교수는 왜 다음과 같이 말하는가?

> **P** 하지만 명심해야 하는 것은…

(A) 강의에서 가장 중요한 부분을 강조하기 위해
(B) 자신이 앞서 한 말에 반대되는 관점을 제시하기 위해
(C) 고려해야 할 다른 관점이 있음을 나타내기 위해
(D) 학생의 질문에 대한 추가적인 이야기를 미루기 위해

어휘 counter 반대의   perspective 관점   put off 미루다

해설 교수는 학생의 질문에 대해 긍정적인 대답을 함과 동시에, 화제를 전환해 알아 둬야 하는 다른 요점을 언급하여 새로운 정보를 제시한다. 따라서 정답은 (C)다.

ACTUAL TEST ❷

정답 | **1.** (B) **2.** (D) **3.** (A) **4.** (D) **5.** (A) **6.** (B)
7. (C) **8.** (D) **9.** (B) **10.** (D) **11.** (C) **12.** (D)
13. (C) **14.** (B) **15.** (A) **16.** (D) **17.** (D) **18.** (B)
19. (C), (A), (D), (B) **20.** (A) **21.** (C) **22.** (D) **23.** (C)
24. (B),(D) **25.** (C) **26.** (A),(C) **27.** (A) **28.** (B)

Questions 1-5

pp.160-162

N Narrator   **S** Student   **E** Employee

N Listen to a conversation between a student and a university bookstore employee.

E Hello. I couldn't help but notice that you've been looking around here for twenty minutes or so. I guess you're having trouble finding something. Is there anything I can assist you with?

S Hello. Yeah, I'm searching for a book for one of my classes, but I can't seem to find it anywhere. I have no idea where it is.

E Can you tell me what class the book is for?

S Sure. It's for History 24. It's a course about the Roman Empire being taught by Professor Seward.

E The books for history classes are all in this section right over here. Let me see. Ah, here are the History 24 books. What's the title of the book you want?

S It's *Barbarian Invasions in the Roman Empire*, and it's written by Eric Henderson.

E You're actually the second person who has come here this morning looking for that book. I already did some research on it. Unfortunately, I have to tell you that it is out of print and no longer available.

S Huh? That's strange. Then why did my professor make that text required reading for the course?

E I have no idea. You'll have to talk to him to get the answer to that question.

S All right, so the book isn't in print. I already visited the library, but it doesn't have the book in its collection. Do you have any ideas as to what I should do? The professor said the book is important for the class, so I really need to get my hands on it.

E Well, let me tell you what I told the other student in your class when she was here.

S Sure.

E First, you could see if it is available as an e-book. Many books go out of print but can still be acquired in electronic format. Academic e-books tend to be expensive, but if it's available, that's one way of getting it.

N 학생과 대학 서점 직원 사이의 대화를 들으시오.

E 안녕하세요. 학생이 이 주변을 20분 정도 둘러보고 있는 것이 눈에 띄지 않을 수 없었어요. 뭔가를 찾는 데 문제가 있는 것 같네요. 제가 뭐라도 도와 드릴 게 있을까요?

S 안녕하세요. 네, 제 강의 중 하나에 필요한 책을 찾고 있는데, 어디서도 찾을 수 없는 것 같아요. 그 책이 어디 있는지 모르겠어요.

E 어떤 강의에 필요한 책인지 알려 주겠어요?

S 네. 역사 24에 필요해요. 수어드 교수님께서 가르치시는 로마 제국에 관한 강의입니다.

E 역사 강의용 책들은 전부 여기 이쪽에 있는 섹션에 있습니다. 어디 보자. 아, 여기 역사 24 책들이 있네요. 원하는 책 제목이 뭐죠?

S <이방인의 로마 제국 침략>인데, 저자는 에릭 헨더슨입니다.

E 사실 학생은 오늘 아침에 두 번째로 그 책을 찾으러 이곳에 온 분이세요. 제가 이미 그 책에 대해 조사를 좀 했습니다. 안타깝게도, 절판되어서 더 이상 구할 수 없다는 말씀을 드려야겠네요.

S 네? 그거 이상하네요. 그럼 왜 교수님께서 그 교재를 강의용 필수 도서로 하셨을까요?

E 저도 모르겠습니다. 그 질문에 대한 대답을 들으려면 교수님께 직접 여쭈어야 할 거예요.

S 알겠습니다, 그럼 그 책은 출간되지 않는 거네요. 제가 이미 도서관을 방문했는데, 그곳의 소장 도서에도 그 책이 없어요. 제가 어떻게 해야 하는지 좋은 생각이라도 있으신가요? 교수님께서 그 책이 강의에 중요하다고 말씀하셨기 때문에, 꼭 그 책을 구해야 하거든요.

E 저, 그 강의를 듣는 다른 학생이 이곳에 왔을 때 했던 얘기를 말씀드릴게요.

S 좋아요.

E 우선, 전자 도서로 구입 가능한지 확인해 볼 수 있을 겁니다. 많은 책들이 절판되지만, 여전히 전자 도서 형식으로 구할 수 있습니다. 학술 전자 도서가 비싼 경향이 있긴 하지만, 구입 가능하다면, 구할 수 있는 한 가지 방법이죠.

S Well, I don't mind the price, but I'm not a fan of reading things on small screens.

E Okay. You might also want to return to the library and put in a request for the book at the interlibrary loan office. The librarian will try to find the book in another school's collection and then ask to have it sent to our school. If that works, you'd be able to borrow the book for a couple of weeks.

S That sounds promising.

E Of course, other students in your class might have already visited the interlibrary loan office, so if you delay, you might not be able to get a copy of the book.

S That's a good point. Do you have any other ideas?

E You know, there are plenty of used bookstores in this town, and a few specialize in history books. It's entirely possible that one of them has a used copy of the book available for sale. Why don't you spend a couple of hours checking out the stores near the school?

S Wow, I think I'm going to do that. I don't have any more classes scheduled for the rest of the day.

E Good luck. I hope you can get the book somehow.

S 저, 가격은 상관없는데, 제가 작은 스크린으로 뭔가 읽는 걸 좋아하지 않아서요.

E 알겠습니다. 도서관으로 다시 가서 도서관 상호 대출 사무실에서 그 책에 대한 신청서를 제출하는 것도 좋을 겁니다. 사서가 다른 학교의 소장 도서에서 그 책을 찾은 다음, 우리 학교로 보내 달라고 요청하려 할 거예요. 그렇게 된다면, 몇 주 동안 그 책을 대출할 수 있을 겁니다.

S 그게 괜찮을 것 같네요.

E 물론, 함께 강의를 듣는 다른 학생들이 이미 도서관 상호 대출 사무실을 방문했을지도 모르기 때문에, 학생이 지체한다면 그 책을 구하지 못할 수도 있습니다.

S 좋은 지적이시네요. 다른 좋은 생각이라도 있으신가요?

E 그게, 이 도시에 중고 서점이 많은데, 몇 군데가 역사책을 전문으로 합니다. 그 중 한 곳에서 그 책을 중고 도서로 판매할 가능성이 확실히 있습니다. 학교 근처의 서점들을 확인하는 데 몇 시간을 내면 어떨까요?

S 오, 그렇게 해야 할 것 같아요. 오늘 남은 시간에는 더 이상 예정된 강의도 없거든요.

E 행운을 빕니다. 어떻게든 그 책을 구할 수 있기를 바랍니다.

스크립트 어휘

can't help but ~하지 않을 수 없다   notice 알아차리다   look around ~을 둘러보다   have trouble -ing ~하는 데 문제가 있다   Roman Empire 로마 제국(기원전 8세기 무렵에 시작된 고대 최대의 제국)   barbarian (그리스·로마인이 본) 이방인의, 야만인의   invasion 침략   do research on ~에 대해 조사하다   out of print 절판된   required reading 필수 도서   in print 출간되는   as to ~에 관해   get one's hands on ~의 손에 넣다   go out of print 절판되다   acquire 얻다, 획득하다   put in a request for ~에 대한 신청서를 내다   interlibrary loan 도서관 상호 대출   work (계획 등이) 잘되다   promising 가망성 있는   specialize in ~을 전문으로 하다   entirely 완전히, 전적으로   scheduled for ~로 일정이 잡힌〔예정된〕

주제와 목적 찾기

1 학생은 왜 서점을 방문하는가?
(A) 그가 산 책을 반품하기 위해
(B) 강의에 필요한 책을 찾기 위해
(C) 중고 도서 구입에 대해 문의하기 위해
(D) 가장 최신판 책을 사기 위해

해설 학생은 역사 강의에 필요한 책을 찾기 위해 서점에 왔다고 말하고 있다. 따라서 정답은 (B)다.

세부 내용 찾기

2 학생이 찾는 책은 왜 구입할 수 없는가?
(A) 서점에서 그것을 주문하지 않았다.
(B) 그것은 전자 도서로만 출간된다.
(C) 모든 출간본이 판매되었다.
(D) 그것은 더 이상 출간되지 않는다.

해설 서점 직원은 학생이 찾는 책이 절판되어서 더 이상 구입할 수 없다고 말하고 있다. 따라서 정답은 (D)다.

구조 파악하기

3 여자는 왜 도서관을 언급하는가?
(A) 학생에게 그곳의 사무실을 방문하도록 권하기 위해
(B) 책이 대출 가능하다고 주장하기 위해
(C) 오늘 도서관이 아직 문을 닫지 않았다는 점을 지적하기 위해
(D) 학생에게 전자 도서 신청 장소에 관해 알려 주기 위해

어휘 claim 주장하다   check out (책을) 대출하다   close for the day 하루 영업이 끝나다   inform A about B A에게 B에 대해 알리다

해설 서점 직원은 학생에게 도서관으로 가서 그곳에 있는 상호 대출 사무실에서 학생이 찾는 책에 대한 신청서를 제출하는 방법을 제안하고 있다. 따라서 정답은 (A)다.

추론하기

4 학생에 대해 추론할 수 있는 것은 무엇인가?

(A) 그는 강의를 수강 취소할 가능성이 크다.
(B) 그는 휴대전화 화면 수리를 받아야 한다.
(C) 그는 곧 다른 강의에 출석해야 한다.
(D) 그는 중고책을 구매할 의향이 있다.

어휘 most likely 아마도 drop a class 수강 취소를 하다

해설 서점 직원이 중고 서점에서 학생이 찾는 책을 판매할 가능성을 언급하면서, 학교 근처의 서점들을 확인해 보도록 권하자 학생이 동의하고 있다. 따라서 정답은 (D)다.

의도와 태도 파악하기

5 대화의 일부를 다시 들으시오. 그런 다음, 질문에 답하시오. 🎧

> **E** 우선, 전자 도서로 구입 가능한지 확인해 볼 수 있을 겁니다. 많은 책들이 절판되지만, 여전히 전자 도서 형식으로 구할 수 있습니다. 학술 전자 도서가 비싼 경향이 있긴 하지만, 구입 가능하다면, 구할 수 있는 한 가지 방법이죠.
> **S** 저, 가격은 상관없는데, 제가 작은 스크린으로 뭔가 읽는 걸 좋아하지 않아서요.

학생이 다음과 같이 말할 때 무엇을 의미하는가?

> **S** 제가 작은 스크린으로 뭔가 읽는 걸 좋아하지 않아서요.

(A) 그는 전자 도서를 읽는 것을 꺼린다.
(B) 그는 화면이 큰 데스크톱 컴퓨터를 가지고 있다.
(C) 그는 여자의 조언을 고려해 볼 시간이 필요하다.
(D) 그는 여자의 제안이 효과가 있을 것으로 기대한다.

어휘 be reluctant to ~하는 것을 꺼리다

해설 서점 직원이 전자 도서로 구입하도록 권하자 학생은 작은 스크린으로 뭔가 읽는 걸 좋아하지 않는다고 대답하고 있다. 이는 학생이 전자 도서를 읽는 것을 꺼린다는 뜻이다. 따라서 정답은 (A)다.

Questions 6-11

pp.163-165

N Narrator **P** Professor **S** Student

N Listen to part of a lecture in a botany class.

P Good morning, everyone. I'd like to start class by discussing the flowers sitting on the vase on my desk. Can anyone tell me what they are? Stephanie?

S Those look like tulips, Professor Winkler.

P That's correct. Tulips are members of the lily family. They grow from bulbs and blossom in spring. Tulips come in all kinds of colors, and they are, uh, to me at least, some of the prettiest flowers in the world. Now, you've probably heard about something called "tulip mania." It took place in the Netherlands in the 1600s. Basically, tulips became so popular with the Dutch people that the prices of bulbs rose to phenomenal levels. Tulip bulbs were often used by people as currency, and in some cases, it required just a bulb or two to purchase a house or land. Yes, Stephanie? Do you have a question?

S I've always wondered about tulip mania. I mean, sure, tulips look nice, but I can't imagine valuing them so much that I'd sell my house for some. What made tulips so special to people back then?

N 식물학 수업 강의의 일부를 들으시오.

P 안녕하세요, 여러분. 제 책상 꽃병에 있는 꽃에 관해 이야기하는 것으로 수업을 시작해 보겠습니다. 무슨 꽃인지 말해 볼 수 있는 사람 있나요? 스테파니?

S 튤립 같아 보여요, 윙클러 교수님.

P 맞습니다. 튤립은 백합과의 일원입니다. 튤립은 구근에서 자라 봄에 꽃을 피웁니다. 튤립은 다양한 색으로 피고, 어, 적어도 제게는, 세상에서 가장 예쁜 꽃들 중 하나입니다. 자, 여러분은 아마 '튤립 파동'이라고 부르는 것에 관해 들어 본 적이 있을 겁니다. 이것은 1600년대 네덜란드에서 일어났습니다. 요컨대, 튤립이 네덜란드 사람들에게 너무 인기가 많아져서 구근 가격이 경이적인 수준으로 치솟았습니다. 사람들은 튤립 구근을 화폐 대용물로 사용했고, 어떤 경우에는, 집이나 토지를 매입하는 데 그저 구근 한두 개만 있으면 되었습니다. 네, 스테파니? 질문이 있나요?

S 저는 항상 튤립 파동에 관해 궁금했어요. 제 말은, 물론, 튤립이 예뻐 보이긴 하지만, 약간의 튤립을 위해 집을 팔 정도로 그렇게 많은 가치를 둔다는 것을 상상할 수 없어요. 무엇 때문에 튤립이 그때 당시 사람들에게 그렇게 특별했을까요?

정답 및 해설 **157**

P That's a good question. First, let's remember that people don't always act rationally when making purchases. In recent times, for example, Bitcoin, the cryptocurrency, has seen its value rise tremendously, just like tulip bulbs did. But to answer your question… There was an interesting reason that people valued tulip bulbs so much, and it's actually related to what I covered in last Friday's class. Before I go into tulip mania in depth, let me give you a short history of how tulips reached the Netherlands. Most botanists believe tulips originated in Central Asia. The Tien Shan mountain range is frequently cited as the flowers' original home.

Tulips later found their way to the Ottoman Empire, where they were cultivated for years. At the end of the 1500s, tulips were brought to the Netherlands. There, people such as Carolus Clusius, a botanist, started growing them and contributed to their popularity. Clusius actually had nurseries dedicated to tulips and was one of the most important people in the Dutch tulip industry. He was particularly interested in breeding new kinds of tulips. Take a look at these two tulips here. As you can see, they aren't a single color like the other tulips in the vase. Instead, these two are multicolored. Notice the streaks of red and white on this one and the streaks of purple and white on the other. These multicolored tulips, or streaked tulips, were the most highly desired by the Dutch. These streaks would directly lead to tulip mania. You see, uh, everyone wanted tulips with multiple colors.

But here's the problem. The Dutch didn't know how to take single-colored tulip bulbs and create bulbs producing multiple colors from them. Let's remember that back in the 1600s, the field of botany was in its infancy, so people then had little existing knowledge to rely on. As a result, tulip breeders made numerous attempts to create streaked tulips. For instance, they tried fertilizing the soil they planted tulip bulbs in with cow manure, pigeon dung, powdered paint, and even plaster. They planted tulip bulbs in soil with few nutrients and in soil brought from foreign lands. Gardeners exposed tulip bulbs to the elements and planted them deep in the ground or close to the surface. They tried nearly everything they could think of.

Tulip breeders discovered they could sometimes produce streaked tulips when they bound two tulip bulbs together. One bulb was broken while the other was unbroken. Both bulbs typically died; however, when there were survivors, they often produced multiple colors. These broken tulips produced an impressive array of colors. The Dutch divided them

P 좋은 질문입니다. 우선, 사람들이 구매를 할 때 항상 이성적으로 행동하는 것은 아니라는 점을 기억합시다. 최근에는, 예를 들어, 암호 화폐인 비트코인의 가치가 엄청나게 상승해 왔죠, 바로 튤립 구근이 그랬던 것처럼요. 하지만 질문에 답변하자면… 사람들이 튤립 구근을 아주 큰 가치가 있는 것으로 여겼던 흥미로운 이유가 있었는데, 사실 그것은 내가 지난 금요일 수업에서 다뤘던 내용과 관련이 있습니다. 튤립 파동을 자세히 살펴보기 전에, 어떻게 튤립이 네덜란드에 이르게 되었는지 간략한 역사를 알려주겠습니다. 대부분의 식물학자들은 튤립이 중앙 아시아에서 유래했다고 생각합니다. 톈산 산맥이 흔히 이 꽃의 원산지로 언급됩니다.

튤립은 그 후 오스만 제국으로 흘러 들어가게 되었고, 그곳에서 수년 동안 재배되었습니다. 1500년대 말에, 튤립은 네덜란드에 전해졌습니다. 그곳에서, 식물학자였던 카롤루스 클루시어스 같은 사람들이 튤립을 재배하기 시작했고, 그 인기에 기여했습니다. 클루시어스는 사실 튤립 전용 묘목장을 소유했고, 네덜란드 튤립 업계에서 가장 중요한 사람들 중 한 명이었습니다. 그는 특히 새로운 종류의 튤립을 재배하는 데 관심이 있었습니다. 여기 두 송이의 튤립들을 한 번 보세요. 보시다시피, 이것들은 꽃병 속의 다른 튤립처럼 단일 색상이 아닙니다. 대신, 이 둘은 색이 다채롭습니다. 붉은색과 흰색 줄무늬로 된 튤립과, 자주색과 흰색 줄무늬로 된 다른 튤립에 주목해 보세요. 이 다채로운 색의 튤립들, 즉 줄무늬 튤립은 네덜란드 사람들이 가장 원하던 것이었습니다. 이 줄무늬가 튤립 파동과 직결되었죠. 그러니까, 어, 모든 사람이 다채로운 색의 튤립을 원했습니다.

하지만 여기에 문제가 있습니다. 네덜란드 사람들은 단일 색상의 튤립 구근으로 다채로운 색을 내는 구근을 만드는 방법을 알지 못했습니다. 1600년대 당시에는, 식물학 분야가 초창기였기 때문에, 그때 사람들에게는 의존할 수 있는 기존 지식이 거의 없었다는 점을 기억합시다. 결과적으로, 튤립 재배자들은 줄무늬 튤립을 만들기 위해 수많은 시도를 했습니다. 예를 들어, 우분 비료와 비둘기 배설물, 가루 페인트, 심지어 회반죽으로 튤립을 재배하는 흙을 비옥하게 만들기 위해 노력했습니다. 그들은 영양분이 거의 없는 흙과 외국에서 들여온 흙에도 튤립 구근을 심었습니다. 원예업자들은 튤립 구근을 비바람에 노출시키기도 하고, 땅 속 깊이 또는 지표면과 가까이 심기도 했습니다. 그들은 생각해 낼 수 있는 거의 모든 것을 시도했습니다.

튤립 재배자들은 튤립 구근을 두 개를 묶었을 때 가끔씩 줄무늬 튤립을 만들 수 있다는 것을 알게 되었습니다. 한쪽 구근은 손상되고 나머지 하나는 손상되지 않았습니다. 보통 구근이 둘 다 죽지만, 살아남은 경우에는, 흔히 다채로운 색상을 만들어 냈습니다. 이 손상된 튤립이 인상적일 정도로 다양한 색을 만들었습니다. 네덜란드 사람들은 그것들을 세 그룹으로 분류했습니다. 바이블루멘은 흰색 바탕에 자주

into three groups. Bijbloemens were purple on white, roses were red or pink on white, and bizarres were brown, purple, or red on yellow. These tulips were so valuable that a single bulb could purchase a grand home by a canal in Amsterdam. Like all bubbles, the one inspired by tulip mania eventually popped, and the value of tulips declined greatly. As for the mystery of what produced streaked tulips, that wasn't discovered until the 1900s. In 1928, Dorothy Cayley determined that a virus transmitted by aphids, a kind of insect, caused streaking in tulips. It was learned that infected bulbs produced streaked tulips, yet each generation became weaker over time, eventually causing them to die out. Today, of course, breeders have learned to produce virus-free broken tulips, which is exactly what those two on my desk are.

색, 로즈는 흰색 바탕에 붉은색이나 핑크색, 비자르는 노란색 바탕에 갈색이나 자주색, 붉은색이었습니다. 이 튤립들은 너무 가치가 높아서 하나의 구근으로 암스테르담의 운하 옆에 있는 호화로운 저택 한 채를 구입할 수 있었습니다. 모든 거품처럼, 튤립 파동으로 생겨난 거품도 마침내 터졌고, 튤립의 가치는 크게 하락했습니다. 줄무늬 튤립을 만들었던 것의 미스터리와 관련해서는, 1900년대가 되어서야 밝혀졌습니다. 1928년에, 도로시 케일리가 곤충의 한 종류인 진딧물에 의해 옮겨진 바이러스가 튤립에 줄무늬를 생기게 한다는 것을 알아냈습니다. 감염된 구근이 줄무늬 튤립을 만들었지만, 시간이 흐르며 각 세대에서 점점 더 약해지다가, 결국 소멸하도록 만든다는 사실이 알려졌습니다. 오늘날에는, 당연히, 재배자들이 바이러스가 없는 손상된 튤립을 만드는 법을 터득했고, 그것이 바로 제 책상에 놓여 있는 저 두 송이의 튤립입니다.

스크립트 어휘

botany 식물학 family (동식물 분류 단위) 과 bulb 구근 blossom 꽃을 피우다 come in (물품이나 상품 등이) ~로 나오다 tulip mania 튤립 파동(17세기 네덜란드에서 벌어진 과열 투기 현상) take place 발생하다 basically (문두에서) 요컨대 Dutch 네덜란드의, 네덜란드인(어)의 phenomenal 경이적인 currency 화폐 대용물, 통화 value 가치 있게 여기다 back then 그 당시에 rationally 이성적으로 cryptocurrency 암호 화폐 tremendously 엄청나게 cover (주제 등을) 다루다 go into ~을 자세히 논의하다 in depth 깊이 있게, 심층적으로 originate 유래하다, 비롯되다 be cited as ~로 언급되다 Ottoman Empire 오스만 제국(14세기부터 20세기 초까지 유럽 동남부, 서아시아, 북아프리카 대부분을 통치하던 광대한 제국) botanist 식물학자 contribute to ~에 기여하다 nursery 묘목장 dedicated to ~을 위한 전용의 breed 재배하다, 사육하다 streak 줄무늬 streaked 줄무늬가 있는 lead to ~로 이어지다 field 분야 in one's infancy ~의 초창기에 breeder (식물의) 재배자 fertilize 비옥하게 하다, ~에 비료를 주다 cow manure 우분 비료 dung 배설물 plaster 회반죽 nutrient 영양분 elements 비바람, 폭풍우 bind ~ together ~을 묶다 broken 손상된 typically 보통 an array of 다수의 ~ divide A into B A를 B로 분류하다 canal 운하, 수로 inspired by ~에 자극 받은 pop 터지다 transmitted by ~에 의해 옮겨진 aphid 진딧물 infected 감염된 die out 소멸하다, 사라지다

주제와 목적 찾기

6 교수는 튤립의 어떤 측면을 주로 이야기하는가?
(A) 튤립을 재배하는 최고의 방법
(B) 튤립과 관련된 경제적 현상
(C) 튤립의 다양한 특징들
(D) 튤립의 가치가 떨어진 이유들

어휘 financial 경제적인 phenomenon 현상 characteristic 특징

해설 교수는 튤립 파동을 언급하면서 과거 네덜란드에서 튤립 구근이 화폐 대용물로 엄청난 가치를 가졌다는 점과 그로 인한 경제적 현상들에 대해 설명하고 있다. 따라서 정답은 (B)다.

의도와 태도 파악하기

7 튤립에 대한 교수의 의견은 무엇인가?
(A) 그는 그것들을 가치 있다고 생각하지 않는다.
(B) 그는 그것들보다 다른 꽃들을 선호한다.
(C) 그는 그것들이 매우 아름답다고 생각한다.
(D) 그는 그것들의 향기에 관심이 있다.

어휘 prefer A to B B보다 A를 선호하다

해설 교수는 튤립이 적어도 자신에게는 세상에서 가장 예쁜 꽃들이라는 의견을 밝히고 있다. 따라서 정답은 (C)다.

추론하기

8 교수는 튤립 파동에 대해 암시하는 것은 무엇인가?
(A) 그것은 거의 10년 동안 지속되었다.
(B) 그것은 네덜란드 외의 나라들에 확산되었다.
(C) 그것이 끝났을 때 많은 사람들이 큰 돈을 잃었다.
(D) 사람들은 그 기간 동안 이성적으로 행동하지 않았다.

어휘 decade 10년 other than ~외에

해설 교수는 사람들이 구매를 할 때 항상 이성적으로 행동하지 않는다는 말과 함께 과거 튤립 파동 당시에도 튤립 구근에 대해 그랬다고 말하고 있다. 따라서 정답은 (D)다.

9 교수의 말에 따르면, 튤립은 어디에서 유래했는가?
  (A) 네덜란드에서
  (B) 톈샨 산맥에서
  (C) 오스만 제국에서
  (D) 이탈리아에서

해설 교수는 튤립이 중앙 아시아에서 유래한 사실과 함께 톈샨 산맥이 흔히 원산지로 언급된다고 말하고 있다. 따라서 정답은 (B)다.

구조 파악하기

10 교수는 왜 우분 비료를 언급하는가?
  (A) 그것이 튤립의 성장에 해를 끼친다고 주장하기 위해
  (B) 네덜란드 튤립 재배자들이 선호하는 비료의 이름을 대기 위해
  (C) 그것이 튤립에 미치는 영향을 비둘기 배설물의 영향과 비교하기 위해
  (D) 줄무늬 튤립을 만들기 위한 시도를 설명하기 위해

어휘 name ~의 이름을 대다 favored 선호하는 fertilizer 비료

해설 교수는 과거 네덜란드의 튤립 재배자들이 줄무늬 튤립을 만들기 위해 했던 여러 시도를 설명하기 위해 우분 비료를 흙에 사용한 사례를 언급하고 있다. 따라서 정답은 (D)다.

세부 내용 찾기

11 교수의 말에 따르면, 일부 튤립들은 왜 다채로운 색을 냈는가?
  (A) 그것들은 알맞은 종류의 흙에서 재배되었다.
  (B) 그것들은 땅 속 아주 깊은 곳에 심어졌다.
  (C) 그것들은 곤충이 옮기는 바이러스에 감염되었다.
  (D) 그것들은 다른 튤립 구근과 이종 교배되었다.

어휘 be infected by ~에 의해 감염되다
  be crossbred with ~와 이종 교배되다

해설 교수는 1928년에 도로시 케일리가 곤충의 한 종류인 진딧물이 옮기는 바이러스로 튤립에 줄무늬가 생기게 한다는 것을 밝혀 낸 사실을 언급하고 있다. 따라서 정답은 (C)다.

Questions 12-16 pp.166-168

| N Narrator | S Student | P Professor |

N Listen to a conversation between a student and a professor.

S Professor Chamberlain, do you have some time to speak with me now?

P Good afternoon, Melanie. I was about to head to a staff meeting, but I guess I've got some minutes before it begins. What would you like to talk to me about?

S Thanks so much. I'm here because of the term paper I'm working on. I've got a bit of an issue with it.

P I hope it's not a big problem, since the paper is due next Thursday. You don't have too much more time to finish, and it's supposed to be around ten pages.

S Well… That's kind of the problem.

P What do you mean?

S I'm having trouble finding enough sources for my topic, so I don't think I'm going to be able to write ten pages.

P Could you remind me what you're writing about, please? I know you and I spoke about your topic, but there are just too many students in the class for me to remember what everyone is working on.

S Sure. I decided to write about some of the various attempts by humans to communicate with dolphins.

N 학생과 교수 사이의 대화를 들으시오.

S 체임벌린 교수님, 지금 저와 이야기하실 시간이 좀 있으신가요?

P 안녕, 멜라니. 막 교직원 회의에 가려던 참이었지만, 회의가 시작하기 전에 시간이 좀 있는 것 같네요. 무엇과 관련된 이야기를 나와 하고 싶은 건가요?

S 정말 감사합니다. 제가 하고 있는 학기말 과제 때문에 왔습니다. 거기에 좀 문제가 있어서요.

P 그 과제가 다음 목요일이 기한이니, 큰 문제가 아니길 바랍니다. 끝마칠 여유 시간이 아주 많지 않은데다, 대략 10페이지는 되어야 하니까요.

S 저… 그게 좀 문제예요.

P 무슨 뜻이죠?

S 주제에 맞는 충분한 자료를 찾는 데 애를 먹고 있어서, 10페이지를 쓸 수 있을 것 같지 않습니다.

P 무엇에 관해 쓰고 있는지 다시 한번 말해 줄 수 있나요? 학생이 나와 함께 주제에 관해 얘기했다는 건 알지만, 강의에 학생들이 너무 많아서 각자 무엇을 쓰고 있는지 내가 기억하지 못하겠군요.

S 네. 저는 돌고래와 소통하기 위한 인간의 다양한 시도들에 관해 쓰기로 결정했습니다.

P Ah, that's right. I remember thinking it was a fascinating topic and well worth researching. But, uh… you're having trouble getting sources?

S That's right. I know there are plenty of researchers working with dolphins, but there aren't many articles describing the results of their experiments. So I was wondering if it would be okay to change my topic.

P I guess it's all right if you think you'll be able to complete the paper on time. But please remember I have a policy that I don't accept papers late. If you don't submit your paper by the end of class next Thursday, you'll get a zero on it.

S Yes, I recall you saying that when you discussed the assignment.

P You also need to make sure the topic you choose is about one of the animals we've studied in class this term.

S Right. I remember you said that, too. I was thinking about doing some research on monarch butterfly migration. We talked about them during the first week of class. Butterflies are insects I'm particularly interested in.

P That sounds like a decent topic. There's definitely a lot of information available on the monarch butterfly's migration patterns both online and offline.

S That means you approve my topic?

P That's correct. But please come up with something original when you write your paper. I don't just want you to repeat what biologists already know about where the butterflies go during the fall and winter months.

S Don't worry about that. I have a couple of ideas which I believe will make for a fascinating paper. Thanks so much for allowing me to do this.

P You're welcome. Good luck with your research and writing. I'm looking forward to reading your paper and seeing what you can come up with. Okay, I really need to get going now so that I'm not late. I'll see you in class tomorrow morning.

P 아, 그렇죠. 흥미로운 주제라서 연구할 만한 가치가 크다고 생각했던 게 기억 나네요. 하지만, 어… 자료를 구하는 데 어려움을 겪고 있다고요?

S 그렇습니다. 돌고래를 연구하는 연구자들이 많다는 건 알지만, 그들의 실험 결과를 설명하는 글들이 많지 않습니다. 그래서 주제를 바꿔도 괜찮을지 궁금해서요.

P 제때 과제를 완료할 수 있겠다고 생각한다면 괜찮을 것 같습니다. 하지만 나는 과제를 늦게 받지 않는다는 방침을 갖고 있다는 사실을 기억하세요. 다음 주 목요일 강의 종료 시점까지 과제를 제출하지 않는다면, 0점을 받을 겁니다.

S 네, 과제에 대해 말씀하셨을 때 그렇게 말씀하신 게 기억 납니다.

P 또한 학생이 선택하는 주제가 반드시 이번 학기 강의 중에 우리가 공부했던 동물들 중 하나에 관한 것이어야 할 겁니다.

S 그렇죠. 그렇게 말씀하신 것도 기억합니다. 제가 제왕나비의 이동에 관해 조사를 좀 해 볼 생각이었습니다. 첫 주 강의에서 그 나비에 관해 얘기했죠. 나비는 제가 특히 관심을 가지고 있는 곤충입니다.

P 괜찮은 주제인 것 같네요. 온라인과 오프라인에 제왕나비의 이동 패턴에 관해 이용할 수 있는 정보가 분명히 많을 겁니다.

S 그 말씀은 제 주제에 찬성하신다는 뜻인가요?

P 맞습니다. 하지만 과제를 할 때 독창적인 것을 제시해 보세요. 그저 나비들이 가을과 겨울 동안 이동하는 곳과 관련해 생물학자들이 이미 알고 있는 것을 반복하지 않았으면 합니다.

S 그건 걱정하지 마세요. 매력적인 과제에 도움이 될 거라고 생각하는 몇 개의 아이디어가 있습니다. 이렇게 할 수 있게 해 주셔서 너무 감사합니다.

P 천만에요. 조사와 작성에 행운을 빕니다. 학생의 과제를 읽으면서 학생이 제시한 것을 확인해 보기를 고대하고 있습니다. 자, 늦지 않도록 이제 정말 가 봐야겠네요. 내일 아침 수업에서 봅시다.

스크립트 어휘

head to ~로 향하다 term paper 학기말 과제 work on ~의 작업을 하다, ~에 노력을 들이다 due ~이 기한인
be supposed to ~하기로 되어 있다 have trouble -ing ~하는 데 문제가 있다 source (연구를 위한) 자료 fascinating 대단히
흥미로운, 매력적인 worth -ing ~할 만한 가치가 있는 describe 설명하다 I was wondering if(whether) (정중하게 부탁하거나
물어볼 때) ~한가 해서요, ~인지 궁금해서요 complete 완료하다, 끝마치다 on time 제때에 policy 방침 submit 제출하다
recall 기억해 내다 assignment 과제 make sure (that) 반드시 ~하도록 하다 do research on ~에 대해 조사하다
monarch butterfly 제왕나비(미국 전역에 서식하는 대형 나비) migration (철새·동물 등의 대규모) 이동 particularly 특히
decent 꽤 괜찮은 approve 찬성하다 come up with ~을 제시하다 biologist 생물학자 make for ~에 도움이 되다
get going 떠나다, 가다

정답 및 해설

주제와 목적 찾기

12 학생은 왜 교수를 방문하는가?
(A) 일부 자료를 찾는 데 도움을 요청하기 위해
(B) 과제 기한 연장을 요청하기 위해
(C) 완료한 과제를 제출하기 위해
(D) 과제 주제 변경에 관해 묻기 위해

어휘 ask for an extension on ~의 (기한) 연장을 요청하다

해설 학생이 기존에 정했던 과제 주제와 관련된 문제점을 언급하면서 주제를 변경해도 괜찮을지 궁금했다고 말하고 있다. 따라서 정답은 (D)다.

세부 내용 찾기

13 학생은 왜 주제를 변경하고 싶어하는가?
(A) 돌고래 연구에 관심 있는 연구자들이 많지 않다.
(B) 그녀는 자신이 그렇게 복잡한 주제를 다룰 수 있다고 생각하지 않는다.
(C) 그녀는 과제에 필요한 자료를 충분히 구할 수 없다.
(D) 10페이지짜리 과제를 쓸 만큼 나비에 관한 기사가 충분하지 않다.

어휘 handle 다루다, 처리하다 sufficient 충분한

해설 학생이 자신의 과제 주제인 돌고래를 언급하면서 관련 실험 결과를 설명하는 글이 많지 않다는 문제점을 밝히고 있다. 따라서 정답은 (C)다.

구조 파악하기

14 교수는 왜 자신의 방침을 언급하는가?
(A) 과제 제출 기일을 연장할 수 있다고 말하기 위해
(B) 학생에게 제출 기일을 놓치지 않도록 상기시키기 위해
(C) 학생의 요청을 왜 거절했는지 설명하기 위해
(D) 학생이 반드시 이용해야 하는 자료의 숫자를 설명하기 위해

어휘 state 말하다 extend 연장하다 due date 마감일 reject 거절하다

해설 교수가 자신의 방침을 언급하면서 다음 주 목요일 강의의 종료 시점까지 과제를 제출해야 한다고 말하는 것은 제출 기일을 꼭 지키도록 상기시키는 것이다. 따라서 정답은 (B)다.

의도와 태도 파악하기

15 학생에 대한 교수의 태도는 어떠한가?
(A) 그는 학생을 돕는 데 열심이다.
(B) 그는 학생의 근면성에 대해 우려한다.
(C) 그는 학생의 수업 성적에 만족하고 있다.
(D) 그는 학생의 문제에 무관심하다.

어휘 be concerned about ~에 대해 우려하다
be pleased with ~에 만족하다 work ethic 근면성, 직업 의식

해설 교수가 학생의 새 과제 주제와 관련해 이용 가능한 정보의 풍부함과 과제 작성 방향, 과제 내용에 대한 기대감을 말하고 있어 열심히 돕고 있는 것으로 볼 수 있다. 따라서 정답은 (A)다.

추론하기

16 교수는 아마도 다음에 무엇을 할 것인가?
(A) 그는 학교 도서관에 방문할 것이다.
(B) 그는 다음 수업을 하러 갈 것이다.
(C) 그는 다른 학생과 이야기할 것이다.
(D) 그는 다른 교수들과 만날 것이다.

해설 교수가 대화 후반부에 이제 가 봐야겠다고 말하는 것은 초반부에 언급한 교직원 회의에 참석해 다른 교수들과 만나겠다는 뜻이다. 따라서 정답은 (D)다.

Questions 17-22

pp.169-171

N Narrator **P** Professor **S** Student

N Listen to part of a lecture in a chemistry class.

P "No two snowflakes are identical." Each winter, people make that comment or one similar to it. But is it true? Right now, I'd like to discuss the science behind snowflakes and how they form. But let me give you the answer to the question first. The answer is yes. No two snowflakes are exactly alike. Now, let me explain to you why that's the answer to the question. First, we have to ask ourselves the following question: What is a snowflake? It's not just a frozen drop of water that

N 화학 수업 강의의 일부를 들으시오.

P "어떤 두 눈송이도 동일하지 않다." 매년 겨울, 사람들은 이 말이나 이와 유사한 말을 합니다. 하지만 사실일까요? 바로 지금, 눈송이 이면에 존재하는 과학과 그 형성 방식을 이야기해 보고자 합니다. 하지만 그 질문에 대한 대답을 먼저 알려 드리겠습니다. 대답은 '그렇다'입니다. 어떤 두 눈송이도 정확히 동일하지 않습니다. 자, 왜 이것이 질문에 대한 대답인지 여러분에게 설명해 드리겠습니다. 우선, 우리 자신에게 다음과 같은 질문을 해야 합니다. 눈송이란 무

falls to the ground. It's not as simple as that. A single snowflake is comprised of approximately 100,000 water droplets and forms in a process that requires around 30 to 45 minutes to complete.

What is necessary for the formation of snowflakes is for warm and moist air to cool when it encounters another mass of air. When the air cools, the water vapor in it condenses, so tiny water droplets form. Just so you know, the droplets form around tiny particles of dust or bacteria which are floating in the air. As the air continues cooling, the water droplets become supercooled, so they are still liquid despite the fact that the temperature is below freezing. Ice crystals then begin to grow in the droplets. Over time, the droplets freeze and water vapor begins condensing on them, which results in the formation of snow crystals, which are, uh, what we know as snowflakes. This process happens repeatedly until approximately 100,000 water droplets have condensed on a single crystal. At that point, the snowflake is heavy enough to drop from the cloud, so it falls to the ground. Obviously, it would be impossible for two snowflakes to look identical to each other considering that they're formed from so many individual water droplets. However, snowflakes do share some similarities. Please open your book to page 57. Take a look at the pictures at the top of the page. There are four different snowflakes. Can anyone tell me what's similar about them?

S They're symmetrical.

P And? Can you think of anything else?

S Hmm… Each one has a center point, and there are six, uh, arms, I guess, that stretch out from the center.

P That's right. And yes, Chad, we do call them the arms of the snowflake. Take a closer look, class, and you'll see that each arm is identical to the others. You'll also notice that each snowflake has a slightly different shape. The reason for that is the temperature of the air that the snowflake forms in. For instance, when the temperature is between zero and minus two degrees Celsius, snowflakes are typically thin and have plate-like crystals. You can see an example here in the book. As the temperature drops to between minus two and minus ten degrees Celsius, slender columns comprise the majority of the snowflakes that form. Between minus ten and minus twenty-two degrees Celsius, most of the snowflakes that form have wide, thin plates. When the temperature is even colder, snowflakes are a combination of small plates and columns. However, it doesn't usually snow at temperatures that cold, so these kinds of snowflakes are pretty rare. We also need to consider other atmospheric conditions in

엇인가? 단지 지상에 떨어지는 얼어붙은 물방울이 아닙니다. 그 정도로 단순하지 않습니다. 하나의 눈송이는 약 십만 개의 작은 물방울들로 구성되어 있고, 만들어지는 과정에 약 30~45분이 필요합니다.

눈송이 형성에 필수적인 것은 따뜻하고 습한 공기가 다른 공기 덩어리와 만날 때 냉각되는 것입니다. 공기가 냉각되면, 그 안의 수증기가 응축되어, 아주 작은 물방울들이 형성됩니다. 여러분도 알다시피, 작은 물방울들은 공기 중에 떠다니는 아주 작은 먼지 입자나 박테리아 주변에 형성됩니다. 공기가 지속적으로 냉각되면서, 이 작은 물방울들이 과냉각 상태가 되기 때문에, 온도가 영하라는 사실에도 불구하고 여전히 액체 상태입니다. 그 후 얼음 결정이 작은 물방울 속에서 커지기 시작합니다. 시간이 지나면서, 작은 물방울들이 얼고 그 위에 수증기가 응결되기 시작하는데, 이것이 눈 결정의 형성으로 이어지고, 이것이, 어, 우리가 눈송이라고 알고 있는 것입니다. 이 과정은 약 십만 개의 작은 물방울들이 하나의 결정에 응결될 때까지 반복적으로 일어납니다. 그 시점에, 눈송이는 구름에서 떨어질 정도로 충분히 무거워지기 때문에, 땅으로 떨어집니다. 물론, 아주 많은 작은 개별 물방울들로부터 형성된다는 점을 감안하면 두 개의 눈송이가 서로 동일하게 보인다는 건 불가능할 겁니다. 하지만, 눈송이도 분명 일부 유사성을 공유합니다. 교재 57페이지를 펼쳐 보세요. 페이지 상단의 사진들을 한 번 보기 바랍니다. 네 가지의 다른 눈송이들이 있습니다. 누군가 그것들 사이의 유사점이 무엇인지 말해 줄 수 있나요?

S 대칭적입니다.

P 그리고요? 그 밖에 다른 것도 생각할 수 있나요?

S 흠… 각각의 눈송이에는 중심점이 있고, 여섯 개의, 어, 가지들이, 제 생각에, 중심으로부터 뻗어 나갑니다

P 그렇습니다. 그리고 네, 채드, 우리는 분명 그것들을 눈송이 가지라고 부릅니다. 더 자세히 보세요, 학생 여러분, 그러면 각 가지가 나머지와 동일하다는 것을 알 수 있을 겁니다. 또한 각 눈송이가 약간 다른 모양이라는 점도 알게 될 겁니다. 그 이유는 눈송이가 형성되는 공기의 온도 때문입니다. 예를 들어, 온도가 섭씨 0도와 영하 2도 사이인 경우, 눈송이는 일반적으로 얇고 판 모양의 결정을 가집니다. 여기 책에서 예시를 하나 볼 수 있습니다. 온도가 섭씨 영하 2도에서 영하 10도 사이로 내려가면, 가느다란 기둥들이 형성되는 눈송이의 대부분을 구성합니다. 섭씨 영하 10도와 영하 22도 사이에서는, 형성되는 대부분의 눈송이가 넓고 얇은 판 모양입니다. 심지어 온도가 더 내려가면, 눈송이들은 작은 판과 기둥들의 조합이 됩니다. 하지만, 그 정도로 차가운 온도에서는 일반적으로 눈이 내리지 않기 때문에, 이러한 종류의 눈송이는 꽤 드뭅니다. 우리는 또한 눈송이 형성에 있어 다른 대기 조건들

the formation of snowflakes. For instance, when the humidity level is high, snowflakes form quickly and create complex designs.

On the other hand, where the humidity level is low, it takes longer for snowflakes to form, and their designs are of a simple nature. And let's not forget about the effects of the wind. As the wind blows, snowflakes can be pushed higher or lower into clouds. This exposes them to different temperatures, which can affect the way in which they form. When you consider all of these factors, it should come as no surprise that no two snowflakes are identical. Even in perfect laboratory conditions where everything is completely controlled, scientists have been unable to create identical snowflakes. So each time you look at a snowflake, you are seeing an original creation that will never be duplicated. I think that's enough about snowflakes. Are there any questions?

도 고려해 봐야 합니다. 예를 들어, 습도가 높으면, 눈송이가 빠르게 형성되면서 복잡한 디자인을 만듭니다.

반면에, 습도가 낮은 곳에서는, 눈송이가 형성되는 데 더 오랜 시간이 걸리고, 디자인은 단순한 특성을 가집니다. 그리고 바람의 영향도 잊지 말아야 합니다. 바람이 불면, 눈송이들은 구름 속으로 더 높거나 낮게 밀려갈 수 있습니다. 이로 인해 눈송이들이 다른 온도에 노출되어, 형성 방식에 영향을 미칠 수 있습니다. 이 모든 요소들을 고려할 때, 어떤 두 눈송이도 동일하지 않다는 사실이 놀랍지 않을 겁니다. 심지어 모든 것이 완전히 통제되는 완벽한 실험실 환경에서조차, 과학자들은 동일한 눈송이를 만들 수 없었습니다. 따라서 여러분이 눈송이를 볼 때마다, 절대로 복제되지 않을 독자적인 창조물을 보는 겁니다. 이 정도면 눈송이와 관련해 충분한 것 같군요. 질문 있나요?

스크립트 어휘

snowflake 눈송이 identical (to) (~와) 동일한 similar to ~와 유사한 alike 비슷한 be comprised of ~로 구성되다
approximately 대략 droplet 작은 물방울 encounter ~와 맞닥뜨리다 mass 덩어리 water vapor 수증기 condense
응결되다 just so you know 너도 알다시피; 혹시나 해서 말하는데, 참고로 말하자면 particle 입자 dust 먼지 float 떠다니다
supercooled 과냉각된 below freezing 영하의 considering that ~을 감안하면 similarity 유사성 symmetrical 대칭적인
stretch out from ~에서 뻗어 나가다 slightly 약간 typically 일반적으로 slender 가느다란 column 기둥 comprise
구성하다 atmospheric 대기의 humidity 습도 duplicate 복제하다

주제와 목적 찾기

17 강의의 주제는 무엇인가?
(A) 가장 흔한 눈송이 유형들
(B) 오직 특정 장소에서만 눈이 내리는 이유들
(C) 강우와 강설의 차이점
(D) 눈송이가 다른 모양으로 형성되는 방식들

해설 교수가 눈송이 이면에 존재하는 과학과 그 형성 방식을 이야기하겠다고 말하면서 강의를 시작하고 있다. 따라서 정답은 (D)다.

세부 내용 찾기

18 교수는 눈송이 형성에 관해 무슨 말을 하는가?
(A) 얼음 결정이 녹아 물이 된 다음, 얼면서 눈송이가 된다.
(B) 그것은 따뜻하고 습한 공기가 다른 공기와 만날 때 발생한다.
(C) 각각의 눈송이가 형성되려면 약 십만 개의 얼음 결정들을 필요로 한다.
(D) 보통 그것이 발생하는 데 60분 넘게 걸린다.

어휘 melt 녹다 occur 발생하다, 일어나다

해설 교수는 눈송이 형성에 필수적인 것이 따뜻하고 습한 공기가 다른 공기 덩어리와 만나면서 냉각되는 일이라고 설명하고 있다. 따라서 정답은 (B)다.

전개구조 파악하기

19 교수가 눈송이 형성 과정에서 일어나는 네 가지 단계를 이야기하고 있다. 아래 단계를 올바른 순서로 정렬하시오. 각 선택지를 해당하는 칸으로 드래그하시오.

1단계	(C)
2단계	(A)
3단계	(D)
4단계	(B)

(A) 작은 물방울들은 공기 중의 아주 작은 입자들 주변에 형성된다.
(B) 수증기는 작은 물방울들 위에서 응결되기 시작한다.
(C) 공기 중의 수증기가 응축된다.
(D) 작은 물방울들이 과냉각되고, 그 안에 얼음이 형성되기 시작한다.

해설 교수는 「공기가 냉각될 때의 수증기 응축 → 아주 작은 물방울들이 아주 작은 먼지 입자나 박테리아 주변에 형성 → 공기의 지속적 냉각 및 작은 물방울들의 과냉각 → 작은 물방울들이 얼면서 수증기가 그 위에 응결」의 순서로 설명하고 있다. 따라서 정답은 (C), (A), (D), (B)다.

구조 파악하기

20 교수는 왜 공기 온도를 언급하는가?

(A) 그것이 눈송이의 여러 다른 모양에 어떤 영향을 미치는지 설명하기 위해

(B) 다양한 온도에서 눈이 얼마나 많이 내릴 수 있는지 짚어 주기 위해

(C) 작은 물방울이 얼마나 빨리 과냉각 상태가 되는지 언급하기 위해

(D) 얼마나 많은 작은 물방울이 하나의 눈송이를 형성하는 데 필요한지 설명하기 위해

어휘 point out ~을 지적하다 note 언급하다

해설 교수는 각각의 눈송이가 약간 다른 모양인 이유로 눈송이가 형성되는 곳의 공기 온도를 언급하면서 온도 구간별로 다르게 나타나는 눈송이 모양을 설명하고 있다. 따라서 정답은 (A)다.

추론하기

21 교수가 구름에 대해 암시하는 것은 무엇인가?

(A) 바람이 불도록 할 수 있다.

(B) 땅이 차가워지는 데 도움을 줄 수 있다.

(C) 다양한 온도를 가질 수 있다.

(D) 습도를 높이거나 낮출 수 있다.

해설 교수는 바람이 불면 눈송이들이 구름 속으로 더 높거나 낮게 밀려갈 수 있고 이로 인해 다른 온도에 눈송이들이 노출된다고 설명하고 있다. 따라서 정답은 (C)다.

의도와 태도 파악하기

22 강의의 일부를 다시 들으시오. 그런 다음 질문에 답하시오. 🎧

> **P** 네 가지의 다른 눈송이들이 있습니다. 누군가 그것들 사이의 유사점이 무엇인지 말해 줄 수 있나요?
> **S** 대칭적입니다.
> **P** 그리고요? 그 밖에 다른 것도 생각할 수 있나요?

교수는 왜 다음과 같이 말하는가?

> **P** 그 밖에 다른 것도 생각할 수 있나요?

(A) 학생에게 앞서 자신이 한 말을 취소하도록 제안하기 위해

(B) 학생의 대답이 맞지 않다는 것을 암시하기 위해

(C) 또 다른 학생에게 토론에 일조하도록 요청하기 위해

(D) 학생들에게 또 다른 대답을 하도록 권하기 위해

어휘 retract 취소하다, 철회하다
contribute to ~에 일조하다, 기여하다

해설 학생이 눈송이가 대칭적이라고 말한 대답에 대해 그 밖에 다른 것도 생각할 수 있는지 묻는 것은 추가적인 대답을 유도하기 위한 것이다. 따라서 정답은 (D)다.

Questions 23-28

pp.172-174

N Narrator　　P Professor　　S Student

N　Listen to part of a lecture in a zoology class.

P　When you or I become sick, we visit the nearest doctor, get examined, and receive whatever treatment the doctor believes will cure us. Animals, however, don't have that luxury. Well, pets can visit the vet. But animals in the wild must find alternative ways to get better. Biologists have discovered that a surprisingly large number of animals engage in a phenomenon known as zoopharmacognosy. Basically, it's the process by which animals self-medicate. Animals typically find plants or, uh, other substances, and then consume them. As you know—and as many animals have apparently figured out—many plants have therapeutic properties.

　　Let's investigate this matter more, shall we? I'm sure you're all curious as to why animals self-medicate. There are three main reasons. The first is to heal injuries they suffer, often in fights with other animals.

N　동물학 수업 강의의 일부를 들으시오.

P　여러분이나 내가 몸이 아프면, 가장 가까운 의사를 찾아가, 진찰을 받고, 의사가 우리를 치료해 줄 것이라고 생각하는 무슨 치료든 받습니다. 하지만, 동물들은 그런 호사를 누리지 못합니다. 음, 반려동물들은 수의사를 방문할 수는 있죠. 하지만 야생 동물들은 나아질 수 있는 대안을 반드시 찾아야 합니다. 생물학자들은 놀라울 정도로 많은 동물이 동물 약리학이라고 알려진 현상과 관련이 있다는 사실을 알게 되었습니다. 요컨대, 이는 동물이 자가 치료를 하는 과정입니다. 동물은 일반적으로 식물, 또는, 어, 다른 물질을 찾아 그것들을 섭취합니다. 여러분도 알다시피, 그리고 많은 동물이 분명히 알아낸 바와 같이, 많은 식물들은 치료에 도움이 되는 특징을 가지고 있죠.

　　이 내용에 대해 더 살펴 봅시다, 어때요? 분명 여러분은 모두 동물들이 자가 치료를 하는 이유를 궁금해 할 겁니다. 세 가지 주된 이유가 있습니다. 첫 번

The second is to fight off infections. The third is to kill parasites or to somehow remove parasites from their bodies. Now, uh, which animals self-medicate? Georgia?

S I own a couple of dogs, and I sometimes see them eating grass. They usually vomit a bit afterward. Is this, uh, is this an example of self-medication?

P It most certainly is, Georgia. In all likelihood, your dogs were suffering from parasites or ate something which gave them upset stomachs. By eating grass, they could vomit up the food they consumed, or they defecated more easily, which removed worms or other parasites from their bodies. There are plenty of other animals that act similarly.

Let me see... Primates—uh, you know, chimpanzees, monkeys, and apes—self-medicate. Dolphins, elephants, bears, and wolves do, too. So do numerous species of birds, including parrots, sparrows, and finches. Lizards are known to self-medicate, and insects such as monarch butterflies do as well. In the majority of cases, they consume parts of plants, yet this isn't always the case. For instance, macaws, a large parrot species, are known to swallow clay, which enables them to kill bacteria in their bodies and assists with the digestion process. Additionally, more than 200 species of birds have been observed engaging in anting. This involves birds rolling over in ant nests to induce the ants to spray formic acid on them. This eliminates certain types of lice from their bodies.

S This is really fascinating. But, um... how do these animals know what to consume?

P That's an astute question, Georgia. Biologists believe that animals employ two separate methods to figure out what they can self-medicate with. The first is relying upon instinctive knowledge. Essentially, animals just, uh, just know what they need to consume for different maladies. This is probably knowledge passed down through countless generations of animals. The second is learning through trial and error. You know, uh, animals like lemurs simply taste different plants, such as the leaves of tamarinds or fig trees, in an effort to determine which ones can help for whatever ailments they're suffering from.

As I said a moment ago, animals frequently self-medicate to rid themselves of parasites. Those of you who are pet owners almost surely give your dog or cat a pill every month or so to help rid their bodies of parasites. Again, wild animals can't do this, so they turn to plants for the most part. Some plants, including clover and mugwort, benefit animals because they contain what's known as secondary metabolites.

째는 흔히 다른 동물과의 싸움에서 입은 상처를 치유하는 것입니다. 두 번째는 감염과 싸워 물리치는 것입니다. 세 번째는 기생충을 죽이거나 어떻게든 몸에서 기생충을 없애는 것입니다. 자, 어, 어떤 동물들이 자가 치료를 할까요? 조지아?

S 저는 개를 두 마리 키우는데, 가끔씩 개들이 풀을 먹는 것을 봅니다. 보통은 그 후에 약간 토합니다. 이게, 어, 이게 자가 치료의 예인가요?

P 거의 확실해요, 조지아. 십중팔구, 그 개들은 기생충에 시달리고 있었거나 배탈이 나게 만든 뭔가를 먹은 겁니다. 풀을 먹음으로써, 먹은 음식을 게워낼 수 있었거나, 더 쉽게 대변을 보게 되어, 몸 속에 있는 벌레나 다른 기생충을 없앤 거죠. 이와 유사하게 행동하는 다른 동물들이 많습니다.

어디 보자⋯ 영장류⋯ 어, 그러니까, 침팬지와 원숭이, 유인원도 자가 치료를 합니다. 돌고래와 코끼리, 곰, 늑대도 합니다. 앵무새와 참새, 되새들을 포함한 수많은 종류의 새들도 그렇습니다. 도마뱀도 자가 치료를 하는 것으로 알려져 있으며, 제왕나비와 같은 곤충들도 마찬가지입니다. 대부분의 경우, 그것들은 식물의 일부를 섭취하지만, 항상 그런 것은 아닙니다. 예를 들어, 대형 앵무새 종인, 마코앵무새는 점토를 삼키는 것으로 알려져 있는데, 그로 인해 몸 속에 있는 박테리아를 죽이고 소화 과정에 도움을 줍니다. 거기에, 200가지가 넘는 종류의 새들이 앤팅을 하는 것으로 관찰되었습니다. 앤팅은 새들이 개미집에서 뒹굴면서 개미들이 자신의 몸에 포름산을 뿌리도록 유도하는 것입니다. 이렇게 함으로써 몸에서 특정 종류의 기생충을 제거합니다.

S 정말 대단히 흥미롭네요. 하지만, 음⋯ 이런 동물들은 무엇을 먹어야 하는지 어떻게 아는 거죠?

P 예리한 질문이네요, 조지아. 생물학자들은 동물들이 자가 치료에 무엇을 사용할 수 있는지 알아내기 위해 두 가지 다른 방법들을 사용한다고 생각합니다. 첫 번째는 본능적 지식에 의존하는 것이죠. 근본적으로, 동물은 그저, 어, 그저 다른 병들에 대해 무엇을 먹어야 하는지 알고 있습니다. 이것은 아마 수많은 동물 세대를 통해 전해진 지식일 것입니다. 두 번째는 시행착오를 통해 터득하는 것입니다. 그러니까, 어, 여우원숭이와 같은 동물들은 어떤 질병이든 자신이 시달리고 있는 것에 대해 어떤 것들이 도움이 될 수 있는지 알아내기 위한 노력의 일환으로, 타마린드나 무화과 나무의 잎 같이 그저 다른 식물들의 맛을 봅니다.

조금 전에 말했듯이, 동물은 종종 기생충을 없애기 위해 자가 치료를 합니다. 여러분 중에서 반려동물을 키우는 사람의 대부분은 분명히 몸에서 기생충을 없애는 데 도움을 주기 위해 한 달에 한 번 정도 개나 고양이에게 약약을 줄 겁니다. 다시 말하지만, 야생 동물들은 이렇게 할 수 없기 때문에, 대부분의 경우에 식물에 의지하죠. 클로버와 쑥을 포함한, 일부 식물들은 2차 대사 물질이라고 알려진 것을 포

These include substances such as alkaloids, tannins, and terpenoids. Many have anti-parasitic properties, while others have anti-inflammatory or antimicrobial properties. Here's one example: Monarch butterflies lay their eggs on milkweed plants. This is because milkweed plants have anti-parasitic benefits, thanks to chemicals in them called cardenolides. Certain plants can also help animals that have consumed toxins. For instance, some lizards, after being bitten by a venomous snake, are known to eat the root of a plant to counter the venom.

Ah, there's one more thing regarding how animals learn to self-medicate. Many biologists watching animals in the wild have noticed that some practice observational learning. That is, they observe other animals they live with self-medicating for problems and then do the same thing if they suffer from the same issues in the future. Chimpanzees and gorillas are good examples of this. Now, uh, why don't I give you some more examples of animals which self-medicate as I, like Georgia, find this topic very interesting?

함하고 있기 때문에 동물에게 유익합니다. 이 대사 물질에는 알칼로이드와 타닌, 테르페노이드와 같은 물질이 포함됩니다. 많은 식물들이 항기생충 특성을 가지고 있고, 다른 식물들은 항염증 또는 항균 특성을 가지고 있습니다. 여기 한 가지 예가 있습니다. 제왕나비는 밀키위드에 알을 낳습니다. 이렇게 하는 이유는 밀키위드는 그 안에 들어 있는 카르데놀라이드라고 불리는 화학 물질 덕분에, 기생충을 방지해 주는 이점이 있기 때문이죠. 또한 특정 식물들은 독소를 섭취한 동물들에게 도움이 될 수 있습니다. 예를 들어, 일부 도마뱀은, 독사에게 물린 후에, 그 독을 상쇄하기 위해 식물의 뿌리를 먹는 것으로 알려져 있습니다.

아, 동물이 자가 치료 방법을 어떻게 터득하는지에 관해 한 가지 더 얘기할 게 있습니다. 야생에서 동물들을 관찰하는 많은 생물학자들은 일부 동물들이 관찰 학습을 한다는 사실을 알게 되었습니다. 말하자면, 함께 사는 다른 동물들이 문제에 대해 자가 치료하는 것을 관찰한 다음, 나중에 같은 문제를 겪게 되면 그와 똑같이 하는 겁니다. 침팬지와 고릴라가 이러한 좋은 예입니다. 자, 어, 나도, 조지아처럼, 이 주제가 아주 흥미롭다고 생각하기 때문에 자가 치료하는 동물의 몇 가지 예를 더 들어 볼까요?

스크립트 어휘

get examined 진찰을 받다   treatment 치료(약)   cure 낫게 하다   have the luxury 호사를 누리다   vet 수의사
find an alternative way to ~을 대체하는 방법을 찾다   engage in ~에 관여하다   phenomenon 현상   zoopharmacognosy
동물약리학(동물이 질병을 예방하거나 독소의 영향을 줄이기 위해 식물이나 토양, 곤충 등을 이용해 자가 치료하는 것)   basically 요컨대
self-medicate 자가 치료하다   substance 물질   consume 섭취하다, 먹다   apparently 보아하니, 듣자하니   figure out
~을 알아내다   therapeutic 치료에 도움이 되는   property 특성   fight off ~와 싸워 물리치다   infection 감염   parasite 기생충
vomit (up) 토하다   in all likelihood 십중팔구, 아마   upset stomach 배탈   defecate 대변을 보다   primate 영장류(영장목에
속하는 포유류로 인간도 포함됨)   ape 유인원   sparrow 참새   finch 되새류(부리가 짧은 새)   case 사실   macaw (중남미산의)
마코앵무새   swallow 삼키다   assist with ~을 돕다   digestion 소화   additionally 게다가   anting 앤팅(새들이 개미집 안에서
움직이는 동작을 뜻함)   roll over ~에서 뒹굴다   induce A to B A에게 B하도록 유도하다   formic acid 포름산
eliminate A from B A를 B에서 제거하다   lice 기생충, 이   astute 예리한   employ 이용하다   instinctive 본능적인
malady 병   passed down (후대에) 전해진   trial and error 시행착오   lemur (마다가스카르산) 여우원숭이   tamarind
타마린드(콩과의 상록 교목)   fig 무화과   ailment 질병   rid A of B A에게서 B를 없애다   turn to ~에 의지하다   mugwort 쑥
secondary metabolite 2차 대사 물질(생명 유지에 직접적인 역할을 하지 않는 특정 기능이 있는 물질)   alkaloid 알칼로이드,
식물 염기   anti-inflammatory 항염증의   antimicrobial 항균의   anti-parasitic 기생충을 방지하는   chemical 화학 물질
toxin 독소   venomous 독이 있는   counter ~에 대응하다   venom (뱀 등의) 독   practice 행하다   observational learning
관찰 학습

주제와 목적 찾기

23 강의의 주제는 무엇인가?
(A) 자가 치료에 쓰이는 식물의 종류들
(B) 조류와 파충류, 곤충들이 기생충을 없애는 방법
(C) 동물들이 스스로를 치료하는 몇몇 방법들
(D) 현장에서 생물학자들에 의해 이루어지는 동물 관찰

어휘 reptiles 파충류   in the field 현장에서

해설 교수는 동물의 자가 치료를 언급하면서 여러 동물의 예시를 통해 자가 치료 방법들을 이야기하고 있다. 따라서 정답은 (C)다.

세부 내용 찾기

24 교수의 말에 따르면, 일부 동물들이 동물약리학을 행하는 이유는 무엇인가? 두 개의 답을 고르시오.
(A) 수면과 관련된 어려움을 돕기 위해
(B) 부상을 당한 후에 치료하기 위해
(C) 그들이 필요로 하는 다양한 식물들을 찾기 위해
(D) 감염된 경우에 나아지기 위해

어휘 assist A with B A가 B하는 것을 돕다

해설 교수는 동물들이 자가 치료 방법인 동물약리학을 행하는 이유로 다른 동물과의 싸움에서 당한 부상을 치유하는 것과 감염을 방지하는 것을 언급하고 있다. 따라서 정답은 (B)와 (D)다.

구조 파악하기

25 교수는 왜 앤팅을 언급하는가?
(A) 개미가 자가 치료를 할 수 있음을 증명하기 위해
(B) 포름산의 화학적 특성을 설명하기 위해
(C) 새들이 개미를 이용해 해충을 없애는 방법을 설명하기 위해
(D) 스스로를 낫게 하는 도마뱀의 예시를 들기 위해

어휘 pest 해충   lizard 도마뱀

해설 교수는 200가지가 넘는 종류의 새들이 앤팅을 한다고 말하면서 개미들이 포름산을 분사하도록 유도해 몸에서 특정 종류의 기생충을 제거한다고 설명하고 있다. 따라서 정답은 (C)다.

세부 내용 찾기

26 동물은 자가 치료를 할 때 무엇을 먹어야 하는지 어떻게 알 수 있는가? 두 개의 답을 고르시오.
(A) 본능적으로 무엇을 먹어야 하는지 안다.
(B) 다른 종류의 동물들이 무엇을 먹는지 본다.
(C) 다른 식물들의 잎을 한 번 먹어 본다.
(D) 서식 지역에서 가장 흔한 식물들을 먹는다.

어휘 instinctually 본능적으로

해설 교수는 동물들이 자가 치료를 할 때 먹는 것과 관련해, 본능적으로 알고 있다는 점과 자신에게 도움이 되는 식물이 무엇인지 알아보기 위해 식물의 맛을 보는 시행착오를 거친다는 점을 언급하고 있다. 따라서 정답은 (A)와 (C)다.

추론하기

27 교수가 침팬지에 대해 암시하는 것은 무엇인가?
(A) 다른 침팬지들이 하는 일을 기억할 수 있다.
(B) 식물과 관련해 아주 다양한 지식을 가지고 있다.
(C) 생물학자들이 야생에서 관찰하기 어려울 수 있다.
(D) 고릴라와 함께 사는 것으로 밝혀졌다.

어휘 a wide range of 다양한, 광범위한

해설 교수가 관찰 학습, 즉 함께 생활하는 다른 동물이 자가 치료하는 것을 관찰한 다음, 나중에 똑같이 하는 것을 설명하면서 그 예시로 침팬지를 언급하고 있다. 따라서 정답은 (A)다.

의도와 태도 파악하기

28 강의의 일부를 다시 들으시오. 그런 다음 질문에 답하시오. 🎧

> **P** 여러분이나 내가 몸이 아프면, 가장 가까운 의사를 찾아가, 진찰을 받고, 의사가 우리를 치료해 줄 것이라고 생각하는 무슨 치료든 받습니다. 하지만, 동물들은 그런 호사를 누리지 못합니다. 음, 반려동물들은 수의사를 방문할 수는 있죠.

교수는 왜 다음과 같이 말하는가?

> **P** 음, 반려동물들은 수의사를 방문할 수는 있죠.

(A) 수의사가 동물에게 양질의 보살핌을 제공한다고 주장하기 위해
(B) 자신이 막 발언한 것을 바로잡기 위해
(C) 반려동물을 돌보는 최고의 방법을 지적하기 위해
(D) 고려해야 하는 가능성 있는 대안을 제안하기 위해

어휘 provide A for B A를 B에게 제공하다   correct 바로잡다

해설 교수는 동물이 인간처럼 치료를 받는 호사를 누리지 못한다고 말한 뒤에 반려동물이 수의사를 방문할 수는 있다고 언급하고 있다. 이는 인간과 같은 혜택을 받을 수 있는 동물도 있음을 말함으로써 자신이 한 말을 바로잡는 흐름에 해당한다. 따라서 정답은 (B)다.

YBM
TOEFL 80+
LISTENING